Beate Kasper

Literarische Reise durch England & Wales

Biographische Portraits englischer
AutorInnen
in ihrer Landschaft

Beate KASPER

Literarische Reise durch England & Wales
-Biographische Portraits englischer AutorInnen
in ihrer Landschaft-

LEIBNIZ-Bücherwarte

Titelbild: William SHAKESPEARE - Büste in
Holy Trinity Church,
Stratford-on-Avon (Woodmansterne, Jeremy Marks)

Die Deutsche Bibliothek - CIP-Einheitsaufnahme:
Kasper, Beate:
Literarische Reise durch England & Wales.
Biographische Portraits englischer AutorInnen in ihrer Landschaft / Beate Kasper.
Mit 75 Fotografien unterschiedlicher Herkunft.
Bad Münder: Leibniz-Bücherwarte, 1999
ISBN 3-925237-19-4

(c) by Leibniz-Bücherwarte, Bad Münder 1999

ISBN 3-925237-19-4

Herstellung: ODN, Johannes Heuger, Nottuln

sämtliche Rechte der Wiedergabe auf fotomechanische Weise, Video, Print/Medien zur weiteren Verwendung, auch auszugsweise, vorbehalten

Inhaltsverzeichnis

		Vorwort 7
1	Charles Dickens	Spaziergänger zwischen Geranien
		Broadstairs (Kent), London 9
2	Kingsley Amis	Der Mann, der James Bond analysierte
		London 30
3	Martin Amis	Die Slums der oberen Zehntausend
		London 44
4	Vita Sackville-West	Hermaphrodit im Schloßgarten
		Sissinghurst, Schloß Knole (Kent) 54
5	Jane Austen	Die Autorin der Anständigkeit
		Godmersham House (Kent),
		Chawton (Hampshire) 77
6	Agatha Christie	Giftmischerin mit Strickmuster
		Greenway, Churston - Moorland Hotel, Haytor,
		Dartmoor (Devon) 99
7	Daphne du Maurier	Die Romantikerin, die keine sein wollte
		Ferryside, Boddinnick (Fowey), Menabilly, Jamaica
		Inn (Bodmin Moor), Cornwall 119
8	Virginia Woolf	Das zerbrechende Gefäß im Kopf
		St. Ives -Isles of Scilly (Cornwall) 139
9	Percy Bysshe Shelley	Radikaldemokrat im Lorbeerhain
		Lynmouth (Devon) 154
10	Roald Dahl	Meister des schwarzen Humors im Zwiebelbeet
		Cardiff (Wales) 173
11	Dylan Thomas	Walisischer Barde im Milchwald
		Swansea, Laugharne (Wales) 193
12	William Wordsworth	Das Phantom der Freude
		Lake District 210
13	Beatrix Potter	Im Bann der Niedlichkeit
		Sawrey, Lake District 233
14	Charlotte Brontë	Das versteckte Leben
		Haworth (Yorkshire) 253
15	George Eliot	Die große Weise der englischen Literarur
		Nuneaton (Warwickshire) Arbury Hall 278
16	William Shakespeare	And we'll strive to please you every day
		Stratford-upon-Avon – Charlecote, Warwickshire 259
17	Lewis Carroll	Verrückter Geschichtenmacher mit logischem
		Geschick
		Oxford, Guildford (Surrey) 323
18	Edward Fitzgerald	Melancholiker auf fernöstlichem Divan
		Woodbridge (Suffolk) 342

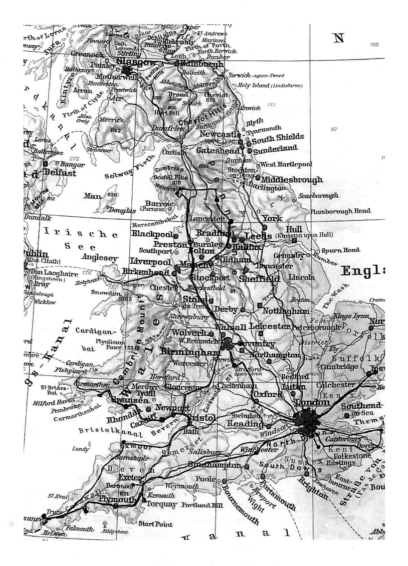

Vorwort

In einer öden baumlosen Gegend des Bodmin Moors (Cornwall) liegt Dozmary Pool, ein kleiner, von flachen Ufern umgebener See, der auf den Betrachter merkwürdig nichtssagend wirkt, vor allem wenn sich das Sonnenlicht auf dem See spiegelt.
Hier hat König Arthus sein sagenhaftes Schwert Excalibur versenkt: „...the sword that rose from out the bosom of the lake...", wie es in Lord Tennysons IDYLLS OF THE KING heißt.
Aus dem kleinen Ferienhaus in einer hübschen Bucht Cornwalls wird Rebeccas Bootshaus, und damit hängt sich an den optischen Eindruck gleich eine ganze Geschichte. Hier klärt Maxim de Winter in Daphne du Mauriers Roman seine zweite Ehefrau über seine wahre Beziehung zu Rebecca auf. So bekommen Orte, die im Grunde neutral sind, durch Literatur eine eigene Prägung, die nur der Leser nachvollziehen kann.
Die Faszination des Ortes wurde von den Autoren und Autorinnen wohl zuerst empfunden und dann weitergegeben. Diese Faszination geht nicht immer von schönen Orten aus. Oftmals ist es gerade das Häßliche, das im Umbruch Begriffene, das den Ort literarisch verwertbar macht, wie bei Charles Dickens und Martin Amis. Die kleinen dunklen Gassen der Londoner Slums, das Gefängnis Marshalsea, der Londoner Einwandererstadtteil Notting Hill.
Selbst in Romanen, bei denen Ortsbeschreibungen eher eine Nebenrolle spielen, wie beispielsweise in den Romanen Jane Austens, werden Ortsnennungen gezielt eingesetzt. Bei Jane Austen sind Orte ein Mittel, um gesellschaftliche Unterschiede deutlich zu machen.
Die dem niederen Landadel entstammenden Figuren ihrer Romane wohnen, wenn sie ihre Landhäuser verlassen, entweder im Londoner Stadtteil St. Marylebone oder in Mayfair. Beide Stadtviertel sind für das Großbürgertum reserviert. Während Mr. Wickham - der Name kennzeichnet seinen schlechten Charakter - sich im Roman PRIDE AND PREJUDICE in Gracechurch Street versteckt hält (östlich der City of

London), wohnt der Held des Romans in der vornehmen Grosvenor Street östlich des Hyde Parks.
Jane Austen benutzt Örtlichkeiten aber nicht nur, um gesellschaftliche und moralische Unterschiede sichtbar zu machen, sie setzt sie, wie auch alle anderen Schriftsteller, als dramaturgisches Mittel ein: gäbe es die lange Kaimauer The Cobb in Lyme Regis nicht, wie hätte die Schriftstellerin Jane Austen ihre Romanfigur Louisa Musgrove in PERSUASION als Heiratskandidatin für Captain Wentworth ausschalten sollen? So ein unvorsichtiger Sprung von der Kaimauer tut Wunder. Schon verliebt sich der Held des Romans in eine andere Frau; eine, die nicht von Kaimauern hüpft.
Ziel des Buches ist es, eine alternative Literaturgeschichte entlang einer Reiseroute zu erstellen. Dabei wurden SchriftstellerInnen ausgesucht, die zum Thema Landschaft, Natur und Ort etwas zu sagen haben und sei es auch nur eine sarkastische Bemerkung, wie die des viktorianischen Exzentrikers Edward Fitzgerald, der sich im ostenglischen Woodbridge etwas vereinsamt fühlte:
„Auf einem Handzettel im Gemüseladen las ich, daß in ein paar Wochen jemand einen Vortrag über Gorillas halten wird. Wenigstens etwas, worauf ich mich freuen kann."
Es mußte eine Auswahl getroffen werden. Natürlich wären auch Autoren wie Thomas Hardy (Hardys Wessex), Ellis Peters (Shrewsbury), Arthur Conan Doyle (Dartmoor), Rudyard Kipling (Bateman's, Burwash), A.A. Milne und viele andere wert gewesen, auf ihren Spuren zu wandeln. Mit Winnie, dem Pu, durch Ashdown Forest zu streifen auf der Suche nach Galleon's Lap und dem Versteck des Heffalumps, hätte sicher auch einen ganz besonderen Reiz gehabt.
Vielleicht lassen sich diese Reisen später einmal beschreiben, in einem Land nach unserer Zeit, in einem Land, das es nirgendwo gibt als in unserer Phantasie.

1
Charles DICKENS
Broadstairs (Kent), London

Diese Reise in ein Land der Literatur und in die Literatur eines Landes beginnt, wie könnte es auch anders sein, in Dover. Die weißen Kalkfelsen sind nicht nur Staffage für einen Seehafen, sie haben seit ehedem geschichtliche Bedeutung: Richard Löwenherz begann von hier aus 1190 seinen 3. Kreuzzug, und Charles II. kehrte 1660 über Dover nach London zurück. Mit ihm, der seinem Volk 'liberty to tender consciences' versprach, wurde die Restauration der Stuarts eingeleitet.
Und jeder, der die weißen Klippen allmählich herannahen sieht und dessen Ziel die Shakespeare-Pilgerstätte Stratford-upon-Avon ist, wird sich nun an das Shakespeare-Cliff erinnern. So benannt nach einer Szene (IV,6) im KING LEAR, in der der blinde Gloucester sich von der Klippe stürzen will und sein Sohn Edgar, den Gloucester nicht erkennt, dies verhindert:
„Kommt, Herr, hier ist der Ort: steht still! Wie grauenvoll und schwindelnd ist's, so tief hinabzuschaun!"
Wer heute von den Klippen hinabschaut, sieht Dovers beeindruckenden Hoverport. Mit weißen Schaumsilhouetten kommen die Luftkissenboote scheinbar langsam heran und fliegen oder besser schweben wieder davon.
Vom Chunnel ist hier noch nichts zu sehen; Hinweise auf das Chunnel-Museum findet man erst, wenn man Richtung Folkestone fährt. Doch wie fast alles in England, hat auch der Chunnel seine Tradition. Schon 1880 in der Regierungszeit Gladstones wurde zu Füßen des Shakespeare-Cliffs die erste Meile gebohrt. Doch zwei Jahre später wurde der Bau durch die englische Militärführung gestoppt. Man befürchtete im Kriegsfall eine Invasion.
1995 war es dann so weit, der Traum vom Englandbesuch ohne Schiffspassage wurde wahr. Wer mit dem Chunnel-Zug in Folkestone ankommt, schaut durch kleine Fenster auf eine vergitterte Welt. Hier auf dem großen Areal der Tunnelbohrer gibt es nur Schienen, Gitter und Straßen. Planierte Landschaft, wohin

man auch sieht. Die weißen Klippen von Dover, Wahrzeichen Englands, sieht man nicht mehr.
Ich stieg im Victoria-Guest-House ab, zu Füßen von Dover-Castle. Dieses Haus hatte sich mir bei einem früheren Besuch genau eingeprägt: die engen Treppenaufgänge, die jedesmal vor einer Feuertür enden, die roten Feuerlöscher auf jeder Etage und schließlich die zahlreichen Bilder Königin Victorias.
Nach einer durch Möwengeschrei beendeten Nacht hatte ich die vielen Feuertüren passiert und stand unschlüssig am Treppenabsatz. Wo bitte gibt's hier das echt englische Frühstück? Natürlich mit Weetabix? Der Landlord Königin Victorias wies in die Gegend, die ich für den Keller hielt. Ich ging die steilen Stufen hinunter und trat in einen kleinen gemütlichen Raum mit mehreren Tischen. Auch dieser Raum wirkte wie das gesamte Guest-House ziemlich viktorianisch: mit zahllosen Deckchen und Bildern ausgestattet. In England fühle ich mich oft wie eine Zeitreisende, die ständig die Epochen wechselt, doch letztendlich immer wieder in die Gegenwart gelangt.
„Broadstairs?" fragte mein Landlord kritisch, „nicht viel los, aber schöner Sandstrand."
Immerhin scheint Dickens etwas an diesem Ort gefunden zu haben sonst hätte er Broadstairs nicht zu seinem Feriendomizil gemacht.

Dickens' Haus in Broadstairs

Vorbei an Dover-Castle, das 1168 von Heinrich II. begonnen wurde, führt die Straße östlich ins Dickens-Country. Nach Deal, Sandwich und Ramsgate folgt an der A258 der ehemals verträumte Seeort Broadstairs.

Hier suchte Charles Dickens (1812-1870) sehr oft Erholung und Inspiration.
Dickens entdeckte Broadstairs im Jahr 1837. Seine ersten Ferien verbrachte er in der High Street N°12 (heute gehört das Haus zur Woolworth-Kette), spätere Wohnorte waren das Albion Hotel in der Albion Street, Lawn House, das nun Archway House heißt, und schließlich Fort House, das heutige Dickens-Museum, das auch unter dem Titel Bleak House geführt wird.
BLEAK HOUSE ist ein Roman, der sich mit den dunkelsten Seiten der Londoner Gerichtsbarkeit befaßt. Dickens blieb Broadstairs bis 1851 treu; danach waren seine Aufenthalte in Broadstairs sehr sporadisch. Schon 1847 spielt er mit dem Gedanken, Broadstairs endgültig aufzugeben. Der Grund für seine Unzufriedenheit waren fahrende Musikanten, deren Musik bis zum 'luftigen Nest' drang und die ihn bei der Arbeit störten. Besonders ärgerte ihn eine Violine, die direkt unter seinem Fenster 'quälende' Töne von sich gab, und das um 10 Uhr morgens, zu einer Zeit also, in der Dickens gewöhnlich an seinen Romanen schrieb.
In Fort House, dem Haus auf den Klippen, sah ich Dickens' Schreibzimmer mit Blick auf die Viking Bay. Das Zimmer ist sehr klein und mit einem Schreibtisch ausgestattet, der auf einem Podest steht. Es ist sehr hell dort, und wenn Dickens vom Schreiben aufsah, blickte er direkt aufs Meer, fühlte wie der Wind gegen die Scheiben drückte. Wind und Möwengeschrei beherrschen die Atmosphäre des Zimmers. Sie beherrschten die gesamte Atmosphäre des Hauses, als ich es besuchte. Ich war die einzige Besucherin an diesem Dienstagmittag und hörte nichts als das Ticken der Uhr, die Möwen, den Wind und etwas, das im gleichförmigen Rhythmus gegen das Haus schlug. Diese verhältnismäßige Ruhe erlebte das Haus während Dickens' Anwesenheit sicherlich nicht oft, brachte er doch eine große Kinderschar mit, die die Räume von Bleak House alles andere als öde erscheinen ließen. Von 9 bis 13 Uhr schrieb Dickens hier am DAVID COPPERFIELD. Laut John Forster, seinem Biographen, Freund und Wandergefährten, hatte Dickens einige Schwierigkeiten, in diesem halb autobio-

graphischen Roman allzu deutliche Hinweise auf seine Biographie zu verstecken. Aber am 10. Juli 1849 berichtet er stolz aus Broadstairs:
„Ich glaube wirklich, ich habe es genial gelöst und mit einer sehr komplizierten Verwobenheit von Wahrheit und Fiktion. Vous verrez."
David Copperfields Tante, Betsey Trotwood, die ihn vom bösen Stiefvater Murdstone befreit und ihn auf eine vernünftige Schule schickt, hatte ihr lebendes Vorbild in Miss Mary Pearson Strong, einer 70jährigen Dame. Wie Betsey Trotwood im Roman, so hatte auch Miss Strong die Eigenart, passionierte Eselsjägerin zu sein. Wann immer ein Esel samt Reiter oder Führer auf dem Hausgrundstück erschien, stürmte sie aus dem Haus (heute Dickens House Museum), um alles, was eselsmäßig war, zu verjagen. Charles Dickens Junior bestätigte, daß er gemeinsam mit seinem Vater diese 'famous donkey fights' gesehen habe.
Das Wandern, die Begegnung mit der Natur, war für Dickens Katalysator und Energiespender. Beim Schreiben zieht es ihn immer wieder fort aus seinen Londoner Häusern. In Broadstairs liebt er den kleinen Fischerort, der sehr still ist. Er liebt die halbkreisförmige Bucht, die von seinem Feriendomizil überragt wird. Er wandert oft zu den sieben Meilen entfernten Goodwin Sands und beobachtet nach Sonnenuntergang die sich bewegenden Lichter - wahrscheinlich von Laternen.
Gleich wird seine Phantasie wieder rege, und er stellt sich vor, es wären intrigante Diener unterwegs. Hinter Broadstairs, schreibt Dickens, gibt es den Leuchtturm North Foreland, der sein Licht 'mißmutig' auf die See verteilt.
Als wäre er noch immer in Broadstairs, schreibt Dickens auch über die vielen Kinder, die aus dem Sand Burgen bauen und über die alten Damen und Herren, die hier miteinander flirten. Dann beschreibt er sich selbst als einen Mann im Erkerzimmer sitzend mit langem Haar, der schreibt und grinst, als halte er sich selbst für lustig. Sein Name sei Boz (siehe SKETCHES BY BOZ), und nach 1 Uhr könne man ihn weiter beobachten, wie er aus einer Bademaschine herauskäme und wie ein lachsfarbe-

ner Tümmler im Ozean herumtolle. Ende August 1843 empfängt sein Freund Forster einen Brief aus Broadstairs, in dem Dickens von einer Wanderung berichtet. Trotz fürchterlicher Hitze machte Dickens eine 18 Meilen lange Wanderung in nur vier ein halb Stunden. Er selber bezeichnet dieses Unternehmen als verrückt. Nach dieser Wanderung konnte er nachts nicht schlafen und befürchtete, Fieber zu bekommen; doch es ging noch einmal gut. Ähnliche Wanderanfälle bis zur Erschöpfung sind typisch für Dickens. Als Gegengewicht zu seiner Arbeit brauchte er nachmittags die Freiheit wandern zu können. Eine zwölf Meilen Wanderung war dabei an der Tagesordnung.

Beobachtung gehört auch bei dieser Beschäftigung zum unbedingten Muß des Autors, natürlich aus einem ironischen Blickwinkel heraus. Auf einer Wanderung von Broadstairs nach Ramsgate bemerkt er die 'stämmigen Gentlemen, die stundenlang durch gewaltige Fernrohre schauen' und doch nichts sehen, beim Anblick einer Rauchwolke gleich ein Schiff dahinter vermuten und zufrieden nach Hause gehen.

Obwohl Dickens bei der Beschreibung seiner Wanderungen immer einen gewissen ironischen und witzigen Ton pflegt, täuscht dies nicht darüber hinweg, daß das Wandern eine gewisse lebensrettende Funktion für ihn hatte:

„Könnte ich nicht schnell und weit laufen, würde ich einfach explodieren und zugrunde gehen."

Charles Dickens wanderte weiter und explodierte demzufolge nicht.

Auch ich machte mich wieder auf den Weg. Ein letzter Spaziergang auf Broadstairs' asphaltierter, halbkreisförmiger Promenade oberhalb der Bucht, ein letzter Cream Tea im örtlichen Tea-Room, und ich war auf dem Weg nach London. Dickens kehrte immer wieder nach London zurück. London war sein Wohnort, der Ansporn für soziale Umsturzideen, der Ort, in dem er je nach wachsender Kinderzahl ein Haus nach dem anderen bezog. London, ein literarischer Ort, den er haßte und gleichzeitig liebte, denn London war der Stoff, aus dem seine Geschichten entstanden.

Dickens' Haus in London

Ich fuhr von Broadstairs aus die A299 entlang und gelangte zur A2. Immer wieder tauchten neben der Straße Hopfenhäuser mit ihren weißen, spitz zulaufenden Windhauben auf. In Dickens' Roman DAVID COPPERFIELD wird Davids Flucht nach Dover beschrieben. Er verläßt seinen grausamen Stiefvater und hält sich durch Pfandleihe am Leben. Seine einzige Hoffnung ist, daß ihn seine Tante in Dover aufnehmen wird. Er muß die Nächte im Freien verbringen, doch gegenüber der erbarmungslosen Härte der Menschen erscheint ihm die Natur als 'gemütliche Gesellschaft':
„Den nächsten Morgen führte mich der Weg durch Hopfenfelder und Obstanlagen...ich faßte den Entschluß, diese Nacht unter Hopfen zu schlafen; denn die langen Reihen von Stangen mit den anmutig sie umwindenden Blättern kamen mir wie eine gemütliche Gesellschaft vor."
Auf dem Weg nach London liegen Chatham und Rochester, jene Orte, in denen Charles Dickens seine Kindheit verbrachte. Heute wird Chatham von Industrie und Hafen geprägt. Nachdem Dickens' Vater von Portsmouth zum Chatham Dockyard versetzt worden war, wohnten sie am St. Mary's Place in einem einfachen Haus, dessen Fassade weißgetüncht war, und das

vorne und hinten einen kleinen Garten hatte. Hier konnte Dickens noch ein Stück unbeschwerte Kindheit erleben. Obwohl der Vater auch hier schon unter finanziellen Schwierigkeiten litt und deswegen mit seiner Familie in immer billiger werdende Wohnungen zog, war Chatham im Vergleich zu den Anfängen in London wohl die reinste Idylle für Charles Dickens. Hier hatte er zum ersten Mal Kontakt mit dem Puppentheater, machte Bekanntschaft mit der Laterna Magica, mit Pantomimen und dem gebärdenreichen Clown Grimaldi. Später gab Dickens dessen Memoiren heraus. Anfang und Ende von Charles Dickens' Leben verknüpfen sich an diesem Ort.

Eines Tages machte er mit seinem Vater einen Ausflug. Auf dem Rückweg nach Chatham kam er an einem Haus namens Gad's Hill Place vorbei, heute eine Privatschule. Es steht auf dem höchsten Punkt an der damaligen Hauptstraße zwischen Rochester und Gravesend. Der Vater sagt ihm, wenn er nur fleißig genug wäre in seinem Leben, könne er das Haus vielleicht irgendwann sein eigen nennen.

1855 beginnt Dickens schließlich die Verhandlungen zum Kauf des Hauses.

Die Gegend um Gad's Hill Place ist literarisch interessant. Hier spielt die Raubszene aus Shakespeares HENRY IV., in der Falstaff eine Hauptrolle spielt. Sir John Falstaff und Prinz Hal, der zukünftige König, planen zusammen mit ihren Kumpanen einen Überfall:

Poins: „Aber, Jungen! Jungen! morgen früh um vier Uhr zu Gadshill! Es gehen Pilgrime nach Canterbury mit reichen Gaben, es reiten Kaufleute nach London mit gespickten Beuteln." (Akt I, Szene II).

In Rochester läßt Charles Dickens einige Szenen aus seinem ersten Roman THE PICKWICK PAPERS spielen. Der wohlmeinende und menschenfreundliche Pickwick-Club fährt mit der Kutsche über die Medway-Brücke in dieses altehrwürdige englische Örtchen und zeigt sich beeindruckt von Kathedrale und Schloß. Mr. Pickwick, immer auf der Suche nach neuen philosophischen Erkenntnissen über das Menschengeschlecht, die er in einem kleinen Büchlein notiert:

„...leant over the balustrades...contemplating nature and waiting for breakfast."

Rochester hat noch mehr zu bieten als einen Aussichtspunkt, den schon Mr. Pickwick zu schätzen wußte: Im Charles Dickens Centre wird Romangeschehen anhand von Puppen verdeutlicht: da bringt der düstere Fagin und sein Gehilfe Dodger dem ahnungslosen Oliver Twist das Klauen bei und Little Nell zieht den Großvater vom Puppenmacher auf dem Friedhof weg. Das Swiss Chalet, Dickens' Schreibhäuschen, ist im Garten von Eastgate House zu bewundern.

Die A2 führt vom Londoner Homeland ins Londoner Häuserdickicht hinein. Das kleine Schild The Dickens House an N°48, Doughty Street, London, WC1, erklärt dieses ganz normal aussehende dreistöckige Haus mit grüner Tür und grünen Fensterläden zum Dickens-Heiligtum. Der Stadtteil WCI heißt mit bürgerlichem Namen auch Bloomsbury. Dickens zog also in Bloomsbury ein, noch bevor dieser Stadtteil durch Virginia Woolf und andere Autoren, wie James Joyce, zum Markennamen einer literarisch, antibürgerlichen Bohème-Bewegung wurde. (Siehe Virginia Woolf).

Nachdem Dickens' Frau 1837 das erste Kind bekommen hatte, zog die Familie hierher. Mitbewohner waren außerdem Dickens' jüngerer Bruder Fred und Mary Hogarth, Dickens' jugendliche Schwägerin. Charles Dickens tauschte seine enge Wohnung in Furnival's Inn gegen diese geräumige Wohnung im bürgerlichen Milieu. Möglich wurde der Umzug durch den Erfolg der PICKWICK PAPERS.

Dickens' Drawing Room aus dem Jahr 1839 wurde rekonstruiert: die roten Fenstervorhänge mit rotem Ledersessel konkurrieren mit dem Sofa und Sessel in grün. Dickens' Eigenwilligkeit als Autor scheint ihn auch bei der Farbwahl der Möbel geprägt zu haben.

Hier in Doughty Street N°48 arbeitete Dickens an den letzten Monatsnummern der PICKWICK PAPERS, am OLIVER TWIST, an SKETCHES OF YOUNG GENTLEMEN, MEMOIRS OF JOSEPH GRIMALDI, NICHOLAS NICKLEBY, THE LAMPLIGHTER und BARNABY RUDGE. Das Londoner Dickens-

Museum enthält einige bemerkenswerte Gegenstände, Möbelstücke und Bilder, wie das Portrait von Moses Pickwick, Inhaber der Bath-Kutschen und Namensgeber für unseren lieben Mr. Pickwick. Im Kapitel 35 des Romans nimmt Dickens Bezug auf ihn. Auf der Kutsche nach Bath steht in großen vergoldeten Lettern der Name 'Pickwick'. An eine Szene aus OLIVER TWIST erinnert ein 'pantry window' (ein Fenster zur Vorratskammer) aus einem Haus in Chertsey (20 km südwestlich von London). Sowohl das Haus als auch das Fenster sollen Dickens Vorbilder für die Einbruchsszene in OLIVER TWIST gewesen sein.

Im Dickens-Museum befinden sich auch ein paar Schuhwichsflaschen aus Warren's Blacking Warehouse, wo Charles Dickens als Kind arbeiten mußte. In der Bibliothek rechts vom Kamin hängt ein unvollendetes Bild von R.W. Buss mit dem Titel DICKENS' DREAM.

Dickens' Dream von R.W. Buss

Das Bild zeigt den gealterten Dickens schlafend in seinem Sessel. Um ihn herum, zu seinen Füßen, über und neben ihm schwebend, seine unverwechselbaren Romanfiguren, z.B. Little Nell auf dem Totenbett, Oliver Twist mit seiner leeren Eßschale, Bill Sikes mit dem Hund und die Markise mit der überdimensional großen Haube.

Auch Dickens' samtbezogenes Pult ist hier zu sehen, das er für seine Lesereisen anfertigen ließ. Selbst in Amerika durfte das Pult nicht fehlen. Dickens liebte das Theater und das Theatralische. Während der letzten zwölf Jahre seines Lebens machte er verstärkt Lesereisen, die sehr erfolgreich waren. In den Manuskripten finden sich Anweisungen, die Dickens während des

Vortrages benutzte, z.B. 'Auf das Pult hauen' oder 'die Hand küssen'.

Auch der Waschraum im Keller ist zu besichtigen, wo sich der Waschkessel befindet, der sowohl als Badewanne als auch als Kochtopf für den Weihnachtspudding (siehe A CHRISTMAS CAROL) herhalten mußte. A propos Pudding, Dickens' Frau hatte ebenfalls schriftstellerische Neigungen: sie veröffentlichte ein Kochbuch. Da Dickens gerne Gäste einlud, darunter Hans Christian Andersen und Wilkie Collins, hatte sie auf diesem Gebiet reichlich Übung. In Doughty Street N°48 starb Dickens' Vorbild für zartbesaitete edle Damen: Mary Hogarth. Die Familie wohnte erst seit einem Monat hier, da verschied sie mit 17 Jahren nach einem Theaterbesuch.

Wie die Umgebung von Broadstairs, so mußte auch London von Charles Dickens erst einmal erwandert werden. Nach dem Eintreffen in Camden Town suchte sich der junge Charles seinen Weg durch den Irrgarten London. Branntweinstuben fallen ihm auf und 'Läden, in welchen altes Eisen, Küchenabfall, Lumpen und Knochen feilgeboten wurden'. Beim heutigen Charing Cross Bahnhof befand sich Warrens Schuhwichsfabrik. Dickens durchstreift die Slumgegend am Themsehafen und spaziert durch die 'Tom-all-alone's' dieser Millionenstadt. Auch wenn nach der Choleraepidemie von 1854 ein 'Metropolitan Board of Work' gegründet wurde, das ein neues Kanalisationssystem einrichten sollte, blieb vor allem das Eastend ein Slumgebiet. 1858 rüttelt eine Karikatur aus dem Punch viele Bürgerliche auf: 'The Great Stink' heißt die Zeichnung, die eine schöne Dame mit Londoner Wappen am Ufer der Themse zeigt. Aus dem Themsewasser kommen schmutzige Gestalten mit Froschmund, großen starrenden Augen und Wasserkopf: „Vater Themse stellt seine Nachkommen der schönen Stadt London vor" heißt der Titel. Hier im Eastend ließen sich die armen Einwanderer nieder. In jedem fünften Haus gab es einen Ginausschank, dem tüchtig zugesprochen wurde. Acht Millionen Gallonen Schnaps und Fusel wurden 1743 ausgeschenkt. Auch heute ist das Eastend von Einwanderern geprägt. Seit den 50er Jahren sind es die Neu-Briten aus den ehemaligen

Kolonien, die sich hier niederlassen. Die Völkervielfalt spiegelt sich in Läden, Imbißbuden und zahlreichen Märkten wider. Jack the Ripper trieb hier im Eastend sein Unwesen und Edgar Wallace nutzte das Eastend als Ort des Verbrechens.

Die Chancery Lane ist ein weiterer literarischer Ort, an dem die Handlung des Romans BLEAK HOUSE spielt. Hier, wo sich heute die Royal Courts of Justice befinden, wurde auch zu Dickens' Lebzeiten Gericht gehalten. In BLEAK HOUSE ist es der Court of Chancery, in dessen Mauern die Fälle wie Leichen lagern. Im Prozeß Jarndice und Jarndice ziehen sich die Verhandlungen über Jahrzehnte hin, so wie es damals tatsächlich teilweise üblich war. Richard Carstone steht zusammen mit Ada Clare unter der Vormundschaft des Court of Chancery. Aus der Abwicklung seines Falles hat er ein Vermögen zu erwarten. Doch die Länge des Prozesses zehrt das Vermögen auf, es kommt zu keinem Urteil. Richard Carstone hat sein Leben sinnlos im Court of Chancery verbracht, er stirbt, eines der zahlreichen Opfer des Gerichtssystems. BLEAK HOUSE gilt auch als der erste Detektivroman Englands; die Tatsache, daß London seit 1829 eine eigene Polizei hat, mag Dickens veranlaßt haben, die Detektivgeschichte um Lady Dedlock einzufügen. Die Old Hall, das älteste Gebäude in Lincoln's Inn, ist Schauplatz der Gerichtsverhandlungen in BLEAK HOUSE.

Am Picadilly findet sich das Ritz Hotel, wo früher das Wirtshaus White Horse Cellar stand. In den PICKWICK PAPERS und auch in der historischen Vergangenheit ist dies der Ort, an dem die Kutschen auf ihrem Weg nach Westen Halt machten, um Passagiere aufzunehmen. Im Warteraum des White Horse Cellar trifft Mr. Pickwick ein neues Exemplar der Gattung Mensch, dessen abwechselnd un- und dann wieder katzenfreundliche Verhaltensweise er in seinem Erfahrungsnotizbuch niederschreiben kann.

Auch Leadenhall Street in der City ist tatsächlicher Ort für ein fiktives Geschehen in DOMBEY AND SON. Hier hat das Handelshaus 'Dombey & Son, Wholesale, Retail and for Exportation' seinen glänzenden und vielversprechenden Sitz. Die Hoffnungen des stolzen Dombey werden allerdings durch den Tod seines lang erwarteten Erben und Sohnes Paul zunichte gemacht. Am Leadenhall Market befindet sich eine schmiedeeiserne viktorianische Markthalle, die an koloniale Zeiten erinnert.

In der Nähe des Portland Place findet man das 'furchtbar vornehme' Domizil von Mr. Dombey. Der Platz wurde von den Architektenbrüdern Adam angelegt. Symbolträchtig schildert Dickens Haus und Straße als düster. Nur morgens, wenn die Geranienhändler zur Frühstückszeit in der Straße erscheinen, fällt etwas Licht in die Straße, um dann für den ganzen Tag zu verschwinden. Geranien waren Dickens' Lieblingsblumen, hier setzt er ihnen ein literarisches Denkmal.

*

Charles Dickens

Charles Dickens: Spaziergänger zwischen Geranien

Charles Dickens, am 7. Februar 1812 in Portsmouth geboren, wächst in kleinbürgerlichen, sehr bescheidenen Verhältnissen auf. Sein Vater steckt ständig in Geldnöten und wird ins Londoner Schuldgefängnis von Marshalsea gebracht. Dickens selbst muß im Alter von zwölf Jahren Dienst in einer Schuhwichsfabrik tun. Ein Trauma, das ihn sein Leben lang begleitet. Dickens fühlte schon damals, daß ihm eine Karriere vorherbestimmt war. Bei seinen jungen Kollegen in der Fabrik hob er sich durch bessere Manieren ab. Man nannte ihn ironisch 'den jungen Gentleman'.
In seinem Roman DAVID COPPERFIELD wird die Tatsache, daß Dickens in Warrens Fabrik für Schuhwichse arbeiten mußte, fast identisch übernommen. Nur daß die Beschäftigung des elternlosen jungen Copperfield etwas edler dem Versiegeln von Weinflaschen und nicht von Schuhwichsflaschen gilt. Es scheint, als blicke Dickens voller Traurigkeit auf seine eigene Kindheit zurück, wenn er im Roman schreibt:
„Ein Kind von vortrefflichen Fähigkeiten, mit großer Beobachtungsgabe, lernbegierig und äußerst feinfühlig, körperlich und geistig leicht zu schädigen. Es mutet an wie ein Wunder, daß niemand eine Hand zu seinen Gunsten rührte. Aber es kam niemand." (11. Kapitel)
Durch eine Erbschaft kann Dickens' Vater seine Schulden bezahlen und verläßt mit der Familie - außer Charles Dickens, der eine Dachkammer bezogen hatte - das Gefängnis. Daß die Familie den Schuldner ins Gefängnis begleitete, war damals üblich, und wird in Dickens' Roman LITTLE DORRIT, dem nach Marx antikapitalistischsten Roman schlechthin, anschaulich dargestellt.
Die Besserung der Verhältnisse veranlaßte Dickens' Eltern keineswegs, ihren Sohn aus der Schuhwichsfabrik zu befreien. Erst als Dickens' Vater seinen Sohn im Schaufenster der Fabrik arbeitend ausgestellt sieht, rührt sich sein Gewissen.
Offensichtlich sollte das Verschließen von Flaschen vor aller Augen der Werbung dienen. Gegen den Willen der Mutter

nimmt er ihn wieder zu sich und schickt ihn auf die Wellington House Academy. Von nun an geht es für Charles Dickens bergauf. Er wird Lehrling in einem Anwaltsbüro und anschließend Parlamentsberichterstatter für zwei Londoner Zeitungen. Mit den PICKWICK PAPERS (1836-37) steigt Dickens zum erfolgreichen Schriftsteller auf. 1836 heiratet er Catherine Hogarth, die ihm zehn Kinder gebar. Größeren Eindruck scheint allerdings seine Schwägerin Mary Hogarth auf ihn zu machen. Durch ihren frühen Tod (1837) verklärt sich ihr Bild für Dickens. Seine Bewunderung und Verehrung wächst noch mehr als zu Mary Hogarths Lebzeiten. Und Dickens setzte ihr mit den mädchenhaften, aufopferungsvollen und engelsgleichen Frauenfiguren wie Agnes Wickfield in DAVID COPPERFIELD oder Rose Maylie in OLIVER TWIST ein Denkmal.

Der Schock ihres frühen Todes war für Dickens groß; Mary war mehr als eine Verwandte, sie war Freundin und Glaubensgenossin in Sachen Dickens. Die Verehrung, die Dickens für sie empfindet, steigt nach ihrem Tod. Dickens beabsichtigt, neben Mary Hogarth beigesetzt zu werden. Auch im Tod will er ihr nahe sein. Doch der Tod von Mary Hogarths jüngerem Bruder, fünf Jahre später, vereitelt diesen Plan. Charles Dickens begreift, daß die nahe Familie Marys ältere Rechte hat.

Als Mary 1837 stirbt, schreibt er den Grabspruch:
„Jung, schön und gut, versammelte Gott sie zu seinen Engeln, im frühen Alter von 17 Jahren."

Die Arbeit an den PICKWICK PAPERS muß Dickens zwei Monate lang einstellen. Er reist nach Hampstead, um seine Trauer zu vergessen. Auch in den folgenden Jahren, ja sogar bis zu seinem Tod, bleibt der Gedanke an Mary sein ständiger Begleiter. Eines Nachts 1844 hat er in Genua einen Traum: Marys Geist besucht ihn, gekleidet in Blau wie eine Madonna von Raphael. Dickens streckt ihr seine Arme entgegen und ruft 'Dear'. Daraufhin zieht sie sich zurück. Charles Dickens erkennt, daß er zu direkt war.

Dieses Wesen, das er sein Leben lang idealisierte, bleibt auch im Traum auf Distanz. Dickens' Frau konnte mit Mary wohl nicht konkurrieren, dazu führte sie ein zu normales Leben.

Mary war ein Ideal, das durch den frühen Tod Ideal blieb. Fortan durfte sie in dieser oder jener Frauengestalt durch seine Werke geistern. Er trägt ihre Reliquien mit sich: die Kette aus ihrem Haar und den Ring, den er nur zum Waschen abnimmt. Als er den Tod seiner Romanfigur Little Nell aus dem OLD CURIOSITY SHOP schildert, mit dessen Ausarbeitung er sich lange quält, schreibt er: „Die liebe Mary starb erst gestern, wenn ich an diese traurige Geschichte denke."

Eifersuchtsgefühle, wie später bei einer Dame, die Dickens mit Hilfe der Hypnose von ihren Leiden kurieren wollte, kamen bei Catherine Dickens nicht auf. Sie spürte wohl, daß das Verhältnis zwischen ihrer Schwester und ihrem Mann ein besonderes war, das nicht auf sexuelle Erfüllung abzielte.

Mit den PICKWICK PAPERS, seinem ersten großen Episodenroman, schafft Dickens den Durchbruch. Die PICKWICK PAPERS beschäftigen sich auf sehr witzige Weise mit den amüsanten Abenteuern des ältlichen Philosophen Mr. Pickwick, der auszieht, um die wirkliche Welt kennenzulernen und dabei wie Don Quichote immer wieder vor Windmühlenflügel läuft. Gemeinsam mit drei weiteren Clubherren, die sich allesamt in der Gentlemantugend der Wohltätigkeit üben, bereist er England: Mr. Pickwick, der wohlmeinende, leichtgläubige Exzentriker gerät in die unglaublichsten Situationen: da wird er für einen Spion gehalten und von einem Kutscher verprügelt, weil er Eintragungen in sein Erfahrungsnotizbuch macht, da schlittert er unfreiwilligerweise übers Eis oder schläft in einem Karren auf dem Feld ein. Mit seinem dicken Bauch und flachen Hut ist er der Inbegriff der Gutmütigkeit. Schließlich wird er fälschlicherweise ins Gefängnis gesteckt, nur weil eine irregeleitete Dame ihn bezichtigt, sein Heiratsversprechen nicht eingelöst zu haben. Die Schlingen der Mißverständnisse, die Unfähigkeit, zwischen den Zeilen zu lesen und hinter den Worten der Menschen die versteckte Wahrheit zu entdecken, führen Mr. Pickwick wie den sprichwörtlichen Esel aufs Glatteis.

Doch der Pickwick Club läßt sich durch die Realität nicht desillusionieren, und am Ende siegt die unschuldige Moral des Mr. Pickwick über die Schlechtigkeit.

Die Reise der Clubherren führt durch 898 Seiten und findet doch im Grunde genommen kein Ende.
OLIVER TWIST befaßt sich mit dem oft wiederkehrenden Thema des verfolgten unschuldigen Kindes. Aufgrund seiner eigenen Biographie ließ Dickens dieses Thema nicht mehr los. Erst in seinem Alterswerk GREAT EXPECTATIONS relativiert er in Pip das unschuldsvolle Kind durch negative Eigenschaften, wie zum Beispiel Undankbarkeit.
Dickens' Empörung über die katastrophalen Verhältnisse in den Slums, die teilweise direkt an die bürgerlichen Viertel grenzten, sind auch persönlich motiviert. Dickens' Tochter Mary wäre fast der Londoner Choleraepidemie des Jahres 1854 zum Opfer gefallen. Im Jahr 1854 war Dickens besonders verzweifelt über die politische und soziale Situation Englands. Im März dieses Jahres beteiligte sich England am Krim-Krieg: für Dickens ein deutlicher Hinweis, daß das englische Volk von der eigenen Not abgelenkt werden sollte. Dank der geschürten patriotischen Stimmung wurde die Epidemie nicht beachtet.
Schritte gegen die verheerenden und gefährlich schlechten Hygienezustände in einigen Londoner Vierteln wurden erst später unternommen.
In seiner Zeitung Household Words schreibt Dickens einen Aufruf an die Arbeiter. Darin heißt es, das Volk müsse nun reagieren und sich nicht mehr von 'hohen politischen Autoritäten' und zynischen Parlamentsvertretern beirren lassen. Dickens ruft das Volk auf, sich zu organisieren und die Macht zu ergreifen.
Damit ruft Dickens zu einer Revolution auf; denn auf politisch legalem Wege war es den Arbeitern nicht möglich, etwas im Parlament zu ändern: sie besaßen kein Wahlrecht. Wahlrecht besaßen nur die Bürger, also die Leser seiner Zeitung.
Dickens' Entsetzen über die sozialen und politischen Zustände war ehrlich und besonders in diesem Fall (Erkrankung seiner Tochter) auch persönlich motiviert.
Doch seinem Aufruf fehlten konkrete, realistisch umsetzbare Ideen, die eine Änderung möglich gemacht hätten. Dickens stellte am Ende dieser Aktion resigniert fest, das englische Volk

wolle sich 'nicht retten lassen'.

Wann immer Dickens genug von London und seinen Problemen hat, flieht er nach Hampstead Heath bei London, nach Broadstairs oder einen anderen Badeort. Gemeinsam mit seinem Freund und späteren Biographen Forster unternimmt er weite Wanderungen. Schadenfroh schreibt er einmal aus Broadstairs an Forster und bemitleidet ihn, daß er im engen London sitzen muß, während er (Dickens) die See und die frische Luft genießen kann.

Er reist nach Amerika, wo er voller Jubel empfangen wird. Als er aber in einer Rede das fehlende Copyright in Amerika anspricht - die Amerikaner hatten seine Bücher veröffentlicht, ohne ihm einen Penny zu zahlen - reagiert das liberale Amerika pikiert. Dickens läßt sich jedoch nicht beirren: führt seine Lesereisen fort, die mit großem Jubel honoriert werden und natürlich mit einer Menge Dollar.

Im August 1855 macht Dickens einen Kindheitstraum wahr: er kauft Gad's Hill Place bei Rochester. Damit setzte er sich sowohl von seiner Frau als auch von London ab. Dickens hatte die Schauspielerin Ellen Ternan kennengelernt. Die Ehe zwischen Dickens und seiner Frau Kate hatte schon seit einigen Jahren den Gefrierpunkt erreicht.

Am 8. Juni 1870, Dickens arbeitete an seinem neuen Werk EDWIN DROOD, stirbt er an einem Schlaganfall.

*

OLIVER TWIST

OLIVER TWIST, eines der bekanntesten Werke von Dickens, erzählt den Leidensweg eines Waisenjungen, der im Armenhaus aufwächst, schließlich an einen Sargmacher gerät, von dessen Lehrling er herumgestoßen wird, bis er den Entschluß faßt, wegzulaufen und nach London zu gehen. In London wird er von einem Jungen aufgelesen, der als Taschendieb für den Gauner Fagin arbeitet. Fagin richtet Kinder ab, damit sie für ihn stehlen. Oliver Twist erkennt nicht, in welche Umgebung er geraten ist, auch dann nicht, als Fagin ihm beibringt, wie man ein Taschentuch unauffällig aus der Tasche zieht. Als er zum ersten Mal mit zwei anderen Jungen aus Fagins Truppe auf

Raubzug geht, wird er von der Polizei verhaftet, obwohl er selbst nichts gestohlen hat. Der von Olivers Kumpan bestohlene Mr. Brownslow wird vor Gericht Zeuge, wie der angeklagte Oliver in Ohnmacht fällt, und nimmt ihn mit zu sich nach Hause. Oliver tritt zum ersten Mal in die wohlbehütete Welt des Bürgertums ein. Der Gentleman Mr. Brownslow ist Inhaber der obersten Gentlemantugend, der Wohltätigkeit. Doch der Ausflug in die gesicherte Lebenswelt dauert nicht lange. Fagin und seine Kumpane entführen ihn und bringen ihn wieder zurück in die Londoner Slums. Fagin und Bill Sikes, ein besonders brutales Exemplar der Diebesbande, wollen Oliver, der klein ist, zu einem Hauseinbruch benutzen. Der Einbruch schlägt fehl, Oliver wird verletzt und in der Nähe des Hauses liegengelassen. Oliver schleppt sich zu einem Haus, wird aufgenommen und gesund gepflegt. Mrs. Maylie, die Herrin des Hauses, hat ein Mädchen namens Rose zu sich genommen, das sich später als Olivers Tante entpuppt. Wieder ist Oliver im gesicherten bürgerlichen Umfeld, und trotz weiterer Intrigen gelingt es den Gaunern nicht, ihn zurückzuholen. Dank der guten Kräfte von Mr. Brownslow, Mrs. Maylie und Nancys, der bekehrten Gangsterbraut, bleibt Oliver vor weiteren Verfolgungen verschont.

Oliver (Spielkarte)

Am Ende des Romans werden Olivers Familienverhältnisse geklärt: Oliver ist der uneheliche Sohn eines mittlerweile verstorbenen wohlhabenden Herren. Er erbt ein großes Vermögen und bleibt bei Mr. Brownslow.

In OLIVER TWIST formuliert sich ein Grundmotiv der Romane von Charles Dickens: das Anprangern der sozialen Ungerechtigkeiten. Die Armen und Ausgebeuteten sind Opfer einer ineffizienten und bombastischen Gerichtsbarkeit (BLEAK HOUSE), Opfer der Armengesetze (OLIVER TWIST), Opfer einer Staatsregierung, die sich nicht um die im wahrsten Sinne des Wortes zum Himmel stinkenden Slums kümmert, auch wenn sie, wie das Slumgebiet 'Tom-all-alone's in BLEAK HOUSE, allgemeingefährliche Krankheitsherde sind.

Auch von menschlichen Unzulänglichkeiten wie Gefühlskälte (Mr. Dombey in DOMBEY AND SON), Bösartigkeit und Habgier (Quilp im OLD CURIOSITY SHOP und Murdstone aus DAVID COPPERFIELD) handeln die Romane.

In der Konfrontation mit dem Schlechten in Mensch und Gesellschaft sind vor allem Kinder die Verlierer. Man machte Dickens zum Vorwurf, daß er die Kinder in seinen Romanen wie die Fliegen sterben lasse, nur um sentimentale Gefühle im Leser zu wecken: der kleine Paul Dombey muß sein Leben lassen, getötet von der hochmütigen Kälte und dem Ehrgeiz des eigenen Vaters; Jo, der Straßenfeger (BLEAK HOUSE), kann den Slums nur durch den Tod entkommen; Little Nell (THE OLD CURIOSITY SHOP), die sogar vom eigenen Großvater bestohlen wird, in ihrer Liebe zu ihm aber dennoch nicht nachläßt; findet am Ende auch den Tod.

Der Tod von Little Nell bereitete Dickens allerdings große Schwierigkeiten. Er ließ sich von seinem Freund John Forster zu Nells Tod überreden, weil ein positives Ende, nach Nells trauriger und entbehrungsreicher Flucht mit dem Großvater, zu banal gewirkt hätte. Little Nell, dieses außergewöhnliche Kind, das im geistigen Widerstand gegen das Unrecht stark ist, im Verlaufe ihrer Flucht körperlich aber immer schwächer wird, wäre nach Dickens' Meinung durch das Weiterleben wohl banalisiert worden. Der Tod verschaffte ihr Unsterblichkeit.Tränenüberströmt warf ein irischer Abgeordneter das Buch aus dem Fenster seiner Kutsche, als er von Nells Tod las. Bei OLIVER TWIST ist allerdings stärker als in anderen Romanen das Märchenmotiv der Rettung durch den großen Unbekannten zu finden. Hier ist es zwar keine Fee, aber gerade zur rechten Zeit treten Figuren, wie Mr. Brownslow und Mrs. Maylie, auf, die das Gute verkörpern. Erwähnenswert ist bei Dickens auch die Fülle der handelnden Personen und vor allem der humoristischen Figuren. Bei OLIVER TWIST ist es Mr. Bumble, der Aufseher des Armenhauses. Der dicke Mann mit seinem pompösen Gehabe ist im Grunde genommen recht grausam.

Mr. Bumble (Spielkarte)

Die Jungen des Armenhauses müssen hungern. Doch Mr. Bumble ereilt das Schicksal auf humoristisch gemeinte Weise: er heiratet. In der Ehe mit einer wohlhabenden Witwe, die genauso dick ist wie Bumble, findet er seinen Meister. Das liebliche Geflöte der Frau vor der Ehe wandelt sich nach der Trauung in lautes und ständiges Kreischen. Mr. Bumble wird zum komischen Opfer seiner eigenen Beschränktheit und Geldgier.

Mr. Micawber aus DAVID COPPERFIELD ist zum Weinen und zum Lachen. In ihm wollte Dickens seinen Vater karikieren. Mr. Micawber und seine Familie stecken in ständigen Geldnöten. Trotzdem ist die Vornehmheit und das gestelzte Sprechen ein Steckenpferd Mr. Micawbers. Oft ist nur trockenes Brot zum Essen da. Doch sobald Mr. Micawber wieder etwas Geld in die Finger bekommt, wird aufgetischt und alles Elend ist vergessen. Mr. Micawber wartet darauf, daß sich im Hinblick auf eine Karriere etwas für ihn finden wird: „in case anything turned up", ist seine ständige Redewendung. Doch dem Leser wird klargemacht, daß dies nie der Fall sein wird. Schließlich gelangt er ins Schuldnergefängnis, wo er zu seiner Höchstform aufläuft. Er organisiert die Gefangenen und setzt fein säuberlich eine Petition an das Unterhaus auf zur Änderung der Gesetze über die Schuldhaft.

Auch Mr. Dorrit, 'The Father of the Marshalsea' aus Dickens' Roman LITTLE DORRIT, schwingt sich zum unangefochtenen Herrscher des Gefängnisses auf: er hält Audienzen ab, bei denen die Gefangenen ihm Tribut leisten, reagiert gnädig auf menschliche Fehlleistungen und ist doch ein Bettlerkönig.

Dickens kontrastiert die Welt der Bürgerlichkeit (deren verheuchelte Moral besonders in LITTLE DORRIT hervorgehoben wird) mit den Londoner Armenvierteln und dem Gefängnisleben des untergegangenen Molochs Marshalsea.

Da, wo Dickens die Natur unbeeinflußt von der Industrialisierung schildert, entstehen schöne Naturbilder, z.B. wenn Arthur Clenman in LITTLE DORRIT London verläßt, um aufs Land hinauszuwandern:

„Ein ruhiger Sonnenuntergang umstrahlte ihn, als er sich dem Ende seiner Wanderung näherte und durch die Wiesen am Flußufer ging. Er empfand jenes Gefühl des Friedens und der Erleichterung von Sorgen, das ländliche Stille in der Brust von Stadtbewohnern erweckt. Alles, was er sah, war lieblich und voll Ruhe. Das dichte Laub der Bäume, das üppige Gras, mit wilden Blumen durchsetzt, die kleinen grünen Inseln im Strom, die Beete von Schilf, die Wasserlilien, die auf der Oberfläche des Flusses schwammen..."

Verlassen wir nun Dickens' London und begeben uns auf die Suche nach dem modernen literarischen London. Der Autorin dieses Buches versicherte einmal ein Neu-Engländer beim Gang über die Westminster Bridge, hier läge das Geld auf der Straße. Martin Amis, lebender Londoner Schriftsteller, nennt einen seiner, 1984 veröffentlichten Romane, MONEY.

2
Kingsley AMIS und
Martin AMIS
London

Der Mann, der an Speaker's Corner stand und seine Ansichten in den schönen sonnigen Morgen hinausrief, sah nicht so aus, als könne er sich lange auf dem Sockel halten. Sein Mantel schlackerte nach Columbo-Manier um ihn herum, seine Baseballkappe, auf der 'Hear me' stand, überschattete sein Gesicht, die Hose hatte einige Flecke und Risse abbekommen. Gelangweilt blieben einige Menschen stehen, steckten sich eine Zigarette an, hörten für kurze Zeit zu und gingen weiter: Dreiminutenaufmerksamkeit.

„And I say it again and again", rief der Mann mit heiserer Stimme.

„Our society is going to collapse, unless we all change our behaviour. We have to put an end to this wasting of energy, to this awful arrogance we show in relation to the third world. We are overfed with everything: with entertainment, with dissipation, with work, with people out of work, we're overfed with things we collect about us. Where is the sense of all this, I ask You. Where is the sense of being alive, when we believe in nothing else than retaining our status quo."

Ein Hustenanfall schüttelte den Mann, während sich seine Baseballkappe in eine gefährliche Schieflage begab. Diese Pause nutzten die wenigen verbliebenen Zuhörer, um sich leise davonzumachen.

Ich kam im Park Hotel des Londoner Stadtteils Elephant & Castle unter: ein furchtbares mehrstöckiges Backsteingebäude, das aussah wie ein Gefängnis. Es erinnerte mich an das Hollywood Hotel in dem Film BARTON FINK, wo sich die Tapeten von der Wand lösen und die Teppiche auf dem Korridor abenteuerliche Wellen schlagen.

Um möglichst wenig Zeit dort verbringen zu müssen, fuhr ich schon früh morgens in der U-Bahn zum Marble Arch, um mir den Hyde Park anzusehen.

Blick aus dem Horrorhotel in 'Elephant & Castle'

Ich schlenderte in Richtung The Serpentine, Londons 'Langes Wasser' mitten im Hyde Park. Den Lärm der Stadt konnte man hier in der grünen Lunge Londons kaum noch hören. Südlich des Parks strömt der Verkehr durch die Kensington Road, nördlich befindet sich die Bayswater Road. Einige U-Bahn-Stationen in nördlicher Richtung liegt Maida Vale, W9.

Hyde Park, London

Was sich nach einer Prominentenvilla in der Nähe Hollywoods anhört, ist in Wirklichkeit ein Stadtteil im tiefsten London und literarische Fundstätte für den zeitgenössischen Autor Martin Amis.

Das Londonbild, das Martin Amis in seiner Trilogie MONEY, LONDON FIELDS und THE INFORMATION entworfen hat, ist das Bild einer kaputten Stadt. Seine Romane sind im Westen Londons angesiedelt. Im Stadtteil Notting Hill, befinden sich der Lansdowne Crescent, wo sich das Haus Guy Clinchs aus

LONDON FIELDS befindet. Auch Portobello Road findet man dort, die in allen drei Romanen eine Rolle spielt. Notting Hill ist ein Stadtteil mit wechselnder Fassade. Die Notting Hill- und Ladbroke Estates, in deren Mitte Portobello Market liegt, zeigen Architektur im reinsten, vornehmen Weiß. Doch eine Straßenecke weiter beherrschen gleichförmige Häuserzeilen das Bild, die unansehnlich geworden sind. Notting Hill wird die Karibik Londons genannt wegen seiner zahllosen Einwanderer.
Auf der Portobello Road siedelt Martin Amis die Darts-Kneipe aus LONDON FIELDS an, das Black Cross, zentraler literarischer Ort des Romans, an dem Nicola Six ihren letzten Coup landet: die Männer zum Haß gegen sie aufzustacheln.
John Self in MONEY beschreibt die Veränderung seines Stadtteils so:
„Gegenüber hatte es früher einen Italiener in der dritten Generation gegeben: mit Leinentischdecken und dickarschigen, strengen, schwarzgekleideten Kellnerinnen. Jetzt ist es ein Burger Den. Einen Burger Hutch gab's in der Straße schon. Auch einen Burger Shack und einen Burger Bower. Schnellfraß gleich schnelles Geld. Ich weiß: Ich habe mitgeholfen...Hier gab's früher mal eine Buchhandlung, in der die Ware alphabetisch und nach Sachgebieten geordnet war. Vorbei. Dem Laden hatte das Entscheidende gefehlt: Marktpower. Jetzt ist es eine neonbeleuchtete Boutique..."
Der Versteigerungsraum ist zum Videoclub geworden, das Musikgeschäft zum Souvenir-Supermarkt und der kleine Lebensmittelladen zum Massagesalon. John Self freut sich: mit seinesgleichen geht es aufwärts. John Self, selber aggressiv, spürt die Aggressivität des Londoner Westens:
„Neulich morgens schlug ich mein Revolverblatt auf und las, daß ganz England während meiner kurzen Abwesenheit von den Tumulten, Meutereien und sozialen Zusammenbrüchen in den abgefackelten Slums angesteckt wurde. Die Arbeitslosigkeit, so erfuhr ich, hatte alle so verrückt gemacht."
Das apokalyptische Bild des Menschen, das Martin Amis entwirft, spiegelt sich im ebenso apokalyptischen Bild der Stadt

London. Vom Ladbroke Grove, in dessen Nähe auch Lansdowne Crescent liegt (LONDON FIELDS), geht auch Calchalk Street ab. Hier wohnt der erfolglose Schriftsteller Richard Tull mit seiner Familie aus THE INFORMATION. Auch hier beschreibt Martin Amis die soziale Wanderbewegung: mit anderen kapitalkräftigen jungen Paaren ziehen auch Richard und Gina in die Calchalk Street. Es scheint eine Verbürgerlichung stattzufinden, bis die jungen Paare alle wieder wegziehen.

Holland Park ist literarischer Ort in LONDON FIELDS. Hier unterwirft sich Guy Clinch den extrem anstrengenden Spaziergängen mit seinem Söhnchen Marmaduke, das so gewaltig ist wie sein Name. Marmaduke hat in zartem Alter bereits eine ansehnliche Zahl von Kindermädchen verbraucht, die meistens nach ein paar Stunden kündigen. Marmadukes Leben ist unterteilt in Zeiteinheiten, die immer wechselnde Personen mit ihm verbringen. Der Gauner Keith Talent kommt am besten mit ihm klar.

Martin und Kingsley Amis, Sohn und Vater, haben vieles gemeinsam: Der Vater vererbte seine schriftstellerische Neigung auf den Sohn; beide nehmen allerdings innerhalb ihrer Zunft eine Ausnahmestellung ein. Kingsley Amis war Mitglied des Garrick Clubs. Londons Clubgegend, das ist St. James. Eingekeilt vom St. James Park südlich und dem Green Park südwestlich in komfortabler Nähe des Buckingham Palace. An der Pall Mall versteckt sich so mancher Club. Im Garrick treffen sich Schauspieler, Rechtsanwälte, Schriftsteller, Musiker und Filmleute. Auch Dickens war hier Clubmitglied zusammen mit seinem literarischen Rivalen Thackeray. Unter dem Treppenhaus kam es schließlich nach endlosen Streitereien zum Bruch zwischen beiden Schriftstellern. Fünfzehn Jahre lang sprachen sie nicht miteinander, bis sie sich zwei Wochen vor Thackerays Tod schließlich doch noch versöhnten. Der Ort des Streites im Garrick wird noch heute hoch geehrt. Kingsley Amis Anwesenheit im Garrick hat keine so illustre Geschichte. Er litt zeitweise unter Depressionen, hatte Angst, die U-Bahn zu betreten. Im Garrick traf er einen Psychologen und Psychiater, der ihm allerdings auch nicht besonders geistig normal erschien.

Von ca. 900 Clubs zu viktorianischer Zeit reduzierte sich die Zahl inzwischen auf 40, doch noch immer gilt für viele Clubmitglieder: „To be an Englishman is to belong to the most exclusive club there is." (Ogden Nash)

*

Kingsley Amis

Kingsley Amis: Der Mann, der James Bond analysierte

Kingsley Amis, 1922 in Süd-London geboren, wurde in die Gruppe der sogenannten 'Angry Young Men' eingereiht, wogegen er sich aber heftig wehrte. Die 'Angries' waren eine Gruppe von Autoren, die sich in den 50er Jahren aus einem Gefühl des Zorns heraus gegen die etablierte Gesellschaft wendeten. Einer ihrer Vorreiter war John Wain. Die Protagonisten seiner Romane versuchen, ihr Selbstwertgefühl in einer feindlichen Umwelt zu wahren. Gesellschaft bedeutete für Wain egoistisches Erfolgsstreben, Apathie, Lieblosigkeit und einen anhaltenden, zersetzenden Generationskonflikt. Kingsley Amis' Kritik an der etablierten Gesellschaft ist eher auf Beobachtung und Nachdenken über das Beobachtete zurückzuführen als auf ein rein gefühlsmäßiges Empfinden von Zorn.

Kingsley Amis wächst in Norbury auf. Als einziges Kind geht er zusammen mit seinen Eltern nach Berkhamsted in Hertfordshire. Kingsley Amis' Vater arbeitete bis zu seiner Pension bei Colman's Mustard, einer englischen Senffirma mit Hauptsitz in Norwich (es gibt dort ein Senfmuseum). Der Senf ist übrigens dank Meerrettich, Tarragon und Thymian berühmt für seine Schärfe.

Colman's Mustard/Queen Victoria, 1887

In Bezug auf seinen Sohn hat William Robert Amis ehrgeizige Pläne. Selber engagierter Cricketspieler will er seinen Sohn zum Cricket-As machen und zahlt sogar für speziellen Unterricht. Doch der Plan schlägt fehl, Kingsley Amis sollte nicht als

Cricketspieler bekannt werden. Der Vater wünscht ihm einen größeren Erfolg im Berufsleben als er selber erleben durfte. Die Mutter, Rosa Annie Amis, ist sehr besorgt um die Gesundheit ihres Jungen. Da Kingsley Amis als Kind sehr dünn ist und man sein Brustbein sehen kann, wird gleich der Arzt eingeschaltet. Als der Arzt keine außergewöhnliche Krankheit finden kann, greift die Mutter auf Parrish's Chemical Food zurück, eine rote Flüssigkeit, von der man sagte, daß sie die Zähne schwarz färbt. Kingsley Amis genießt das Gebräu zum Zwecke der Umleitung mit einem Strohhalm. Die Mutter liest viel, und an regnerischen Abenden regt sie Kingsley Amis oft dazu an, doch etwas zu schreiben.

Von 1934 bis 1941 besucht Kingsley Amis die City of London School. Man findet sie am Victoria Embankment, Ecke Blackfriars Bridge. Er erinnert sich besonders an seinen Lehrer Copping, der mit einem 'attisch griechischen Akzent aus dem 5. Jahrhundert' sprach und die Schüler über Kastration informierte. Bei Rev. C.J. Ellingham befaßt sich Amis mit englischer Literatur. Durch ihn lernte er, wie er selber sagt, daß ein Gedicht kein 'statement' ist, und daß der Dichter nichts behauptet. Im Sommer 1939 wird die Schule mit ihren 500-600 Schülern nach Marlborough in Wiltshire evakuiert. Man schläft auf Armeebetten, die in Scheunen aufgestellt werden.

Kingsley Amis bekommt am Ende seiner Schulzeit ein Stipendium in englischer Literatur für das St. John's College in Oxford. Im Frühling 1941 beginnt er sein Studium, wird aber 1942 eingezogen. Ende 1944 gelangt er mit der Fernmeldetruppe in die Normandie, 1945 nimmt er seine Studien wieder auf. Den Abschluß erhält er 1948, in demselben Jahr, in dem er Hillary Bardwell heiratet. Mit ihr hat er drei Kinder, Philip (1948), Martin (1949) und Sally (1954). Über seine erste Frau (die Ehe wurde 1965 geschieden) schreibt Kingsley Amis in seinen Memoiren wenig. Immer wieder tritt sie als seine Begleiterin und Lieferantin von Zitaten auf, bis plötzlich der lapidare Hinweis eingestreut wird: „Los ging es, diesmal mit einer anderen Frau, nur wir zwei, in der alten Queen Mary..." (Gemeint ist seine zweite Überfahrt in die USA 1967). Diese

zweite Ehe mit Elizabeth Jane Howard endete 1980.
Doch zurück zu Hilly und der Zeit, die er in seinen Memoiren als seine glücklichste beschreiben sollte: 1949 bekommt Kingsley Amis eine Assistentenstelle als Universitätsdozent am University College in Swansea, Wales. Gemeinsam mit seinen drei 'Teufelchen' und seiner Frau bewohnt er eine dürftige Mietswohnung. Doch schließlich erbt Hilly 5000 Pfund und die Amises ziehen in die Nähe des Cwmdonkin Drive. (In N°5 wurde Dylan Thomas geboren). Kingsley Amis kommt in den Genuß eines eigenen Schreibzimmers und einer Schreibmaschine. Nun also scheinen die Voraussetzungen für ein großes schriftstellerisches Werk endlich gegeben zu sein; Kingsley Amis beginnt seinen Roman LUCKY JIM. In diesem Roman geht es um einen aufstrebenden Dozenten in einer Provinzuniversitätsstadt, der es sich mit der Verwandtschaft seines Professors verdirbt.
In seinen Memoiren beschreibt Amis eine Szene im Bryn-y-Mor-Pub in der Nähe des alten Hospitals von Swansea. Zusammen mit Leuten aus der Autowerkstatt und den Häusermaklern nimmt er seinen Lunch ein; um 2.30 Uhr hält er noch eine späte Vorlesung mit 15 Studenten vor der Brust:
„Alles ist friedlich. Oft wünschte ich, ich hätte Swansea nie verlassen, aber das ist bedeutungslos wie alle Wünsche dieser Art, weil alles in diesem Bild verschwunden ist."
1961, als er mittlerweile in Cambridge ist und mit Professoren seine Lunches einnehmen muß, denkt er sehnsuchtsvoll an Swansea zurück.
1958 besucht Amis zum ersten Mal die USA und trifft bei einer Veranstaltung über die 'Beat Generation' Jack Kerouac (ON THE ROAD). Bevor die Vorträge beginnen, wärmt sich Kerouac am Klavier auf, balanciert einen Stuhl auf dem Kopf und schneidet Gesichter. Er dehnt seinen nachfolgenden Vortrag auf eine Stunde aus, spricht über Popeye, Laurel und Hardy und Humphrey Bogart als Vorfahren der 'Beats': jene Gruppe von Autoren, die durch die Gegend trampen und an Sex, Alkohol und Drogen ihre Kräfte messen, genauso wie die Protagonisten seiner Romane.
Auch Kingsley Amis hält nun seinen Vortrag: 'Für die Vernunft

und solch altes Zeug', spürt aber genau, daß ihm die Show gestohlen wird:

„Warum um alles in der Welt war ich dorthin gegangen, einer der versucht hatte, von den Angrie Young Men wegzukommen, steckt seine Nase in etwas, das sich so unangenehm gleich anhört."

Kingsley Amis' MEMOIRS zeichnen sich durch große Detailfülle aus, allerdings weniger in Bezug auf sein eigenes Leben als auf das anderer Personen. Er gibt Einschätzungen und recht peinliche Informationen über seinen 'besten Freund' Philip Larkin; über seine eigenen Probleme geht er aus vermeintlicher Rücksichtnahme stillschweigend hinweg.

Von 1958-59 lehrt Kingsley Amis Kreatives Schreiben an der Princeton University, N.J., USA. Regeln aufzustellen für Kreatives Schreiben fiel ihm zuerst nicht leicht. Seine Studenten mußten mit Hinweisen fertig werden wie: „Fangt immer gut an, mit einem guten Satz. Ääh..."

Kingsley Amis entwickelt sich zu einem großen Science-Fiction-Fan mit einer beachtlichen Sammlung. Zu den James Bond Geschichten steuert er 1968 unter dem Pseudonym Robert Markham COLONEL SUN: A JAMES BOND ADVENTURE bei. Zusätzlich analysiert er alle James-Bond-Romane im JAMES BOND DOSSIER und findet heraus, daß James Bond 38,5 Menschen tötete und pro Auslandsaufenthalt mit einer Frau schlief. Bis auf zwei waren diese Frauen alle blond. Mit dieser Analyse wollte er der akademischen Welt eins auswischen, die Literatur mit tiefem akademischem Ernst sezieren, während sie mit gerümpfter Nase auf sogenannte Trivialliteratur herabblickt.

Nach seinem ersten USA-Aufenthalt, von dem er begeistert zurückkehrt, lehrt Kingsley Amis am Peterhouse College in Cambridge. Er kritisiert das bestehende Universitätssystem. Viele Studenten hält er auf der Uni für fehl am Platz. Als der früher einmal kommunistisch orientierte Kingsley Amis auf Thatcherlinie umschwenkt, hat er an ihrer Politik vor allem eines zu kritisieren:

„Es gibt eine Ausbildung im Sinne von Ausbildung, definiert

durch die freie Umgehensweise mit Wissen und Wahrheit um ihrer selbst willen. Der Effekt ihrer (Mrs. Thatcher's) Politik war, diese Art von Ausbildung zu schwächen und zu unterminieren."

1963 läßt sich Amis von der Universität beurlauben und wird freischaffender Schriftsteller.

Eine zweite USA-Reise führt ihn 1967 nach Nashville, Tennessee. Die Südstaatenmentalität mit ihrem Rassismus schreckt ihn ab, und er kehrt mit seiner zweiten Frau recht enttäuscht nach England zurück.

Was Kingsley Amis in seinen Memoiren verschweigt, ist die Beziehung zu seinen Frauen. Doch Frauen waren bis zu einem bestimmten Zeitpunkt eines seiner Hauptbetätigungsfelder. Kingsley Amis hatte vor seiner Ehe mit Hilly Beziehungen zu Frauen und auch während seiner Ehe. Dies war auch der Grund, warum die Ehe scheiterte.

Auf einem Seminar über Sex in der Literatur begegnet er der Schriftstellerin Elizabeth Jane Howard und beginnt mit ihr eine Affäre. Die Ehe der Amis war damit beendet, sollte aber später zur Überraschung aller in anderer Form fortgesetzt werden.

Nach einigen Jahren des Zusammenlebens begann auch die Ehe zwischen Kingsley und Jane ihren Halt zu verlieren. Das Einzige, auf das man sich noch gemeinsam verständigen konnte, war am Ende die Schriftstellerei. Seit dem Zusammenleben mit Elizabeth Jane Howard verändern sich Amis' literarische Frauengestalten ins Negative. Immer mehr hebt er das hervor, was ihn an Frauen abstößt: er kritisiert ihre Art zu kommunizieren: 'viel Quantität, wenig Qualität'. Die Beziehung zu Jane endet, da Kingsley nicht bereit ist, die Forderung seiner Frau nach Aufgabe seines Alkoholkonsums zu erfüllen.

Später verleugnet Amis seine zweite Frau und meidet sie, wann immer er kann. Er betrachtet sie als Schauspielerin im negativen Sinne, die ihr Leben inszeniert. Sein Sohn Martin Amis sah allerdings auch ihre positiven Seiten: da Kingsley Amis sich nicht um die Ausbildung seiner Kinder kümmerte, sprang Jane ein. Sie bemühte sich, gute Schulen zu finden, was ihr wohl auch gelang.

Seit 1981 lebte Kingsley Amis wieder mit seiner ersten Frau Hilly zusammen. Allerdings war es eine Dreiecksbeziehung, die auch Hillys dritten Mann, Lord Kilmarnock, miteinbezog. Ehestifter waren Martin und Philip, die ihren Eltern die Sache schmackhaft machten. Alle Beteiligten waren zufrieden, sogar Lord Kilmarnock, der sich durch diese Lösung auch eine Lösung seiner finanziellen Probleme versprach. Kingsley hatte wieder ein richtiges Zuhause mit einem Menschen, der ihm sehr vertraut war, und genoß die hausfräuliche Fürsorge Hillys. Jeder lebte sein eigenes Leben in abgetrennten Bereichen des Hauses Primrose Hill, 194 Regent's Park Road.
1986 erhält er für THE OLD DEVILS den Booker Prize. Ort dieser Ehrung war die London Guildhall direkt in der City of London südlich des London Wall. Hier mußte Amis die Anstrengungen eines öffentlichen Dinners durchmachen, wobei ihn eine aufdringliche Nachbarin fast zum Rauchen nötigte. Ein denkwürdiger Ort, wo einst Gericht gehalten wurde und wo man im Jahre 1553 die Thronprätendentin Lady Jane Grey und ihren Mann Lord Dudley zum Tode verurteilte. Hier also wurde Kingsley Amis zum Booker Prize verurteilt.
Kingsley Amis liebt es, über andere zu lachen, die empfindlich auf Kritik reagieren. Er selbst versteht, was seine eigenen Bücher angeht, allerdings wenig Spaß.
Zu einer Party bei Mrs.Thatcher in Downing Street N°10 im Jahr 1980 bringt er ein Exemplar seines gerade herausgekommenen Buches RUSSIAN HIDE-AND-SEEK mit, das eine Widmung enthält.
„Worum geht es in dem Buch?" fragte sie, nachdem sie mir gedankt hatte.
„Nun, es geht um ein zukünftiges Britannien unter russischer Herrschaft", sagte ich.
„Huh!" rief sie. „Kannst du nichts Besseres schreiben? Hol' dir noch einen chrystal ball."
Kingsley Amis schreibt, daß er eine so unfaire Antwort von ihr nicht erwartet hätte. Doch betrachtet man das Thema des Buches, muß es Mrs. Thatcher wohl natürlicherweise gegraut haben.

Kingsley Amis' Leben nahm in seinem Alter eine feste Struktur an: Aufstehen, Frühstücken, Zeitung lesen, Schreiben, den Garrick Club besuchen, anschließend ein Nickerchen zu Hause, wieder Schreiben und dann Fernsehen, vorzugsweise Coronation Street. Sonntags besucht ihn Martin oft mit seinen zwei Kindern. Doch der morgendliche Gang zur Schreibmaschine fällt ihm immer schwerer. Die Angst vor dem immer wiederkehrenden täglichen Beginn steigert sich. Im Oktober 1995 stirbt er.

*

LUCKY JIM

LUCKY JIM (1954), Kingsley Amis' Erstlingswerk, ist zugleich auch einer seiner erfolgreichsten Romane geblieben. Mit leichter Hand und einem treffsicheren Instinkt für großen Humor schildert er die Geschichte des Universitätsdozenten Jim Dixon. In seinem ersten Jahr an einer Provinzuniversität soll Dixon sich bewähren. Krönung dieser Bewährungsprobe ist ein Vortrag über 'Merry old England'. Doch bevor es soweit ist, muß Dixon noch diverse Weekends im Hause seines Professors Welch überstehen. Welch hat einen Hang zum Monologisieren. Bemerkungen anderer, vor allem hierarchisch untergeordneter Personen, erträgt er nur in kleinen Häppchen. Sein Realitätssinn ist ihm abhandengekommen, er lebt in einem Elfenbeinturm der Gelehrsamkeit, unterbrochen von einigen vornehmen Wochenendfesten mit Musik und Vorträgen. Jim Dixon zieht eigentlich antiintellektuellere Beschäftigungen wie Pints trinken vor, doch Privat- und Berufsleben vermischen sich. Bei einem gebildeten Weekend lernt er die Frau seiner Träume kennen. Aber die ist zufällig die Freundin von Professor Welchs Sohn. Das Schicksal nimmt seinen Lauf, und das auf ziemlich beschwerliche Art und Weise, denn da ist noch Margaret, gerade von einem Selbstmordversuch genesen.

Dixon fühlt sich ihr verpflichtet, leidet aber unter dieser problematischen Beziehung. Bei einem Gang zur Toilette träumt er davon, sich telephonisch von Welch und Margaret zu verabschieden und nach London zu fliehen. Das Bild von London, das er plötzlich sehr real vor seinen Augen sieht, kommt einer

Vision gleich. London als Fluchtort, als Ort, an dem er wieder frei atmen kann, ohne die quälenden Verpflichtungen seines gegenwärtigen Lebens. Wie sich am Ende des Buches herausstellen wird, ist die Vision eine Prophezeiung.
Lucky Jim verstrickt sich in Schwindeleien und die unbeholfenen Versuche, seinen Alkoholkonsum zu verschleiern. Bei einem Weekend steckt er fast sein Zimmer in Brand, da er mit brennender Zigarette einschläft. Jims Versuch, das Chaos, das er verursacht, zu vertuschen, führt ihn immer tiefer in neue witzige Verwicklungen hinein. Auch der Versuch, nur hübsche Mädchen in seinen Englisch-Kurs aufzunehmen und den intelligenten Mitchie auszuschließen, scheitert letztendlich.
Absurderweise - der Deus ex Machina des Romans schlägt zu - macht Dixon gerade durch seine katastrophale Vorlesung sein Glück. Ein wichtiger Mann namens Gore-Urquard macht ihn vor der Vorlesung betrunken. Dixon imitiert daraufhin sämtliche Universitätsprofessoren, darunter auch seinen Professor Welch. Es endet in einem Debakel. Lucky Jim wird von der Universität verwiesen. Kurz darauf erhält er einen Anruf von Gore-Urquard, der ihn als seinen Privatsekretär einstellt. Lucky Jim bekommt am Ende alles: den Posten, auf den der verhaßte Bertrand aus war, die Frau, die er liebt, und einen festen Platz in London.

*

Ursprünglich hatte Kingsley Amis vor, in LUCKY JIM die Geschichte seines Freundes Philip Larkin zu erzählen. Philip wohnte in einer Straße namens Dixon Drive, daher also der Name des Protagonisten. Doch wie er in seinen Memoiren schreibt, verändert die Kunst alles.
In LUCKY JIM werden mit einfachen, oft umgangssprachlichen Mitteln die Eitelkeiten und Absurditäten des Universitätsdozentenlebens aufs Korn genommen.
Was zählt und letztendlich bewertet wird, ist nicht das fachliche Können, sondern das persönliche Verhältnis des jungen Dozenten zu seinen Vorgesetzten. Ein Artikel, den Dixon in einer Zeitschrift veröffentlicht hat, wird vom Herausgeber der Zeitschrift geraubt. Den Artikel als seinen eigenen ausgebend,

bekommt der Herausgeber daraufhin einen Posten. Jim Dixon steht diesen Machenschaften fassungslos gegenüber. Kingsley Amis wurde oft mit seiner Romanfigur Lucky Jim verglichen. Tatsächlich gibt es einige Parallelen: beide sind Provinzdozenten, rauchen gern, trinken, laufen Mädchen nach, schneiden Grimassen, ziehen antiintellektuelle Beschäftigungen vor und sind politisch links. 1967 veröffentlicht Amis einen Artikel mit dem Titel WHY LUCKY JIM TURNED RIGHT. Natürlich ist hier nicht eine Romanfigur gemeint, sondern Kingsley Amis selbst.

Das Verhältnis der Geschlechter zueinander wird in späteren Amis-Romanen, wie z.B. TAKE A GIRL LIKE YOU, zum beherrschenden Thema. Doch auch in LUCKY JIM wird diese Tendenz schon deutlich. Das schwierige Verhältnis zu Margaret, die Dixon im Grunde genommen unattraktiv findet, steht dem von sexuellen Schwingungen geprägten Verhältnis zu Christine gegenüber. Kleidung spielt hierbei eine große Rolle für Jim Dixon. Er macht sich vor einer Begegnung Gedanken, welches Kleid die jeweilige Frau wohl tragen wird. Margaret kann es ihm nicht recht machen. Sie trägt, was Dixon befürchtet hat, ein grünes Wollkleid mit niedrigen Samtschuhen. Christine Callaghans Aussehen wird von Dixon gleich beim ersten Anblick gelobt: weinfarbener Cordrock und eine weiße schlichte Leinenbluse. Auch John Self in Martin Amis' Roman MONEY beschäftigt sich intensiv mit dem Aussehen seiner Freundin Selina Street. Nur daß ihn ein Cordrock weniger reizt: Es muß schon Leder sein.

*

Martin Amis

Martin Amis: Die Slums der Oberen Zehntausend

Er gilt als einflußreichster männlicher Schriftsteller seiner Generation. Viele versuchen, seinen Stil nachzuahmen, der halb selbsterfunden ist, halb vom Straßenslang lebt. Wer Martin Amis auf Englisch liest, der sollte ein Wörterbuch benutzen, das noch nicht erfunden wurde. 'Sock' bedeutet bei ihm 'kleine Wohnung' und 'Tonto = verrückt'. Wie sein Vater ist er ein Zyniker; doch schlägt er einen schärferen Ton an, einen, der für Illusionen keinen Platz läßt. Seine Romane sind bevölkert von Figuren, die die Grenze aller Obszönitäten längst überschritten haben, die, wie in MONEY die schnelle Mark, den schnellen Sex und das schnelle Essen genießen. Es sind Leute, die schöne Dinge meist häßlich finden und umgekehrt. Und doch gibt es immer wieder Augenblicke des Innehaltens, des Nachdenkens auf der Toilette, der humorvollen Selbstbetrachtung. Martin Amis' Romanhelden leben in einer Welt, in der Drogen, Pornographie, Gewalt und Geld die Hauptrolle spielen.

*

1949 wurde Martin Amis in Oxford geboren. Sein erstes Bett war eine Schublade, denn die Eltern hatten kein Geld für ein Kinderbett. (Hillys Erbschaft stand noch aus). Einen wahren Rekord brach Martin Amis in der Zahl seiner Schulen: er besuchte allein dreizehn Schulen, darunter auch Schulen in den USA und Spanien. Mit besten Auszeichnungen in Englisch verließ er das Exeter College in Oxford. 1973 wurde sein erster Roman THE RACHEL PAPERS veröffentlicht und bekam den Somerset-Maugham-Award. Er arbeitete für Times Literary Supplement, The Observer, New Statesman und die New York Times.

In einer Time-Ausgabe vom Mai 1995 wird der interessierte Literaturliebhaber über Martin Amis' Zahnarztrechnung im Wert von 32.000 Dollar informiert, über die anstehende Scheidung und die neue Frau in seinem Leben: Isobel Fonseca, eine amerikanische Schriftstellerin. 800.000 Dollar habe Martin Amis als Vorauszahlung für seinen Roman THE INFORMATION verlangt und auch bekommen. Martin Amis ist also alles andere als ein armer, tiefschürfender Schriftsteller, wie seine Romanfigur Richard Tull in THE INFORMATION. Tiefschürfend wohl, aber nicht arm.

Sein neuer Roman NIGHT TRAIN (1997) wendet sich von der Selbstbespiegelung des Schriftstellers ab und bewegt sich im Polizeimilieu Chicagos. Martin Amis hat eine hohe Meinung vom Roman, den er als Möglichkeit ansieht, den Schriftsteller kennenzulernen:

„Das ist das Tolle am Schreiben. Wenn ich morgen auf dem Tennisplatz sterbe, bekommen meine Kinder ein genaues Bild von mir durch meine Bücher."

Als eine London-Trilogie wurden die Romane MONEY, LONDON FIELDS und THE INFORMATION charakterisiert mit dem sarkastischen Hinweis, daß Martin Amis im Grunde genommen immer wieder den gleichen Roman schreibe.

Der Schriftsteller als Romanfigur, Beobachter und Handelnder taucht in allen drei Romanen auf.

*

MONEY

MONEY, 1984 erschienen, ist ein Roman über die 80er; ein Roman, wie es der Klappentext der deutschen Übersetzung GIERIG verspricht, über ein Leben auf der Überholspur. John Self, der Held oder eher Antiheld des Romans, hat mit Werbung Geld gemacht und versucht nun durch einen Pornofilm seinen Gewinn zu steigern. Sein Leben spielt sich zwischen einer Westlondoner Mietswohnung und dem Dschungel New Yorks ab. Seine Abhängigkeiten von Sex, Fast Food und vor allem Alkohol führen ihn ebenso in traumatische wie in witzige Situationen. Immer wieder hat er das Gefühl, daß etwas Furchtbares mit ihm passiert ist, daß er eine Information erhalten hat, die sein Leben zerstört. Doch seine vom Alkohol getrübte Erinnerung spielt ihm Streiche, er sieht nur, was er sehen will: sein Leben auf einer Erfolgsleiter. Gleichzeitig erkennt er in sich selbst den kaputten Menschen. Über seine körperlichen Gebrechen tröstet er sich mit dem Gedanken hinweg, daß er Geld hat und noch viel mehr hinzuverdienen werde. Was er allerdings tut, ist nichts. Er vergleicht sich mit

einem Arbeitslosen. Er schaut fern, besucht Pornoläden und genießt die pornographische Beziehung zu seiner Freundin Selina Street. Pornographie ist für John Self gleichbedeutend mit Geld und umgekehrt. Selinas Wünsche nach Ehe und Kindern sind ihm egal, er bezahlt sie für die Liebe. Selina nimmt das Geld und trifft ihn an seinem wundesten Punkt: sie betrügt ihn mit schöner Regelmäßigkeit. In New York trifft John Self Fielding Goodney, den Produzenten, äußerst exzentrische Schauspieler und Geldleute. Auch Martina Twain, eine gebildete Frau, die ihm etwas mehr Menschlichkeit, Kultur und Respekt vor Frauen beibringen will, lebt in New York. Sie bewegt ihn zum Bücherlesen: GIERIG von Martin Amis ist darunter (er ist schockiert über die Hauptperson, die er ja selbst ist). Einige der witzigsten Stellen verdankt der Roman Martina Twains Kultivierungswut: erstmalig in der Oper - man spielt „Othello" - kämpft John Self heldenhaft gegen seinen Harndrang an; doch zumindest wähnt er sich in der passenden Toilette:
„Meine Abendtracht - die hocharistokratische Matrosenjacke, die plum geflügelte Fliege, der rosafarbene Kummerbund, der es mir gleich angetan hatte, die gelackten Halbgamaschen..."
Etwas überrascht stellt er fest, daß die übrigen Herren eher im bescheidenen Büroanzug erschienen sind:
„Überhaupt kein Wunder, daß Martina böse Blicke abschoß. Irgendwie kam mir in den Sinn, daß ich auf der Bühne wahrscheinlich weniger auffallen würde als hier im Parkett."
In der Oper, der Welt der Kultur, bleibt John Self fehl am Platz. Sein Weg scheint vorgezeichnet, und er führt immer weiter nach unten. Er wird von Telefon-Frank verfolgt, der auf dem gegenüberliegenden Bürgersteig steht und ihn anstarrt; der über sein Tun Bescheid weiß und ihn mitten in der Nacht anruft:
„Erinnerst du dich noch an Trenton, an die Schule in der Budd Street, an den blassen Jungen mit Brille auf dem Hof? Den hast du zum Heulen gebracht. Das war ich. Letzten Dezember, Los Angeles, der Mietwagen, mit dem du im Coldwater Canyon bei Rot über die Ampel gerammelt bist? Ein Taxi ist wo gegengefahren, und du hast nicht mal angehalten. Das Taxi hatte

einen Fahrgast. Mich. 1978, New York, du hast im Walden Center vorsprechen lassen, erinnerst du dich? Die Rothaarige, du hast gesagt, sie soll sich ausziehen, und dann hast du sie einfach übergangen, hast nur gelacht. Das war ich. Gestern bist du an der Fifth Avenue über einen Penner gestiegen, hast runtergeguckt und mit dem Fuß ausgeholt. Das war ich. Das war ich."
Telefon-Frank, der sich später als der falsche Produzent Fielding Goodney entpuppt, steht für alle Menschen, die John Self während seines Lebens zerstört hat. Und so wie er das Leben anderer zerstörte, wird er in einem gewaltigen literarischen Racheakt nun selbst zerstört. Die Aufdeckung des Schwindels steht kurz bevor. In einem Show-Down beim Schachspiel erklärt Martin Amis die Details des Schwindels. John Self hat sein Geld für einen Film verloren, der nie gedreht werden wird. Der Kreis schließt sich. Der Kreislauf des Schreibens. Die Kluft zwischen Autor und Romanfigur wird übersprungen.
Natürlich ist Martin Amis schuld am Scheitern seines Helden. Schließlich ist er der Verfasser des Romans, und wenn Romanfiguren die wahren Schuldigen an ihrem Debakel suchen könnten: Oliver Twist hätte Charles Dickens wohl schwere Vorwürfe für seine unglückliche Kindheit gemacht.
Doch das Bezugsfeld reicht weiter. Die Geschichte des Romans scheint einen wahren Hintergrund zu haben, scheint wirkliche Personen zu schildern. Dies wird durch die direkte Verknüpfung von Handlung und Autor stark hervorgehoben. MONEY, der Roman der 80iger Jahre, ist eine wahre Geschichte.
Martin Amis formuliert in MONEY eine Idee, die in LONDON FIELDS noch ausgebaut wird: der Schriftsteller findet seine Themen auf der Straße, findet seine Romangestalten in der Wirklichkeit: Martin Amis beobachtet John Self auf der Straße, trifft ihn, scheinbar zufällig, immer wieder. Der Roman MONEY ist Ergebnis der Beobachtung eines realen Menschen.

*

LONDON FIELDS

In LONDON FIELDS ist die Verknüpfung zwischen angeblich wahrer Handlung, Autor und Romanfiguren weitaus direkter. Sam, der in der Londoner Wohnung des Schriftstellers Mark

Asprey (M.A.) haust, ist der Ich-Erzähler. Er behauptet, eine wahre Geschichte zu erzählen, nämlich die der lebensmüden Nicola Six. Sam steht mit Nicola in Kontakt und hat mit ihr einen Plan ausgeheckt: Nicola Six erzählt ihm alles, was sie tut, und Sam macht daraus einen Roman: LONDON FIELDS.
Nicola Six hat mit 34 nach furchtbaren Ehen und noch furchtbareren Scheidungen sowie ständig wechselnden Liebhabern den Entschluß gefaßt, ihrem Leben ein Ende zu setzen. Sie ist äußerst attraktiv und erfahren, auch sie hat ihre Sexualität bis in alle Extreme ausgekostet und ist davon überzeugt, daß die Liebe tot ist. Nach einigen mißglückten Selbstmordversuchen beschließt sie, ihren Mörder zu suchen: zur Wahl stehen der kleine Gauner und Dartsspieler Keith Talent und Guy Clinch, ein reicher verheirateter Mann.
Um sich ihren Mörder heranzuziehen, spielt sie sowohl Keith als auch Guy die angemessene Rolle vor. Bei Keith ist sie die Sex-Künstlerin, die immer wieder neue Videos von sich selber dreht; bei Guy, die unschuldige, Hilfe suchende Frau, die noch nie sexuellen Verkehr hatte, gebildet, eine Literaturkennerin. Mit Guy wandert sie stundenlang durch die Wälder, mit Keith geht sie in die Darts-Kneipe, wo sich oft auch Guy befindet. Ihr Ziel ist, die Männer an ihren wundesten Punkten zu berühren und sie somit zum Haß gegen sie aufzustacheln. Nicola Six hofft auf die Katastrophe, auf ihren ganz persönlichen Mörder. Tatsächlich schafft sie es, beide vollkommen zu desillusionieren. Guy läßt sie wissen, daß sie keineswegs die Unschuld vom Lande ist, und Keith verletzt sie in seiner Ehre als Mann und Dartsspieler, als sie sich während eines Matchs mit seinem Gegner einläßt. Keith verliert daraufhin das wichtigste Match seines Lebens. Doch auch der Autor Sam ist keineswegs nur Beobachter, der das Beobachtete niederschreibt:
„Guy fragte mich um Rat wegen Nicola. Ich gab ihm meinen Rat (es war ein schlechter Rat), und mit etwas Glück wird er ihn befolgen."
Sam will die Geschichte nicht zum Guten hin beeinflussen, er braucht seine Geschichte; eine tragische Geschichte über eine Frau, die ihren Mörder sucht.

Black Cross ist der Name des Darts-Lokals. Die Figuren sind wie in einem Kreuz miteinander verbunden. Aber ein Kreuz hat vier Endpunkte: Nicola, Guy, Keith und den Autor. Schließlich ist es Sam, der zum Mörder wird. Denn er war es, auf den Nicola es eigentlich abgesehen hatte. Sie will nicht nur ihn zerstören, sondern auch das Buch, das er schreibt. Mark Asprey drückt es so aus:
„Du verstehst es nicht, nicht wahr, mein talentloser Freund? Sogar wenn du stirbst und vor Neid verwest. Es spielt keine Rolle mehr, was irgend jemand schreibt. Die Zeit, in der es noch etwas bedeutet hat, ist vorbei. Die Wahrheit spielt keine Rolle mehr und ist nicht mehr gefragt."
Sam, der Autor, hat sich immer wieder in die Handlung eingemischt und tut es bis zum Schluß. Guy sitzt im Auto, vollkommen zerstört. Sein Leben ist ruiniert, er will Nicolas Mörder sein. Doch Sam nimmt ihm die Rolle ab, schickt ihn fort, nicht zuletzt aus Sympathie für Guy. Am Ende der Einbahnstraße wartet Sam mit dem Mordwerkzeug im Auto. Der Autor ist hier in LONDON FIELDS als Romangestalt viel direkter miteinbezogen: er kümmert sich um Keiths Tochter, er berichtet über eigene Beziehungen und wird schließlich zum Mörder an seiner Hauptfigur. Daß damit auch der Roman zerstört ist, ist einerseits offensichtlich, andererseits ist er eben nicht zerstört, denn wir können ihn lesen. Zerstört wurde höchstens die traditionelle Romanform.

*

THE INFORMATION

In diesem Roman zieht sich Martin Amis weitgehend von der Metaebene des Romans zurück. Der Ich-Erzähler erzählt die Geschichte Richard Tulls, der mit seiner seriösen Literatur keinen Erfolg hat. Von Neid zerfressen, versucht er, seinen erfolgreichen Freund Gwyn Barry auszuschalten. Er trifft sich mit finsteren Gestalten, die seinem besten Freund/Feind auflauern sollen. Höhepunkt der Demütigung Richard Tulls ist eine Vortragsreise in die USA, während der beide ihre neuen Bücher vorstellen sollen. Gwyn stellt im überfüllten großen Vortragsraum sein neues Buch vor. Im benachbarten Raum, ungefähr genauso groß, sitzt Richard mit seinen drei Zuhörern, von denen zwei die Lesung verlassen. Die einzige bleibende Zuhörerin, so stellt sich im Nachhinein heraus, ist geistesgestört. Richard Tulls Bücher sind unlesbar. Vor der Publikation geht das Buch durch viele Lektorenhände. Auf mysteriöse Weise erkranken allerdings alle Lektoren auf Seite 13 von UNTITLED. Gleichzeitig werden die Veränderungen beider Autoren gezeigt: Gwyn Barry, vormals glücklich verheiratet mit der reichen Demeter, lernt das Erwachsenenleben genießen und trifft sich mit mehreren Frauen. Er richtet sich nur für die Public Relations eine Tischlerwerkstatt ein, da er immer wieder verkündet, die Schriftstellerei ähnele der Tischlerei. Kurz und gut, der Erfolg bringt ihm Affektiertheit ein und natürlich eine Menge Geld. Richard Tull wird wie John Self in MONEY von körperlichem Zerfall geplagt. Vor seiner Frau muß er die Schriftstellerei immer wieder rechtfertigen. Sie wünscht, daß er, da er ja als Autor sowieso keinen Erfolg hat, zum Hausmann wird. Richard Tull verfällt auf die wahnsinnige Idee, das Gerücht zu verbreiten, Gwyns neuer Roman sei ein Plagiat. Richard Tull wird zum Autor des Originals. Doch bevor der Leser erfährt, wie diese Geschichte ausgeht, ist sie auch schon aus: knapp entgeht Richards Sohn Marco einem Anschlag des Gauners Steve Cousins, Richards einzigem Leser, den er auf Gwyn angesetzt hatte.

Die Information, die letztendlich übermittelt wird, ist die des Todes:

„Jeden Morgen lassen wir mehr in unserem Bett, mehr von uns selbst. Während unsere Körper Vorbereitungen treffen zur Wiedervereinigung mit dem Kosmos."

Richard Tull hat sich selbst zerstört, Neid und Mißerfolg waren die Täter.

Martin Amis schaut einmal persönlich in seinem Roman vorbei, wenn er schreibt:

„Wenn Schriftsteller das Leben aus denen herauspressen, die um sie herum sind, wenn Schriftsteller Vampire sind, Alpträume...Um es klar zu sagen: ich treffe nicht auf diese Leute, sie treffen auf mich. Sie kommen zu mir wie die Information in

der Nacht. Ich mache sie nicht. Sie sind schon da."
Richard Tull hat seine eigene Vorstellung über die Entwicklung der Literatur:
„Literatur, sagte Richard, beschreibt einen Abstieg. Erst Götter. Dann Halbgötter. Dann wurde das Epische zur Tragödie: erfolglose Könige, erfolglose Helden. Dann der Landadel. Dann die Mittelklasse und ihre merkantilen Träume. Dann schrieb die Literatur über dich: Gina, Gilda: sozialer Realismus. Dann über die anderen: das niedrige Leben. Gauner. Das ironische Zeitalter. Und er sagte, Richard sagte: und jetzt? Literatur kann eine Weile lang über uns schreiben (er nickte Gwyn resigniert zu): über Schriftsteller. Aber das wird nicht lange dauern: ...wohin mit dem Roman?"
Obwohl es eine Frage ist, die von einer fiktiven Gestalt ausgesprochen wird, ist dies wohl doch eine Frage, die auch der Schriftsteller Martin Amis aussprechen könnte.
Alle drei Romane: MONEY, LONDON FIELDS und THE INFORMATION handeln in zunehmendem Maße vom Schriftsteller; beschreiben ihn als Beobachter, der nur die Realität wiedergibt, als Vampir, der die Menschen um sich herum zu seinen Zwecken aussaugt.
In THE INFORMATION wird der Schriftsteller zum zentralen Thema, zum Romanthema schlechthin. Während der Schriftsteller im Roman MONEY als Martin Amis wörtlich im Roman vorkommt und Einfluß auf den Protagonisten John Self gewinnt, ist Sam, der Schriftsteller in LONDON FIELDS, ein Erzähler, ein Chronist, wie er sich selbst beschreibt. Letzten Endes wird er zum Mörder, zur handelnden Person. Er greift immer wieder aktiv in das Geschehen ein, beeinflußt es, wie er meint. In Wahrheit wird er, der vermeintlich Unbeteiligte, mithineingezogen und Teil des Plans der Hauptfigur Nicola Six. In THE INFORMATION fallen schließlich alle Schleier. Der Schriftsteller ist eigentliches Thema. Der Roman handelt von den Machenschaften des erfolglosen ernsthaften Schriftstellers Richard Tull gegen seinen Freund und erfolgreichen Kollegen Gwyn Barry, der mit seinen trivialen Romanen Erfolg hat. Die Beziehung zwischen Schriftsteller und Roman wird in allen

drei Romanen thematisiert, allerdings mit steigender Tendenz, so daß man von ein und demselben Roman wohl kaum sprechen kann. Martin Amis ist sich seiner Rolle als Schriftsteller bewußt, und gleichzeitig übersteigert er sie. Ein Deus ex Machina muß zur Weiterführung der Handlung nicht erst vorgeschoben werden. Martin Amis, M.A. (verschlüsselt auch als der Schriftsteller Mark Asprey in LONDON FIELDS) ist im Roman anwesend. So wie Sam am Ende von LONDON FIELDS selber zum Mörder wird und somit sein eigenes Tun beschreibt. Am Ende hat nicht eine Romanfigur die Erkenntnis, das sie benutzt worden ist, sondern der Autor selbst. M.A., Martin Amis, bewegt sich ständig auf der Metaebene. Er ist Figur und Autor zugleich. London ist die Folie, auf der sich das Geschehen abbildet: ein naturloser Raum im Kontrast zum Titel des Buches LONDON FIELDS.

4
Vita SACKVILLE-WEST
Sissinghurst, Schloß Knole (Kent)

Am nächsten Morgen stand ich mit schmerzendem Kopf mitten auf dem Charing Cross, westlich der Themsebiegung. Dr. Johnson sagte eimal über diesen Mittelpunkt Londons: „I think the full tide of human existence is at Charing Cross." Da ich wenig Lust verspürte, in mein Horrorhotel zurückzukehren, entschied ich mich, der National Portrait Gallery am St. Martin's Place einen Besuch abzustatten.

Es ist ein seltsames Gefühl, aus dem Halbweltmilieu des Martin Amis an einen Ort zurückzukehren, wo man sich behaglich fühlt. Umgeben von Köpfen, wichtigen Köpfen, schönen Köpfen, häßlichen und geschichtlichen Köpfen, wandelte ich durch die heiligen Hallen und fühlte mich wie Oliver Twist, der nach seinem Intermezzo bei Fagin zu Mr. Brownslows gedecktem Kaffeetisch zurückkehrt. Nachdem ich Heinrich VIII. ins pausbackige Gesicht gesehen und die roten Haare Elizabeths I. bewundert hatte, kam ich zu einem Portrait Thomas Sackvilles, 1. Earl of Dorset, von John de Critz dem Älteren. Sackville, der Name kam mir bekannt vor. Natürlich: die Schriftstellerin Vita Sackville-West war mit ihm verwandt und baute einen der schönsten Gärten Englands: Sissinghurst.

Was hinderte mich daran, mein Barton-Fink-Hotel gleich zu verlassen und nach Kent zu reisen? Mein erster Haltepunkt sollte Schloß Knole sein, das Schloß, in dem Vita Sackville-West geboren wurde und das ihr Leben und ihre Schriftstellerei prägte.

Südlich von London, wo die M26 zur M25 wird, liegt der kleine Ort Sevenoaks. Von der Hauptstraße, die durch den Ort führt, zweigt eine kleine Straße nach Knole ab. Schloß Knole gehört seit 1946 dem National Trust. Der Trust besitzt über 200 Gebäude in Großbritannien. Auch Wälder, Moore, Hügel, Seen und Küsten gehören dem Trust, der 1895 gegründet wurde. Die Eintrittspreise haben es in sich. 15 DM pro Person muß man schon bezahlen, um die eingemachte Herrlichkeit der Aristo-

kratie und des Landadels begutachten zu können: House & Garden versteht sich. Ab und zu passiert es, daß man beim Durchschlendern des Kräutergartens das Klirren eines Teeservices hört. Verdutzt schaut man sich um und entdeckt hinter einem Zaun den Earl höchstselbst, wie er mit seiner Familie den Earl Grey schlürft. Oder man durchwandert ein solches Haus und findet an der Eingangstür zum Ostflügel plötzlich das Schild: Private. Aha: the aristocratic family is in. In seltenen Fällen, z.B. im Antony House, Cornwall, sieht man sogar noch die Nachtlektüre der Hausherrin auf dem Nachttisch herumliegen: Jane Austen, wie passend. Socken und Hemd des jugendlichen Sohnes hängen lässig über der Stuhllehne. In Honiton Hall in den Cotswolds wird man sogar von der Hausherrin persönlich herumgeführt. Einmal in der Woche, mittwochs, öffnen die Besitzer ihr Haus für die Besucher. Der Dackel liegt wartend in der Eingangshalle, und das Entgelt fällt etwas menschlicher aus als beim National Trust.
Durch den fleißigen Aufkauf, den der National Trust jährlich vorantreibt, werden zwar bewohnte Häuser zu Museen, doch für viele Familien mit Haus und Grundbesitz gibt es keinen anderen Weg. Die Instandhaltungskosten für Haus und Garten sind so hoch, daß die Alternative Verfall oder Verkauf wäre. Auch die Steuerlast reduziert sich bei einem Vertrag mit dem National Trust. Warum also nicht mit einem Verein zusammenarbeiten, der einem die Möglichkeit bietet, im Haus wohnen zu bleiben und gleichzeitig die Kosten für die Instandhaltung übernimmt. Die Besucherscharen müssen in Kauf genommen werden. Fortan werden aus den aristokratischen Häusern Puppenstuben für die Bürgerlichen Besucher. Knole allerdings ist eher ein Puppenschloß. Es ähnelt von weitem einer mittelalterlichen Stadt mit seinen zahlreichen Türmchen und Schornsteinen, seinen Zimmern, so viele, wie das Jahr Tage hat, seinen Treppenaufgängen, so viele, wie das Jahr Wochen hat und seinen Innenhöfen, so viele, wie die Woche Tage hat. Hirsche grasen auf den Wiesen, und wenn Virginia Woolf zu Besuch kam, so erinnerte Vita sie an jene stolzen Hirsche auf der Wiese. Besonders faszinierten Virginia Woolf, die zeitweise nicht nur

Freundin, sondern auch Geliebte Vitas war, die Beine der Vita Sackville-West:
„Oh, sie sind exquisit, führen wie schlanke Säulen hinauf zu ihrem Leib, dem eines brustlosen Kürassiers (dennoch hat sie zwei Kinder), doch alles an ihr ist jungfräulich, ungezügelt, adlig; und warum sie schreibt - was sie mit vollendeter Kompetenz und einer Feder aus Erz tut -, ist mir rätselhaft. Wäre ich sie, ich würde lediglich schreiten, zwölf Elchhunde im Gefolge, durch meine mir angestammten Wälder."
Virginia Woolf bewunderte Vitas Selbstsicherheit. Die Art und Weise, wie Vita mit Angehörigen einer anderen Klasse umging, beeindruckte sie. Mit dem gleichen Ton mochten die Sackvilles schon vor 600 Jahren Untergebene zurechtgewiesen haben.
Doch in die antibürgerliche Bloomsbury-Gruppe paßte Vita nicht hinein. Ihre Literatur wurde nicht für modern genug befunden und ihre Art, sich zu geben, rief in der Gruppe eine gewisse Starrheit hervor. Vita paßte eher zur vornehmen Welt Knoles. Dennoch war sie eine Rebellin. Wenn man in einem Haus mit 365 Zimmern als einziges Kind aufwächst, so ist es wohl nicht verwunderlich, wenn man anders wird als andere Menschen. Vita liebte ihr Schloß ein Leben lang, doch obwohl sie das einzige Kind war, konnte sie Knole nicht erben. Ihr Unglück war, daß sie als Mädchen geboren wurde und somit jedes Erbrecht verlor. Vielleicht ist dies der Grund, warum Vita sich oft wünschte, ein Mann zu sein. Tatsächlich hatte sie männliche und weibliche Züge an sich, zeitweise überwogen die männlichen. Dann verkleidete sie sich als Mann, nannte sich Julian, und spazierte mit ihrer Geliebten Violet Trefusis, alias Luschka, durch Paris. Zu dieser Zeit war sie bereits mit Harold Nicolson verheiratet und hatte zwei Kinder. Einer ihrer Söhne, Nigel Nicolson, gab nach Vitas Tod ihre Aufzeichnungen über das Verhältnis mit Violet Trefusis heraus. In PORTRAIT EINER EHE schildert er die Ehe seiner Eltern als glücklich, wenn auch nicht gefahrlos, wie er es ausdrückt. Vita selbst sah in ihrem Mann Harold und Violet die Personifikation ihrer beider Leben. Sie schreibt:
„Mein Haus, mein Garten, die Wiesen und Harold, das waren

die Schweigenden, die nur durch ihre Eigenschaften der Reinheit, der Einfachheit und des Vertrauens für sich sprachen; und auf der anderen Seite Violet, die wild und zügellos um mich kämpfte, sich zuweilen hart und verachtungsvoll gab und rücksichtslos über diese sanften, wehrlosen Dinge hinwegstürmte, dann aber auch wieder bemitleidenswert und tragisch war, völlig von mir abhängig..."

In Knole nahm alles seinen Anfang. Vitas Leben, so ihre Biographin Victoria Glendinning, sollte selbst ein Roman werden.

Erbaut wurde Knole zwischen 1456 und 1486 von Thomas Bourchier, Erzbischof von Canterbury. Später übernahm Heinrich VIII. Knole und fügte einige Gebäude hinzu. Lord Leicester, Favorit Elizabeths I., war der nächste Bewohner, doch schließlich gab die Königin das Schloß an ihren Cousin Thomas Sackville, später Lord Buckhurst, dem ersten Earl of Dorset, weiter. In dieser Zeit zwischen 1603 und 1608 wurde das Schloß umgebaut. Seitdem ist es im Besitz der Sackville-Familie. Der vierte Lord Sackville, Vitas Onkel, übereignete Knole als Stiftung 1946 dem National Trust.

Schloß Knole

Im ganzen Schloß begegnen dem Besucher immer wieder die Leoparden. Sie sind die Wappentiere der Sackvilles. In der Brown Gallery findet sich eine einzigartige Sammlung früher englischer Möbel, für die Knole besonders bekannt wurde. Die Möbel sind z.T. aus dem 17. Jahrhundert und reichen bis zur Zeit James I. und Charles I. zurück. Viele kostbare Sessel sind nur noch deshalb zu bewundern, weil sie 200 Jahre lang unter Tüchern schlummerten. In der Brown Gallery finden sich auch die vielen historischen Portraits, darunter Luther, Melanchthon

und Pomeranus. Wegen dieser Herren wird die Galerie auch The Reformer's Gallery genannt.
Die Besitzer Knoles waren große Kunstliebhaber und -förderer. Der Erste Earl of Dorset besaß ein eigenes Orchester und schrieb die erste englische Blankverstragödie. Seine schriftstellerischen Ergüsse trugen Namen wie GORBODUC und FERREX UND PORREX. Vita Sackville-West beschreibt sie als unerträglich langweilig.
Der Zweite Earl unterstützte die italienische Oper in London zu Beginn des 18. Jahrhunderts. Er war es auch, der ein Portrait Händels aufhängen ließ. Der Sechste Earl war literaturbegeistert, und zu seinen Freunden zählten Locke, Milton, Wycherley, Pope und Dryden.
Im Raum des Venezianischen Botschafters sind Wandbehänge mit Szenen aus ORLANDO FURIOSO zu sehen, gemalt nach der 1516 von Ariost verfaßten Version des Rolandstoffes. Orlando Furioso gibt sich der unerlaubten Liebe hin und wird daraufhin wahnsinnig. Der Evangelist Johannes heilt ihn jedoch. Der 'Rasende Roland' soll Neffe Karls des Großen gewesen sein, ein Frauenliebhaber und ein Draufgänger. Er fiel im Jahr 778 bei der Schlacht von Roncesvalles. Virginia Woolf schrieb einen Roman namens ORLANDO, worin sie Vita Sackville-West und die Geschichte ihrer Familie ironisch beschreibt. Vita war ihr allerdings nicht böse, sie mochte die Art, wie sie in ORLANDO dargestellt wurde: „Als Wesen, das nach tiefem, lange währendem Schlaf sein Geschlecht ändert, mal unter Zigeunern, mal im riesigen Stammesschloß wohnt, bei Poeten den Sinn des Lebens sucht und gleichzeitig von ihnen verlacht wird, das königliche Geschöpf, das mit seinen Elchhunden durch die Wälder schreitet."
Höhepunkt der Tour of the House ist der Raum des Königs, The King's Room. James I. soll hier übernachtet und dem Raum so seinen Namen gegeben haben. Vita und ihre Mutter führten Besucher bei Kerzenlicht in des Königs Schlafzimmer, wo laut Vita:
„Das große Himmelbett türmte sich in silber- und flamingofarbenem Atlas bis zur Decke, und die Umrisse der berühmten sil-

bernen Möbel flimmerten matt in einem Mondstrahl."
In SCHLOSS CHEVRON wird dieses Zimmer Ort einer mißglückten Verführungsszene zwischen dem Aristokratensohn Sebastian und einer Arztgattin. Ich verließ das Schloß und ging in den 1000 Morgen großen Park. Die frische Luft tat gut, und so machte ich mich auf die Suche nach dem Ice-House. Es befindet sich auf einem kleinen Hügel und existierte schon im Jahr 1762. Eine Allee, bestehend aus Eichen, genannt The Duchess Walk, führt zum gegenüber liegenden Hügel. Von diesem Punkt im Nord-Osten hat man eine herrliche Sicht auf das Schloß. Einige ruinenartige Gebäude, wie das Pseudo Gothic House, liegen im Osten. Es wird wegen der exotischen Vögel, die hier gehalten wurden, auch das Vogel-Haus genannt.

Die Ruinen, sogenannte Follies, wurden um 1761 erbaut. Zu dieser Zeit wurde das Pittoreske modern, und die Romantiker liebten gerade das Unvollendete. Glücklicherweise war mein Besuchstag der erste Mittwoch im Monat. Denn nur an diesem Tag ist der Garten in der Zeit von Mai bis September geöffnet. Seit 1710 hat sich der Garten wenig verändert. Hinzugefügt wurden ein Bowling green, ein Hügel und ein Flüßchen. Ein großer Teil des Gartens besteht aus Wildnis, einem Wald, der von moosbesetzten Wegen durchwunden wird, und in dem Glockenblumen üppig blühen.

Nachdem ich mich beim Chinesen in Sevenoaks gestärkt hatte, fuhr ich weiter Richtung Tonbridge. Auf der A21, die nach Hastings führt, kam ich bis zur Abzweigung Richtung Goudhurst. In diesem schönen Hügeldorf, nahe Sissinghurst, nahm ich Quartier. Im Tattlebury House, fast am Ortsausgang gelegen, bezog ich ein Zimmer mit Blick auf den Weald, Kents durch Hopfenhäuser und Hopfenanbau geprägte Hügellandschaft. Vom Four Poster Bed konnte ich durch ein großes Fenster die Landschaft überblicken.

Der Landlord ging gerade in den Garten des georgianischen Hauses; in der Hand hielt er ein Gewehr. Auf meine verwunderte Frage hin teilte er mir mit, daß er soeben einen Fuchs bei seinen Kaninchen gesehen habe. Er verschwand in den Büschen, und ich hörte einen Schuß. Doch später am Abend

sagte er, er hätte den Fuchs wohl verfehlt. Auf den Rat meiner Landlady hin stattete ich dem Star- & Eagle-Hotel aus dem 14. Jahrhundert einen Besuch ab. Ein altes Fachwerkhaus mit einer Bar und einem gemütlichen brennenden Kamin. Ich bestellte einen Apfelsaft und vertiefte mich beim Licht des flackernden Kamins in Vita Sackville-Wests Biographie.
Als ich über die Irrungen und Wirrungen im Leben der Vita Sackville-West las, über ihren Fluchtversuch mit Violet Trefusis und die Verfolgung durch die beiden Ehemänner, muß ich wohl unbewußt gelacht haben. Ein Herr um die fünfunddreißig, der mir gegenüber Platz genommen hatte und sein Guiness schwenkte, sprach mich auf meine Lektüre an.
„Sie lesen über die Sackville-West? Das muß ja ein Früchtchen gewesen sein. Ihr Garten Sissinghurst ist herrlich, das muß man schon sagen, aber was sie so verzapft hat, diese Aristokratentante: furchtbar."
„Sie meinen SCHLOSS CHEVRON und EINE FRAU VON VIERZIG JAHREN? Und andere Romane von ihr?"
„Oh, ich höre Sie sind Deutsche. Viele Deutsche kommen hierher. Die gute Vita scheint sie zu faszinieren. Aber um auf ihre Frage zurückzukommen, ja, ich finde ihre Schreibweise einfach nicht gut. Virginia Woolf, Sie kennen doch V.W.?"
„Ich werde ihr in St. Ives einen Besuch abstatten, ihr und ihrem Leuchtturm."
„Ah, ja ausgezeichnet. Jedenfalls Virginia Woolf sagte, daß bei Vita Sackville-Wests Schreibweise etwas nicht 'mitschwingt', daß da ein 'zurückhaltendes, gedämpftes Etwas' sei, daß ihr die 'zentrale Durchsichtigkeit' fehle. Und Vita erkannte, daß Virginia ihren wunden Punkt entdeckt hatte. Daß etwas in ihren Romanen 'gedämpft' ist und 'nicht lebendig wird', merkte sie auch."
„Ja, sie sagt, daß das, was sie schreibt, etwas unwirklich bleibt. Und trotzdem hatte sie Erfolg beim Publikum, den Virginia Woolf anfangs nicht hatte. Könnte da nicht auch etwas Eifersucht im Spiel gewesen sein?"
„Das glaube ich nicht. Virginia Woolf hat ohne Zweifel gewußt, daß sie die bessere Schriftstellerin war, auch wenn ihr das

Publikum zeitweise die Aufmerksamkeit versagte."
„Aber Sir, entschuldigen Sie, ich weiß gar nicht Ihren Namen, ich heiße übrigens Beatrix Kapplan."
„Sehr erfreut, John Collins." Er strich sich sein dunkelblondes Haar zurück und nippte an seinem Glas.
„Um noch einmal auf Vita und Virginia Woolf zurückzukommen. Vita verlegte ihre Bücher doch bei der Hogarth Press, und die gehörte Virginia und ihrem Mann Leonard Woolf. Bei einem Erfolg Vitas, wer verdiente daran außer Vita? Virginia. Sie verdiente an Vitas Büchern mehr, als an ihren eigenen. 800 Exemplare pro Tag wurden von ihren Erfolgsromanen verkauft. Das könnte ein avantgardistisches Schriftstellerinnenherz doch etwas brechen oder?"
„Ha, ha, ha. Gleich werden Sie noch behaupten, Virginia hätte wegen Vita Selbstmord begangen, das führt ja doch zu weit."
„Das behaupte ich auch nicht. Virginia hatte Depressionen bevor sie Vita kennenlernte. Aber ein gewisses Konkurrenzverhältnis können Sie wirklich nicht abstreiten."
„Hm, na ja, es mag schon so gewesen sein."
„ Übrigens, wenn Sie nach Sissinghurst fahren, nehmen Sie sich viel Zeit mit. Sie lassen wegen des großen Andrangs nur noch eine begrenzte Besucherzahl ein."
Mr. Collins stand auf und leerte in einem Zug sein Glas.
„Es ist schon spät, ich treffe mich morgen früh mit einem Klienten. Schön, Sie kennengelernt zu haben, Miss - Kapplan." Er zwinkerte mir zu und wandte sich in Richtung der alten Holztreppe.
„Gute Nacht, Äh, - Sir."
„John Collins."
„Träumen sie von Vitas Elchhunden."
„Lieber nicht."
Am nächsten Tag fuhr ich auf der A262 nach Sissinghurst.
*

Sissinghurst Castle Garden
Wie Knole gehört Sissinghurst dem National Trust. Es ist in der Zeit von Ostern bis zum 15. Oktober geöffnet. Di.-Fr. 13 bis 18.30 Uhr, Sa. u. So. 10 bis 18.30 Uhr.

Ich mußte ungefähr eine halbe Stunde Schlange stehen, bis ich eingelassen wurde in die Gartenwelt der Vita Sackville-West. Auffällig an Sissinghurst ist, daß die verschiedenen Gebäude voneinander getrennt sind. Man passiert zur Linken die Bibliothek, geht dann auf den Turm mit seinen zwei Spitzen zu und gelangt in den Garten. Zur Linken am White Garden liegt das Priest's House, wo die beiden Söhne Ben und Nigel wohnten. Geht man vom Tower aus geradeaus, so sieht man auf der rechten Seite das South Cottage. Dort wohnten Vita und Harold. Zum Schreiben zog Vita in ihren Turm um, wo sie auch manchmal schlief. Um schlafen, essen oder baden zu können, mußten die Nicolsons jedesmal ein unterschiedliches Gebäude ansteuern.

Als Vita Sissinghurst 1930 kaufte, war von der jetzigen Schönheit noch nichts zu sehen. Das ehemals große Gebäude, das schon im 12. Jahrhundert als Saxingherste aufgeführt wird, verfiel immer mehr. 1490 kauften die Bakers of Cranbrook das Gebäude, rissen einiges ab und bauten im Westen des Grundstücks ein neues Haus. Der Hausherr der Familie ging als Bloody Baker in die Geschichte ein, da man ihm unmenschliche Protestantenverfolgung zuschrieb, Vergewaltigung, Mord und Plünderung. Doch der Sissinghurst-Führer tröstet uns mit der Bemerkung, er sei eben ein Mann seiner Zeit gewesen. Sein Sohn Richard errichtete den Turm von Sissinghurst, riß im Großen und Ganzen die restlichen Gebäude ab und baute neue Gebäude. Damals muß Sissinghurst prächtig gewesen sein. Doch im Jahr 1752 waren nur noch Ruinen übrig. Zu dieser Zeit wurde Sissinghurst ein Gefangenenlager für französische Seeleute des 7jährigen Krieges. Nach Sissinghurst abtransportiert zu werden, war das härteste Schicksal, das einen gefangenen Franzosen treffen konnte. Achtzehn Männer mußten in den engen feuchten Räumen zusammenleben. Mord durch die englischen Bewacher, Krankheit und Dreck waren an der Tagesordnung. Die Franzosen rächten sich später, indem sie Sissinghurst ausplünderten und die Holzvertäfelung als Brennstoff benutzten. Sissinghurst geriet in einen noch schrecklicheren Zustand und war nur noch 300 Pfund wert. Anschließend

wurde das ehemals stolze Gebäude 60 Jahre lang zum Parish Workhouse. Danach vermietete man das angrenzende Land samt Schloßruinen an einen Bauern.
Sissinghurst wurde zum Wohnort für die Landarbeiter.
Doch dann, 1930, sah Vita das Gebäude und begriff, daß daraus etwas zu machen sei. Dazu kam, daß Vita eine Nachfahrin der Bakers of Cranbrook war. Knole konnte sie nicht besitzen, aber dieses verfallene Schloß mußte ihr Eigentum werden, von dem niemand sie vertreiben konnte. Die Romantikerin Vita Sackville-West verliebte sich sofort in Sissinghurst. Bei ihren Kindern und Harold mußte sie erst einmal Überzeugungsarbeit für den Kauf leisten. Auch ihre Mutter war ziemlich schockiert. Vita schreibt in ihr Tagebuch:
„Die Unmenge alter Bettgestelle, Pflugscharen, Kohlstrünke, zusammengefallener Trockenklosetts, Drahtknäuel und die Berge von Sardinenbüchsen, alles verfilzt in einem Wirrwarr von Winden und Zwergholunder, hätte ausgereicht, jedermann zu entmutigen."
Doch Vita ließ sich nicht entmutigen, sie erkannte in Sissinghurst ihr Dornröschenschloß. Daß aus dem verschlammten Grundstück einmal ein Märchenschloß samt Garten werden würde, konnte damals niemand ahnen. Jahre der Arbeit lagen vor ihnen. Vita und Harold begannen ihre Karriere als Gartenbauarchitekten. Erstens sollte der Garten eine Kombination aus langen geraden Wegen in Nord- Süd- und Ost-West-Richtung mit Statuen verzierten Endpunkten und geometrischen Gärten werden, die sich an den Wegrändern befinden. Romantisch englisch sollte er aussehen, den Charme Kents widerspiegeln und doch auch einen südlichen Charakter bekommen. Deshalb die Feigenbäume, Weinreben und Rosen. Zweitens mußten die unterschiedlichen Gärten den Jahreszeiten angepaßt werden. So entstand ein Frühlingsgarten, ein Frühsommergarten, ein Spätsommergarten und ein Herbstgarten. Nach dem Krieg kam eine dritte Idee dazu: die unterschiedlichen Gärten sollten separate Farben bekommen. Berühmt in ganz England ist ihr weißer Garten am Priest's House, der aus weißen und grauen Blumen besteht. Rosa longicuspis rankt über dem Weg und bil-

det ein schattiges Dach. Orange und Gelb sollten den Cottage-Garten prägen und Dunkelblau und Lila entlang der Nordseite des vorderen Hofes gepflanzt werden.

Eibenhecken durchziehen wie Mauern das Gelände, und Wilder Wein vereint sich über einer Gartenbank von Edwin Lutyens mit Clematis Perle d'Azur. Glockenteppiche sind zu sehen, und einmal bestellte Vita 300 Lilium Regale, während ihr Mann, nichtsahnend von der Bestellung, noch einmal 300 bestellt. Vita bittet bei ihrer Blumenwahl Shakespeare um Hilfe und findet folgende gärtnerische Anweisung Ophelias:

„Hier ist Fenchel für Euch und Akelei. Ich würde euch gerne ein paar Veilchen schenken, aber sie welkten alle, als mein Vater starb."

Natürlich müssen auch Maßliebchen gepflanzt werden, aber über alles gehen Vita die Rosen. Nie war Vitas Blumenwahl zufällig, und doch spielte der Zufall in der Bepflanzung für sie eine große Rolle. In ihrer Gartenkolumne im Observer rät sie, die Blumenzwiebeln 'blind hinter sich zu werfen.' Unterstützt wird Vita von anfangs drei, später sechs Gärtnern, doch war das zufällige Werfen, wohl eher Vitas Angelegenheit. Vita widmete Sissinghurst das folgende Gedicht:

„Eine müde Schwimmerin im Meer der Ewigkeit,
Laß ich die Wellen über mir zusammenschlagen:
Sink durch Jahrhunderte in eine andre Zeit
Und finde Schloß und Rose, die dort begraben lagen."

Dieses Gedicht widmete sie Virginia Woolf. In ihrem Schreibzimmer im Turm stehen zwei Bilder auf dem Schreibtisch: Harold und Virginia. An der Wand prangen die Brontë-Schwestern, gemalt von ihrem Bruder Branwell.

Sissinghurst

Die Sonne stand schon tief, und der National Trust Mitarbeiter klirrte ungeduldig mit den Schlüsseln. Ich ging langsam zum Eingang zurück. Am Turm drehte ich mich noch einmal um und sah einen alten Mann den Weg entlangschlendern.

„Das ist Nigel Nicolson, der Sohn," sagte der Wärter. „Oft, wenn die Besucher gegangen sind, sieht man ihn nachdenklich durch den Garten gehen; als ob er überprüfen will, ob auch noch jede Blume am richtigen Fleck steht."

*

Vita Sackville-West

Vita Sackville-West: Hermaphrodit im Schloßgarten

1892 geboren, verlebt Vita ihre Kindheit und Jugend im romantischen Knole zwischen Leoparden, königlichen Betten und Ahnenportraits. Ihr bevorzugter Spielplatz sind die langen Dachböden, wo sich ausrangierte Möbel, Gemälde, Truhen und Kisten befinden. Hier stöbert die kleine Vita nach Herzenslust herum. Doch irgendwann genügt ihr diese Freizeitbeschäftigung nicht mehr: sie entdeckt das Schreiben und zieht sich in das verglaste Sommerhaus im Garten zurück.

Ihrer Mutter liest sie manchmal etwas aus ihren Romanen vor, so z.B. aus THE KING'S SECRET, einem Ritterroman um den sechsten Earl of Dorset. In ihrem Tagebuch vermerkt die Mutter Vitas, es sei 'sehr gut' gewesen. Vita selbst beschreibt sich als unattraktives Kind, mit dem niemand habe spielen wollen, doch ihre Mutter vermerkt, Besucher seien ganz begeistert von Vitas Gabe gewesen, andere zu unterhalten. Das Glück, in Knole zu leben, war für Vita niemals ungetrübt. Große Feste, von ihrer Mutter in Szene gesetzt, nötigen ihr gesellschaftliches Auftreten ab, von dem sie sich gern distanziert. Über allem hängt das Damoklesschwert der umstrittenen Erbfolge in Knole. Vita ist achtzehn als der Prozeß um die Erbfolge beginnt. Zu beweisen war, daß der Großvater eine gewisse von Zigeunern abstammende Tänzerin, mit der er Kinder hatte, niemals geheiratet habe. Ein Sohn dieser Tänzerin, Henry, stellte Ansprüche auf den Familiensitz Knole. Die Mutter Vitas, eine charmante, sehr impulsive Frau, besteht darauf, daß Vita an dem Prozeß teilnimmt.

„Schau dir deine Verwandtschaft an, sie sehen aus wie Klempner in Sonntagsanzügen."

Der Prozeß wird für die Besitzer von Knole entschieden und Henrys Klage abgeschmettert. Die Sackvilles und ihre Familiengeschichte geistern in diesem Jahr 1910 immer wieder durch die Presse. Vita wird berühmt noch bevor sie zur anerkannten Schriftstellerin gedieh. Im Triumph kehren die Sackvilles nach Knole zurück. Die Jahre der Unsicherheit sind erst einmal vorbei. Doch nur drei Jahre dauert es, bis es zum nächsten Prozeß

kommt. Diesmal ist der Grund der Tod des Hausfreundes Lady Sackvilles, Scott Seery. Er vermachte Vitas Mutter ein beträchtliches Vermögen, woraufhin die Familie Scott Seerys protestierte. Die Beziehung der Eltern Vitas driftete immer mehr auseinander. Beide suchten ihren Trost in anderen Beziehungen. So ließ Lionel, Vitas Vater, die von ihm geliebte Frau samt Ehemann in ein Haus auf dem Grundstück einziehen. Vitas Mutter konterte mit Seery.
Diese Zeit war für Vita sehr verwirrend. Der junge Diplomat Harold Nicolson hatte ihr einen Antrag gemacht, zu einer Zeit, in der sie sich physisch sehr zu ihrer Freundin Rosamund hingezogen fühlte. Doch im Vergleich zur Affäre mit Violet Trefusis, die noch kommen sollte, war die Affäre mit Rosamund wohl eher harmlos. Trotzdem verbringt Vita damals sehr viel Zeit mit Rosamund. Harolds Geist und seine Unermüdlichkeit beeindrucken Vita aber schließlich mehr als Rosamunds Sinnlichkeit, und sie stimmt mit zwanzig Jahren der Heirat zu. Doch schon damals muß sie sich der Ambivalenz ihrer Neigungen in gewisser Weise bewußt gewesen sein, denn sie schwankt hin und her. In einem Eiltelegramm an Harold sagt sie die Hochzeit wieder ab und macht sich selbst schwere Vorwürfe: „Ich kann nicht alles für ihn aufgeben...Wenn ich ihn nicht lieben würde, wäre alles so einfach," schreibt sie in ihr Tagebuch. Harolds Entschlossenheit und ihre Liebe zu ihm überwindet schließlich alle Zweifel, und sie heiraten im Jahr 1913.
Es war eine ungewöhnliche Ehe, fühlten sich doch beide, sowohl Harold als auch Vita, zu ihrem eigenen Geschlecht hingezogen. Vita erfährt von Harolds Homosexualität erst nach der Eheschließung. Zeitweise sind sie monatelang voneinander getrennt. Harolds Tätigkeit im Diplomatischen Dienst führt ihn u.a. nach Rom, Konstantinopel und Berlin. Vita begleitet ihn meistens nicht und steht seinem Beruf recht kritisch gegenüber. Vita möchte nicht die Frau an seiner Seite spielen, die Diplomatengattin, die mit vollendetem Benehmen ihren Mann zu diplomatischen Gesellschaften begleitet.
Redete man sie mit Mrs. Nicolson an, so reagierte sie sehr kühl. Immer wieder versucht sie, Harold vom diplomatischen Dienst

loszureißen. Ihr Einfluß macht sich schließlich 1929 geltend. Harold, der zu diesem Zeitpunkt mit seiner Tätigkeit auch nicht zufrieden war, gibt den diplomatischen Dienst auf und nimmt ein Angebot des Evening Standard in London an. Später versucht er einen Einstieg in die Politik, wobei er allerdings scheitert. Im Nachhinein sollte er seine Entscheidung, den diplomatischen Dienst verlassen zu haben, bereuen. Die Diplomatie war Harold wichtig, sie gehörte für ihn zu den wenigen männlichen Seiten seines Wesens.

Auch wenn beide monatelang voneinander getrennt sind, reißt ihr Kontakt nie ab. Sie schreiben sich sehr oft und können ihre Gefühle besser schriftlich ausdrücken. Ab 1929 verläuft ihr Leben auf getrennten Bahnen. Harold ist über die Woche in London, nimmt an Gesellschaften teil und führt ein reges Leben, zu dem übrigens auch die Schriftstellerei gehört. Vita lebt in Sissinghurst, kümmert sich um den Garten und schreibt in ihrem Turmzimmer. Zeitweise ist sie ganz allein, nur mit ihrem Garten und der Schriftstellerei beschäftigt.

Es wurde bereits erwähnt, daß Vita eine Rebellin war. Eine Rebellin gegen die Konventionen ihres eigenen Geschlechts. Dies wird ihr selbst erst deutlich als sich sieben Jahre nach ihrer Eheschließung, nachdem sie zwei Kinder zur Welt gebracht hat, die Affäre mit Violet anbahnt. Aus einer früheren Freundschaft wird Liebe. Violet versucht, Vita aus ihrer Ehe loszureißen. Sie verreisen mit dem Ziel, niemals wiederzukommen. Doch die endgültige Rebellion, die endgültige Loslösung von ihrem bisherigen Leben gelingt ihr nicht. So sehr sich Violet auch anstrengt, Vita kehrt immer wieder in ihren Heimathafen Sissinghurst zurück.

Die Wirrnis des Verhältnisses Vita-Violet wird perfekt, als sich Violet entschließt, nach vielen aufgelösten Verlobungen doch zu heiraten. Ihr Opfer heißt Denis und muß sich verpflichten, geschwisterliche Beziehungen einzuhalten. Der Tag von Violets Trauung ist für Vita ein Trauertag. Doch die Tatsache, daß nun beide verheiratet sind, ändert nichts an ihrer Beziehung. Sie fliehen, mal wieder wild entschlossen, nicht zurückzukehren. Doch diesmal haben sie gleich zwei Verfolger im Nacken:

Harold und Denis. Die Rebellion der Anhänger Sapphos gegen das entgegengesetzte Geschlecht war stark gefährdet. In Paris kommt es zum wechselnden Duell der Parteien. Eifersucht ist schließlich der Grund, warum Vita und Violet auseinanderdriften. Vita ist eifersüchtig auf Denis, Violets Ehemann, denn der brach das Abkommen der geschwisterlichen Liebe. Violet war ihr untreu geworden, und das konnte Vita, die selbst zwei Kinder von ihrem Mann hatte, absurderweise nicht ertragen. So wurde die Rebellion zur Farce, und die Verwirrung der Gefühle war perfekt. Es ist unmöglich und wohl auch überflüssig, hier alle Lieben Vitas aufzuzeichnen.
Deshalb sei hier nur noch Virginia Woolf erwähnt. Zum ersten Mal treffen sie sich bei einer Gesellschaft im Dezember 1922. Virginia läßt in ihrer Tagebucheintragung erkennen, daß dieses Zusammentreffen zwar Eindruck auf sie machte, daß der Eindruck jedoch zwiespältig war. Sie beschreibt Vita als blühend, mit einem kleinen Schnurrbart und papageienfarben gekleidet und fügt hinzu, sie habe die Leichtigkeit der Aristokratie, aber nicht den Geist einer Künstlerin. Fünfzehn Seiten schreibe sie am Tag und habe gerade ein Buch fertiggestellt. Virginia fühlt sich offenbar nicht wohl bei diesem ersten Zusammentreffen. Sie fühlt sich Vita gegenüber, 'jungfräulich, schüchtern und schulmädchenhaft.'
Doch ein Jahr später wird das Verhältnis zwischen Vita und Virginia klarer. Virginia erfährt, daß Vita ein Auge auf sie geworfen hat. Sie fühlt sich romantischerweise in eine Zeit vor 500 Jahren zurückversetzt. Diese Liebe, die die jüngere Vita für sie empfindet, erscheint ihr 'wie alter gelber Wein'. Aber Virginia bleibt Vita gegenüber unsicher, befürchtet, daß diese ihre nachlässige Art sich zu kleiden nicht mag. Das, was sie an Vita bewundert - ihr aristokratisches selbstsicheres Auftreten -. schafft gleichzeitig Distanz zwischen den Schriftstellerinnen. Die literarisch kompetente Virginia Woolf übernimmt die Rolle des zerbrechlichen Kindes, das sich von Vita beschützen läßt. Doch mit der Feder rächt sie sich für das Gefälle zwischen ihnen. Sie ist voller Ironie, als sie 1928 ORLANDO schreibt.
In diesem Roman erscheint Vita fast lächerlich in ihrem jahr-

hundertealten Prunk und ihren ständig wechselnden Beziehungen. Sie verachtet die Verschwendung von Knole, und doch bewundert sie Vitas noblesse. In MRS. DALLOWAY (1925) erscheint Vita schemenhaft in der Person Mrs. Dalloways, die eine Abendgesellschaft plant und dabei in den Strudel ihrer Erinnerungen gerät. Hier bleibt die Woolf allerdings sie selbst: die ernsthafte Schriftstellerin, die sich mit dem Schachbrettmuster der Psychologie auseinandersetzt. In ORLANDO gönnt sie sich eine Pause von der Ernsthaftigkeit, hat mehr Spaß an diesem Eulenspiegelstreich als daß sie den Roman ernst nimmt. Trotz literarischer und intellektueller Überlegenheit fühlt sich Virginia Woolf unterlegen. In ihrem Tagebuch vom 15. September 1924 wundert sie sich über Vitas Fähigkeiten und ihre Sensibilität:
„...denn ist sie nicht Mutter, Ehefrau, große Dame, Gastgeberin, genauso wie Schriftstellerin? Wie wenig ich von all dem bin."
Und 1925 schreibt Virginia bezüglich Vita:
„Da ist ihre Reife und ihre Vollbusigkeit; da ist die Tatsache, daß sie mit vollen Segeln die hohe See befährt, wo ich Küstenschifffahrt betreibe; ich meine ihre Fähigkeit, in jeder Gesellschaft das Wort zu führen, ihr Land zu vertreten, Chatsworth zu besuchen und über Silber, Dienerschaft und Chows zu gebieten; da ist ihre Mutterschaft (obwohl sie ein bißchen kalt zu ihren Jungen ist), kurz, die Tatsache, daß sie (was ich nie gewesen bin) eine wirkliche Frau ist."
Doch die 'wirkliche Frau' war ein Mischwesen, ein Mensch, der gerne beide Seiten in sich vereinigte. Virginia stand Vitas sonstigen sich entwickelnden Beziehungen kritisch, ja ironisch gegenüber. Die Liebe wurde zur Freundschaft, doch sie riß nie ab, auch wenn sie zeitweise etwas abkühlte. 1941 begeht Virginia Woolf Selbstmord, man findet ihren Stock im Fluß treibend. Vita schreibt an Harold:
„Ich kann es einfach nicht fassen. Dieses herrliche Wesen, dieser herrliche Geist..."
Der Krieg und die Angst, wieder das Opfer einer ihrer zahlreichen immer wiederkehrenden Depressionen zu werden, ließ Virginia Woolf diesen letzten Entschluß fassen. Vita nimmt sich

Virginias Ende zu Herzen. Ihrem Tagebuch vertraut sie an: „Allein hier. Eine plötzliche Sehnsucht nach Virginia. Nicht sehr gut." Und einen Tag später: „Allein hier. Der Garten ist nichts als Unkraut. Komme nicht dagegen an. Deprimiert. Kann nicht schreiben."
Mit der Zeit verändert sich Vita immer mehr: als ob das Dornröschenschloß Sissinghurst ihre Gedanken immer mehr in Anspruch nimmt. Die eigene Welt, in der sie lebt und die sie sich selbst geschaffen hat, nimmt sie ganz und gar in ihren Besitz. Noch zu ihren Lebzeiten beklagte sich Virginia Woolf darüber, daß sich Vita nur noch für ihren Garten interessiere und nicht mehr für Bücher. Auch hatte sich Vita körperlich verändert; war dicker geworden, behäbiger, legte keinen Wert mehr auf Kleidung und war am glücklichsten, wenn sie in ihren Breeches den Garten durchstreifen konnte. Selbst ihr literarisches Interesse wandelt sich: sie beschäftigt sich mit Heiligenlegenden der Teresa von Avila und Thérèse von Lisieux, die später in ihr Buch ADLER UND TAUBE einfließen sollten. Die Gesellschaft anderer Menschen außer Harold macht ihr zunehmend Schwierigkeiten. Ist sie allein, so sehnt sie sich manchmal nach Gesellschaft; doch wenn Besuch kommt, fühlt sie sich von sich selbst entfremdet. Vita machte bereits vor Virginia Woolfs Tod eine schwierige Zeit durch, die angesichts des Kriegseintritts Englands im September 1939 alles andere als leichter wurde.
Vita tritt während des Krieges der Women's Land Army bei, einer weiblichen Hilfsorganisation für die Landwirtschaft. Sissinghurst lag genau in der Flugschneise der deutschen Bomber, die sich zwischen London und den Kanalorten hin und her bewegten. Vita überprüft die Verdunkelung in Sissinghurst, und ihr fällt auf, daß 'die einzige Verdunkelung...die meiner Seele ist'. Vielleicht war es das Dunkel dieser Kriegszeit, das Vitas Sehnsucht nach einem weißen Garten weckte.
Nach dem Krieg schreibt Vita regelmäßig Gartenkolumnen für den Observer. Ihre wöchentlich erscheinenden Gartenratschläge machen sie noch berühmter als es ihre Romane vermocht haben. Zwar ist es vor allem die sogenannte höhere Gesellschaftsschicht, die sich dafür interessiert, doch ihre Gar-

tenkolumne verändert das Gartenbild Englands. Wohin man auch sieht, blühen auf einmal in den Upper-Class-Gärten Kletterrosen zu Füßen von Apfelbäumen. Hybride Teerosen sind furchtbar out, dafür Buschrosen in. Ein regelrechter Gartensnobismus, wie es Vitas Biographin nennt, bricht aus.
Vita stirbt am 2. Juni 1962 an Krebs, nachdem sie ihre letzten Jahre relativ ruhig mit einigen verbleibenden Liebesaffären verlebte.
Was war sie nun in Wirklichkeit? Eine großartige Schriftstellerin oder eine großartige Gärtnerin? Ein Mannweib, ein Weibmann mit grüner Hand und spitzer Feder?
Tatsache ist, daß sie ohne ihre Schriftstellerei schnell unzufrieden wurde. Der Garten allein genügte ihr nicht. Sie brauchte ihr verwunschenes Refugium im Turm, wo sie bis tief in die Nacht schrieb. Aber sie brauchte genauso ihren Garten, die Natur, die sie gestalten und verändern konnte. So wie Dickens seine langen Spaziergänge brauchte, um seinem Leben eine Grundlage zu geben, so brauchte auch Vita Sackville-West die Natur, die sie bis zur Perfektion gestaltete.

*

THE EDWARDIANS

Sebastian, Sohn einer Herzogin, ist in den Semesterferien auf das Stammschloß seiner Familie zurückgekehrt. Seine Mutter liebt, so wie es Vitas Mutter getan hat, große Gesellschaften. Sebastian zieht sich auf das Dach des Schlosses Chevron (alias Knole) zurück, während die Gäste in die Halle einziehen:
„Die Halle war breit und hoch und hatte einen Fliesenfußboden; Wappenbilder verdunkelten die Fenster, und die heraldischen Leoparden aus geschnitztem und bemaltem Holz standen dräuend aufgerichtet längs der Wandtäfelung; Hirschgeweihe zierten die Wände, den lebensgroßen van Dycks gegenüber."
Auch seine Schwester Viola distanziert sich von dem ihr unnütz erscheinenden Prunk. Der 19jährige Sebastian hadert mit seinem Schicksal, als Adliger geboren worden zu sein. Sebastian und Viola sind beide literarische Verkörperungen Vitas und geben die Ambivalenz von rebellischem Benehmen gegenüber den Konventionen der Adelskaste einerseits und

Verehrung gegenüber der jahrhundertelangen Schloßgeschichte wieder. Beide lieben ihr Schloß sehr, auch wenn sie die Zurschaustellung der Geisteshaltung der Adligen verachten. Sebastian widern die nichtssagenden Gespräche an, in denen es nur um den neuesten Tratsch geht, nämlich wer mit wem liiert ist. Auf der Gesellschaft befindet sich allerdings ein Außenseiter: Anquetil ist sein Name, er ist Forscher und nur wegen einer erfolgreich verlaufenen Expedition anwesend. Skeptisch und amüsiert beobachtet er die Anwesenden. In einem persönlichen Gespräch kommen sich Sebastian und Anquetil näher. Anquetil prophezeit Sebastian den Verlauf seines weiteren Lebens: er wird Affären mit verheirateten Frauen eingehen, die ihn schließlich aber immer wegen ihrer Männer und des guten Tons verlassen werden. Er wird sein Leben unnütz verleben, ohne eine sinnvolle Betätigung, ohne soziales Verantwortungsgefühl, wird zynisch werden und am Ende ein nettes Mädchen aus gutem Hause heiraten, die er dann schließlich betrügen wird. Dies seien die ungeschriebenen Gesetze seiner adeligen Herkunft, so Anquetil, denen er nur entgehen könne, indem er die Flucht ergreift und mit ihm auf Reisen geht. Doch Sebastian widersetzt sich, er glaubt, daß sein Leben anders verlaufen wird. Die Affäre mit der schönen und verheirateten Lady Roehampton deutet allerdings bereits darauf hin, daß Anquetil Recht behalten wird. Während sich Sebastians Schwester von Schloß Chevron und ihrer Mutter löst und ein selbständiges Leben beginnt, bleibt Sebastian in den Fängen der Tradition. Einen Ehebruch zu begehen, ist in aristokratischen Kreisen normal, ihn allerdings an die Öffentlichkeit dringen zu lassen, ein unverzeihlicher Fehler. Schließlich, bevor Sebastian die Ehe mit einem Mädchen eingehen kann, das er nicht liebt, wird er von Anquetil aus seinem sinnlosen Leben gerissen. Sebastian reist mit Anquetil ab. In THE EDWARDIANS wird das selbstgenügsame Leben des Adels im Zustand des zunehmenden Verfalls portraitiert. Als realer Hintergrund für das Geschehen diente Vita Sackville-West ihr Stammschloß Knole: die heraldischen Leoparden werden erwähnt, die Hirschgeweihe, das chinesische Kristallkaninchen, das in Vitas

Turmzimmer zu sehen ist und im Roman als Geschenk Sebastians für Lady Roehampton dient. Auch die Beschreibung der Weihnachtsfeier, bei der die Gutskinder beschenkt werden und den üppigen Weihnachtsbaum anstaunen, ist aus dem Leben gegriffen. Geschildert wird der Auftritt Lucys, Sebastians Mutter, vor den Kindern des Gutes:
„Außerdem war sie nicht unempfindlich gegen die Gunst, die sie im Begriff war auszuteilen, noch gegen die dramatische Beschaffenheit ihrer eigenen Erscheinung, mit dem strahlenden Baum im Rücken, der eine Aureole von Licht um ihr helles Haar wob und in den Diamanten auf ihrer Brust funkelte. Sie machte eine kurze Pause, die Kinderschar überblickend, bis das letzte Gemurmel und Gescharre abgeebbt war; dann sprach sie...:
„Nun, Kinder, ich hoffe, ihr habt alle eine gemütliche Teestunde gehabt?"
Wahrscheinlich spürte Vita selbst die Romanhaftigkeit ihres Lebens und die Tatsache, daß dieses Leben im demokratischen 20. Jahrhundert ein Anachronismus war."

*

ALL PASSION SPENT

In ALL PASSION SPENT bestimmt das Ende des Lebens der Lady Slane den Handlungsablauf. Die Geschichte beginnt mit dem Tod von Lady Slanes Ehemann. Der reiche und einflußreiche Ehemann hinterläßt eine, wie die Kinder meinen, passive und dem Leben hilflos ausgesetzte Frau. Während die Kinder Pläne für Lady Slanes Zukunft schmieden, beginnt die Lady zum ersten Mal in ihrem Leben, die Dinge selbst in die Hand zu nehmen. Ein kleines Haus in Hampstead hatte sie schon immer begeistert, und nun will sie allein dort wohnen. Ihre Kinder sind entsetzt von dem Plan, trauen ihrer Mutter kein eigenständiges Leben zu. Doch Lady Slane geht ihren letzten Weg mit sicheren Schritten, findet Freunde und einen alten Verehrer.

Heute gelten Vitas Romane als Frauenromane, wahrscheinlich weil sie sich mit der Psychologie und dem Leben von Frauen beschäftigen und das mit emanzipatorischer Tendenz. Nicht das Leben der Männer steht im Vordergrund, wie in so vielen

Romanen, in denen Frauen das notwendige Beiwerk bilden, sondern das der Frauen. Doch wenn wie in FAMILY HISTORY eine Frau an Liebeskummer stirbt, weil sie eifersüchtig auf das erfüllte berufliche Leben des Mannes ist, so kommen Zweifel auf, ob die Klassifizierung überhaupt Wert hat. Dann wäre OLIVER TWIST ein Männerroman oder etwa Kinderroman, weil ein Junge im Vordergrund steht. Vitas eigene Position in Sachen emanzipierte Frau war alles andere als eindeutig. Sie wurde in ihrem Leben immer mehr zu einer Konservativen. Dies zeigt sich auch in ihrer Umgehensweise mit der Natur.
„Den Kreislauf sing ich meines ländlichen Jahrs", so beginnt ein 2500 Zeilen langes Gedicht, das Vita Sackville-West 1926 vollendete: THE LAND.
Hierin besingt Vita den Ablauf der Jahreszeiten, den bäuerlichen Kreislauf des Säens und Erntens,
„Das sanfte, immerwährende Epos der Ackerkrume:
Und vor dem Feld englischer Kaiserkronen weich ich zurück,
Bevor es zu spät ist, bevor ich vergesse
Das Kirschenweiß in den Wäldern und die milchigen Wolken
Und die Kiebitze, die frei hoch überm Pfluge schrein."
Die Zeilen, die sie für ihre Freundin Dorothy Wellesley schrieb, wurden später als ihr eigenes Credo bekannt:
„Sie schreitet durch die Schönheit, die sie weckte,
Zwischen Apfelblüten und des Wassers Saum,
Über des Teppichs Muster, das buntgescheckte -
Jede Blume ihr Sohn, ihre Tochter jeder Baum."
Daß sie von Vergils GEORGICA abgeschrieben habe, zeterten die einen Kritiker, die anderen fanden ihre lyrischen Ackerbauerkenntnisse konventionell und uninteressant. Doch diese Hommage an die Landschaft Kents, an den Weald und den Hopfenanbau traf den Nerv vieler naturliebender Briten und verkaufte sich bis in die 70er Jahre hinein prächtig. Anders als beispielsweise Wordsworth, der sich mit der Wildnis und ihrem Einfluß auf den Menschen befaßte, ging es Vita Sackville-West um die gezähmte Natur, um Ackerbau und Gärten, um die liebliche Landschaft Kents, die für sie einen unverwechselbaren Charakter hatte.

5
Jane AUSTEN
Godmersham House (Kent), Chawton (Hampshire)

Ich verabschiedete mich von meinen Gastgebern im Tattlebury House und von den Hühnern im Garten, die der Fuchs noch immer nicht geholt hatte, und fuhr auf der M20 Richtung Folkestone. An Ashford vorbei gelangt man auf der A28 nach Chilham, wo sich ein berühmtes Schloß befindet mit 'Battle of Britain Museum' und Falkenzucht. Ganz in der Nähe, hinter einer langgestreckten Mauer liegt Godmersham House. Dieses große Herrenhaus diente Jane Austen (1775-1817) als Hintergrund einer ihrer großen Romane MANSFIELD PARK. Hier lebte ihr Bruder Edward Knight, der von kinderlosen Verwandten aufgenommen wurde und den gesamten Besitz der Knights erbte. Jane Austen sowie ihre Schwester Cassandra waren häufige Besucher in diesem Haus - und dies nicht nur für ein paar Tage. Die Verwandtenbesuche zogen sich oft monatelang hin. Doch in diesem Herrenhaus gibt es nicht mehr das Sofa, auf dem sich Lady Bertram aus MANSFIELD PARK mit ihrem Schoßhund Pug rekelte, hier sitzt nun eine Computerfirma, die sich regelmäßig über den Andrang von Bussen mit Jane-Austen-Touristen ärgert. Das Betreten-verboten-Schild am Parkeingang nahm ich zur Kenntnis und schlich mich leise in den Garten. Doch gleich kam der zuständige Wachmann hinter mir her und jagte mich hinaus. Die früheren Besitzer, erzählte er, hätten eine Besichtigung des Hauses manchmal erlaubt, „but not this kind of people", fügt er mit einem Blick auf das Haus hinzu. Vor der breiten Hausfront, wo früher die Kutschen hielten, parken jetzt die Autos der Mitarbeiter von 'Mansfield Computer'.

Die Landschaft um Godmersham herum spiegelt fast eine Schäferidylle wider, nur die Schafe fehlen: der Stour schlängelt sich durch die Wiesen, vereinzelt stehen Bäume in der Landschaft, und in der Ferne ist ein kleiner dorischer Tempel zu sehen. Von einem Weg, der den Hügel hinaufführt, hat man einen guten Blick auf Godmersham House.

Ich ging den Hügel hinunter und stieg ins Auto. Als ich die Mauer von Godmersham House entlangfuhr, kam mir ein Bus entgegen, aus dem neugierige Gesichter blickten. Wieder ein Anschlag auf 'Mansfield Computer', dachte ich und fuhr auf der A28 zurück bis nach Ashford, um dort auf die Autobahn Richtung London zu gelangen. Auf der M25 geht es dann südlich von London in westlicher Richtung bis zur Anschlußstelle 12. Auf der M3 fährt man weiter Richtung Southampton bis zur Abfahrt 5, von wo aus man nach Alton gelangt. Ganz in der Nähe befindet sich Chawton, ein kleines Dorf Hampshires, wo Englands Spezialistin für feine Gesellschaftskritik und feine Damen und Herren lebte.

Chawton Cottage

Jane Austens Neffe und erster Biograph James Austen-Leigh weist darauf hin, daß Chawton Cottage sich nicht für eine 'Pilgerfahrt' eigne. Es sei der Mühe nicht wert, da das Haus nach dem Tod von Mrs. Austen 1845 seinen ursprünglichen Charakter verloren habe. Doch die vielen Memorabilia und die Tatsache, daß Jane Austen als Schriftstellerin erst hier wieder richtig Fuß fassen konnte, machen den Ort interessant.

Das Haus, in das Jane Austen im Jahr 1809 einzog, liegt direkt an der Kreuzung der Landstraßen inmitten des Dorfes. Es ist ein ehemaliges Gasthaus, das Edward Knight für seine Mutter Cassandra, Jane und deren Freundin Martha Lloyd, die inzwischen zu ihnen gezogen war, herrichten ließ. Ein bekannter Mrs. Knights berichtete, daß er mit der Kutsche am Haus der Austens vorbeigefahren sei und die Familie durchs Fenster gemütlich beim Frühstück habe sitzen sehen. Ich parkte auf dem gegenüberliegenden kleinen Parkplatz, auf dem sich nicht

viele Autos befanden, und startete die Hausbesichtigung.
Chawton Cottage stammt aus dem 17. Jahrhundert und hatte zu Jane Austens Zeit einen großen parkähnlichen Garten. Jane Austen erkundigte sich vor dem Einzug genau nach dem Garten; er war ihr offensichtlich sehr wichtig. Im unteren Teil des Hauses befindet sich außer der Eingangshalle das Wohn- und Eßzimmer. Im Wohnzimmer sieht man die beiden Topas-Kreuze, die Jane Austens Bruder Charles seinen Schwestern nach der Kaperung eines französischen Schiffes während der Napoleonischen Kriege geschenkt hat. Hier steht das Piano, auf dem Jane jeden Tag übte, bevor die anderen Hausbewohner zum Frühstück herunterkamen. Auch der winzig kleine Tisch, von dem man sagt, daß Jane Austen auf ihm ihre frühen Romane überarbeitet und die reiferen Romane MANSFIELD PARK, EMMA und PERSUASION geschrieben haben soll, ist hier zu sehen. Daß jemand mit so wenig Platz beim Schreiben auskommt, ist allerdings kaum vorstellbar. Vielleicht gehört der Tisch genauso zur Legende wie die Geschichte über die quietschende Tür. Es wird nämlich erzählt, daß Jane Austen, sobald sie die Tür quietschen hörte, sofort ihr jeweiliges Manuskript versteckt habe. Und dies sei auch der Grund gewesen, warum sie zu verhindern wußte, daß die Tür jemals geölt wurde. Das große Portrait des Herrn in gelber Kniehose zeigt Edward Knight, Janes Bruder, dem sie ihren Aufenthalt in Chawton Cottage zu verdanken hatte. Entlang der Treppe sieht man gut gebundene Jane-Austen-Ausgaben, die einst einem literarischen Verehrer gehörten, Sir Walter Scott. Oben findet man Jane Austens Schlafzimmer, das sie sich mit ihrer Schwester teilte. Hier befindet sich auch die Patchwork-Steppdecke, die Jane zusammen mit ihrer Mutter und Schwester herstellte. Heute kann man eine an Jane Austens Decke angelehnte Nachbildung im Versandhandel Past Times, Witney, Oxfordshire, bestellen. Die Schriftstellerverehrung treibt seltsame Blüten.
Am Fenster sieht man eine Beschreibung des Krankheitsverlaufs Jane Austens. Sie starb an der Addinsonschen Krankheit, einem Versagen der Nebenniere. In der Remise von Chawton Cottage ist noch heute der Eselskarren zu sehen, mit dem sie

kurz vor ihrem Tod herumfuhr, um frische Luft zu schnappen.
Ich ging in den Garten auf der Westseite des Hauses und setzte mich auf die Bank. Inzwischen war ein Bus mit Jane-Austen-Verehrern eingetroffen, die den Memorabilia ihrer 'gentle Jane' nachstöberten. Gesichter tauchten an den Fenstern auf und verschwanden wieder. Schließlich ergoß sich der Besucherstrom in den Garten. Zwei ältere Damen setzten sich erschöpft auf die benachbarte Bank.
Die eine zog ihre Brille heraus und begann den Prospekt zu lesen. Die andere lehnte den Kopf zurück und ließ sich von der Sonne wärmen.
„Ich habe überhaupt nicht gewußt, daß sie an einer so unerfreulichen Krankheit gestorben ist, Lucy, du?"
Lucy blinzelte in die Sonne und sprach: „Unerfreuliche Krankheit? Ehrlich gesagt, kenne ich keine erfreuliche Krankheit, Harriet. Und es wird gesagt, daß sie ohne große Schmerzen dahingegangen ist."
„Ja, aber diese Verfärbung der Haut und das Erbrechen. Die arme Jane, es muß furchtbar gewesen sein. Natürlich, sie hatte ihre Schwester, die sich um sie kümmerte, das ist mehr als manche alte Leute in ihrer Krankheit aufweisen können. Wenn ich daran denke, wie ich letztes Jahr drei Tage lang mit diesem scheußlichen Schnupfen darniederlag...Niemand hat mich besucht und mich gepflegt. Meine Schwester Alice war auf Mallorca."
„Das ist doch nicht dasselbe, Harriet, du kannst doch einen Schnupfen nicht mit der Addinsonschen Krankheit vergleichen, die damals langsam aber sicher zum Tod führte. Außerdem hast du ja noch deinen Mann."
„Als ob George sich jemals etwas aus meinen Krankheiten gemacht hätte. Ich weiß noch, wie ich im März 1986 diese Magenverstimmung hatte. George ist fischen gegangen, und ich lag den ganzen Tag im Bett."
„Lucy, ich glaube deine Magenverstimmung rührte daher, daß du den pinkfarbenen Kuchen, den deine Tochter dir mitbrachte, fast ganz allein aufgegessen hattest."
Ärgerlich zog Harriet an einem losen Faden ihrer rosa Strickjacke.

„Unsinn, das hat dir bestimmt George erzählt. Es konnten höchstens die Heringe mit Meerrettichschaum gewesen sein, die ich am Abend gegessen hatte."

„Schade, daß Jane Austen ihren letzten Roman SANDITON nicht mehr fertiggestellt hat."

„Wie kommst du denn jetzt darauf?"

„Er handelt von zwei Schwestern, die sich krank glauben und sich ständig mit selbstgemachten Tinktürchen pflegen; denen aber im Grunde genommen nichts fehlt außer einer sinnvollen Beschäftigung."

„Was soll das heißen, Lucy?" Harriet war rot im Gesicht geworden und stand auf. Auch Lucy erhob sich, blinzelte mir zu, faßte Harriet unter den Arm und leitete sie sanft zum Ausgang, wo sich die Besuchergruppe schon versammelt hatte.

*

Jane Austen

Jane Austen - Die Autorin der Anständigkeit

So aufregend sich das Leben der Vita Sackville-West liest, so wenig ereignisreich erscheint Jane Austens Leben. Während sich die Forschung darum zankt, ob sie nun eine tantenhafte alte Jungfer war, die über niemanden schlecht sprach, oder ob sie eine Zynikerin war, deren Zunge so spitz war wie ihre Feder, geben ein paar ehrliche Kritiker zu, daß aus den oft widersprüchlichen Dokumenten kein eindeutiges Portrait zu zeichnen ist. Als Feuerhaken wird sie geschildert, der in der Ecke steht und die gesellschaftlich menschlichen Regungen analysiert. Als 'husband hunting butterfly', als Mädchen mit zu vollen Wangen und einer fast zu zahlreichen Familie (sie hatte sieben Geschwister), die ihr Leben der Familie widmete, statt in Literaturzirkeln zu verkehren. Vor allem ihr erster Biograph, James Austen-Leigh, zeichnet das Bild der liebenswerten Tante, deren größte Freude es ist, mit den Neffen und Nichten zu spielen, und die ihre Literatur vor Fremden gern geheimhält. Aus ihren Romanen wissen wir, daß sie Menschen mit erbarmungsloser Ironie schildern konnte: der lächerliche Landpfarrer Mr. Collins aus PRIDE AND PREJUDICE zum Beispiel, der endlose, pamphletartige Briefe schreibt, es liebt, sich zu entschuldigen, und unterwürfig seiner Patronin Lady de Bourgh ergeben ist, die sich ständig in seine Angelegenheiten einmischt. Einen überschwänglichen Dankesbrief nennt man in England übrigens immer noch einen 'Collins'. Doch auch Jane Austens Briefe, zum großen Teil an ihre Schwester Cassandra, zeigen, daß sie nicht nur die 'liebe Tante' war. In einem Brief vom 27. Oktober 1798 heißt es:
„Mrs. Hall aus Sherbourne kam gestern, sechs Wochen vor der Zeit, mit einer Totgeburt nieder, verursacht durch einen Schock. Ich vermute, sie hat aus Versehen ihren Mann angeguckt."
In einem Brief aus dem Jahr 1813 heißt es:
„Stell Dir vor, Mrs. Holder ist tot. Die arme Frau, sie hat das Einzige auf der Welt getan, was sie überhaupt tun konnte, um einen daran zu hindern, über sie zu lästern."
Ihre Schwester Cassandra Austen tat das Ihrige, um zu verhin-

dern, daß ein realistisches Bild der Schriftstellerin entstand. Sie vernichtete viele Briefe und schnitt aus anderen unliebsame Stellen mit der Schere heraus. Bis auf ihren Lieblingsbruder Henry waren Jane Austens Verwandte sehr auf Diskretion bedacht. Henry konnte allerdings seinen Mund nicht halten. Stolz plauderte er aus, daß die Autorin von SENSE AND SENSIBILITY und PRIDE AND PREJUDICE seine eigene Schwester war. SENSE AND SENSIBILITY war als Roman 'by a Lady' unterschrieben und PRIDE AND PREJUDICE identifizierte die Autorin als 'by the author of SENSE AND SENSIBILITY'.
Jane Austen war keine Romantikerin. Ihr Leben verlief in den geregelten Bahnen einer Epoche, die jedem Mann und jeder Frau des niederen Landadels (Gentry) ihren Platz zuwies. Sie stammte aus der Schicht der Gentry, die sich zwischen dem Bürgertum und dem Adel ansiedelt. Während man äußerlich nach der Kultivierung des Adels strebte, versuchte man sich gleichzeitig an der Moral des Bürgertums zu orientieren. Ehebruch galt nicht als Kavaliersdelikt wie in den Kreisen des Adels. In Jane Austens Romanwelt ist Ehebruch das schlimmste Vergehen, das sie je zur Dramatisierung der Handlung eingesetzt hat. Die Gentlemantugenden, wie Großherzigkeit und Wohltätigkeit, werden in ihren Romanen von vielen männlichen Protagonisten vertreten. Während der älteste Sohn einer Gentryfamilie den Besitz erbte, konnten die übrigen Söhne auf das Parlament, die Armee oder das Pfarrerdasein zurückgreifen. Die Töchter der Familie hatten neben der Ehe eine Stelle als Gouvernante zur Auswahl oder das Leben bei den Eltern, beziehungsweise wenn diese starben bei Familienangehörigen. Auch Jane Austen blieb, da sie nicht heiratete, ihr Leben lang gemeinsam mit ihrer Schwester bei der Mutter.
Jane Austen wird in die ländliche Umgebung von Steventon, Hampshire, hineingeboren als siebtes Kind des Landpfarrers George Austen und seiner Frau Cassandra. Fünf ihrer Brüder machen typische Gentrykarrieren, gehen zur See, zum Militär oder werden Pfarrer.
In MANSFIELD PARK fährt der Bruder der Heldin Fanny auch zur See, so wie es Janes Brüder Francis und Charles taten. Bei

einem Besuch bringt er ihr im Roman ein Kreuz mit, das er von seiner Prise gekauft hat. Das Prisengeld bekamen die Seeleute nach erfolgreicher Kaperung. Auch Charles schenkt Jane von seinem Prisengeld ein Kreuz aus Topas, das noch heute im Jane Austen-Museum in Chawton zu bewundern ist.

Die Erziehung der Jungen nimmt der Reverend George Austen selbst in die Hand. Um Platz für weitere Zöglinge zu haben, die ihre Ausbildung zahlen, wird Cassandra auf ein Pensionat geschickt. Mit acht Jahren folgt Jane ihrer Schwester Cassandra in Mrs. Crawleys Pensionat nach Oxford. Obwohl Jane eigentlich noch zu klein ist, läßt sie sich nicht von ihrer älteren Schwester trennen. Das Pensionat zieht bald darauf nach Southampton um. Als die Diphterie im Pensionat ausbricht, werden die beiden Mädchen nach Hause zurückgeholt. Schließlich kommen sie zu einer Mrs. Latournelles, die ein Korkbein hat und in Reading wohnt. In den Überresten des alten Klosters sind die Mädchen in der Lage, sich etwas Bildung 'zusammenzukratzen', wie Jane Austen es in ihrem Roman EMMA nennt; denn besonders systematisch war die Ausbildung für Mädchen zur damaligen Zeit wohl nicht. Immerhin lernt sie Französisch und auch etwas Italienisch und spielt Klavier. Ihr geschichtliches Interesse und Wissen bekundet Jane Austen mit 16 Jahren, als sie ihre ironische HISTORY OF ENGLAND schreibt, in der die Köpfe nur so rollen. Im Pfarrhaus vertreibt man sich die Zeit oft mit Vorlesen und Theaterspielen.

Auch in MANSFIELD PARK dreht sich ein großer Teil der Handlung um das Theaterspiel, das die Familie Bertram veranstaltet. Hier wird das Theaterspiel nicht im positiven Licht dargestellt. Die Heldin Fanny widersetzt sich bis zuletzt dem Theaterspiel, da es für sie moralisch fragwürdig ist. Der Herr des Hauses ist nicht daheim, sondern unternimmt eine Reise in die Karibik, was in der damaligen Zeit recht gefährlich war. Während der Vater sich in seinen Plantagen um die Wahrung des Besitzstandes müht, machen seine Kinder aus dem Billardzimmer ein Theater. Ein Bühnenmaler und ein Zimmermann werden engagiert, während die kaltherzige Tante Fannys, Mrs.

Norris, den Bühnenvorhang näht. Für die älteste Tochter, Maria, bietet das Theaterspiel Raum, statt mit ihrem Verlobten, dem einfältigen Mr. Rushworth, mit dem angenehmen Henry Crawford zu flirten. Die plötzliche Wiederkehr Sir Thomas' von seiner Reise und sein ebenso plötzlicher Auftritt auf der unvorhergesehenen Bühne, wo er Mr. Yates beim Deklamieren antrifft, gehört zu den witzigsten Stellen, die Jane Austen sich hat einfallen lassen.

Indem Jane Austen in ihren Romanen nichts Schlimmeres geschehen läßt als einen Ehebruch oder die Verführung einer Minderjährigen, setzt sie sich betont vom Schauerroman ihrer Zeit ab. In Romanen wie THE MONK von Matthew Gregory Lewis wird, wie so oft auch in der Filmwelt unserer Zeit, das gesamte Register des Scheußlichen gezogen: Mord, Vergewaltigungen, Pakte mit Teufeln, Inzest, Dämonie, kurz alles, was den Lesern Schauer über die Rücken jagt, wurde den Romanen inplantiert.

In Jane Austens Roman NORTHANGER ABBEY karikiert sie den Schauerroman. Die Heldin Catherine Morland liebt Schauerromane und liest THE MYSTERIES OF UDOLPHO von Ann Radcliffe, den man als Höhepunkt der Gattung ansehen kann. Catherine verläßt zum ersten Mal ihr Elternhaus und muß nun in der Umgebung von Bath ihr eigenes Urteil schulen. Eine Einladung ihrer neuen Freunde, der Tilneys, nach Northanger Abbey wird beinahe zur Katastrophe, da sie die Fiktion mit der Wirklichkeit verwechselt. Der nicht ganz sympathische Vater des von ihr geliebten Henry Tilney wird in ihrer Phantasie zum finsteren Mörder Montoni, der seine Ehefrau auf dem Gewissen hat. Doch Catherine erkennt im Verlauf der Handlung, daß die realen Probleme es durchaus mit den fiktiven aufnehmen können. Sie wird von General Tilney ohne weitere Zeremonie vor die Tür gesetzt; nicht weil er ihr Mordbuben nachschicken will, sondern weil er erfahren hat, daß sie keine reiche Erbschaft zu erwarten hat und so, seiner Meinung nach, keine geeignete Partie für seinen Sohn darstellt.

Jane Austen setzt also Realismus contra Schauerromantik. Ihre weiblichen Heldinnen sind zwar, was die Liebe betrifft, allesamt Romantikerinnen, doch sonst rationale Wesen, die nicht zu Ohnmachtsanfällen neigen wie in den Frauenromanen der Fanny Burney, sondern gut kontern können. Das, was sie von ihren Mitmenschen erwarten, ist, wenig genug, daß man ihnen glaubt und sie ihren eigenen Weg gehen läßt. Als Elizabeth Bennet in PRIDE AND PREJUDICE den Heiratsantrag des pompösen Mr. Collins ablehnt, faßt dieser es als Ermutigung zu einer Wiederholung seines Antrages auf, da er es für die Art der Frauen hält, zuerst einmal einen Antrag abzulehnen. Doch Elizabeth macht ihm klar, daß sie meint, was sie sagt, auch wenn sie aufgrund ihres Besitzstandes möglicherweise keinen weiteren Antrag zu erwarten hat.

„Ich versichere Ihnen, Sir, daß ich mir nichts anmaße, das darin bestehen könnte, einen ehrenwerten Mann zu quälen. Ich sähe es viel lieber, Sie würden mir die Artigkeit erweisen und mich für aufrichtig halten. Ich danke Ihnen wieder und wieder für die Ehre, die Sie mir mit ihrem Antrag erwiesen haben, doch ihn anzunehmen, ist mir völlig unmöglich. Meine Gefühle verbieten es mir in jeder Hinsicht. Kann ich mich denn noch deutlicher ausdrücken?"

Elizabeths Bitte, sie als vernünftiges Wesen zu akzeptieren, trifft allerdings bei Mr. Collins auf taube Ohren:

„Sie sind unbeschreiblich reizend!" rief er in einer Art linkischer Galanterie, „und ich bin überzeugt, mein Antrag wird, sobald er erst von der ausdrücklichen Vollmacht Ihrer trefflichen Eltern gutgeheißen ist, nicht verfehlen, auch ihr Jawort zu erringen."

Jane Austens frühe Schreibversuche führen bereits in Richtung ihrer Romane. Sie beschäftigt sich ernsthaft mit ihrer Literatur, was u.a. ihre Überarbeitungen beweisen und sieht das Schreiben keineswegs nur als auszufüllende Restzeit im geschäftigen Tantendasein.

1787 kehrt Jane Austen aus dem Pensionat zurück. Es ist aber nicht anzunehmen, daß damit ihre Ausbildung beendet war. Sie konnte auf die Bücherei ihres Vaters zurückgreifen, wobei ihr keinerlei Vorschriften über den Lesestoff gemacht wurden. In diesem Punkt war man noch anders als zur Viktorianischen

Zeit, in der TOM JONES von Henry Fielding beispielsweise für junge Mädchen aus gutem Hause als ungeeigneter Lesestoff betrachtet wurde.

Als junges Mädchen nimmt sie an zahlreichen Bällen in ihrer Umgebung teil und macht die ersten Liebeserfahrungen. Mit ihrer Schwester besucht sie oft ihre Freundinnen in Manydown House und dort übernachtet sie auch, wenn Bälle im Angel Inn von Basingstoke stattfinden.

1795 schreibt Jane Austen einen Briefroman mit dem Titel ELINOR AND MARIANNE, der nach einer Überarbeitung zu SENSE AND SENSIBILITY werden sollte. Obwohl Jane Austen gegenüber Fremden sehr zurückhaltend ist, was ihre schriftstellerische Tätigkeit betrifft, liebt sie es, ihrer Familie daraus vorzulesen. Im Oktober des Jahres 1796 beginnt sie die erste Version von PRIDE AND PREJUDICE niederzuschreiben, die damals noch FIRST IMPRESSIONS betitelt war. Jane Austens Nichte Anna berichtet, daß sie Cassandra habe laut lachen hören, als ihre Tante ihr im Nebenraum Auszüge aus PRIDE AND PREJUDICE vorlas. 1798 wird bereits das nächste Werk ins Auge gefaßt: NORTHANGER ABBEY.

Nach diesem Roman gibt es einen Einbruch in Jane Austens Leben und wohl auch in ihrer schriftstellerischen Laufbahn: Als sie im November 1800 mit ihrer Freundin Martha Lloyd von einem Besuch bei Marthas Eltern zurückkehrt, empfängt ihre Mutter sie mit den Worten:

„Also, ihr Mädchen, es ist alles abgemacht; wir haben uns entschlossen, Steventon zu verlassen und nach Bath zu ziehen."

Wie berichtet wird, soll Jane daraufhin in Ohnmacht gefallen sein. Obwohl Janes Hauptkorrespondentin Cassandra sich zur damaligen Zeit in Godmersham aufhält und die Schwestern sich mindestens einmal in der Woche schreiben, sind bis zum Januar 1801 keinerlei Briefe überliefert. Ein weiterer Beweis für Cassandras Briefzensur, denn Jane konnte sich erst wohl schwer mit dem Gedanken abfinden, nach Bath zu ziehen, und ihre Briefe waren deshalb wahrscheinlich recht verzweifelt. Grund für die Umzugspläne der Eltern ist der schlechte Gesundheitszustand des Reverends, der im Alter von 70 Jahren seine Pfarrei stellvertretend an seinen Sohn James weitergegeben hatte. Möglicherweise erhofften sich die Eltern für ihre nun 28 und 26 Jahre alten Töchter in Bath auch bessere Heiratschancen. Gemäß der damaligen Doktrin sollte eine Frau spätestens bis zum Alter von 25 Jahren unter der Haube sein. Bath war nicht mehr der Ort, zu den es die Blüten der Gesellschaft hinzog; die hatten sich allesamt nach Brighton begeben. Es war eine solide, ehrenhafte Stadt geworden, Heimat vieler pensionierter Pfarrer und inzwischen mehr wegen der Gesundheit als wegen des Amüsements angesteuert. Schon die Römer entdeckten die heißen Mineralquellen Baths und bauten ein Bad.

The great Roman Bath

Doch bereits davor will es die Legende, daß der leprakranke Prinz Bladud, der vom Hof seines Vaters König Lud verbannt worden war, entdeckte, wie sich Schweine in der Quelle wälzten. Er bemerkte, daß die Hautkrankheiten der Schweine nach solch einem Bad verschwanden und probierte selbst das Wasser aus. Geheilt kehrte er an den Hof seines Vaters zurück. Als er selbst König wurde, so erzählt man, errichtete er aus Dankbarkeit ein Bad an der Stelle.

Jane war also alles andere als glücklich über den Entschluß, nach Bath zu ziehen, und obwohl sie im Januar 1801 schreibt, daß sie sich immer mehr mit dem Gedanken versöhnt, ist der literarische Stillstand, der die Zeit in Bath begleitet, wohl ein Hinweis auf Janes Entfremdung. Nur schwer kann sie sich mit den beginnenden Diskussionen über ihren Umzug abfinden: was mit den Büchern und Möbeln geschehen solle, welche Dienerschaft mitzunehmen sei und in welchem Teil Baths man sich niederlassen solle. Schließlich lassen sie einen Großteil ihrer

Möbel und Bücher zurück und ziehen in das Haus Sydney Place N°4, in unmittelbarer Nähe der Sydney Gardens. Später bewohnen sie das Haus N°13 am Queen Square, das auch heute noch von außen besichtigt werden kann. Den einzigen Trost, den Jane Austen aus ihrem Aufenthalt ziehen kann, ist die Möglichkeit, die Ferien nun an der See zu verbringen. Im Sommer des Jahres 1801 machen die Austens eine Tour nach Devonshire, wo sie in Sidmouth Halt machen. Dort begegnet Jane einem jungen Geistlichen. Beide verlieben sich ineinander, und als die Austens wiederaufbrechen, bittet er um Erlaubnis, sie besuchen zu dürfen. Doch der Besuch bleibt aus.
Stattdessen erhalten sie eine Nachricht von seinem Tod. Cassandra berichtet, er sei einer der liebenswertesten Menschen gewesen, den sie je kennengelernt habe und sogar ihrer Schwester Jane würdig. Bevor Jane Austen jedoch ihre Haube aufziehen sollte - die Haube war ein Anzeichen fehlenden Interesses an der Männerwelt - macht ihr Harris Big-Wither einen Heiratsantrag. Die Big-Withers lebten in Manydown bei Steventon, und Jane war mit den Schwestern befreundet. Bei einem Aufenthalt dort erfolgt der Antrag und wird akzeptiert. Doch schon am darauf folgenden Tag zieht Jane ihr Einverständnis zurück. Die Gründe für ihren Entschluß sind nicht bekannt, vielleicht war ihr der 21jährige Harris zu jung, vielleicht liebte sie ihn nicht, was wohl das Wahrscheinlichste ist. Heirat ohne Liebe, wie es Charlotte Lucas in PRIDE AND PREJUDICE oder Willoughby in SENSE AND SENSIBILITY aus Gründen der Existenzsicherung praktizieren, war für Jane Austen der falscheste Weg, den ein Mensch einschlagen konnte. Ihrer Nichte Fanny gibt sie später schriftlich den Rat, keinesfalls ohne Liebe zu heiraten. Doch an dem 'Ja', das Jane Harris Big-Wither als erstes gab, ist zu ersehen, wie groß der gesellschaftliche Druck geworden war.
Die Jahre in Bath sind auch literarisch gesehen wenig glücklich. Jane beginnt den Roman THE WATSONS, schließt ihn aber nicht ab. Sie verkauft ihr erstes Manuskript, das heutige NORTHANGER ABBEY, das jedoch nicht gedruckt wird. Später, als Jane Austen bereits bekannt geworden war, kauft ihr

Bruder Henry das Manuspript zurück und verkündet nachher dem Verleger, es sei von der Autorin von PRIDE AND PREJUDICE.

Am 21. Januar 1805 stirbt Jane Austens Vater. Die Söhne unterstützen die Familie nun finanziell, und 1806 verlassen Jane, Cassandra und ihre Mutter Bath. Später schreibt Jane an Cassandra, mit welch glücklichen Gefühlen des Entkommens sie von Bath nach Clifton aufgebrochen sei. Für eine Weile wohnen sie zusammen mit Frank Austen und dessen Frau in Southampton. Dann macht der reiche Erbe Edward ihnen das Angebot, entweder in die Nähe von Godmersham oder nach Chawton zu ziehen. Sie entscheiden sich für das kleine Dorf Chawton, westlich von Alton, in Hampshire.

1811 hat Jane Austen SENSE AND SENSIBILITY für die Veröffentlichung fertig. Gleichzeitig arbeitete sie an MANSFIELD PARK. 1812 war PRIDE AND PREJUDICE zur Veröffentlichung fertiggestellt. Sie selbst mochte ihre Heldin Elizabeth Bennet besonders gern. In ihrer Jane-Austen-Biographie sagt Elizabeth Jenkins, daß sie wohl die meistbewunderte Heldin in der englischsprachigen Literatur ist.

„Verkörperungen von Vollkommenheit machen mich, wie Du weißt, im Roman krank und bösartig," teilt Jane Austen ihrer Nichte Fanny Knight mit. Sie kritisiert das falsche Frauenbild einiger zeitgenössischer Romane, in der die Frau als engelsgleiches Geschöpf auftritt. 1814 wird EMMA in Angriff genommen. Auch sie ist, wie Elizabeth Bennet, eine Frauengestalt, die zur Veränderung fähig ist und zur Einsicht in ihre Fehler. Jane Austen ist der Meinung, daß Emma wohl von niemandem, außer der Autorin selbst, geschätzt werden würde.

Doch sie sollte sich irren. In ihren Briefen an ihre Nichte Anna, die auch Romane schreibt, sie aber nach dem Tod der Tante vernichtet, gibt sie Hinweise über ihre Arbeit. Jane Austen weist darauf hin, daß 'Wahrscheinlichkeit' und 'Genauigkeit' das Allerwichtigste beim Schreiben seien. Folgendermaßen korrigiert Jane Austen das Manuskript ihrer Nichte Anna:

„Und dann habe ich gestrichen, daß Sir Thomas schon am Tag nach seinem Armbruch mit den anderen Männern zum Stall geht, denn obwohl ich mich erinnere, daß Dein Papa tatsächlich unmittelbar nach dem Einrenken seines Armes das Haus verließ, kommt es mir doch so ungewöhnlich vor, daß es im Roman unnatürlich erscheinen muß..." Und: „Drei oder vier Familien in einem Dorf auf dem Land, das ist der ideale Romanstoff..."

In Chawton war Jane Austen wieder in ihrer natürlichen Umgebung. Bath und Portsmouth hatten ihr Talent nicht angespornt, weil sie sich dort nicht wohl fühlte. Wie so manche exzentrisch veranlagten Schriftsteller das unruhige, ausschweifende Leben brauchten, so brauchte sie die ruhige Abgeschiedenheit der Dorfidylle. Das Leben ohne große Aufregungen war für sie der Nährboden ihrer Schriftstellerei.

Bevor ihre Gesundheit nachläßt, feiert sie noch einen Triumph. Der Arzt, bei dem sich Janes Bruder Henry kurieren läßt, war bekannt mit dem Leibarzt des Prinzregenten, der in Carlton House, London, Hof hielt. Der Prinzregent ist ein großer Bewunderer ihrer Romane und lädt sie zu einer 'Tour of the House' ein, die der Bibliothekar des Prinzregenten durchführt. EMMA wird daraufhin 'his Royal Highness the Prince Regent' gewidmet.

Jane Austen's House, Chawton
(Illustrations by HUGH THOMAS for „EMMA")

Aus der Bekanntschaft mit dem Bibliothekar des Prinzregenten resultiert ein amüsanter Briefwechsel, in dem sich Jane Austen gegen die Romanvorschläge Mr. Clarkes zur Wehr setzt. Der wohlmeinende aber etwas aufdringliche Mr. Clarke möchte unbedingt, daß Jane Austen eine Geschichte des Hauses Sachsen-Coburg schreibt mit einer integrierten ernsten Liebesgeschichte:

„Und wenn ich gezwungen wäre, daran weiterzuarbeiten und

mich niemals durch Gelächter entspannen dürfte, dann müßte man mich eben aufhängen. Nein, ich muß bei meinem Metier bleiben, und meinen eigenen Weg gehen, auch wenn mir Erfolg dabei nie wieder zuteil wird; auf jede andere Weise würde ich meiner Meinung nach unweigerlich scheitern."
Sie bleibt bei ihrem Metier und 1815 schreibt sie PERSUASION, ihren wohl reifsten Roman. Das Manuskript von NORTHANGER ABBEY wird vom Verlag zurückgekauft und gelangt so wieder in Jane Austens Hände. Auch dieser Roman wird überarbeitet. Doch während sie an ihrem neuen Manuskript SANDITON arbeitet, beginnt Jane Austens Gesundheit nachzulassen. Im Mai 1816 fährt sie mit Cassandra nach Cheltenham, um das dortige Heilwasser zu trinken. Im Januar 1817 fühlt sie sich zeitweise besser und kann zu Fuß nach Alton gehen, doch es kommt zum Rückfall. Sie verläßt Chawton, das sie nie mehr wiedersehen sollte, und geht nach Winchester, wo sie von einem dortigen Arzt behandelt wird. In College Street N°8 findet sie ihren letzten Wohnort, umsorgt von ihrer Schwester Cassandra. Am 18. Juli 1817 stirbt sie in den frühen Morgenstunden, den Kopf auf den Schoß ihrer Schwester gebettet. Wer ihr Grabmal besichtigen möchte, kann dies in der Kathedrale von Winchester tun.

*

PRIDE AND PREJUDICE

Im Haus der Bennets herrscht Aufregung, da im benachbarten Netherfield Park ein neuer Besitzer einzieht. Mrs. Bennet hat nur einen Gedanken, wie sie ihre fünf Töchter unter die Haube bringen kann, und besteht darauf, daß Mr. Bennet den Eröffnungsbesuch macht, da sie hofft, daß Mr. Bingley, so der Name des neuen Besitzers von Netherfield, eine ihrer Töchter heiraten wird. Im Zentrum des Romans stehen die Schwestern Jane und Elizabeth. Bei einem Ball hört Elizabeth ein Gespräch zwischen Bingley und seinem reichen und stolzen Freund Darcy, in dem Darcy Elizabeth als nicht hübsch genug bezeichnet, um ihn zum Tanzen zu bewegen. Durch die stolze und unnahbare Art Darcys abgeschreckt, ist nun nicht nur Elizabeth, sondern die gesamte Nachbarschaft gegen ihn eingenommen. Zwischen

Bingley und der ältesten Tochter der Bennets, Jane, entspinnt sich eine Liebesbeziehung. Auf einem Ball erzählt Mrs. Bennet lautstark ihrer Nachbarin, daß sie die baldige Heirat zwischen Bingley und Jane erwartet. Mr. Darcy beobachtet mit Verachtung, wie sich die Familienmitglieder, außer Jane und Elizabeth, blamieren. Plötzlich erhält Jane einen Brief, der die Abreise Bingleys ankündigt. Die Mutter ist schwer enttäuscht, da Elizabeth auch noch Mr. Collins Antrag ablehnt, jenes Pfarrers, der das Haus der Bennets erben wird. Inzwischen tritt ein weiterer Gentleman auf: Mr. Wickham. Offen erzählt er Elizabeth von seiner Feindschaft zu Mr. Darcy, der ihn übervorteilt habe. Der gutaussehende Mr. Wickham ist allseits beliebt, und auch Elizabeth flirtet mit ihm und ist froh, Mr. Darcy, der sie in letzter Zeit merkwürdigerweise beobachtet hat, nicht mehr zu sehen. Als sie ihre neuvermählte Freundin Charlotte im Pfarrhaus in der Nähe des Herrenhauses Rosings besucht, trifft Elizabeth Mr. Darcy wieder. Abermals wird sie, wie sie meint, das Opfer seiner unbarmherzigen Beobachtungen. Doch Charlotte weist sie darauf hin, daß Mr. Darcy in Elizabeth verliebt sein könnte. Elizabeth weist dies zurück und meint, er beobachte sie nur, um sie kritisieren zu können.
Von einem Freund Darcys erfährt Elizabeth, daß Darcy Mr. Bingley vor einer unüberlegten Heirat bewahrt habe. Sie zieht sofort ihre Schlüsse und schreibt das Unglück ihrer Schwester Mr. Darcy zu. Das plötzliche Auftauchen Mr. Darcys im Pfarrhaus überracht sie um so mehr als dieser ihr einen Heiratsantrag macht. Er habe umsonst gegen diese niedere Verbindung gekämpft, offenbart er, und ist überzeugt davon, daß Elizabeth seinen Antrag annehmen wird. Doch Elizabeth weist ihn wütend ab. Er sei der Grund, warum ihre Schwester Jane nun unglücklich sei, und er habe Mr. Wickham übervorteilt. Erstaunt über diese Vorwürfe und zutiefst in seinem Stolz gekränkt, verläßt Darcy Elizabeth. Aus einem Brief, den er ihr am darauffolgenden Tag überreicht, ersieht Elizabeth in einem langsamen Erkenntnisprozeß, daß sie Mr. Darcy falsch eingeschätzt hat. Durch das Verhalten ihrer Familie abgeschreckt, habe er Bingley tatsächlich von der Heirat abgeraten, aber auch

und besonders, weil er in Janes besonnener Art keine wirkliche Liebe entdeckt habe. Was Mr. Wickham anbetrifft, so muß Elizabeth erkennen, daß nicht Mr. Darcy Wickham Unrecht zugefügt hat, sondern umgekehrt.
Mr. Darcy erweist sich am Ende als echter Gentleman, dessen nach außen hin stolzes Gehabe ein gutes Herz verbirgt. Als sie Darcys Uneigennützigkeit und ihre Liebe zu ihm erkennt, willigt sie in eine Heirat ein. Jane bekommt nach der erfolgten Überzeugungsarbeit Darcys ihren Bingley und Lydia heiratet den Schwerenöter Wickham.
Überglücklich eilt die Mutter Elizabeths von Haus zu Haus, um anzukündigen, daß sie nun 'three married daughters' habe.

*

'Intelligent Love' ist bei Jane Austen die Grundvoraussetzung für eine gelungene Beziehung. Eine Heirat mit Mr. Wickham wäre für die Heldin unmöglich, denn die Charaktereigenschaften sind ausschlaggebend. Auch eine Verbindung zwischen Mr. Darcy und Lydia oder Mary wäre absurd und unglaubwürdig. Jane Austens vorbildliche Menschen, wie Elizabeth und Darcy, die in der Lage sind, ihre Fehler einzusehen und sie zu korrigieren, würden sich nie gegen die Vernunft verlieben.
Und Vernunft heißt hier die Anerkennung moralisch richtigen Verhaltens. In den vielen nicht zueinander passenden Ehepaaren in ihren Romanen zeigt Jane Austen, wozu eine Liebe führt, die nicht von der Vernunft geleitet wird. Elizabeths Vater hat die Mutter aufgrund ihres hübschen Gesichtes geheiratet. Auf ihren Verstand legte er wenig Wert. Nun ist sein einziger Trost, sich so oft und lange wie möglich in die Bibliothek zurückzuziehen und seine Frau vor den Töchtern lächerlich zu machen.
Auch in SENSE AND SENSIBILITY geht es neben den unterschiedlichen Charakterportraits der Schwestern um 'intelligent love'.

*

SENSE AND SENSIBILITY

Wieder stehen zwei Schwestern im Vordergrund: Elinor und Marianne. Während Elinor die Vernünftige ist, verkörpert Marianne die gefühlsbetonte Romantikerin.

Beide verlieben sich und werden unglücklich und in ihrer Liebe enttäuscht. Während Marianne, für die ihr romantischer Geliebter Willoughby alles bedeutete, aus Kummer fast stirbt, bleibt Elinor stark und läßt sich ihr Unglück nicht anmerken, weil sie ihre nächste Umgebung nicht auch noch unglücklich machen will. Durch eine schwere Krankheit zum Nachdenken über sich selbst angeregt, erkennt Marianne, die ihrer Schwester oft Gefühlskälte vorwarf, ihren eigenen Egoismus.

Natürlich gibt es am Ende trotz allem ein Happy End, in dem Marianne den verdienstreichen Colonel Brandon heiratet und zugeben muß, daß es doch ein 'second attachment', eine zweite Zuneigung, geben kann. Elinor heiratet schließlich den geliebten Edward Ferrars, dessen Verlobung mit Lucy Steele sich in Luft auflöst, da Lucy es vorzieht, Edwards Bruder zu heiraten. Auch hier spielt das ehrenwerte Verhalten die Hauptrolle bei Elinors 'intelligent love'. Edward Ferrars läßt sich wegen einer vor Jahren erfolgten Verlobung mit der unbemittelten Lucy Steele enterben. Obwohl er eigentlich Elinor liebt, löst er die Verlobung nicht auf. Das Wort des Gentlemans gilt. Elinor erkennt sein Verhalten als moralisch richtig an, auch wenn sie selbst die Leidtragende ist.

*

Die überzogene Romantik war Jane Austens Sache nicht. Selbst die Unglücklichen, wie Willoughby in SENSE AND SENSIBILITY, sind nicht vollständig unglücklich. Jane Austens Figuren werden auch in ihrem Verhältnis zur Natur charakterisiert. Die Einschätzung der äußeren Landschaft korrespondiert mit der inneren Landschaft der Figur. Wenn Edward Ferrars in SENSE AND SENSIBILITY gegenüber Mariannes romantischer Bevorzugung verkrüppelter Bäume und Ruinen hervorhebt, daß ihm mehr an einer schönen und nützlichen Landschaft gelegen ist, dokumentiert das sein rationales Weltbild. Er bewundert die schönen, hochgewachsenen Bäume, und ein hübsches Bauernhaus ist ihm mehr wert als ein Aussichtsturm.

Insofern stimmt es zwar, daß Naturbeschreibungen an sich wenig Platz in Jane Austens Romanen haben, daß Natur allerdings, wie manche Kritiker behaupten, bei ihr gar keine Rolle

spielt, ist falsch. Naturbetrachtung ist wichtig für die Charakterisierung der Figuren. Fanny Price in MANSFIELD PARK wird dadurch positiv hervorgehoben, daß sie über die Natur, den Garten, ins Schwärmen gerät, während ihre Widersacherin Mary Crawford der Natur nichts abgewinnen kann:
„Sie werden finden, daß ich ins Schwärmen verfalle, aber wenn ich im Freien bin, besonders wenn ich eine Weile draußen sitze, gerate ich so leicht ins Schwärmen und Staunen. Man kann seinen Blick nicht auf die gewöhnlichste Naturerscheinung richten, ohne hingerissen zu werden."
„Um die Wahrheit zu gestehen", bemerkte Miss Crawford, „halte ich es eher mit dem berühmten Dogen von Venedig am Hof Ludwigs XIV. und kann von mir sagen: das Wunderbarste, was ich an diesem Garten sehe, ist, daß ich mich selber sehe."
Durch diese Äußerung wird Marys Egoismus bereits in ihrem Verhältnis zur Natur entlarvt. Jane Austens Liebe für die englische Landschaft wird auch in EMMA deutlich, wo der Erzähler selbst ins Schwärmen gerät:
„Der sich lang hinstreckende Abhang, an dessen Fuß die Abbey sich erhob, stieg jenseits des Parks wieder an und bildete etwa eine halbe Meile entfernt einen dicht bewaldeten Steilhang von imposanter Höhe, und am Fuß dieses Hanges erhob sich, geschützt und in schöner Lage, die Abbey Mill Farm mit ihren davorliegenden Wiesen und dem Fluß nahebei, der in einer eleganten Schleife an ihr vorüberfloß.
Es war ein wohltuender Anblick, wohltuend für Auge und Gemüt: englisches Grün, englische Landschaftskultur, englisches Behagen, wie es im hellen Sonnenschein unaufdringlich dalag."
Die Parks ihrer begüterten Gentryfamilien zeigen auch oft den Geschmack der Personen: während sich die John Dashwoods dadurch disqualifizieren, daß sie einige alte Bäume fällen und Mr. Rushworth gar davon spricht, eine ganze Pappelallee fällen zu wollen, zeigt Fitzwilliam Darcys Parklandschaft den guten Geschmack des Hausherrn: die Natur des Parks wirkt ungekünstelt, echt. Zwischen Haus und See befindet sich lediglich ein herabfallender Rasen. Wald und ein forellenreicher See

bestimmen den Park. Aus ihren Briefen wissen wir, daß Jane Austen selber Spaziergänge liebte. Daß sich ihre literarische Karriere eng an ihr Leben in Steventon und Chawton knüpfte, zeigt, welche wichtige Rolle die Natur in ihrem Leben spielte. In ihrer Beziehung zur Natur weist sie sich allerdings als Realistin aus, nicht als Romantikerin. Als ein Sturm im Jahr 1800 einige Ulmen fällt, reagiert sie, wie es wohl auch Edward Ferrars in SENSE AND SENSIBILIY getan hätte:

„...Was ich mehr bedaure als alles andere, ist, daß alle drei Ulmen, die auf Halls Weide wuchsen und sie schmückten, gefallen sind. Zwei wurden umgeweht und die andere so stark beschädigt, daß sie nicht mehr stehen konnte. Ich bin jedoch glücklich, hinzufügen zu können, daß kein größerer Schaden als der Verlust von Bäumen...zu beklagen ist."

6
Agatha CHRISTIE
Greenway, Churston - Moorland Hotel,
Haytor, Dartmoor (Devon)

Mir war danach, eine Pause einzulegen und einmal ohne selbstauferlegten Besichtigungszwang auszuspannen. An einem Badeort wollte ich mich erholen mit alten Hotels, die majestätisch ihre Fenster zum Meer hin öffnen. Torquay, schoß mir durch den Kopf, die englische Rivierastadt, erbaut auf sieben grünen Hügeln in Devon. In Winchester wollte ich eine B&B-Adresse suchen, um dort die Nacht zu verbringen. Ich fuhr auf die A31 nach Winchester, doch es wollte mir kein B&B-Schild ins Auge fallen. Hinter Winchester kam ein kleiner Ort namens Stockbridge, ein recht unauffälliges Straßendorf. Da auch hier kein Bed&Breakfast angeboten wurde und es schon nach 22 Uhr war, entschloß ich mich, im Greyhound Inn auf der High Street zu übernachten. Nach einem himmlischen Schlaf im gleichnamigen Bett brach ich nach dem Frühstück nach Torquay auf. Bei Andover fuhr ich auf die 303 in Richtung Exeter. Als ich Stonehenge erreichte, machte ich kurz Halt, ging durch den Fußgängertunnel aus Beton und besichtigte den abgegrenzten und bewachten Steinkreis, über dessen hochgetürmte Steinansammlung Samuel Pepys, Gründer der Royal Navy, 1668 sagte: „God knows what their use was!"
Ich mußte aufpassen, daß mir die vielen Besucher nicht ständig auf die Füße traten. Eine hübsche junge Frau im weißen Kleid mit einem keltischen Kreuz um den Hals las ihrem ebenso gutaussehenden Mann oder Freund aus dem Reiseführer vor. „Dolerit", sagte die Frau, „eine Basaltart, die aus den 300 Kilometer entfernten Prescelly-Bergen kommt."
„Das ist in Wales, George, kannst du dir das vorstellen? Wie um Himmels Willen, haben sie die Steine bloß transportiert?"
Ich dachte über diese Frage nach, während ich zum Auto zurückschlenderte und schwankte zwischen Einflußnahme Außerirdischer und einem in Vergessenheit geratenen frühen Shuttlesystem. Ich bemerkte bald, daß ich mit der 303 einen

ziemlichen Mißgriff getan hatte. Ständige Fahrbahnverengungen führen zu ebenso ständigen Staus. Bei Horton hatte ich es endlich satt und fuhr wütend Richtung M5. Bei Taunton, Anschlußstelle 25, kam ich auf die Autobahn und fuhr nun ungehindert bis nach Exeter. Dann weiter auf die 380 bis nach Torquay, wo ich im Abbey Lawn Hotel an der Küste abstieg.

Torquay

Die nächsten zwei Tage verbrachte ich mehr oder weniger am Strand. Ich hatte mir vorgenommen, mindestens eine Woche lang Sonne und Strand zu genießen, doch dann passierte etwas Merkwürdiges. Als ich morgens die übliche Sonnenanbeterposition eingenommen hatte, überfiel mich ein Gefühl grenzenloser Langeweile. Ich setzte mich auf, ließ den Blick um mich schweifen. Neben mir sah ich reglose Körper, die dahingestreckt lagen als wären sie tot. Dieser Gedanke erinnerte mich an etwas, was ich vor gar nicht langer Zeit gelesen hatte. Was war es noch? Und dann fiel es mir plötzlich ein. Das Buch hieß EVIL UNDER THE SUN und war von der berühmten Agatha Christie geschrieben. Der Meisterdetektiv Hercule Poirot blickt in diesem Krimi vom Hotel aus auf die Sonnenanbeter und denkt, daß sie wie Tote aussehen. Kurze Zeit später wird am Strand tatsächlich eine Tote gefunden, die schöne Arlena.
Ich packte meine Sachen, lief zum Hotel zurück, zog mich gesellschaftsfähig an und spazierte in den nächsten Buchladen. Dort kaufte ich eine Biographie der 'Queen of Crime', ihre Autobiographie und einige ihrer Krimis. Die Frau an der Kasse war etwa 55 Jahre alt und anscheinend einem Schwätzchen nicht abgeneigt. Bei diesem schönen Wetter verirren sich wohl nicht viele in die hiesigen Buchläden.

„Sie interessieren sich für Agatha Christie?", fragte die Dame und lächelte mich an. „Da sind sie ja hier am richtigen Ort. In Torquay hat sie als Kind und junges Mädchen gewohnt. Hier hat sie auch ihre Ausbildung als Apothekenhelferin gemacht. Daher das Fachwissen über die vielen Gifte, wissen Sie?"
„Steht ihr Haus denn noch? Ist es zu besichtigen?"
„Ashfield? - Nein. Es existiert nicht mehr. Aber Greenway in der Nähe von Churston gibt es noch. Dort hat sie mit ihrem zweiten Mann, Max Mallowan, gewohnt. Hier in Torquay gibt es aber direkt an der Küste Torre Abbey. Dort kann man im Agatha-Christie-Raum im Turm ihre Schreibmaschine sehen und verschiedene Briefe und Manuskripte. - Ach ja, und eine Büste von ihr steht hier im Palk Garden."
„Ich danke Ihnen für die Information."
„Aber gern. Agatha Christie liegt immer auf meinem Nachttisch. Und außerdem, sie war noch eine wirkliche Lady, nicht wie die von heute. Die bilden sich viel ein, aber es steckt nichts dahinter." Sie machte eine abwertende Handbewegung.
Ich verabschiedete mich und ging wieder ins grelle Sonnenlicht. Nach dem fiktiven Ort eines ebenso fiktiven Mordes zu suchen ist ein schwieriges Unterfangen. Denn man hat nichts als die Ortsangaben des Romans, die nicht unbedingt mit der Wirklichkeit übereinstimmen müssen. Außerdem muß man berücksichtigen, daß ein Kriminalroman, wie beispielsweise THE ABC MURDERS, 1936 veröffentlicht wurde. Wieviel kann sich örtlich inzwischen verändert haben? Dennoch machte ich mich auf die Suche nach dem Weg, auf dem Sir Carmichael Clarke in diesem Krimi ermordet wurde. Churston Ferrers ist nichts weiter als ein langgestreckter Golfplatz auf einem Hügel über Elbury Cove, an dem sich viele Villen angesiedelt haben. Agatha Christie ging dort zur Kirche und stiftete ein Kirchenfenster.
Ich parkte auf dem Parkplatz von Elbury Cove und ging zum Strand. Ein breiter halbmondförmiger Strand war zu sehen, Felsen befanden sich auf der linken Seite des Strandes. Eine alte Eisenbahnbrücke verband zwei Hügel. Soeben dampfte eine Lok pfeifend über die Brücke.

Mit einem solchen Zug waren wohl Poirot und sein Gehilfe Captain Hastings am Ort des Verbrechens angekommen. Ein paar Touristen richteten ihre Kameras auf die Dampflokomotive und zuckten mit den Fingern. Ich folgte einem Wegweiser, der in Richtung Churston zeigte.
Auf einem schmalen Weg ging ich langsam bergauf. Links waren Felder und das Meer, rechts Gebüsch und ab und zu ein paar Häuser mit Palmen in den Gärten. Schließlich erreichte ich ein Wäldchen, von dem aus man das Meer sehen konnte. Jenseits des Wäldchens befand sich der Golfplatz. Hier könnte der Tote gelegen haben, hier, wo man einen Ausblick auf das Meer hat. In THE ABC MURDERS heißt es:
„Wir stiegen auf dem schmalen Pfad ab. Zuunterst geriet man in dichtes Gebüsch und Farnkraut, ehe man den Strand erreichte; doch dann trat man plötzlich auf einen grasigen Dünenkamm, von wo aus man das Meer und den weißschimmernden Strand überblickte. Ringsum standen dunkelgrüne Bäume - ein entzückender Flecken Erde: weiß, grün und saphirblau...Crome nickte. Leicht genug, der Mann stand hier im Schatten. Ihr Bruder hätte nichts bemerkt, bis er erschlagen wurde."

Mordweg

Es raschelte im Gebüsch. Ich bekam einen furchtbaren Schrecken. Zwei Kinder kamen mit ihren Angelrouten heraus und sahen mich erstaunt an. Sie gingen weiter in Richtung Elbury Cove.
Bevor Agatha Christie in THE ABC MURDERS zu kriminalistischer Höchstform auflaufen konnte, mußte sie eine schwierige Anfangsphase bewältigen.

Im Mittelteil ihres ersten Krimis THE MYSTERIOUS AFFAIRES AT STYLES hatte Agatha Schwierigkeiten, die Handlung weiterzuführen. Ihre Mutter schlug ihr vor, den Krimi während eines Urlaubes zu Ende zu bringen. Das Dartmoor schien ihr der passende Ort für so ein düsteres Unternehmen wie das Krimischreiben.

Agatha quartierte sich im Moorland Hotel Haytor ein:
„Es war ein großes, trübseliges Hotel mit einer Unzahl von Zimmern und nur schwach besetzt. Eifrig schrieb ich den ganzen Vormittag, bis mir die Hand weh tat. Dann aß ich zu Mittag und las etwas. Nachher unternahm ich einen ausgedehnten Spaziergang über das Moor. Ich liebte die Heide und die hohen felsigen Hügel abseits der Straßen."

Moorland Hotel

Fährt man auf der A380 von Torquay aus Richtung Newton Abbot und dann auf die 382 nach Bovey Tracy, so kommt man ins Dartmoor. Ich bog in Bovey Tracy links ab und kam nach kurzer Zeit zum Moorland Hotel am Haytor Felsen. Ein Reiter galoppierte gerade über den Hof. In der Ferne hörte ich ein Jagdhorn.

In der 'Agatha Christie Lounge' standen schwere Ledersessel, und ein monumentaler Glaslüster aus Dartington Glas hing von der niedrigen Decke. An der breiten Fensterfront standen Eßtische. Mein Blick fiel auf den breiten Rasen und auf einen alten Spielplatz mit großen Schaukeln, von denen die gelbe Farbe abblätterte. Auf der linken Rasenseite stand ein verglaster Altar. Hinter der Rezeption hingen alte Schwarz-weiß-Aufnahmen vom Haytor, dem wohl berühmtesten Felsen des Dartmoors. Schon zu Agatha Christies Zeiten war er der

Hauptanziehungspunkt des Moors, um so mehr heute, im Zeitalter des Bustourismus'. Die Besucherscharen haben Bodenerosion zur Folge. Möglicherweise wird man in Zukunft Haytor Rock nur noch von einer Absperrung aus bewundern können. Ein großer Foxterrier mit traurigen Augen lag auf den Steinfliesen, und einige Schweizer mittleren Alters unterhielten sich über Plymouth, ihr nächstes Reiseziel.
Im Nieselregen mit einem Devon Dairy Ice-Cream in der Hand machte ich mich auf den Weg zum Haytor Felsen, den Agatha Christie damals immer gemieden hatte.
Während ihrer Wanderungen dachte sie sich die weitere Handlung ihres Kriminalromans aus und sprach Dialogszenen laut vor sich hin. Örtlich hat THE MYSTERIOUS AFFAIRES AT STYLES keinerlei Bezug zum Dartmoor. Der Roman spielt in der Nähe von London. Doch die finstere Atmosphäre sowohl des alten Hotels als auch des Hochmoors, das so berühmte Schriftsteller wie Arthur Conan Doyle inspiriert hat (THE HOUND OF THE BASKERVILLES), waren für die damalige Debütantin des Kriminalromans der perfekte Ort für das fast perfekte Verbrechen. Im Oktober 1938 kauften Agatha Christie und ihr zweiter Mann Max Greenway, ein Haus aus der Zeit George I. am Fluß Dart, in der Nähe von Churston.
Ich mußte ziemlich lange suchen, bis ich Greenway gefunden hatte. Ich fuhr wieder Richtung Torquay zurück und bog in Churston von der A3022 ab Richtung Fähre. Links sah ich nach einer Weile eine Einfahrt und das Schild „Greenway".
Ein altes verlassenes Pförtnerhäuschen und ein Schild 'private' klärten mich über die Besitzverhältnisse auf. Allerdings gab es hier eine Gärtnerei auf dem Grundstück. Ich ließ das Auto am Pförtnerhäuschen stehen und machte mich auf den Weg. Ein breiter Sandweg schlängelte sich durch den Wald, und ich wollte schon umkehren, als ich das Haus hinter einer Biegung entdeckte. Groß und weiß stand es vor mir mit einem Garten, der zum Fluß hin abfiel. Das Haus machte einen merkwürdigen Eindruck: bewohnt und doch verlassen. Ein alter, verrosteter Rasenmäher lag auf der Wiese. Gartenstühle gruppierten sich unordentlich um einen Tisch. Niemand war zu sehen. Eine

große säulengeschmückte Veranda und 12000 qm Waldgrundstück, so weit kann man es bringen, wenn man erfolgreiche Kriminalromane schreibt. Ich setzte mich auf einen weißen Gartenstuhl und hörte leise im Hintergrund das Geräusch der Fähre.
Das Haus hat eine quadratische Halle, eine Bibliothek und fünf Räume im 1. Stock. Im 2. Stock befand sich das Wohnschlafzimmer der Tochter Agathas mit Blick auf den Fluß. Der Garten ist voller Rhodhodendren, Magnolien und Stauden. Agatha machte Pläne, den Garten wieder herzurichten, sie schrieb über Greenway:
„Greenway war immer mehr Geliebte als treue Gattin! Zu schön, um von uns besessen zu werden, aber welch eine Wonne, es zu besitzen! Als ich dort heute Nacht saß, dachte ich, es ist der schönste Platz der Welt - es nimmt mir den Atem."
In ihrem Krimi FIVE LITTLE PIGS stimmen die Örtlichkeiten von 'Alderbury' mit denen von Greenway überein. Es ist die Rede von einem bewaldeten Ufer; über den Wipfeln der Bäume kann man ein weißes Haus sehen. Auch das Bootshaus Greenways wird in FIVE LITTLE PIGS erwähnt sowie die Geschützvorrichtung, die sich auf dem Grundstück befindet. Immer wieder wurde Agatha Christie von Fans gebeten, das Haus und den Garten besichtigen zu dürfen, doch sie wollte Greenway für sich behalten. Ashfield, das sie immer als Heimat angesehen hatte, war verkauft worden, nun war Greenway ihr Domizil, in das sie sich zurückziehen konnte und von dem sie inspiriert wurde.
Im Zweiten Weltkrieg wurde Greenway vom Marineministerium beschlagnahmt.
Noch heute erinnert eine Abbildung des Flottenverbandes am Kamin der Bibliothek an diese Zeit.

*

Agatha Christie

Agatha CHRISTIE - Giftmischerin mit Strickmuster

Am 15. September 1890 wird Agatha Miller in Ashfield geboren. Sie ist das Nesthäckchen der Familie. Ihre Geschwister sind zehn bis elf Jahre älter als sie. Agatha bekommt keine Schulausbildung, da die impulsive Mutter nicht viel davon hält. Sie hat ihre Freiheit, kann im Garten herumtoben. In ihrer Autobiographie berichtet sie, daß sie jeden neuen Tag wie ein Abenteuer betrachtet.

„Was fange ich mit diesem Tag an?" fragt sie sich oft, wenn sie morgens aufwacht. Im Sommer schlägt sie stundenlang den Reifen durch den großen Garten Ashfields. Obwohl ihre Schwester Madge in eine öffentliche Elementarschule ging und Agathas Mutter selbst auch eine Schule besucht hatte, steht die Mutter nun auf dem Standpunkt, Freiheit, gutes Essen und viel frische Luft sei für die Erziehung genug. Für Jungen gilt dieser Standpunkt allerdings nicht, sie sollten eine konventionelle Bildung durchlaufen. Bei Monty, Agathas Bruder, nützt die stringente Ausbildung jedoch wenig; er bleibt immer das Sorgenkind der Familie. Mit großem Charme ausgestattet und den elementaren Gaben des Phlegmatikers schafft er es immer wieder, Menschen von seinen unterschiedlichen Projekten zu überzeugen, Projekte, die später allesamt im Sand verlaufen. Nach einer Verletzung in Afrika wird er ein Versorgungsfall für die Familie. Agatha und ihre Schwester Madge geben ihm immer wieder Geld und suchen Wohnungen für ihn. Für Madge war Monty Inspiration zu einem Theaterstück, das mit einigem Erfolg in London lief.

Madge und Agatha sind anfangs in schriftstellerischer Hinsicht oft Konkurentinnen. Die ältere Madge schreibt erfolgreich Geschichten für unterschiedliche Zeitungen, während Agatha noch von einer Karriere als Pianistin träumt.

Als Agatha einmal krank ist und sich langweilt, rät ihr ihre Mutter, doch eine Geschichte zu schreiben, so wie Madge. Agatha, nicht gerade selbstsicher, antwortet, daß sie dies nicht könne. Doch auf das 'Warum nicht?' der Mutter gibt es keine Antwort und Agatha schreibt ihre erste Geschichte. Vorher

hatte sie allerdings schon einige Gedichte verfaßt. Später als Agatha in der Apotheke des Krankenhauses, umgeben von Giften aller Art, auf die Idee kommt, ihren ersten Kriminalroman zu schreiben, war es Madge, die sie gleichzeitig entmutigte und anspornte. In ihrer Autobiographie gibt Agatha Christie die Szene wieder:
„Ich glaube nicht, daß du das schaffst", meinte Madge. „Krimis sind schwer zu schreiben. Ich hatte es auch schon einmal vor."
„Ich möchte es versuchen."
„Wetten, du schaffst es nicht", sagte Madge.
Lange bevor sie sich anschickte, die 'Queen of Crime' zu werden, traten Probleme innerhalb der Familie auf. Der Vater Agathas war als 'Man of leisure' erzogen worden, und sein Leben bestand aus Clubbesuchen und dem Genuß seines Vermögens. Als Agatha jedoch fünf Jahre alt ist, deutet sich an, daß das Vermögen, das Agathas Großvater in Form von Stiftungen und Immobilien hinterlassen hat, rapide dahinschwindet.
Die vier Treuhänder schieden aus unterschiedlichen Gründen aus, und es ist anzunehmen, daß die Nachfolger die Situation ausnützten und Geld veruntreuten. Agathas Vater war alles andere als ein Geschäftsmann, und seine Versuche, die finanzielle Situation in den Griff zu bekommen, scheitern. Die Millers reisen daraufhin ins Ausland und vermieten sowohl Ashfield als auch ihre Dienerschaft. Nach der Rückkehr geht es dem Vater zusehends schlechter. Die finanzielle Krise hat einen Schatten auf sein ansonsten sonniges Gemüt geworfen. Er stirbt, als Agatha elf Jahre alt ist.
Mrs. Miller denkt nun an einen Verkauf des Hauses. Aber alle drei Kinder legen ihr Veto ein. Madge, die inzwischen verheiratet ist, will sich am Unterhalt des Hauses finanziell beteiligen. Besonders Agatha betrachtet den Verkauf Ashfields als ein unmögliches Vorhaben. Sie sieht es als ihr Haus an und spürt, daß sie ein Recht hat, dort wohnen zu bleiben. Der Garten war ihr besonders ans Herz gewachsen. So bleiben Agatha, ihre Mutter, ihre Oma und eine Verwandte, die Omatante genannt wurde, in Ashfield wohnen.
Nach dem Tod des Vaters leidet die Mutter an Herzanfällen,

und Agatha lauscht oft angstvoll an der Schlafzimmertür ihrer Mutter, um zu hören, ob sie schnarcht und somit ein Lebenszeichen von sich gibt. In ihrer Autobiographie spielt sie diese Angst vor dem Tod ihrer Mutter herunter:
„Wenn sie in die Stadt ging, hegte ich auch starke Befürchtungen, sie könnte überfahren worden sein. Das erscheint mir alles jetzt so dumm, so unnötig. Es dauerte vermutlich nur ein oder zwei Jahre und gab sich dann allmählich."
Auf diese Weise lernt Agatha schon früh, daß so etwas wie Sicherheit im Leben nicht existiert. Es gab keine Garantie für die Fortdauer angenehmer Lebensumstände.
In ihren Krimis bricht durch den Mord jedesmal eine gutbürgerliche Welt zusammen, eine Welt, die zumindest dem Anschein nach intakt ist. Doch Christies Helden, Poirot und später Miss Marple, sind immer wieder in der Lage, das auseinandergebrochene Gefüge zu reparieren, und auf die Schuld folgt nach erfolgreicher Ermittlung die Sühne. Wie Dorothy L. Sayers, so hielt auch Agatha Christie den Kriminalroman für ein Genre, in dem die Moral zentral ist und schließlich als Sieger hervorgeht.
Bevor Agatha sich auf das Krimischreiben einließ, mußte erst der Traum von der Pianistenkarriere zerstört werden: nach einem mißglückten Vorspiel befragt sie den Pianisten Charles Fürster über ihre Zukunft als Konzertpianistin:
„Er meinte, ich hätte einfach nicht das Naturell, um vor Publikum zu spielen, und ich wußte, daß er recht hatte."
Auch später, als Agatha Christie eine berühmte Kriminalschriftstellerin war, scheute sie große Menschenansammlungen. In ihrer Autobiographie betont Agatha Christie, daß sie nicht ehrgeizig gewesen sei und erst später in ihrer Laufbahn die Bedeutung ihrer schriftstellerischen Begabung erkannt habe. Vorerst waren andere Dinge wichtig. Wie ihre Freundinnen, so suchte auch Agatha nach dem richtigen Mann, den ihr das Schicksal, wie man damals glaubte, bestimmt habe.
Auf einem Ball trifft sie Archibald Christie. Kurz darauf besucht er sie in Ashfield. Archie war damals ein Subalternoffizier, der davon träumte, ins Fliegerkorps einzutreten. Als er um

Agathas Hand anhält, willigt sie ein. Da beide allerdings kein Geld hatten, würden Jahre vergehen bis zur Heirat.

Im Juli 1914 als England in den Krieg eintritt, wird das Fliegerkorps, dem Archie nun angehört, als erstes mobilisiert. Da die deutsche Luftwaffe als sehr stark gilt, glaubt Agatha, ihren Archie nie wiederzusehen. Agatha tritt dem Freiwilligen Hilfskomitee bei. Sie wird zuerst als Krankenpflegerin im Lazarett eingesetzt. Als Archie drei Tage vor Weihnachten plötzlich Urlaub bekommt, besteht er auf einer sofortigen Heirat. Agatha willigt ein, und beide werden im Eilverfahren getraut.

Archie muß zurück zur Luftwaffe, und Agatha beginnt ihre Tätigkeit in der Apotheke, die, wie sie schreibt, für die nächsten zwei Jahre ihr zweites Zuhause werden sollte. Ihre Tätigkeit bringt eine Beeinträchtigung der Geruchsnerven ihrer Familie mit sich, vor allem, wenn sie Bip's Paste herstellen muß. Sie diente zur Wundbehandlung und bestand aus Wismut und Jodoform, gemischt mit flüssigem Parafin.

Nach der Zubereitung dieser Paste, ißt Agatha gewöhnlich in einem Raum, fernab von ihrer Familie. Die Gifte, die Agatha täglich auf den Regalen sieht, inspirieren sie zu dem Giftmord in ihrem ersten Krimi THE MYSTERIOUS AFFAIRES AT STYLES. Das Aussehen ihres ersten fiktiven Mörders stellt sich Agatha so vor:
„Allmählich nahm meine Idee Gestalt an. Ich sah den Mörder vor mir, einen finster blickenden Menschen mit einem schwarzen Bart - das erschien mir damals sehr unheimlich."
Und über ihren Meisterdetektiv macht sie sich auch Gedanken:
„Wie wäre es, wenn ich meinen kleinen Mann Hercules nennen würde? Denn er würde ein kleiner Mann sein. Hercules: das wäre ein guter Name. Sein Zuname war schon schwieriger. Ich weiß nicht mehr, wie ich auf Poirot kam... Der Name paßte nicht zu Hercules, aber Hercule - Hercule Poirot."
Der Verlag Hodder und Stoughton, dem Agatha Christie ihr erstes Manuskript schickt, sendet es sofort wieder zurück. Agatha schreibt weitere Verlage an. Bei Bodley Head hat sie schließlich Glück. Zugleich ändern sich nun Agathas Lebensumstände: nach zwei Jahren der kriegsbedingten Trennung bekommt Archie nun einen Posten im Londoner Luftfahrtmini-

sterium. Für Agatha hieß es Abschied nehmen von Ashfield und ihrer Mutter und nicht zulezt auch von der Apotheke.
1919 wird Rosalind in London geboren. Die Ehe mit Archie verläuft jahrelang recht glücklich, wenn sie auch teilweise von Geldsorgen überschattet ist. Allerdings muß sich Agatha immer davor hüten, traurig oder deprimiert zu erscheinen. Archie konnte mit derlei Gefühlsanwandlungen nicht umgehen, und als verständnisvoller Tröster war er eine arge Fehlbesetzung. Auch wendet er sich immer intensiver dem Golfspiel zu, so daß Agatha, die ja ihrerseits auch beschäftigt war, und Archie kaum noch gemeinsame Zeit miteinander verbringen. Als Agathas Mutter stirbt, ist sie völlig in Trauer aufgelöst. Archie, dem die Situation peinlich ist, schlägt vor, daß sie gemeinsam nach Spanien reisen sollten. Agatha lehnt ab. Sie fährt allein nach Ashfield, um dort alles in Ordnung zu bringen. Es sind einsame, traurige Tage für Agatha, in denen sie in ihrem geliebten Ashfield aussortiert und zusammenpackt.
Als sie Archie wiedersieht, benimmt er sich ihr gegenüber wie ein Fremder. Kurze Zeit später erfährt Agatha, daß Archie eine andere Frau kennengelernt hat. Die Ehe war an ihr Ende angelangt.
Was dann geschieht, ist schwer einzuordnen: im Dezember 1926 verschwindet Agatha Christie plötzlich und wird erst zehn Tage später gefunden. Ihren leeren Wagen findet man am Silent Pool bei Shere, unweit von Guildford in Surrey. Die Presse wirft verschiedene Theorien über ihr Verschwinden auf. Eine davon lautet, sie hätte sich das Leben genommen. Dorothy L. Sayers, auch Kriminalschriftstellerin und Erfinderin des Gentlemandetektives Lord Peter Wimsey, beteiligt sich an der Hetzjagd, die nun folgt. Sie sieht sich den kleinen See an und meint dann nach einigen Augenblicken des Überlegens: „Sie ist nicht hier."
Agatha Christie geht in ihrer Autobiographie nicht auf ihr Verschwinden ein. Auch sind die Berichte zum Teil recht widersprüchlich. Ihr Wagen ist laut Polizeibericht am unteren Teil eines Hanges gefunden worden, die Motorhaube hatte sich in die Büsche eingegraben. Ein Blatt verdächtigt Archie, an Agathas Verschwinden schuldig zu sein. Andere halten Agathas

Verschwinden für selbstinszeniert, um die Auflagen ihrer Bücher zu steigern.
500 Männer treffen in Autobussen ein, um die Gegend zu durchsuchen. Das Ergebnis ist gleich null. Man nimmt an, daß Agatha an Gedächtnisschwund litt.
Am 12. Dezember findet die 'Große Sonntagsjagd nach Mrs. Christie' statt, wie es die Evening News ausdrückt. Edgar Wallace bewertet das Verschwinden als 'psychische Vergeltungsmaßnahme gegenüber jemandem, der sie sehr verletzt habe'.
Schließlich klärt sich der Fall auf: Agatha wird wohlbehalten im Hydropathic Hotel in Harrogate aufgefunden, wo sie interessiert die Zeitungsberichte über ihr Verschwinden verfolgt. Sie hatte ihr Gedächtnis verloren.
Wenn auch der Schock über das Ende eines Lebensabschnitts groß war, so gelingt es Agatha doch, sich wieder zu fangen. Ihre Schriftstellerkarriere entwickelt sich blendend. Durch THE MURDER OF ROGER ACKROYD gelingt ihr der Durchbruch. Gemeinerweise läßt sie in diesem Krimi die Watson-Figur selbst zum Mörder werden.
Eine Lösung, auf die die Leser verdutzt und fasziniert zugleich reagieren. In MURDER AT THE VICARAGE läßt Agatha zum ersten Mal Miss Marple auftreten, eine feine, zerbrechlich wirkende alte Dame, deren scharfer Verstand erbarmungslos logische Schlüsse zieht. Poirot geht Agatha mittlerweile wegen seiner Pingeligkeit auf die Nerven. Miss Jane Marple ist also im Original keineswegs die korpulente Dame, wie Margaret Rutherford sie in vielen alten Fernsehfilmen so eindringlich verkörperte. Der imaginäre Ort St. Mary Mead, wo Miss Marple in einem kleinen Cottage wohnt, ist allerdings tatsächlich auf der Landkarte zu finden: Nether Wallop in Hampshire.

St. Mary Mead

Hier wurden zwölf Folgen der Miss Marple Reihe mit Joan Hickson als Miss Marple gedreht. Der Ort soll für Agatha Christie das Vorbild für St. Mary Mead gewesen sein. 1929 ist das Jahr, in dem sie ihr erstes Theaterstück vorbereitet: BLACK COFFEE, bekanntere wie THE MOUSETRAP und WITNESS OF THE PROSECUTION sollten noch folgen.
Im Herbst 1928 bricht Agatha zu einer wichtigen Reise auf: sie fährt mit dem Orientexpress und begibt sich nach Bagdad. Der Orientexpress regt sie zu dem gleichnamigen Krimi an. 1929 besucht sie ein befreundetes Archäologenpaar in Ur und lernt bei den dortigen Ausgrabungen Max Mallowan kennen. Kurze Zeit später heiraten sie.
TEN LITTLE NIGGERS (AND THEN THERE WERE NONE) entsteht und sollte für die Bühne bearbeitet werden, ebenso MURDER AT THE VICARAGE.
Max war mit Ausgrabungen beschäftigt, bei denen ihn Agatha häufig begleitete. Sieben Jahre lang grub er in Nimrud.
1961 gilt Agatha als die weltweit erfolgreichste Autorin englischer Sprache. Am Bahnhof Paddington in London trifft sie einen alten Freund. Beide wollen den Zug nach Devon nehmen. Im Zugabteil vertraut sie ihm an:
„Nichts zum Lesen am Bahnhofskiosk gefunden...Die haben nur meine Romane!"
Sie lächelt und ist glücklich über ihren Erfolg. 66 Kiriminalromane, sechs Romane, zahreiche Kurzgeschichten und eine Autobiographie, das ist die schriftstellerische Bilanz ihres Lebens. Im Winter 1975 erkältet sich 'Dame' Agatha Christie, wie sie inzwischen betitelt wurde. Am frühen Nachmittag des 12. Januar 1976 stirbt sie, 86 jährig.

*

THE ABC MURDERS
Meisterdetektiv Hercule Poirot bekommt eines Tages einen Brief, in dem ein mysteriöser Mensch, der sich ABC nennt, alphabetische Morde ankündigt. Er fordert Poirot heraus, ihn zur Strecke zu bringen und prahlt mit seinem Einfallsreichtum. Tatsächlich geschieht der erste Mord, wie angekündigt: eine Mrs. Ascher, Tabakladenbesitzerin, wird ermordet in Andover

aufgefunden. Weitere Briefe und Morde folgen: Betty Barnard wird stranguliert am Strand von Bexhill-on-Sea gefunden; Sir Carmichael Clarke ist das nächste Opfer, das ABC in Churston auf einem Spazierweg erschlägt.
Bei jeder Leiche wird ein Eisenbahnfahrplan namens ABC gefunden. Monsieur Poirot ruft einen Kreis der Angehörigen zusammen, zu dem auch der Bruder Mr. Clarkes, Franklin, gehört. Bald stellt sich heraus, daß ein Strumpfverkäufer sich vor jedem Mord in der Gegend herumgetrieben hat. Während die Polizei den Mörder für einen Geistesgestörten hält, erkennt Poirot, daß hinter dem vermeintlichen Wahnsinn Methode steckt. Ein vierter Mord geschieht in Doncaster, allerdings trifft es nun, alphabetisch unkorrekt, einen Mann namens Earlsfield. ABC beginnt Fehler zu machen.
Kurz darauf wird der unsichere Strumpfhändler Alexander Bonaparte Cust festgenommen, der wegen einer Kriegsverletzung häufig an epileptischen Anfällen leidet. Er gesteht die Morde. Doch für Monsieur Poirot gibt es ein Problem: Mr. Cust kann unmöglich die raffinierten Briefe geschrieben haben. Beim Zusammentreffen der Angehörigen der Opfer deckt Poirot die Verbrechen auf: nicht Cust hat die Morde verübt, sondern Franklin Clarke, der Bruder des ermordeten Sir Carmichael Clarke. Cust hatte er benutzt, indem er ihm eine Stelle als Strumpfverkäufer gab und ihn jedesmal an den Ort des beabsichtigten Verbrechens schickte. Grund für die Mordserie Sir Franklin Clarkes war die Verschleierung des Mordes an seinem eigenen Bruder. Sir Franklin sah sein Erbe gefährdet, da Sir Carmichael sich für seine Sekretärin interessierte. Eine Heirat war nicht auszuschließen. Poirot bildet sich viel darauf ein, diesen schwierigsten Fall seiner Laufbahn gelöst zu haben. Die 'kleinen grauen Zellen' sind noch intakt, obwohl das schwarze Haar, mittlerweile gefärbt ist.

*

Agatha Christie war auch eine Meisterin des Unheimlichen. Häuser spielen in ihren Krimis wie in ihrem Leben eine große Rolle. Sie geben den Romanen oft ihre eigene unheimliche Atmosphäre. In ihrem letzten Miss-Marple-Krimi, den sie 1976 schrieb, hilft Miss Marple die Geister der Vergangenheit zu verscheuchen.

*

SLEEPING MURDER

Nach ihrer Heirat kommt Gwenda Reed zum ersten Mal nach England. Die Neuseeländerin will hier für sich und ihren Mann ein Haus suchen. In Dillmouth sieht sie Hillside, ein hübsches Haus, das ihr auf Anhieb gefällt. Doch schon während sie die Treppe hinaufsteigt, überkommt sie ein Angstgefühl. Lachend ignoriert sie diese seltsame Anwandlung und kauft das Haus. Immer wieder passieren ihr jedoch seltsame Dinge. Im Salon läuft sie wieder und wieder auf die Wand zu und will auf diesem Wege in das angrenzende Zimmer gehen.

Kurze Zeit später erfährt sie, daß dort früher eine Tür war. In einem Schrank findet sie exakt dieselbe Tapete, wie sie sie sich in ihrer Phantasie ausgemalt hat. Es wird ihr unheimlich. In London bekommt sie während eines Theaterstücks einen Anfall von Panik.

Anscheinend hatten die Worte:

„Bedeckt ihr Antlitz! Vor meinen Augen flimmert es, sie starb so jung", diesen Anfall hervorgerufen.

Miss Marple kümmert sich um Gwenda und nimmt ihre Angst ernst. Nachforschungen ergeben, daß Gwenda schon einmal in England war als kleines Kind mit ihrem Vater und dessen neuer Frau Helen. Sie hatten in Hillside gewohnt. Die seltsamen Erfahrungen sind also Erinnerung. Auch erinnert sie sich an eine Mordszene: sie sieht wie eine blonde junge Frau mit Händen erwürgt wird, die wie Affenpfoten aussehen. Gwenda und ihr Mann wollen dem verjährten Mord nachgehen. Miss Marple ist besorgt um die Sicherheit der beiden, denn sie glaubt, daß der Mörder noch einmal zuschlagen wird. Als ein früheres Dienstmädchen, das Informationen hatte, ermordet wird, ist klar, daß Miss Marple Recht hat: der Mörder Helens lebt noch. Gwenda ist allein im Haus. Zum Spülen trägt sie Gummihandschuhe, die aus einem Krankenhaus kommen. Dr. Kennedy, der Bruder Helens, der Gwenda bei der Aufklärung hilft, betritt das Haus. Gwenda sieht auf die Gummihandschuhe an ihren Händen und weiß nun, daß Dr. Kennedy der Mörder ist. Was ihr als Kind wie Affenpfoten erschien, waren die Handschuhe. Kurz bevor sich Dr. Kennedy auf Gwenda stürzen kann, tritt Miss Marple dazwischen. Das Verbrechen ist aufgeklärt, und die berühmte Jane Marple hat auch ihren letzten Fall erfolgreich gelöst.

*

Miss Marple und Monsieur Poirot sind ohne Zweifel Agatha Christies bekannteste Detektive. Sie bekamen jedoch jüngere Konkurrenz. Das Detektivehepaar Tuppence und Tommy Beresford verfügt auch über schillernden Verstand und ist begnadet, wenn es darum geht, schwierige Fälle zu lösen. Außerdem hatten sie den Vorteil, bei ihrer Erfindung noch jung zu sein. Sie altern mit den Romanen.

Poirot und Miss Marple haben bereits bei ihrer Erfindung die Pensionsgrenze erreicht. Außer den 80 Kriminalromanen schrieb Agatha Christie 19 Bühnenstücke. Auch Kinderbücher finden sich in ihrem umfangreichen Werk. Unter dem Pseudonym Mary Westmacott schrieb sie zusätzlich einige Romane.

Neben London und Umgebung spielt die Küste Süd-Devons mit ihren vorgelagerten Inseln eine große Rolle in Christies Kriminalromanen: z.B. Burgh Island.

Die Negerinsel in AND THEN THERE WERE NONE, wo alle Besucher eines Hotels nacheinander ermordet werden und der unsichtbare Gastgeber sich als Exekutor entpuppt, der seinen Gästen mit kleinen Mitteilungen den nächsten Mord ankündigt, hat hier ihr Vorbild:

„Neun kleine Negerlein, die haben lang gewacht,
Eines schlief für immer ein, da waren's nur noch acht."

Auch die Ferieninsel in EVIL UNDER THE SUN könnte ihr Vorbild in Burgh Island haben, einer kleinen Insel vor Bigbury-on-Sea, zwischen Plymouth und Kingsbridge. Agatha Christie hielt sich auf Einladung des Besitzers dort auf, um zu schreiben. Die Entfernung zur Küste ist allerdings zu gering, um als realistisches Vorbild für die Insel in AND THEN THERE WERE NONE zu gelten. Statt ermordet zu werden, hätten die Gäste einfacherweise von Burgh Island an Land schwimmen können.

Abgeschlossene Räume waren für Mordfälle besonders geeignet: das Schiff, das den Nil herunterfährt genauso wie der Orientexpress oder eben Inseln.
Obwohl Agatha Christie Häuser in London besaß, floh sie wie Dickens oft aus der Stadt. Das Landleben war ihr wichtiger als die Straßenschluchten. Greenway wurde ihr zweites Ashfield, ein Refugium.

*

Als ich am nächsten Morgen meinen Frückstückstisch erreichte, sah ich, daß für drei Personen gedeckt war. Auf meine Frage erklärte die Bedienung, eine amerikanische Reisegruppe sei eingetroffen, und ich müsse meinen Tisch deshalb mit einem Pärchen auf Hochzeitsreise teilen. Als ich gerade meine zweite Tasse Tee in Angriff nahm, kamen meine Tischnachbarn. Strahlend begrüßten sie mich. Der junge Mann hatte einen Schnurrbart und forschende dunkelbraune Augen. Die Dame war blond und hatte ein kindliches, hübsches Gesicht.
„Sie genießen auch die englische Riviera?" fragte er mich. In kurzen Worten schilderte ich meine Nachforschungen.
„Agatha Christie? Ach Gott, die Häkelschule, ja, ja. So richtig spannend sind ihre Romane eigentlich nur am Anfang, finde ich. Der Rest verläuft doch eigentlich immer gleich. Alle möglichen Täter werden abgehakt, und dann war es doch der, der zu Anfang verdächtigt wurde, aber anscheinend ein hieb- und stichfestes Alibi hatte."
„Da haben Sie Recht", sagte ich. „Aber es gelingt ihr doch meistens, eine große Spannung aufzubauen. Denken Sie an DEATH ON THE NILE."
„Oh ja", fiel seine Frau begeistert ein. „Haben Sie den Film mit Peter Ustinov und Mia Farrow gesehen? Es war geradezu unheimlich, wie dieses Paar auf Hochzeitsreise in Ägypten gejagt wurde von der ehemaligen Geliebten des Mannes. Und der Meisterdetektiv, wie hieß er doch noch gleich?"
„Monsieur Poirot", sagte ich.
„Genau - er steht immer über den Dingen. Über den Leidenschaften der Menschen, meine ich."
„Wie ein Überwesen, Jane. Nicht gerade sehr realistisch."

„Kein Sam Spade natürlich. Er kommt aus einer anderen Zeit, aus der Vergangenheit. Ein echter Gentleman, auch wenn er Belgier ist."

„Ja", sagte ich lachend, „seine Nationalität muß er ja auch oft genug betonen, weil ihn fast jeder für einen Franzosen hält."

„Ich bin mehr für P.D. James oder Ruth Rendell. Die verzichten meist auf die hochherrschaftlichen Häuser mit Dienerschaft, die bei Agatha Christie so wichtig sind. Aber ich sehe schon, ich bin in der Minderheit und sitze zwei hartgesottenen Agatha-Christie-Fans gegenüber." Er schwieg und lächelte seine Frau an.

„Wäre die Dienerschaft nicht", fügte ich hinzu, „gäbe es in manchen Detektivromanen arge Schwierigkeiten bei der Aufklärung. Seien wir also froh, daß es sie einmal gegeben hat."

„Wo werden Sie hinfahren, wenn Sie Torquay verlassen?" fragte Jane.

„Nach Cornwall", antwortete ich, „auf den Spuren Daphne du Mauriers."

„Last night I dreamt I went to Manderley again. REBECCA ist einer meiner Lieblingsromane von Daphne du Maurier. Peter, wie wäre es, wenn wir statt nach London zurückzukehren noch ein paar Tage in Fowey verbringen."

„Oh Gott", er wandte sich mir zu, „vielleicht sollten Sie mit meiner Frau die Hochzeitsreise beenden. Genügend Gesprächsstoff hätten sie auf jeden Fall."

„Oh nein, Peter", sie nahm seine Hand. „Wer wird mich denn nachts wärmen?" Ich trank meinen Tee aus und stand auf. Junges Glück soll man nicht stören.

„Ich glaube, da ist Ihr Mann wirklich besser geeignet als ich. Wo immer Sie noch hinfahren, ich wünsche Ihnen eine gute Reise. Bye, bye."

„Bye, bye", sagten sie lachend.

7
Daphne du MAURIER
Ferryside, Boddinnick (Fowey), Menabilly, Jamaica Inn
(Bodmin Moor)
Cornwall

Der Fluß Tamar, der Plymouth durchschneidet, ist die natürliche Trennungslinie zwischen Devon und Cornwall. Die Tamarbrücke trägt die Wappen der Grafschaften. Passiert man sie, befindet man sich im Land der 'Stannary Towns', der Zinnstädte und Porzellanerde, der unermeßlichen Felsenküsten mit langer Schiffbruchtradition.
Ich fuhr auf der A38 in Richtung Liskeard weiter, bis ich zur Abfahrt Looe kam. Nun ging es über kleinere Sträßchen in eine hügelige Gegend. Looe ist wegen seines Sandstrandes ein begehrter Badeort. Von der Brücke in Looe kann man die bunten Fischerboote sehen und die Häuser, die sich zur rechten Seite an die Felsen schmiegen. Daphne du Maurier mochte Looe nicht. Dieses bereits zu ihrer Zeit überfüllte Örtchen nahm ihr die Luft zum Atmen. Auch ich hatte Looe noch nie besonders gemocht. Der große Parkplatz, von dem aus die Menschenmassen aufbrechen, über die Brücke strömen, durch die mit billigen Andenkengeschäften ausstaffierte Hauptstraße drängen, um sich dann schließlich auf den Sandstrand zu ergießen, all das ließ in mir immer den Wunsch aufkommen, mich auf die Küstenwege zu flüchten.
Daphne du Maurier fand in Fowey ihren Märchenort, ich fand ihn in Polperro. Polperro ist ein kleines Fischerdorf, das sich, von zwei Hügelketten eingekeilt, bis zum Meer erstreckt.

Polperro

Ein kleines Gäßchen führt bergauf zum Küstenweg in Richtung Looe, so eng, daß noch nicht einmal ein Auto durchpaßt. Katzen sitzen vor den weißen ehemaligen Schmugglerhäusern und dösen in der Sonne. Geranien wuchern in Blumenampeln vor dem Muschelhaus. Und wenn sich mittwochabends zur Hauptsaison der in schwarz gekleidete Fischerchor an der Mole aufbaut, dann erschallt die Freiheitshymne der 'Cornishmen':
„And shall Trelawny live, or shall Trelawny die, there's twenty thousand Cornishmen shall know the reason why."
Damals im Jahr 1549 wollte der halsstarrige Bischof Jonathan Trelawny der 'Declaration of Indulgence' gegenüber Katholiken nicht zustimmen. Er wurde in den Tower geworfen, da er an seinen antikatholischen Grundsätzen festhielt. Doch viele Bürger Cornwalls standen hinter ihm, und es wurde darüber diskutiert, den Tamar zu überqueren und einen Marsch auf London zu unternehmen, um seine Freilassung zu erwirken. Dazu kam es allerdings nicht, denn Trelawny wurde vorher freigelassen.
Diese geschichtliche Begebenheit sagt viel über die Bevölkerung Cornwalls aus, über ihren Stolz und ihre Dickköpfigkeit. Heute beobachten die 'Cornishmen' mit wachsendem Unmut den Aufkauf ihrer Häuser durch Londoner und andere Ausländer, während ihre eigenen Kinder zu arm sind, um sich Immobilien kaufen zu können. Zwei Billigjobs zu unterhalten, ist in den Fischerdörfern oft die Regel.
Dies erzählten mir meine B&B-Gastgeber, Mr. und Mrs. Fletcher, bei denen ich in Kilcobben Kellow Hill Unterkunft gefunden hatte. Die Kinder wohnten samt ihren Familien im großen Haus der Fletchers. Mietwohnungen sind rar.
Bei meinem ersten Frühstück in diesem Haus fielen mir die Schwarz-weiß- Photographien von gestrandeten Schiffen auf, die an der Wand hingen. Natürlich hatte ich die Geschichten über die sogenannten 'Wreckers' gelesen: Strandräuber, die Laternen an Eselsschwänze banden, um arglose Schiffe auf die Felsen zu locken. Die Schiffe wurden geplündert und etwaige Überlebende erschlagen.
Die Tür zum Wohnzimmer ging auf und eine große breite

Gestalt schob sich vor den Fernseher. Mr. Fletcher rief mir ein cornisch akzentuiertes 'good morrrning' zu. Er hatte schwarze Haare, buschige Augenbrauen, eine lange Nase und ein grob geschnittenes Gesicht:
„You're here fur holiday, ey?" rief er, wobei sich seine Augenbrauen gefährlich zusammenzogen:
„Weather is going to be foine. Must go to St. Breward in the Moor! Beautiful there."
Ich nickte, während ich meine warme Tomate auf der Gabel balancierte, und merkte an, daß ich heute zuerst nach Bodinnick fahren wollte, um mit der Fähre nach Fowey überzusetzen. Er nickte ernst, stieß ein 'noice there' hervor und wandte sich dem Fernsehapparat zu.
Solchermaßen ermutigt, machte ich mich auf den Weg und folgte den alten krummen Straßenschildern, die an kleinen Straßeneinmündungen standen und mich durch die mit hohen Hecken verzierten Sträßchen führten.
Mit 19 Jahren kam Daphne du Maurier zum dritten Mal nach Cornwall, doch diesmal sollte der Eindruck tiefgreifend sein. Die Familie du Maurier lebte in London und begab sich nach Cornwall, um dort ein Ferienhaus zu suchen. Direkt an der Fähre von Boddinnick befindet sich Ferryside (heute von Daphnes Sohn Christian und seiner Familie bewohnt): ein Boots- und Wohnhaus, das im Stil eines Schweizer Chalets erbaut wurde. Daphne gefiel dieses Haus auf Anhieb, genauso wie die Aussicht auf das gegenüberliegende Fowey und die Hafeneinfahrt. Der Geruch von Teer und Seilen begeisterte sie, und sie schrieb:
„Hier war die Freiheit, die ich mir wünschte, seit langem gesucht, nie gefunden. Freiheit zu schreiben, zu wandern, spazierenzugehen, Freiheit, die Hügel hochzuklettern, ein Boot zu rudern, allein zu sein."
Ferryside, das von der Familie du Maurier gekauft wurde, sollte für die Londonerin eine Wahlheimat werden. Hier fand sie die Inspiration zum Schreiben und das Leben, das sie sich erträumt hatte.

Ferryside

Ich setzte mit der Fähre nach Fowey über und parkte meinen Wagen auf dem Parkplatz. Als Daphne du Maurier sich zum zweiten Mal auf die Suche nach ihrem 'house of secrets', Menabilly, machte, dem Vorbild für Manderley aus REBECCA, stand sie so früh auf, daß sie nur den Krabbenfischer sah, der seine Bottiche aus dem Meer zog. Fowey schlief tief und fest als sie durch die engen Gassen ging, deren Häuser sich zum Meer hin öffnen. Sie ging über die Esplanade, umrundete Readymoney Cove und gelangte zu St. Catherine's Castle an der Hafeneinfahrt. Der Küstenweg windet sich weiter an den steilen Klippen entlang, bis er eine plötzliche Biegung macht und den Blick auf Pridmouth Bay freigibt. Dort in der Bucht sah sie zum ersten Mal Rebeccas Bootshaus, Ort des tragischen Höhepunktes der Cinderella-Geschichte, an dem Maxim seiner zweiten Frau über seine wahre Beziehung zur schönen Rebecca erzählt.

Daphne du Maurier in Cornwall

Und sie sah Menabilly:
„Ich folgte dem Pfad zum Gipfel des Hügels und wandte mich, aus dem Wald kommend, nach links. Ich befand mich auf einem hohen Grasweg, unter mir die Bucht und vor mir der Gribben Head...Dann sah ich sie zum ersten Mal – die roten Rhododendren...Ich schlängelte mich bis zum Rasen, und da stand es. Mein Haus der Geheimnisse. Mein unfassbares Menabilly."
Das graue einfache Steingebäude war von Efeu überwachsen. Daphne du Maurier setzte sich auf den Rasen und betrachtete das Objekt ihrer Wünsche. Später schrieb sie in REBECCA die bekannten Anfangszeilen:
„Last night I dreamt I went to Manderley again. It seemed to me I stood by the iron gate leading to the drive, and for a while I could not enter, for the way was barred to me."
Auch für den heutigen Besucher ist Menabilly nicht zugänglich. 'Strictly private' verkündet das Schild am Tor. Neugierige haben sich durch die Rhododendronbüsche ihren Weg gebahnt, doch Menabilly bleibt vielleicht für immer unfassbar, denn es gehört der alteingesessenen Rashleigh-Familie.
An Rebeccas Bootshaus am Strand haben die Bewohner sich beeilt, schriftlich zu betonen, daß es hier keinen Tee und keinen Kuchen gibt, vielleicht wünschten sie, REBECCA wäre nie geschrieben worden.
Das Wetter war umgeschlagen. Es nieselte leicht, während ich nach Fowey zurückwanderte. Ich fuhr Richtung Lostwithiel und dann an Lanhydrock House vorbei Richtung Bodmin. Ich bog rechts ab und fuhr auf der A30 Richtung Launceston. Rechts und links der Straße sah ich das Moor. Die Erhebungen sind im Bodmin Moor nicht so hoch wie im Dartmoor. Die höchste Erhebung ist Brown Willy, eine Felsenerhebung, an der der Fowey-Fluß entspringt. Ich habe das Bodmin Moor selten bei schönem Wetter erlebt. Meist treibt ein feiner Nieselregen über die Landschaft, eine atemberaubende Landschaft, voll von Steinkreisen und kultischen Steinen wie den Hurlers, voll von Heidekraut und Flüssen, die moosige Ufer bilden. Den Jamaica Inn, in Bolventor, der Daphne du Maurier zu dem gleichnamigen Roman inspirierte, umwindet nun eine Umge-

hungsstraße, weil der Verkehr immer mehr zunahm. Im Sommer strömen die Touristen zu dem alten Inn, der sich mittlerweile in ein Selbstbedienungsrestaurant mit Souvenirshop ausgeweitet hat. Doch der Souvenirshop ist nicht vom Schlage der National-Trust- Shops, sondern bietet, was den Geschmack anbelangt, nur das Billigste.

Jamaica Inn

In ihrem Buch JAMAICA INN beschreibt Daphne du Maurier das Gasthaus und die Umgebung so:
„Das schiefergraue Gasthaus mit den hohen Kaminen, obwohl es abweisend und unbewohnt schien, war die einzige Wohnstatt in dieser Landschaft. Im Westen des Jamaica Inns erhoben Felskuppen ihr Haupt; einige von ihnen waren sanft wie Dünen, und das Gras schien gelb unter der launischen Wintersonne; andere aber sahen unheildrohend und finster aus."
Das Einzige, was hier noch ursprünglich ist, ist das alte Wirtshausschild mit dem Piratenkopf. Noch immer quietscht es im Wind und noch immer fallen die Wassertropfen langsam herunter. Daphne du Maurier selbst war schockiert, als sie später feststellte, was ihr Roman aus diesem Gebäude gemacht hatte.
In ihrem Buch DAPHNE DU MAURIERS CORNWALL weist die Autorin darauf hin, daß man auch heute noch das ursprüngliche Moor finden kann: wenn man hinter dem Inn einfach einmal ins Moor hineingeht oder dem Rough Tor einen Besuch abstattet: „...Climb Rough Tor and listen to the wind in the stones. These moors have a fascination unlike any other..."
JAMAICA INN ist eine Geschichte, die sich mit Schmuggel beschäftigt, mit Strandräuberei und mit einer jungen Frau, Mary Yellan, die in die Fänge ihres bösen Onkels Joss Merlyn gerät. Eindringlich fängt Daphne du Maurier hier die Atmo-

sphäre des Moors ein. Sie läßt die Vergangenheit lebendig werden: den Wind, der um das Haus pfeift, und die nächtliche Ankunft der Schmuggler, die die Fässer in den Jamaica Inn rollen.
Inzwischen wurde hier ein Gedächtniszimmer für die Schriftstellerin eingerichtet, wo man ihre Schreibmaschine bewundern kann. Ein einsamer Papagei, der sich vor lauter Gram die Brustfedern ausgerupft hat, bewohnt den Käfig in der Schmugglerbar.
Als Daphne du Maurier zum ersten Mal zum Jamaica Inn kam, war sie in Gesellschaft einer Freundin. Am frühen Nachmittag brachen sie zu Pferd vom Jamaica Inn auf, um über das Moor nach Trebartha Hall zu reiten, wo sie eine Bekannte besuchen wollten. Nachdem sie eine Stunde lang unterwegs waren auf schlüpfrigen Wegen, an Toren und Felsblöcken vorbei, bemerkten sie, daß sie ihrem Ziel nicht viel näher gekommen waren. Das Wetter schlug um; es begann zu regnen und zu stürmen. Daphne und Foy stiegen von den Pferden ab und suchten Zuflucht in einem alten verfallenen Cottage. Schließlich beschlossen beide, die Pferde den Weg zurückfinden zu lassen. Sie stiegen auf, ließen die Zügel hängen, und die Tiere trotteten los. Es war bereits dunkel, und Daphne fragte sich, wohin die Pferde wohl gehen würden: zum Jamaica Inn oder zu ihrer richtigen Heimat, Fowey. Stunden der Angst lagen vor ihnen. Doch schließlich sahen die beiden Reiterinnen in der Ferne die Lichter des Jamaica Inn:
„...Unwillkürlich mußte ich an seine Vergangenheit als Poststation denken und an die Reisenden, die in alten Zeiten hier in stürmischen Novembernächten Zuflucht suchten, von den Einheimischen neugierig beobachtet."

*

Daphne du Maurier

Daphne du Maurier: Die Romantikerin, die keine sein wollte

Daphne du Maurier wird am 13. Mai 1907 in eine berühmte Künstlerfamilie hineingeboren. Der Vater Daphnes war Gerald du Maurier, ein bekannter Schauspieler seiner Zeit, der in Rollen wie Captain Hook aus PETER PAN oder Bulldog Drummond brillierte. Er hatte einen lässigen Schauspiel- und Sprechstil entwickelt, dem allerdings harte Arbeit zugrundelag. Muriel Beaumont, so der Mädchenname der Mutter Daphnes, ist ebenso wie der Vater im Schauspielgewerbe. Daphnes Familienverhältnisse sind ihr bei der Karriere sehr behilflich, besonders der Großvater George du Maurier, der mit TRILBY einen Erfolgsroman geschrieben hat. Aufgrund des berühmten Vaters und Großvaters horchen Presse und Öffentlichkeit bei Erscheinen von Daphnes erstem Roman THE LOVING SPIRIT auf.

Daphne hat zwei Schwestern: Angela, 1904 geboren, und Jeanne, 1910 geboren, mit denen sie sich Zeit ihres Lebens gut versteht. Die Beziehung zu ihren Eltern ist schwieriger. Gerald du Maurier himmelt seine drei Töchter an. Daphne allerdings ist ihm besonders lieb. Er spricht mit ihr, wie mit einer Erwachsenen und läßt sie fühlen, daß sie ihm unentbehrlich ist. Zur Mutter hat Daphne ein recht kühles Verhältnis. Daphne hat das Gefühl, ihr ihre Probleme nicht anvertrauen zu können und wendet sich Todd zu, ihrer Gouvernante.

Gouvernanten übernehmen auch zum großen Teil ihre Erziehung. Ob diese ihre oft makabren Spiele guthießen, bleibt dahingestellt. Ein Spiel bestand daraus, daß Daphne ihrer jüngeren Schwester aus dem Garten zurief:
„Bring down your dead!"
Daraufhin wirft Jeanne alle Teddybären aus dem Fenster. Daphne, die zuvor ein Loch gegraben hat, legt die Bären in einen Schubkarren und transportiert sie zu ihrer zukünftigen Ruhestätte im Blumenbeet.

Die Atmosphäre in Cumberland Terrace, dem aufwendigen Haus der du Mauriers in der Nähe des Regent's Park, ist dezidiert unpolitisch. Der Generalstreik wird beispielsweise nur in soweit diskutiert, als er den Kartenverkauf für Geralds neues

Stück beeinflußte. Daphne kümmert sich auch später nicht um Politik und um das Leben des kleinen Mannes. Die Kinder sind gefangen in ihrer Theaterwelt, werden von Party zu Party gereicht und leben das einseitige Leben der Privilegierten. In der Garderobe führt Gerald stolz seine kleine Daphne vor, und die Schauspielkollgegen zollen ihr Tribut. Doch Daphne mag die Aufmerksamkeit anderer nicht. Sie ist schüchtern und zieht sich immer mehr vom glänzenden Leben der du Mauriers zurück. Ihre Schüchternheit ließ sie für Außenstehende oft arrogant wirken: statt zu Boden zu blicken, überspielt sie ihre Unsicherheit, indem sie ihr du-Maurier-Kinn (ohnehin sehr ausgeprägt) vorstreckt und ihre blauen Augen auf ihr Gegenüber heftet. Je mehr sie heranwächst, desto mehr haßt sie die gesellschaftlichen Ereignisse, die Zerstreuungen, die von den Eltern für die jungen Damen inszeniert werden.
Daphne wird nach Paris geschickt, um dort ihre Ausbildung zu vervollständigen. Sie unterhält Freundschaften und Liebesbeziehungen. Wenn die Anforderungen der Beziehungen allerdings zu anstrengend werden, flieht sie nach Ferryside, das seit 1927 das Feriendomizil der Familie ist. Ferryside ist ein Fluchtpunkt geworden, und sie schreibt:
„Ich glaube Fowey bedeutet mir nun mehr als alles andere. Der Fluß, der Hafen, das Meer. Es ist mehr als die Liebe zu einem Menschen. Ich weiß nicht, wie ich in London weiterleben soll."
Kurz nach ihrem 20. Geburtstag wird Daphnes Traum wahr: zum ersten Mal ist sie allein in Ferryside, nur eine gewisse Mrs. Coombs kommt, um für sie zu kochen. Daphne hat ihr Leben lang Menschen um sich, die ihr die Hausarbeit und auch die Beaufsichtigung ihrer Kinder abnehmen.
Mit zwanzig Jahren, allein in Ferryside wandernd und rudernd, verschwendet sie noch keinerlei Gedanken an die Ehe und ihre Folgen. Sie wandert den Hall Walk entlang, der oberhalb von Ferryside beginnt, am Kamm der Steilwand und am Pont-Fluß entlanggeht, bis er sich zurück zu den Klippen bis Polruan windet. Ein anderes Mal fährt sie mit der Fähre nach Fowey und geht bis zur Readymoney Cove, unterhalb von St. Catherine's Castle und dann bis zur Gribbin Landspitze. In

THE KING'S GENERAL, REBECCA und MY COUSIN RACHEL werden diese Orte lebendig.
Der Plan zu ihrem ersten Roman JANE SLADE entsteht, als sie am Pont Creek entlangschlendert und plötzlich auf dem von der Flut verlassenen Untergrund ein Wrack mit Namen Jane Slade sieht. Die Gallionsfigur einer Frau stach gegen den Matsch ab. Daphne erkundigt sich in Fowey über die Person Jane Slade und erfährt von Adams, ihrem Ruderlehrer, daß seine Frau eine geborene Slade sei. Adams stellt Daphne alte Familiendokumente zur Verfügung, und Daphne beginnt zu schreiben. Sie erzählt die Geschichte der Seemannsfamilie Slade über mehrere Generationen hinweg.
Trotz der Einsamkeit, die sie während dieser Zeit umgibt, besucht sie einen älteren Schriftsteller in Fowey, der eine cornische Berühmtheit ist: Sir Arthur Quiller-Couch, genannt Q. Jeden Sonntagnachmittag findet sie sich in seinem Haus The Haven ein. Sie freundet sich mit Foy an, Arthur Quiller Couchs Tochter, und macht mit ihr den folgenreichen Ausflug zum Jamaica Inn, im Bodmin Moor.

Daphne du Maurier in ihrem Boot

1931 segelt ein Boot in den Hafen von Fowey ein: das Boot heißt Yggdrasil, und an Bord befindet sich der gutaussehende Major Browning. Er hat THE LOVING SPIRIT gelesen und segelt nach Fowey, um Daphne du Maurier kennenzulernen. Es ist Liebe auf den ersten Blick. Im Juli 1932 heiratet Daphne Major Browning in der kleinen Kirche von Lanteglos, auf deren Friedhof sie das Grab der historischen Jane Slade gefunden hatte. Mit der Heirat beginnt für Daphne eine unruhige Zeit voller Umzüge. Wo immer ihr Mann stationiert wird, Daphne zieht mit, obwohl sie sich innerlich wohl immer nach Cornwall sehnt. 1933 bekommt sie ihr erstes Kind, Tessa. Daphne ist über die Geburt einer Tochter enttäuscht, hat sie sich doch sehnlichst einen Sohn gewünscht. Diesem Wunsch mag zugrundegelegen haben, daß sie sich als Kind immer wünschte, ein Junge zu sein. Kurze Zeit später stirbt ihr Vater. Obwohl es ein schwerer Schlag für Daphne ist, bringt der Tod des Vaters sie ihrer Mutter näher. Zum ersten Mal entwickelt sie eine wirkliche Beziehung zu Muriel.

1936 reist Daphne mit Mann, Tochter und Kindermädchen nach Ägypten. Tommy, Daphnes Mann, wird als kommandierender Offizier in Alexandria stationiert. Daphne war Ägypten gegenüber sehr ungnädig. Obwohl sie äußerlich die zufriedene Offiziersgattin spielt, brodelt es in ihr. Die Hitze ließ ihre Fingerspitzen an der Schreibmaschine festkleben. Sie findet Ägypten schmutzig und fragt sich, was die Leute meinen, wenn sie vom Zauber des Orients sprechen. Zugleich geht es ihr gesundheitlich nicht gut, und der Arzt stellt fest, daß sie wieder schwanger ist. 1937 kehrt sie nach England zurück und bringt Flavia zur Welt.

Wieder in Ägypten, diesmal ohne die Kinder, wird ihr Heimweh, wie sie berichtet, zur Obsession. Körperlich ist sie in Alexandria, doch ihre Phantasie kreist um Menabilly, jenes unbewohnte, überwachsene Haus oberhalb von Pridmouth Bay, zu dem sie sich schon einige Male geschlichen hatte. Sie denkt an die lange überwachsene Auffahrt, von Rhododendren gesäumt, an das Haus, Eigentum der alten cornischen Rashleigh-Familie. Sie denkt auch an das Bootshaus am Strand.

Bootshaus

In ihrem Kopf formiert sich der Plan für ihren Roman REBECCA. Im Roman beschreibt Maxim de Winter seiner zukünftigen Frau die Landschaft um Manderley, alias Menabilly:

„Auf der linken Seite des kleinen Pfades, der durch das Tal zur Bucht hinunterführte, seien Azaleen und Rhododendren gepflanzt, und wenn man hier an einem Maiabend nach dem Essen entlanggehe, dann stehe der Duft wie ein feuchter Dunst um die Büsche. Dann trete man etwas schwindlig und betäubt aus dem Tal heraus, und vor einem breite sich die harte weiße Fläche des Strandes und des stillen Meeres aus. Ein seltsamer, vielleicht zu plötzlicher Gegensatz."

Dieser Roman über die zweite Mrs. de Winter, die sich ihrer Vorgängerin Rebecca nicht gewachsen fühlt und von der Haushälterin Mrs. Danvers fast in den Tod getrieben wird, hatte einen realen Ursprung. Daphne erzählte später einem Freund, sie habe kurz nach ihrer Heirat mit Tommy Liebesbriefe der ehemaligen Verlobten Tommys, Jan Ricardo, gefunden. Jan Ricardo sei eine schöne, geistreiche und vor allem selbstsichere Frau gewesen, und Daphne fragte sich plötzlich, ob sie ihren Mann halten könne. Tommy macht ihr während ihrer ersten Jahre oft den Vorwurf, den Haushalt und die Dienerschaft nicht richtig führen zu können. Sie fühlt sich als repräsentierende Offiziersgattin fehl am Platz. Als der Zweite Weltkrieg ausbricht, läßt sich Daphne für eine Antikriegspartei einspannen, der MRA (Bewegung für moralische Aufrüstung). Sie schreibt einige Kurzgeschichten, veröffentlicht unter dem Titel COME WIND, COME WEATHER. Diese Sammlung erntet bei der Kritik wenig Sympathie: die Geschichten seien unwirklich, hochgestochen, voll von unechtem Heldentum, hieß es.

Daphne war durch REBECCA inzwischen berühmt geworden. Die MRA nützte ihre Popularität für politische Zwecke aus. Doch Daphne verliert nach einiger Zeit das Interesse an dieser Gruppe, glücklicherweise, muß man sagen, denn die MRA scheute auch nicht davor zurück, mit Hitler zu verhandeln.

1943 wird für Daphne du Maurier ein Traum wahr: die Möglichkeit, ihr Traumhaus Menabilly zu mieten, rückt in greifbare Nähe. Die Rashleighs vereinbaren einen 25jährigen Mietvertrag. Daphne du Mauriers Liebe zu diesem 'block of stone' ging über ihre Liebe zu Tommy und den Kindern hinaus. Auf Freunde, Ehemann und Kinder, ja sogar auf den inzwischen geborenen, lang ersehnten Sohn Christian, konnte sie verzichten. Auf Menabilly nicht. Mit zunehmendem Alter wehrt sich Daphne du Maurier dagegen, ihr Traumhaus zu verlassen. Sie hat einen weiteren erfolgreichen Roman, FRENCHMAN'S CREEK, geschrieben, übrigens der einzige ihrer Romane, den sie als romantisch bezeichnete, und arbeitet jetzt an THE KING'S GENERAL. Wie bei REBECCA war die Inspiration von Menabilly ausgegangen. Schon lange hat sie sich für die Geschichte des englischen Bürgerkriegs interessiert. Sie liest die Lebenserinnerungen von Honor Harris, die diese vor ihrem Tod 1653 niedergeschrieben hatte. Daphne versenkt sich in die Geschichte der Rashleighs, sieht Familiendokumente ein und hört von dem Skelett, das 1824 in den Mauern Menabillys entdeckt wurde. Ihre Phantasie fängt Feuer, und sie malt sich aus, daß es der Sohn von Sir Richard Grenville war, des Königs General im Westen, der dort eingemauert wurde. Sie entwirft eine Geschichte mit historischen Grundzügen, bei der es um den Kampf der Königstreuen gegen die Parlamentarier geht: die verkrüppelte Honor Harris liebt des Königs General im Westen trotz seiner Brutalität und seines unvorsichtigen Verhaltens.

Der Angriff der Parlamentarier auf Menabilly und die Zerstörung des Familiensitzes der Rashleighs werden spannend und atmosphärisch dicht geschildert. Trotzdem hat der Leser oft Mühe, sein Interesse wachzuhalten, denn das persönliche Geschehen und das Kriegsgeschehen wiederholen sich. In THE KING'S GENERAL beschreibt Daphne du Maurier wieder die Landschaft um Menabilly:

„Der Gribben Hügel... Ich beobachtete ihn von meinem Rollstuhl aus, der auf dem Damm stand, ich beobachtete ihn in jeder Stimmung vom Winter bis zum Hochsommer. Ich habe an einem Herbstabend die Schatten vom tiefen Pridmouth Tal bis zum Gipfel des Hügels kriechen sehen. Habe gesehen, wie sie einen Moment dort blieben, auf die Sonne wartend."

Daphne du Maurier schreibt, sie habe sich immer sehr mit ihren Erzählern identifiziert: mit der zweiten Mrs. de Winter in REBECCA, mit Dona St. Columb in FRENCHMAN'S CREEK und auch mit Honor Harris in THE KING'S GENERAL. Sie nennt das 'gondaling' in Anspielung auf das Phantasiereich der Brontë-Schwestern 'Gondal'. Wenn Daphne in ihrer Hütte in Menabilly sitzt und schreibt, lebt sie das Leben anderer, das Leben ihrer Phantasiegestalten. Die stolze und wagemutige Honor Harris interpretiert sie als ihr vergangenes Ich. Ende 1940 wird Tommy in den königlichen Haushalt der Prinzessin Elizabeth und ihres Gatten, des Duke of Edinburgh, einbezogen. Er war Rechnungsführer und Schatzmeister und nimmt an zahlreichen Auslandsreisen teil. Daphne zieht das einsame Menabilly gesellschaftlichem Trubel vor und schreibt MY COUSIN RACHEL. Es folgen Kurzgeschichten, unter denen auch THE BIRDS war, eine unheimliche Geschichte über Vögel, die plötzlich Menschen angreifen; später wurde THE BIRDS von Hitchcock verfilmt.

1959 quittiert Tommy den Dienst und zieht dauerhaft in Menabilly ein. Bis dahin war es oft eine Wochenendehe gewesen. Nun muß sich Daphne umstellen. Tommy, den sie in ihren Briefen 'Moper' (der Trübselige) nennt, hat häufig unter Depressionen zu leiden und wußte mit seiner freien Zeit, außer Segeln, wenig anzufangen. 1969 muß sich Daphne einer traurigen Wahrheit stellen: der Mietvertrag für Menabilly lief aus und sollte auch nicht verlängert werden. Doch der Auszug wird durch den Tod Tommys hinausgeschoben. Daphne empfindet tiefe Trauer über den Tod ihres Mannes. Sie lehnt die Einladungen ihrer Kinder ab, da sie das Gefühl hat, allein sein zu müssen. Die Ehe mit Tommy war allerdings zeitweise von großen Problemen belastet gewesen. Während des Krieges hatten sich beide voneinander entfernt, und Daphne hatte eine Beziehung zu einem anderen Mann, mit dem sie sich heimlich in einer Hütte zwischen Fowey und Polruan traf.

Als der Krieg zu Ende war, machte Daphne Tommy klar, daß ihre frühere Beziehung eine Änderung erfahren hatte. Sie schlug Tommy getrennte Schlafzimmer vor. Das Problem war, daß Daphne sich in Menabilly ein eigenes Leben geschaffen hatte. Tommy war ein Fremdkörper geworden, er paßte nicht mehr so recht ins Konzept. Auch sah sich Tommy plötzlich

Kindern gegenüber, die er kaum kannte.
Er bestaunte die 13jährige Tessa und behandelte sie wie eine 20 jährige. Tessa war überfordert, und Daphne war nicht in der Lage, zwischen den Kindern und Tommy zu vermitteln. Tommys Versuche, nach dem Krieg wieder die Vaterrolle zu übernehmen, wirkten bemüht. Er wollte immer fröhlich sein und ein guter Spielgefährte, doch seine gute Laune schlug bei den geringsten Vergehen der Kinder schlagartig um. Dann war er wieder der Kommandant, der seine Truppen befehligte. Auch Tommy hatte Beziehungen zu anderen Frauen, u.a. zu einer sehr guten Freundin Daphnes. Daphne ließ sich ihre Enttäuschung nicht anmerken.
Nun, nach Tommys Tod, waren alle negativen Begleiterscheinungen der Ehe vergessen. Daphne denkt an ihre Flitterwochen auf der Yggdrasil im Helford River zurück und an ihre gemeinsamen Recherchen für den Roman CASTLE DOR. Arthur Quiller Couch hatte den Roman über Tristan und Isolde begonnen, und Daphne schrieb ihn nach seinem Tod zu Ende. Allein in Menabilly, streift sie in ihrer Phantasie mit Tommy noch einmal am Fowey Fluß entlang auf der Suche nach dem Kampfplatz von Tristan und Morholt. Doch sie muß sich der Realität stellen: Menabilly gehört ihr nur noch für kurze Zeit. Plötzlich tut sich die Möglickkeit auf, in ein weiteres Rashleigh-Haus zu ziehen: Kilmarth, nicht weit von Menabilly entfernt. Daphne du Maurier vergleicht ihren Umzug im Sommer des Jahres 1969 mit dem Ausreißen einer Alraunenwurzel: ein Aberglaube besagte, die Wurzel schreie und blute, wenn sie herausgerissen werde.
Menabilly war nie ein komfortables Haus gewesen. Die Heizung konnte die großen Räume im Winter oft nicht richtig wärmen, und Daphne und die Kinder waren gezwungen, in ihren Kleidern zu schlafen. Ein Flügel war baufällig, doch Daphne liebte dieses alte verwunschene Haus und mußte sich erst an das komfortablere Kilmarth gewöhnen. Inspiriert von ihrem neuen Haus, schreibt sie THE HOUSE ON THE STRAND, einen Roman, in dem der Held mit Hilfe einer Droge in die Vergangenheit reisen kann. Obwohl sie vorgibt sich eingelebt

zu haben, geistert sie immer wieder durch die Wälder von Menabilly, glücklich, wenn sie ihr altes Haus wiedergesehen hatte und doch traurig, nie wieder dort leben zu können. Daphnes Leben in Kilmarth wird immer spartanischer, das Fernsehen eine notwendige Ablenkung. Trotz ihres vielen Geldes trägt sie alte Fischerhosen und zieht es vor, ihr Bett zu verschieben, um nicht naß zu werden. Auf die Idee, das Dach reparieren zu lassen, kommt sie nicht.

1982 hat sie einen nervösen Zusammenbruch. Sie leidet schon seit längerer Zeit unter Depressionen und hat seit 1977 keine Pläne für ein neues Buch mehr. Ein Zustand, der sie mehr und mehr bedrückt. Sie verliert immer mehr ihr Gedächtnis und entfernt sich von dem Menschen, der sie einmal war. Als ihre Freundin Oriel Malet, ebenfalls Schriftstellerin, einmal zu Besuch ist, fragt Daphne sie völlig verwirrt, ob sie, Daphne, es gewesen sei, die GONE WITH THE WIND geschrieben habe. Sie wird unsicher und gerät bei nichtigen Anlässen in Panik. Es war eine traurige Zeit, auch für ihre Kinder und Freunde. Am 19. April 1989 stirbt sie mit 82 Jahren im Schlaf. Sie hinterließ eine halbe Million Pfund.

*

MY COUSIN RACHEL

Der junge Philip Ashley wächst elternlos auf dem Gut seines Cousins Ambrose auf. Er verehrt den älteren Cousin und soll einmal nach Ambroses Tod der Erbe seines cornischen Landsitzes werden. Da Ambrose das feuchte cornische Winterklima nicht verträgt, bricht er nach Italien auf. Philip kümmert sich allein um den Besitz. Eines Tages verkündet ein Brief, daß Ambrose in Italien geheiratet hat: die Auserwählte ist seine Cousine Rachel, die in Florenz in der Villa Sangalletti lebt. Doch statt mit seiner Braut zurückzukehren, schreibt er nach einiger Zeit seltsame Briefe, in denen er Rachel beschuldigt, ihn zugrundezurichten. Er beschuldigt sie, ihn zu vergiften, und bittet Philip, so schnell wie möglich nach Florenz zu kommen. Philip trifft in Florenz ein und erfährt, daß sein Cousin Ambrose gestorben ist. Der Hausmeister berichtet Philip, Ambrose sei an einer Gehirnkrankheit gestorben, einer Krank-

heit, die schon öfter in der Familie Ashley aufgetreten sei.
Wieder in England, kündigt auf einmal Cousine Rachel ihren Besuch an. Da das Testament, das Ambrose aufgesetzt hatte, nie unterschrieben wurde, erbt sie nichts. Philip ist aufgebracht und entschlossen, seine Cousine Rachel mit aller nur erdenklichen Verachtung zu behandeln. Stattdessen verliebt er sich in sie und kann sie nach einer Weile nicht mehr entbehren. Wie Ambrose entwickelt er eine verzweifelte Eifersucht Rachel gegenüber. Die Besuche ihres Rechstanwalts aus Florenz beäugt er voller Mißtrauen. Er veranlaßt, daß Rachel vierteljährlich Geld überwiesen wird und schenkt ihr eines Tages die Familienjuwelen. Doch immer mehr gerät er in Zweifel, ob Rachel tatsächlich der Engel ist, der sie manchmal scheint, oder eine Giftmörderin. Als er plötzlich krank wird und seine Krankheit die gleichen Symptome aufweist wie Ambroses Krankheit, ist er überzeugt, daß Rachel auch ihn vergiften will, um den Landsitz zu erben. Als Rachel einen Spaziergang über die unfertige Brücke des Parks unternehmen will, warnt Philip sie nicht vor den Gefahren. Sie stürzt in den Abgrund und stirbt.
Zu Anfang und Ende des Romans wird der Galgen an Four Turnings erwähnt:
„They used to hang men at Four Turnings in the old days. Not any more though."
Der Galgen, an dem ein halb verwester Verbrecher im Wind hin und her schwingt, ist das böse Omen des Romans.

*

Daphne du Maurier war davon überzeugt, daß die Familiencharakteristika sich über Generationen hinweg übertragen. Sowenig sie an die romantische Liebe glaubte, so wenig glaubte sie an die Eigenständigkeit des Individuums. Sie sah sich selbst und den Menschen an sich als ein Resultat seiner Vergangenheit. Das Familienerbe konnte durch den Willen nicht überwunden werden. Deshalb muß Philip denselben Weg wie sein Cousin Ambrose gehen, dieselben Fehler machen, nur daß er am Ende scheinbar über Rachel triumphiert. Doch er triumphiert nicht wirklich. Der Galgen an Four Turnings symbolisiert die Verzweiflung seines zukünftigen Lebens.

Daphne du Maurier selbst zog es literarisch in THE GLASS-
BLOWERS in die Vergangenheit ihrer aus Frankreich stammenden Familie zurück. In ihrer Beziehung zu ihrem Sohn Christian wiederholte sie in gewisser Weise ihre eigene Beziehung zu ihrem Vater, und auch ihre Depression war ein Familienerbe.Was von der Kritik oft wenig wahrgenommen wurde in ihren Büchern, beschäftigte Daphne um so mehr: die Beziehung zwischen den Geschlechtern. Oft stellt sie in ihren Romanen die Frau als Opfer männlicher Brutalität dar, und sie wunderte sich, wie bei REBECCA, daß niemand diesen Grundtenor ihres Romans zu begreifen schien. Man sah die düstere, dem Schauerroman entlehnte Atmosphäre ihrer Romane, geprägt von dunklen Gebäuden und nebligen Landschaften, doch man sah oft nicht ihre psychologischen Studien. In ihren Briefen an Oriel Malet, nennt sie sich selbstironisch Dr. Daphstein und versucht sich als Hobbypsychologin. Sie behauptet z.B., man könne sich Menschen aus dem Kopf schreiben. Damit meinte sie, daß, wenn einem die Beziehung zu einem bestimmten Menschen lästig wird, man ihn durch literarische Figuration los werden kann. Bei ihr, so schreibt sie, hätte es meistens funktioniert. Sie spricht auch von 'Pegs', Menschen, die sie als Kleiderbügel oder Haken bezeichnet. Sie seien dazu da, daß man bestimmte Vorstellungen an ihnen aufhängt. Oft auch Eigenschaften, die sie gar nicht haben.
Auch diese Pegs materialisieren sich in ihren Romanen. Als sie MY COUSIN RACHEL schrieb, geisterte ihr Gertrude Lawrence, die amerikanische Sängerin und Schauspielerin durch den Kopf. Doch Dr. Daphstein war keine Intellektuelle; ihre Romane sind pessimistisch und simpel, im Sprachgebrauch zuweilen kitschig.
Kein Schriftsteller und keine Schriftstellerin hat sich so stark von Orten inspirieren lassen wie Daphne du Maurier. Für die meisten Schriftsteller sind Orte Anhaltspunkte, die bei der Entwicklung der Geschichte helfen. Bei Daphne du Maurier sind die Orte der Kern der Geschichten.

*

Als ich in Fowey an der Fähre stand und auf das gegenüberliegende Ferryside blickte, wurde mir klar, daß Landschaft durch Literatur eindeutig geprägt werden kann. Dieses uralte Land hatte den Namen 'Daphne-du-Maurier-Country' bekommen, hatte den Namen einer Schriftstellerin angenommen, die in diesem Jahrhundert lebte. Daphne du Maurier hat wie kein anderer Schriftsteller einer Landschaft den Stempel der Phantasie aufgedrückt. Was wir sehen, ist nicht die wirkliche Landschaft, sondern das mysteriöse Land einer makabren Schriftstellerin.

Am nächsten Morgen saß ich zum letzten Mal im Frühstückszimmer meiner Gastgeberfamilie. Wieder blickte ich auf die Schwarz-weiß-Photographien der gestrandeten Schiffe und wieder summte der Fernseher leise vor sich hin: Phileas Fogg: IN 80 TAGEN UM DIE WELT als Zeichentrickfilm. „All, all around the world, all, all around the world" sangen die Zeichentrickfiguren. Mein Landlord trat ein und wünschte mir eine gute Fahrt. Dann griff er zur Fernbedienung und zappte durch die Kanäle: Pro 7 und RTL 2 erschienen.

„Are these German programmes?" fragte er mich.

„Oh, yes!", antwortete ich überrascht und beeindruckt. Mr. Fletcher grinste und sog zufrieden die Luft ein.

8
Virginia **WOOLF**
Isles of Scilly (Cornwall)

Ich fuhr auf der B3359 zur Straße Liskeard-Lostwithiel. Dort schlug ich die Richtung nach Lostwithiel ein und bog hinter Lostwithiel nach Bodmin ab. Auf der A30 ging es in den Westen. Über Redruth und Camborne gelangte ich nach anstrengender und staureicher Fahrt nach St. Ives.
Ich hatte eine Gegend durchquert, die Daphne du Maurier 'this strange world of pyramid and pool' nannte. Hier wird Porzellanerde gewonnen und in hohen weißen Pyramiden aufgeschichtet. Tiefblaue Seen liegen neben den Porzellanbergen, und man hat den Eindruck, als habe man sich in eine unwirkliche Welt verirrt. Je weiter ich gen Westen fuhr, desto häufiger sah ich die leeren Maschinenhäuser der ehemaligen Zinngewinnung, die ihre Schornsteine vor blauem Meer und hügeliger Küstenlandschaft in die Höhe reckten.
St. Ives liegt zwischen den Penwith-Hügeln an der nördlichen Küste Cornwalls. Über die Beliebtheit dieses Ortes sagt der 1000 Stellplätze umfassende Parkplatz oberhalb des Städtchens mehr aus als alle Worte. Kleine Gassen winden sich zwischen weißgetünchten Häusern hindurch und enden am halbmondförmigen Sandstrand. Einige suchen in St. Ives, dem Nizza des Nordens, Künstleratmosphäre, andere suchen die Sonne und bilden sich ein, sie seien wirklich in Nizza. Doch der Charakter von St. Ives wechselt je nach Wetterlage. Wenn der Sprühregen über das Örtchen fegt und die Touristen vom Strand vertreibt, wechselt die südliche Schöne des Nordens ihr Gesicht. Dann erinnert man sich, daß es vor den Künstlern die Fischer waren, die St. Ives beherrschten. Sie warteten auf die Sardinenschwärme (pilchards), die sich der Bucht näherten und dem Wasser den Anschein gaben, als koche es.
Viele Künstler hat es nach St. Ives gezogen: die Bildhauerin Barbara Hepworth hatte hier ihr Atelier. Im Sloop Inn wurden Avantgardetheorien diskutiert. Der naive Maler Alfred Wallis lebte hier. Entdeckt wurde St. Ives von dem amerikanischen

Maler James Whistler, der dem Impressionismus verbunden war. Wer heute durch St. Ives streift, sieht zwei Malrichtungen aufeinandertreffen: den Traditionalismus und die Moderne. Die Modernen bieten dem Betrachter buntbemalte übereinandergestapelte Schuhe auf einem Holzreck, kleine filigrane Tässchen, die Schiffe darstellen sollen, und bunte Bilder mit breiten und groben Strichen. Die Traditionalisten malen mehr oder weniger, was sie vor sich sehen: bunte Schiffe im Hafen und pittoreske Häuser.
In diesem Ort verbrachte die Schriftstellerin Virginia Woolf als Kind unbeschwerte Ferien. Mit scharfer Beobachtungsgabe registrierte sie die Rollen, die die Menschen in ihrer Umgebung spielten: die aufopfernde Mutter, Julia Stephen, die der Motor der Familie war, und der es mit der Zeit schwerfiel, ihre Rolle als immer heitere, harmonisierende Frau aufrechtzuerhalten.
Der anspruchsvolle Vater, Leslie Stephen, der an der Dauerhaftigkeit seines literarischen Einflusses zweifelte und ständige Bestätigung brauchte, und schließlich die intellektuellen Freunde der Familie. In Virginia Woolfs Roman TO THE LIGHTHOUSE werden die Tage ihrer Kindheit in Talland House lebendig. Obwohl der Roman nominell auf den Hebriden spielt, gibt Virginia Woolf in Antwort auf einen kritischen Brief zu, daß es keine 'Krähen, Ulmen und Dahlien auf den Hebriden gibt.'
Das Ferienhaus der Ramsays in TO THE LIGHTHOUSE ist Talland House nachempfunden, das hinter dem Bahnhof am Hügel von St. Ives liegt: ein quadratisches, ganz normal aussehendes Haus mit flachem Dach und gekreuzten Holzstäben. Zwei Männer und eine Frau traten heraus und sahen mich auf dem Rasen stehen:
„Wollen Sie hier auch eine Ferienwohnung mieten", fragte der Mann mit dem langen Bart und der Nickelbrille. „Sie werden Pech haben. Die letzte Ferienwohnung ging an uns. Außerdem muß man hier sowieso Monate vorher buchen."
„Nein, nein," antwortete ich lächelnd, „ich wollte mir nur Virginia Woolfs ehemaliges Feriendomizil anschauen. Ich wohne im Garrack Hotel."

„Richtig", sagte die junge Frau, die ihren Blick zum Leuchtturm schweifen ließ, „der Leutturm dahinten war ihr Vorbild für den Leuchtturm in TO THE LIGHTHOUSE."
„Tatsächlich?" fragte der zweite junge Mann und schüttelte sein blondes Haar zurück. „Woher weißt Du das?"
„Heute morgen lungerte ein Professor aus Cambridge vor dem Haus herum; der hat es mir erzählt!" Sie setzte ein triumphierendes Lächeln auf.
„Ja", sagte ich, „Virginia Woolf hat dieses Haus in drei Abschnitten geschildert: voller Leben, als Ferienrefugium der Ramsays in TO THE LIGHTHOUSE, dunkel und verlassen während der Kriegsjahre, und voller Melancholie nach dem Tode Mrs. Ramsays."
„Muß ich auch mal lesen", meinte der blonde junge Mann.
„Laß es lieber", sagte der Bärtige abfällig, Du würdest es sowieso nicht kapieren."
„Was soll das heißen? Du spinnst wohl! Pseudointellektueller!"
„Hey, jetzt hört auf!", rief die junge Frau böse, „kommt, wir wollten doch zum Sloop Inn."
Die drei verschwanden hinter den Häusern, nur ihre lauten Stimmen waren noch zu hören. Ich schaute zu dem weißen Leuchtturm auf Godrevy Point hinüber.
„Es ist unglaublich, welche Leute sich hier einnisten," sagte eine quäksige Stimme hinter mir. Ich drehte mich um und sah einen kleinen, gedrungenen Mann aus der Tür kommen, der seine Staffelei mühsam unter dem Arm trug.
„Ich finde in Talland House sollten nur Künstler wohnen dürfen. Künstler aller Sparten, die ein Stipendium bekommen haben, um hier in aller Ruhe zu arbeiten. Entschuldigung, ich habe gerade ihr Gespräch mit angehört, Paul Edwards ist mein Name, ich bin Maler."
„Beatrix Kapplan, glauben Sie denn, daß es für Künstler unterschiedlicher Kunstrichtungen möglich ist, unter einem Dach zu arbeiten? Vielleicht würden sie sich eher behindern als weiterhelfen."
„Das glaube ich nicht. Künstler sind sehr viel offener als andere Menschen."

„Oft sind sie aber auch unsicher über den Wert ihrer Arbeit und reagieren auf andere Künstler empfindlich."
Mr. Edwards setzte seine Staffelei ab und steckte sich eine Zigarette in den Mund.
„Sie reden von Virginia Woolf. Ja, sie war eine außergewöhnliche Frau, in jeder Hinsicht. Sie konnte anderen Literaten gegenüber sehr bissig sein. E. M. Forsters Schreibweise hat sie oft kritisiert. Sie wollte eben aus dem normalen Erzählfluß ausbrechen. Die literarische Sprache revolutionieren."
„Ich glaube, das ist ihr auch gelungen. Sie hat den Bewußtseinsstrom in ihre Romane eingebaut. Die äußere Realität weicht bei ihr vor der inneren zurück. Oder besser gesagt, sie läßt ihre Figuren wie durch eine Lupe auf die Objekte dieser Welt blicken."
„Ja, Sie haben recht. Plötzlich bekommt das verlassene Innere eines Hauses eine große Bedeutung, wie in TO THE LIGHTHOUSE!"
„Und in diesem Haus wohnen Sie, in Virginia Woolfs Talland House. Sie sind zu beneiden."
„Ha, ha, meinen Sie? Sehen Sie, da drüben hat der Leuchtturm sein Licht eingeschaltet."
„Oh, ist es schon so spät? Und Sie wollen noch malen?"
„Die Dämmerung ist die fruchtbarste Zeit für mich. Dann verschwimmt alles vor den Augen, und das ist gut." Er tat einen tiefen Zug an seiner Zigarette und blickte zum Leuchtturm hinüber.
„Also, good bye und frohes Schaffen."
Ich wandte mich wieder dem Straßenlabyrinth zu.
"Good Bye."
In JACOB'S ROOM, einem frühen experimentellen Roman Virginia Woolfs, spielt Cornwall als Kulisse einiger Szenen eine Rolle: beschrieben wird das Leben Jacobs in blitzlichterfüllten Bildern, die einander schnell ablösen. Während seines Studiums unternimmt Jacob mit einem Freund eine Bootsfahrt von Falmouth zu den Isles of Scilly:
„Die Scilly-Inseln sahen aus wie fast überspülte Berggipfel...", heißt es im Roman, und Jacob zerbricht beim Anblick der

Inseln die Stellschraube des Spirituskochers. Jacob empfindet die Lieblichkeit Cornwalls als 'höllisch traurig'. Er hat ein uneigentliches Verhältnis zu diesem Land, das für ihn eine irreale Kindheitserinnerung ist und zu seinem Londoner Leben im Kontrast steht.

Ich fuhr nicht per Boot zu den verwunschenen Scilly-Inseln, sondern per Helikopter.

Isle of Scilly: Man of War-Shop

20 Minuten dauerte der Flug von Penzance zur Insel St. Mary's. Der Pilot präsentierte den faszinierten Passagieren die Felsenküste von Land's End in Schieflage. Die Scilly-Inseln liegen 25 Meilen vom Festland entfernt. Hier fließt der Golfstrom vorbei und gibt den Inseln eine subtropische Pflanzenvielfalt.

Auf der Insel St. Mary's herrscht eine merkwürdige verschleierte Helligkeit, die selbst die kräftigsten Farben aus geringer Ferne als Pastelltöne erscheinen läßt. Palmen ragen aus den Gärten der kleinen weißen Häuser heraus, und während ich St. Mary's umwanderte, herrschte stellenweise eine unwirkliche Stille.

Ich wunderte mich, warum noch nicht einmal das Schlagen der Wellen zu hören war. Hatte irgend etwas eine Glasglocke über die Inseln gestülpt und ihr so jedes Geräusch genommen?

Um festzustellen, ob ich noch auf dieser Welt wandelte, kehrte ich nach Hugh Town zurück - der Name ist ein Beweis für den Humor der Einwohner – und kaufte eine Postkarte mit der Abbildung eines Puffin-Vogels.

Phantasiebegabte Menschen sehen in den Scilly-Inseln das verlorene Land König Arthurs': 'the lost land of Lyonesse', in dem es 140 Kirchen gegeben haben soll, fruchtbaren Boden und zufriedene Menschen. Eine Flutwelle soll das legendäre Land,

so Florence of Worcester, 1099 unter sich begraben haben. Nur ein Mann auf einem weißen Pferd entstieg der Flut.
Wie dem auch sei, das Land zwischen den Granitfelsblöcken ist tatsächlich untergegangen, denn die Scilly-Inseln waren früher eine Halbinsel, die mit dem Festland verbunden war.

*

Virginia Woolf

Virginia Woolf: Das zerbrechende Gefäß im Kopf

Am 25. Januar 1882 wird Adeline Virginia Stephen in Hyde Park Gate, London, geboren. Die Familie der Stephens ist bereits recht groß. Aus erster Ehe bringt Julia Stephen, George, Gerald und Stella Duckworth mit. Leslie hatte aus erster Ehe bereits eine Tochter, die schwachsinnig war.
Die zweite Ehe beschert Leslie und Julia vier Kinder: Vanessa, Thoby, Virginia und Adrian. Im Haushalt der Stephens leben zehn Menschen samt siebenköpfigem Personal in einem siebenstöckigen Haus.
Es herrscht eine intellektuelle Atmosphäre im Hause Hyde Park Gate, beherrscht vom Patriarchen der Familie, Leslie Stephen. Sein Arbeitsbereich im obersten Stockwerk ist für die Kinder unzugänglich. Hier schreibt er seine Kritiken, Biographien und arbeitet am DICTIONARY OF NATIONAL BIOGRAPHY, das ihn zu einer Berühmtheit macht.
Dann und wann hören die Kinder, wie ein schweres Buch auf den Boden fällt. Sie hören auch, wie ihr Vater laut literarische Zitate von Milton und Wordsworth ruft, seine Umgebung ganz und gar vergessend.
Julia, die Mutter Virginias, hat genug damit zu tun, den großen Haushalt zu organisieren. Virginia ist ein Kind unter vielen für sie und wird nicht besonders beachtet. Ihr Leben lang sucht Virginia in ihren Beziehungen zu anderen Menschen das Mütterliche, Beschützende, das sie schließlich in ihrem Mann Leonard Woolf findet.
Das Leben geht seinen geschäftigen Gang im Hause der Stephens. Höhepunkte sind die Besuche in St. Ives, an die sich Virginia ihr Leben lang erinnert und an denen sie festhält:
„Bis an das Ende von England zu reisen, unser eigenes Haus, unseren eigenen Garten zu haben - diese Bucht, dieses Meer und den Hügel mit Clodgy- und Halestownheide, die Carbis Bay, Lelant, Zennor, Trevail und den Gurnardskopf.
Und in der ersten Nacht, hinter den gelben Rouleaus das Brechen der Wellen zu hören, im Lugger zu segeln, im Sand zu buddeln, über die Felsen zu kriechen und im tiefen, klaren

Wasser dazwischen die Seeanemonen zu beobachten...", dies alles begeistert Virginia.

Carbis Bay, Lelant (übrigens der Geburtsort von Rosamunde Pilcher), Zennor, Trevail und der Gurnard's Head sind Virginia Woolfs bevorzugte Orte.

Schon früh steht fest, welche Begabungen Virginia und Vanessa zufallen: Vanessa ist die zukünftige Malerin, Virginia die Schriftstellerin. Als Kind gibt sie eine Hauszeitschrift heraus. In ihrem Schlafzimmer in Talland House liegt sie wach und beobachtet, wie das Licht des Leuchtturms den Boden und die Wände abtastet. In TO THE LIGHTHOUSE sollte sie später diese Beobachtung wiedergeben.

Virginia ist das Lieblingskind ihres Vaters, der sie fördert. Eine systematische Ausbildung wie ihre Brüder und Halbbrüder bekommen Vanessa und Virginia, den Konventionen der Zeit entsprechend, nicht. Eine Tatsache, die ihr später im Bloomsbury-Kreis unter lauter Studierten schmerzhaft bewußt wird.

Sie hält sich mit ihren Äußerungen zurück, was ihr in der Anfangszeit den Titel 'die Schweigende' einbringt. Mit sechs Jahren wird sie von ihrem Halbbruder Gerald sexuell belästigt. Ein Erlebnis, das Auswirkungen auf ihr späteres Leben hat: obwohl sie als erwachsene Frau den Wunsch nach Kindern äußert, lehnt sie den sexuellen Akt ab. Ihre Ehe mit Leonard bleibt sexuell äußerst zurückhaltend. Körperlich fühlt sie sich nur selten angezogen, und wenn, dann sind es Frauen, wie z.B. Vita Sackville-West, die eine körperliche Wirkung auf sie ausüben.

Der Tod der Mutter im Jahr 1895 trifft die 13jährige Virginia hart: der Motor der Großfamilie existiert nun nicht mehr. Dieser zweite Tod einer Ehefrau läßt Leslie in äußerste Melancholie versinken. Leslie bemitleidet sich selber. Stella nimmt die Rolle ihrer Mutter ein, doch die Atmosphäre in Hyde Park Gate ist von Trauer gezeichnet. Des Vaters wegen getraut sich niemand, das normale Leben wieder aufzunehmen, ein Lächeln oder gar ein Lachen zu wagen.

1903 stirbt auch der Vater. Die Situation wird vor allem für Vanessa und Virginia schwierig: die Halbbrüder meinen, eine Beschützer- und Instruktorrolle übernehmen zu müssen, wobei

nun der zweite Halbbruder George in seinen Annäherungen zu weit geht. Vanessa und Virginia klammern sich aneinander.
Nach einer Italienreise äußert sich bei Virginia zum ersten Mal ihre Geisteskrankheit. Ihr Puls rast und sie hört Stimmen, die sie zum Selbstmord drängen. Im Sommer 1904 verübt sie einen Selbstmordversuch.
Im selben Jahr tritt für Virginia und Vanessa eine positive Änderung ihres Lebens ein: sie ziehen um. Ihr neues Haus liegt im Stadtteil Bloomsbury, wo damals bereits viele Künstler wohnten. Mit von der Partie in Gordon Square 46 sind lediglich die leiblichen Brüder Thoby und Adrian. Um Thoby bildet sich ein Kreis ehemaliger Freunde aus Cambridge, die sich an jedem Donnerstag treffen: Saxon Sydney Turner, der die gesamte griechische Literatur auswendig beherrscht, Lytton Strachey, Kritiker und Biograph, Clive Bell, der später Vanessa heiratet, und zeitweise kommt schließlich auch Leonard Woolf dazu. Vanessa und Virginia sind die einzigen Frauen bei diesen Treffen. Anfangs sind sie verwundert über die Schweigsamkeit, die im Bloomsbury-Zirkel herrscht. Man redet nur, wenn man etwas Intelligentes zu sagen hat:
„Der Standard dessen, was Wert hatte gesagt zu werden, schien derartig hoch zu sein, daß es besser war, ihn nicht durch wertloses Gerede herabzumindern.
Wir saßen da und schauten zu Boden. Da schließlich gebrauchte Vanessa – die vielleicht gesagt hatte, sie habe einen Film gesehen - unvorsichtigerweise das Wort 'Schönheit'. Daraufhin hob einer der jungen Männer langsam den Kopf und sagte:
„Es kommt ganz darauf an, was Sie unter Schönheit verstehen."
Im Nu spitzten wir alle die Ohren. Es war, als sei der Stier endlich in die Arena gelassen worden."
Nach einer Griechenlandreise im Jahr 1906 bekommt Virginias Bruder Thoby Typhus. Er stirbt, und einige Tage später entschließt sich Vanessa, Clive Bell zu heiraten. Wieder ein Einbruch in Virginias Leben, der erst verkraftet werden muß. Virginia schreibt an ihrem ersten Roman, der später den Titel THE

VOYAGE OUT tragen sollte. Mit Vanessas und Clives Heirat hatte Bloomsbury ein zweites Zentrum bekommen. Und nicht nur das, plötzlich war es auch möglich, offen über Sexualität zu sprechen.

1910 hilft Virginia mit, die Royal Navy an der Nase herumzuführen. Zusammen mit ihrem Bruder Adrian und anderen Freunden gibt man sich als Kaiser von Abessinien samt Gefolge aus. Stolz führt die Royal Navy ihr geheimes Kriegsschiff, die 'Dreadnought' vor. Die abessinische Abordnung wird bestens mit den Geheimnissen des Kriegsschiffes vertraut gemacht. Virginia spielt ihre Rolle gut. Sie hat sich das Gesicht schwarz gemalt, einen Schnurrbart angeklebt, trägt einen Turban, einen verzierten Kaftan und eine Goldkette. Der Betrug kommt später heraus und wird im Parlament diskutiert. Für die Bloomsbury-Gruppe war es ein Beweis dafür, daß bestehende Formen und Institutionen wertlos sind.

1912 heiratet Virginia Leonard Woolf, einen zurückhaltenden, literarisch begabten Mann jüdischer Herkunft, der sich schon lange für Virginia interessierte. Kurz darauf tritt Virginias Geisteskrankheit wieder auf, und sie versucht, sich mit Veronal das Leben zu nehmen, was aber mißlingt. Ihren Genesungsurlaub verlebt Virginia zusammen mit Leonard in Cornwall: „Wir schlichen uns gestern in Talland House ein, und es war wunderbar hergerichtet und tip top. Der ganze Garten war voll von Blumen und Steingärten, ganz anders als zu unserer Zeit."
Virginia Woolf ist fasziniert vom Ort, wie Daphne du Maurier, die auch ins unbewohnte Menabilly einstieg und die Atmosphäre in sich aufsog.

1917, drei Jahre nach Kriegsausbruch, erfüllt sich für Virginia und Leonard ein Traum: sie kaufen sich eine Druckerpresse, bekannt geworden unter dem Namen Hogarth Press. Es ist eine Minerva-Tiegeldruckpresse, und bald werden die ersten Geschichten in Eigenarbeit produziert. Virginia setzt die Lettern, während Leonard die Druckwalze bedient.

Für Virginia ist die Druckpresse eine notwendige Ablenkung von ihren Grübeleien. Während sie an ihren Büchern schreibt, schwankt sie oft zwischen Depression und Euphorie. Der

schlimmste Augenblick ist für Virginia der, ihre Bücher veröffentlicht zu sehen. Sie stellt sich vor, wie ihre Freunde sie auslachen und über ihre Werke herziehen. Doch seit ORLANDO (1928) ist sie eine erfolgreiche Schriftstellerin und seit TO THE LIGHTHOUSE (1927) erkannte jeder Literaturkenner ihre außergewöhnliche Begabung an.
T.S. Eliot war ein damals noch recht unbekannter Dichter, den die Woolfs entdeckten. THE WASTE LAND wurde bei der Hogarth Press verlegt.
1919 erwerben Virginia und Leonard Woolf Monk's House in Rodmell, nahe Lewes, Sussex, das heute noch zu besichtigen ist (Öffnungszeiten: April-Oktober, mittwochs und samstags von 14 bis 18 Uhr). Es ist ein langes Haus mit vielen Türen, Eichenholzbalken und einem großen Garten, der sich bis zum River Ouse hinstreckt. Beide, Leonard und Virginia, sind vor allem von dem wilden, fruchtbaren Garten beeindruckt, den sie als Ersatz für ihre physische Unfruchtbarkeit ansehen. Virginia und Leonard abeiten beide sehr hart: sie schreiben für unterschiedliche Zeitungen, arbeiten an ihren eigenen Büchern und sind zudem Verleger. Das Geld muß fließen, denn der Unterhalt von Monk's House und der Londoner Wohnung ist teuer.
Virginia setzt sich stark für die Gleichberechtigung der Frau ein. 1929 erscheint A ROOM OF ONE'S OWN, in dem Virginia der Frage nachgeht, warum es Tausende Werke gibt, die von Männern über Frauen geschrieben wurden, aber kaum eines von Frauen über Männer; warum Shakespeares Schwester - hätte er eine gehabt - bei gleicher Begabung keine Zukunft gehabt hätte, und warum es für eine Frau, die schreiben möchte, wichtig ist, ein Zimmer für sich allein zu haben und 500 Pfund im Jahr.
Virginia Woolf lehnt sich gegen die patriarchalisch ausgerichtete Gesellschaft auf, gegen die Dominanz der Männer über die Frauen. Die viktorianische Sichtweise der Frau als 'Angel of the House', der das öffentliche Leben verschlossen bleibt, akzeptiert sie nicht mehr. In A ROOM OF ONE'S OWN weist sie aber auch darauf hin, daß sich im Vergleich zu Shakespeares Zeiten viel geändert hat: seit 1866 gab es mindestens zwei Universitä-

ten, die von Frauen besucht werden konnten. Das Wahlrecht für Frauen existierte seit 1919, und das Recht auf eigenen Besitz war der verheirateten Frau seit 1880 vergönnt. Virginia Woolf fordert die Frauen zu mehr Selbständigkeit auf, fordert sie auf, Mut zu haben, sich in alle Bereiche des öffentlichen Lebens zu wagen, auch in die Literatur:

„Ich sagte Ihnen im Verlauf dieser Rede, daß Shakespeare eine Schwester hatte; aber suchen Sie nicht in Sir Sidney's LEBEN DER DICHTER nach ihr. Sie starb jung - ach, sie schrieb nie ein Wort. Sie liegt begraben, wo jetzt die Omnibusse halten, gegenüber Elephant & Castle. Nun glaube ich aber, daß diese Dichterin, die nie ein Wort schrieb, und an einer Straßenkreuzung begraben wurde, noch am Leben ist. Sie lebt in Ihnen und in mir, und in vielen anderen Frauen, die heute nicht hier sind, weil sie Geschirr spülen und die Kinder ins Bett bringen. Aber sie lebt."

Virginia Woolf ist eine politisch aktive Frau, die sich nicht nur für die Frauenrechte einsetzt, sondern auch für die Labour Partei. 1919 unterstützt sie den Streik der Eisenbahner und hilft einem Eisenbahner finanziell, damit er seine Streikaktion aufrecht erhalten kann.

1932 gelangt sie an einen literarischen Wendepunkt. Sie fragt sich, ob sie ihre experimentelle Schreibweise, die sie in THE WAVES weiterführte, abwandeln solle. Sie will eine andere Wirklichkeit thematisieren, die dem normalen Leben näher kommt. Virginia Woolf beginnt die Arbeit an THE YEARS, einem Roman-Essay, der die Familie der Pargiters analysiert, die ihre Söhne ausbildet und ihre Töchter ignoriert.

1938 ist Nazi-Deutschland zu einer realen Gefahr für England geworden. Unsicher beobachten die Woolfs das Münchener Treffen von Hitler, Chamberlain und von Ribbentrop. Sie mißtrauen dem Abkommen, so wie sie Deutschland mißtrauen. Das Stadtbild von London hatte sich verändert:

„Haufen von Sandsäcken lagen in den Straßen, Männer gruben Schützengräben, Lastwagen luden Bretter ab, Lautsprecherwagen fahren langsam herum und ermahnen die Bürger von Westminster feierlich, 'Go and fit your gas masks'."

Virginia Woolf sieht mit Schrecken, was aus ihrer geliebten Londoner City geworden ist. Sollten die Deutschen den Krieg gewinnen, so beschließen Leonard und Virginia, in ihrer Garage gemeinsam Selbstmord zu begehen. Als 1940 am Heiligabend eine Bombe das Flußufer in der Nähe von Rodmell trifft, sieht das Ehepaar Woolf eine Gruppe von Maulwürfen, die um ihr Leben schwimmen. Ihre kleinen Pfoten können ihre gewichtigen Körper kaum fortbewegen. Virginia fühlt, daß auch sie den Grausamkeiten des Lebens unterliegen wird.
Im März 1941 bemerkt Virginia, daß ihre Geisteskrankheit zurückkehrt. Noch einmal will sie sich diesem Martyrium nicht unterwerfen. Am 28. März füllt sie ihre Manteltaschen mit schweren Steinen und geht in den River Ouse, wo sie den Tod findet.

*

TO THE LIGHTHOUSE

Die Großfamilie Ramsay verbringt die Ferien gemeinsam mit Freunden in ihrem Haus am Meer auf der Insel Skye. Das jüngste Kind der Ramsays, James, möchte den Leuchtturm besuchen, doch der Vater prophezeit Regen. James ist traurig, den Leuchtturm, das Ziel seiner Wünsche, nicht besuchen zu können und haßt seinen Vater für seine ehrliche aber negative Auskunft.
Mrs. Ramsay sorgt erfolgreich für Harmonie innerhalb der Gesellschaft. Ihr Erscheinen bei Tisch läßt die unterschiedlichen Menschen zusammenschmelzen. Doch in unbeobachteten Augenblicken zeigt ihr Gesicht Resignation und Traurigkeit.
Lily Briscoe, eine Malerin, sucht einen neuen Weg des künstlerischen Ausdrucks. Mr. Ramsays verzweifelte Suche nach Sympathie und Anerkennung langweilt sie. Von Mrs. Ramsay fühlt sie sich gleichermaßen angezogen und abgestoßen.
Lily Briscoe beobachtet den Strahl des Leuchtturms in ihrem Zimmer:
„...Sie wachte in der Nacht auf, sah ihn über den Fußboden streichen und sich über die beiden Betten beugen, aber trotz alledem dachte sie, ihn gebannt beobachtend, hypnotisiert, als striche er mit seinen Silberfingern über ein versiegeltes Gefäß

in ihrem Hirn, dessen Bersten sie mit Entzücken überfluten würde, - trotz alledem hatte sie Glücklichsein gekannt..."
Im zweiten Teil des Romans ist die glückliche Ferienzeit Vergangenheit. Mrs. Ramsay ist gestorben. Das Haus ist verstaubt, das Interieur verschlissen.
Im dritten Teil kehrt Mr. Ramsay mit seinen nun fast erwachsenen jüngeren Kindern Cam und James zurück. Auch Lily Briscoe hat ihre Staffelei wieder auf dem Rasen aufgebaut.
Der Traum von der Fahrt zum Leuchtturm wird nun Wirklichkeit:
„James sah zum Leuchtturm hin. Er konnte die weißüberspülten Felsen sehen; den Turm, den kahlen, geraden; er konnte sehen, daß er schwarz und weiß geringelt war; er konnte Fenster darin sehen; er konnte sogar sehen, daß Wäsche auf den Felsen zum Trocknen ausgebreitet lag. Also das war der Leuchtturm, das?"
Der Leuchtturm ist Symbol für das Erreichen eines langersehnten Zieles. Als Mr. Ramsay mit seinen Kindern den Leuchtturm erreicht, malt Lily Briscoe 'mit plötzlicher Gespanntheit' einen Strich in die Mitte ihres Bildes. Dieses Bild, das vorher nur ein Versuch war, ist nun vollendet.
James, der seinen Vater haßt, bekommt am Leuchtturm zum ersten Mal ein Lob von ihm. Der Leuchtturm hat sein Licht auf das dunkle Innere der Menschen geworfen.

*

Virginia Woolf war von Cornwall begeistert. Cornwall war eine Kindheitserinnerung, doch sie suchte auch in ihrem Erwachsenenleben Trost und Erholung in diesem westlichsten Landstrich Englands. Dennoch blieb Cornwall ein Ferienland unter vielen für sie. Zwar fragte sie sich, von der Schönheit Cornwalls fasziniert, warum man überhaupt woanders hinfahren sollte, doch andere Länder und Orte waren ebenso wichtig für sie. Vor allem London fehlte ihr oft während ihres Lebens in Monk's House. Als literarischer Hintergrund dient London z.B. in ihrem Roman MRS. DALLOWAY. Dennoch hat man den Eindruck, daß es im Grunde genommen egal ist, vor welchem geographischen Hintergrund sich ihre Romanfiguren produzieren.

Virginia Woolfs Ortsbeschreibungen sind schillernd und sprachlich exakt. Der Leser erfährt mehr über dieses Land, sowie er mehr über die Menschen erfährt.

Zentral in ihrer Romanwelt ist aber der Mensch und sein Inneres und dessen Blick auf eine Welt, die bei Virginia Woolf in Atomen aufgespaltet erscheint. Sie fokusiert unseren Blick auf jedes Detail der Wirklichkeit. Wo sich diese Wirklichkeit abspielt, ist zweitrangig.

*

9
Percy Bysshe SHELLEY
Lynmouth (Devon)

Auf der A30 fuhr ich in Richtung Osten an Camborne und Redruth vorbei. Dann bog ich zur A39 ab Richtung Padstow, Wadebridge. Tintagel, King Arthurs sagenumwobene Burg, ließ ich zu meiner Linken liegen und fuhr weiter Richtung Stratton und Barnstaple. Hinter Barnstaple führt die A39 nach einiger Zeit in den Exmoor Nationalpark. Nun war ich wieder in der Grafschaft Devon angelangt und die A39 wandt sich am Fluß Lyn entlang bis nach Lynmouth hinunter. Lynmouth und der kleine Ort Lynton, der sich auf dem Hügel befindet, sind durch eine Zahnradbahn miteinander verbunden. Nicht nur die Zahnradbahn erinnert hier an deutsche Urlaubsverhältnisse: von Lynton aus kann man, an zahlreichen Antiquitätenläden vorbei, bis in das Valley of Rocks wandern, ein felsiges Küstengebiet, das vor allem in viktorianischer Zeit die englischen Deutschlandbesucher an die Gegend von Rhein und Schwarzwald erinnerte.
Der romantische Dichter Percy Bysshe Shelley verlebte hier 1812 mit seiner ersten Frau Harriet Westbrook, deren Schwester und seiner Seelenfreundin Miss Hitchener einen Sommer.
Ich stellte meinen Wagen ab und ging zum Ufer. Die Wellen klatschten gegen die Kaimauer, und die Gischt stob hoch in die Luft. Ein kleines Boot schaukelte in einiger Entfernung haltlos auf den Wellen. Vom Ufer her starrten einige Leute hinaus und schüttelten ihre Köpfe. Der Wind zerriß die Worte, die sie sprachen, in kleine Fetzen:
„Mad guy - too stormy - kill himself?"
Ich rief durch den Wind, ob sie mir den Weg zum Rising Sun Inn zeigen könnten, und ein Mann mit Pudelmütze auf dem Kopf wies nach rechts. Ich bedankte mich und ging die Häuserreihe am Ufer entlang. Kurze Zeit später stand ich vor dem Rising Sun Inn. Shelley hatte damals ein Cottage gemietet, das heute Teil des Inns ist. Harriet Westbrook beschrieb das Cottage als „wunderschön gelegen...umringt von Bergen, mit einer

guten Aussicht auf das Meer." Die Vegetation, so schreibt sie in einem Brief, sei üppiger als in anderen Teilen Englands:
„Wir haben Rasen und Moos, die an den Seiten des Hauses hochwachsen. Das Dach ist strohgedeckt. Es ist ein so kleiner Ort, daß er eher in ein Märchen als in die Wirklichkeit gehört."
Harriet beschreibt das Örtchen Lynmouth als romantisch und abgelegen. Für Shelley war es die ideale Umgebung. Von jeher schwärmte er für bewaldete Täler, felsige Gegenden und baumbewachsene Flußufer. Hier in Lynmouth schrieb er an seiner ersten langen politisch-lyrischen Schrift QUEEN MAB und an der DECLARATION OF RIGHTS. Wie so oft in seinem Leben hatte Shelley eigentlich vor, länger zu bleiben. Doch das Innenministerium hatte mit stets wachem Auge Shelleys demagogischen Weg von Irland über Wales nach Lynmouth verfolgt und nahm Shelleys Diener mit politischen Schriften fest, die dieser in Lynmouth verteilen sollte. Das Zeichen zum Aufbruch war somit gegeben, und der Shelley-Haushalt mußte flüchten. Daher blieb Lynmouth für den damals 19jährigen atheistischen Aufrührer eine romantische Episode.

*

Percy Bysshe Shelley

Percy Bysshe Shelley: Radikaldemokrat im Lorbeerhain

Shelley wird am 4.8.1792 in Field Place geboren, einem alten Tudor-Farmhaus in West-Sussex. Sein Vater Timothy ist ein Baronet, seine Mutter eine schöne Frau, die Almosen an die Armen verteilt. Shelley hat vier Schwestern: Mary, Elizabeth, Hellen und Margaret. Später kommt auch noch ein Bruder dazu. Die Schwestern blicken zu ihrem älteren Bruder auf und betrachten ihn als eine Art Magier. Margaret erinnert sich später an die Vorstellungen, die Shelley im Hause Field Place gab:
„...Wir kleideten uns in seltsame Kostüme, um Geister und Dämonen darzustellen, und Bysshe nahm einen Feuer-Ofen und füllte ihn mit einer leicht entflammbaren Flüssigkeit; er trug den brennenden Ofen in die Küche und zur Hintertür."
Der Magier kann mit solcherlei Zaubereien zwar Begeisterung bei seinen Schwestern hervorrufen, seine Eltern haben allerdings wenig für die überreizte Phantasie ihres Sprößlings übrig. Sie beschließen, den engelhaft aussehenden Zündler schnellstens in eine Schule zu schicken, die ihm Disziplin lehren und Feuerträume austreiben soll. Die Schule Syon House Academy in Isleworth wird zu diesem Zwecke ausgewählt.
Zum ersten Mal in seinem Leben, von der treuen Gefolgschaft seiner Schwestern abgeschnitten, findet sich Percy Bysshe Shelley in einer feindseligen Welt. Es gibt Wettrennen und Boxkämpfe, an denen Shelley teilnehmen soll. In beiden Disziplinen ist er jedoch ein Anfänger. Oft wird er von seinen Mitschülern ausgelacht. Es ist eine harte Schule für das verwöhnte Kind und doch stellt Shelley bald fest, daß er ein nicht zu zügelndes Temperament entwickeln kann: dann schlägt er wie wild um sich und bekommt Tobsuchtsanfälle. 1804 verläßt Shelley die Akademie und geht nach Eaton. Dort wird er als 'mad Shelley' bezeichnet. Außerdem gilt er als jemand, der sich seiner eigenen Überlegenheit bewußt ist.
Shelley gibt das Zündeln nicht auf: Im Jahr 1808 findet man ihn eines Nachts in einem Kreis blauer Flammen, offensichtlich bemüht, den Teufel herbeizuzitieren. Ein anderes Mal jagt er einen Baumstumpf in die Luft. Daraufhin werden Shelleys che-

mische Bücher nach Field Place zurückgeschickt.
Von Geistern und Dämonen kommt Shelley sein Leben lang nicht los. Oft fließen sie in seine Dichtungen ein, z.b. in THE DAEMON OF THE WORLD, das mit den berühmten Worten beginnt:
„How wonderful is Death, Death and his brother Sleep!" Zu seiner Vorliebe für die Geisterwelt paßt auch seine Sucht nach Geistergesprächen.
Shelley vergnügt sich damit, unheimliche Gespräche zu führen und seine Zuhörer, vornehmlich weiblichen Geschlechts, in Angstzustände zu versetzen. Einer solchen 'Geisternacht' mit dem Dichter Lord Byron und Mary Wollstonecraft Shelley haben wir Marys Roman FRANKENSTEIN (1818) zu verdanken.
Shelleys Tyrannenhaß läßt sich ebenso wie seine Freude an Geistern bis zur Schulzeit zurückverfolgen. In Eaton herrschte das ungeschriebene Gesetz, daß die jüngeren Schüler für die älteren Aufträge zu erfüllen hatten. Sie waren sozusagen die Diener der älteren Schüler, was die meisten Jüngeren aus Angst vor Repressalien auch mitmachten. 'Fagging' nannte man diese Tradition, über die Roald Dahl auch in unserem Jahrhundert intensiv zu berichten weiß.
Shelley setzt sich gegen diese Ungerechtigkeit zur Wehr, so wie er sich gegen staatliche oder religiöse Autorität zur Wehr setzen sollte.
Im Jahr 1810 tritt Shelley in das University College Oxford ein. Oxford war damals nicht das geistige El Dorado, als das es heute bekannt ist, sondern eher ein Hort des 'Aberglaubens und der Mittelmäßigkeit', wie es der Shelley-Biograph Richard Holmes ausdrückt.
Gemeinsam mit seinem auf der Universität gewonnenen Freund Hogg verfaßt er die Schrift THE NECESSITY OF ATHEISM, die er dann fleißig an alle Bischöfe schickt, sowie an das leitende Personal der Colleges. Shelley und Hogg müssen die Universität daraufhin verlassen. Der konventionell denkende Vater Shelleys reagiert mit Empörung auf die Schrift seines Sohnes. Shelley lebt eine Weile isoliert in London. Er darf seine Schwestern, an denen er sehr hängt, nicht besuchen.

Er lernt Harriet Westbrook kennen und verliebt sich in das schöne 16jährige Mädchen. Harriet fühlt sich durch ihren Vater verfolgt und unterdrückt. Eine romantische Situation, die Shelleys Herz rührt. Er sieht sich als Retter Harriets vor väterlicher Autorität, und sie fliehen am 15. August 1811 gemeinsam aus London.
Harriet war sicherlich keine allzu intelligente Frau, doch die Schmähungen, die sie später durch so manchen männlichen Shelley-Biographen erfuhr, sind ungerechtfertigt. Als dummes Mädchen niederen Standes wurde sie bezeichnet, die dem armen unschuldigen Shelley dazu trieb, mit ihr davonzulaufen und somit jede Brücke zwischen sich und seinem Elternhaus Field Place abzubrechen.
Ja, mehr noch, als die Frau, die den Ehefeind sogar zur Ehe trieb, zum Verrat an seinen Prinzipien. Doch bei genauerer Betrachtung hat Shelley wohl selbst den Entschluß gefaßt, mit Harriet wegzulaufen. Die Ehe mit ihr war ein Zugeständnis an gesellschaftliche Verhältnisse, Shelley selbst hätte die freie Liebe vorgezogen.
Giuseppe Tomasi Di Lampedusa schreibt in seinem Buch ICH SUCHT' EIN GLÜCK, DAS ES NICHT GIBT über Shelley: „Dieser Erzengel wandelte über Leichen."
Und in der Tat war Shelley ein Mann, der stets das Gute will, doch ohne Absicht oft das Böse schafft. Dies sollte Harriet Westbrook erfahren und auch seine zweite Frau Mary Wollstonecraft Shelley. Abgeschnitten von jeglicher finanzieller Versorgung seitens seines Elternhauses, macht Shelley Schulden über Schulden. 1812 geht er mit Harriet und deren Schwester Eliza, die inzwischen zu ihnen gestoßen ist, nach Dublin. Hier erfährt er seine erste Lektion in angewandter Politik. Er vergleicht die gesellschaftliche Revolution, zu der er aufruft, mit dem Ausbruch eines Vulkans.
Doch die Revolution sollte sich auch auf das menschliche Herz beziehen. Er schreibt das Pamphlet AN ADDRESS TO THE IRISH PEOPLE, in dem er zur Solidarität der Massen aufruft und zum Widerstand gegen die Tyrannen. Mit Letzteren meinte er sowohl die christliche Religion als auch die Regie-

rung und die Aristokratie. Shelley selbst sorgt sich um die Verteilung der Schrift, die viel zu lang ausgefallen ist. Und so fliegt das Pamphlet in offene Kutschen und in offenstehende Fenster hinein. Bettlern, Prostituierten und Betrunkenen wird die Schrift mit flammendem Auge in die Hand gedrückt. Im Fishamble-Theatre stellt er sich seinen Zuhörern. Bettlern und Betrunkenen, die vor dem Eingang warten, wird kein Einlaß gewährt. Shelley spricht zu einer erhitzten Menge, die ihn umjubelt, wenn er anti-englische Parolen vorbringt, und auspfeift, wenn er auf politische Reformen und Religionskritik zu sprechen kommt. Das englische Innenministerium hat seine Spione postiert, und so kommt Shelleys Name zum ersten Mal in die Akte der Verfassungsfeinde.
Shelleys politische Agitation in Irland war kein Erfolg. Zum ersten Mal in seinem Leben kam er mit den einfachen Menschen in Kontakt; mit ihrer Unwissenheit, ihren hygienisch schlechten Lebensverhältnissen, ihrer Armut.
Er sah ein, daß sein Ideal, den einfachen Menschen Bildung und Tugend zu vermitteln, um sie aus tyrannischen Systemen zu befreien, im Augenblick wirklichkeitsfremd war.
So sieht es auch William Godwin, mit dem Shelley schriftlich verkehrt. Godwin, der AN ENQUIRY CONCERNING POLITICAL JUSTICE geschrieben hatte und die Dichter der Romantik mit seinen antiautoritären Ideen stark beeinflußte, ermahnt Shelley, nicht zu weit zu gehen.
Der Shelley-Haushalt geht nach Wales, wo Shelley A DECLARATION OF RIGHTS beginnt. In dieser teilweise polemischen Schrift spricht Shelley der Regierung jegliche Rechte ab, da sie offensichtlich nur dazu da sei, sich selbst zu bereichern. Soldaten, die einander töten, so schreibt er, addieren zum Verbrechen des Mordes noch das des Dienens. Nur Tugend und Talente, erklärt er, sollten dem Menschen Respekt verschaffen, nicht Reichtum, Ruhm oder ererbte Titel.
Am 28. Juni 1812 steigen die Shelleys auf einem Pfad die Klippen nach Lynmouth hinunter. Shelley macht sich gleich daran, seine kleine Kommune um eine Person zu erweitern. Seine 'Seelenfreundin' Miss Hitchener aus Sussex, eine Lehrerin, mit

der er seit einiger Zeit brieflichen Kontakt hat, und die seine politischen Ambitionen unterstützt, soll zu ihnen kommen.
Die Einwohner von Lynmouth blicken mit Verwunderung auf das kleine Häuschen, als am 15. Juli ein drittes Frauenzimmer die Kommune des Erzengels betritt. Miss Hitchener verfaßt feurige Schriften und spricht fast ununterbrochen.

Lynmouth, Harbour

Da das kleine Lynmouth nicht gerade der ideale Ort für politische Propaganda ist, verfällt Shelley auf einen ebenso genialen wie träumerischen Plan: er füllt seine Pamphlete in Flaschen, die er vor der Küste Lynmouths zu Wasser läßt: 'vessels of heavenly medicine' nennt er sie. Die Flaschen beinhalten die DECLARATION OF RIGHTS und eine Ballade namens THE DEVIL'S WALK.
Die mit Fähnchen bekrönten Flaschen treiben über den Bristol Channel. Die Fischer mögen ihnen erstaunt nachgeschaut haben. Auch Shelleys Feuerkünste sind ihm hier in Lynmouth nützlich. Er läßt leuchtende Ballons in die Lüfte steigen, gefüllt mit explosiven Schriften.
TO A BALLOON, LADEN WITH KNOWLEDGE, heißt eines seiner frühen Gedichte, in dem er schreibt:
„Bright ball of fame that thro the gloom of even
　　Silently takest thine ethereal way
And with surpassing glory dimmst each ray
　Twinkling amid the dark blue depths of Heaven."
„Heller Ruhmesball, der Du durch die Abenddämmerung
　　Leise Deinen ätherischen Weg nimmst
Und mit unvergleichlicher Herrlichkeit überschattest jeden
　　　　　　　　　Strahl
　Der inmitten des tiefblauen Himmels glitzert."

Die Ballons und deren Inhalt sollen den Unterdrückten und Armen 'A ray of courage' bringen. Während der Sommermonate in Lynmouth arbeitet Shelley tagsüber am Strand. Hier läßt er sich nieder und schreibt an seinem politischen Gedicht QUEEN MAB. Das Schreiben in der Natur sollte er auch in Italien beibehalten, wo er in der Umgebung Roms am PROMETHEUS UNBOUND arbeitete.

Ianthe, eine schöne junge Frau, wird in QUEEN MAB von der Feenkönigin in eine Raum und Zeit umfassende Dimension entführt und erlebt das Elend der Menschen in Vergangenheit und Zukunft.

Shelley sieht als Ursache allen Elends nicht das Böse im Menschen, wie es seiner Ansicht nach die christliche Religion in der Ursünde propagiert, sondern:

„Des Krieges Schöpfer sind die Könige,
Staatsmänner, Priester, deren Schutz und Schirm
Der Menschen Elend ist, und deren Größe
Auf ihre Niedrigkeit sich baut."

In langen Anmerkungen, die er seinem Gedicht zur Seite stellt, weist er darauf hin, daß sich der Mensch von christlicher Doktrin lösen müsse. Insbesondere die Beziehungen von Mann und Frau müßten frei werden, unbeeinträchtigt vom zu engen Rahmen der Ehe. Die Ehe, so Shelley, zwinge die Menschen dazu, trotz Liebesverlust zusammenzubleiben, was in sich selbst untugendhaft sei. Auf Freundschaft und Respekt innerhalb der Ehe geht Shelley nicht ein. Die körperliche Seite steht im Vordergrund. In QUEEN MAB setzt sich Shelley für Atheismus, freie Liebe, Republikanismus und Vegetariertum ein.

Der junge Friedrich Engels begann eine Übersetzung von QUEEN MAB und wurde von dem Gedicht stark beeinflußt. Es ist interessant festzustellen, daß, obwohl sich Shelley immer über seinen fehlenden Einfluß beklagt, QUEEN MAB doch zum Grundstein einer der ersten organisierten englischen Arbeiterbewegungen wurde, dem Chartismus.

Ebenso plötzlich wie sie gekommen waren, mußten die Shelleys Lynmouth nach der Gefangennahme des Dieners wieder verlassen. Sie kehren nach Wales zurück, wo sie in Tan-yr-allt

ein hübsches Haus beziehen. Doch Shelleys Pläne, sich niederzulassen, werden durch Schulden und politische Verfolgung zunichte gemacht. Die Shelleys gehen nach London, wo Harriet 1813 ihr erstes Kind Ianthe zur Welt bringt. Shelley verkehrt nun oft bei William Godwin, den er finanziell unterstützt, indem er auf seine späteren Erbaussichten Anleihen aufnimmt. Hier, bei den Godwins lernt Shelley die 16jährige Mary kennen, eine Tochter Godwins aus seiner ersten Ehe mit der Frauenrechtlerin Mary Wollstonecraft. Shelley erkennt in Mary gleich eine Frau, deren Geist dem seinen verwandt ist. Er ist begeistert von Marys Aussehen, ihrer Klugheit und ihren liberalen Einstellungen. Schon bald bahnt sich eine Liebesbeziehung an.
Bevor Shelley bei den Godwins ein und aus ging, hatte er sich von seiner Frau Harriet entfernt. Er bezeichnet seine Verbindung mit ihr als übereilt und herzlos. Dennoch ist Harriet wieder schwanger, als Shelley seine Liebe zu Mary bekennt.
1814 verlassen Mary, Shelley und Marys Halbschwester Jane, die sich später Claire Clairmont nannte, England und begeben sich in die Schweiz.
Aus der Schweiz schreibt Shelley an Harriet, sie möge doch nachkommen und sich ihnen anschließen. Außerdem solle sie nicht vergessen, die Trennungsurkunde mitzubringen. Harriet kommt nicht, einige Monate nach der Geburt ihres zweiten Kindes begeht sie Selbstmord. Allerdings muß man hinzufügen, daß Harriet kurz vor ihrem Selbstmord einen anderen Mann kennengelernt hatte, der zur See fuhr und dessen Briefe an Harriet fehlgeleitet wurden. Durch den Selbstmord seiner Frau ist Shelley in England nicht nur politisch, sondern auch moralisch geächtet. Das Sorgerecht für seine zwei Kinder wird ihm abgesprochen, worunter er lange zu leiden hat.
Shelley ist nun frei, Mary zu heiraten, und 1815 wird William geboren, Marys zweites Kind von Shelley. Das erste war nach der Geburt gestorben.
Glücklich reisen Shelley, Mary und Claire durch den Kontinent. Doch die Dreiecksbeziehung barg ihre Tücken, und Mary wünscht sich manchmal nichts mehr, als daß Claire sie doch verlassen möge. Da Mary durch ihr häufiges Unwohlsein

während ihrer Schwangerschaften zu Hause bleiben muß, ist es Claire, die Shelley bei Besuchen und Ausflügen begleitet. Er füttert sie des späten Abends mit Geistergeschichten, die einmal bei Claire sogar ein wahres Delirium des Horrors auslösen. Claire ist zwar recht launisch und keine künstlerische Größe, doch kann sie letztere mit sicherem Instinkt bei anderen erkennen. So bringt sie den berühmtesten damaligen englischen Dichter Lord Byron dazu, mit ihr eine Liaison einzugehen. Sie war es auch, die Byron mit Shelley bekannt machte.
In der Schweiz entwickelt Mary Shelley die Idee zu ihrem Frankenstein-Roman.
Die Parallelen zwischen Dr. Frankenstein, dem Erfinder des Monsters, und Percy Bysshe Shelley sind nicht zu übersehen: beide zeigen in frühen Jahren ein Interesse an Alchemie und Magie, das sich dann zu solideren Wissenschaften wie Philosophie und Anatomie hinbewegt. Die Orte, die Mary in ihrem Roman auswählt, wurden von ihr und Shelley besichtigt, z.B. das Plainpalais oder das Mer de Glace bei Chamonix. Auf dem Mer de Glace findet die Konfrontation zwischen Frankenstein und dem Monster statt, bei der das Monster von dem Doktor die Herstellung einer aus Leichenteilen bestehenden Frau fordert.
Nachdem das Monster Frankensteins Braut Elizabeth getötet hat, schaut es bösartig zum Fenster des Doktors hinein, der daraufhin versucht, es zu erschießen. Eine ähnliche Szene hatte Shelley in Wales erlebt, als jemand ihn angreifen wollte, und er auf den Angreifer schoß.
Zentral ist in Mary Shelleys FRANKENSTEIN das Motiv der Verfolgung durch das Dämonische. Shelley verspürte diese Verfolgung an sich selbst: nachdem zwei Kinder in Italien gestorben waren und auch Claires Kind von Byron tot war, sah Shelley eines Tages, wie sich eine Kinderhand aus dem Wasser reckte.
Er lief auf sie zu, doch sie verschwand wieder. Diese Halluzination zeigt, daß nicht nur Mary von den traurigen Ereignissen zutiefst ergriffen war. Man muß allerdings hinzufügen, daß Shelley dieses Unglück unwissenderweise selbst heraufbe-

schwor. Die Hitze Italiens und das unstete Reisefieber Shelleys, der nie lange an einem Ort zufrieden war, trugen wohl nicht unbeträchtlich zum Tod der kleinen Clara bei. So mußte das an Ruhr erkrankte Kind eine mehrwöchige Reise mit Mary durch halb Italien über sich ergehen lassen, da Shelley mit Claire in Venedig weilte. Sie überstand die Reise nicht und starb in Marys Armen. Mary kam über diesen Verlust lange nicht hinweg und gab Shelley, wenn auch nur unbewußt, die Schuld am Tod des Kindes.

Ab 1818 leben die Shelleys ständig in Italien. Sie hatten ihr Haus in Marlow, das an der Themse lag, aufgegeben und wohnen nun wechselweise in Venedig, Rom, Neapel, Florenz, Pisa, Bagni di Lucca und zuletzt im Casa Magni am Golf von Spezia.

„The flower that smiles to-day
To-morrow dies;
All that we wish to stay
Tempts and then flies.
What is this world's delight?
Lightning that mocks the night,
Brief even as bright."

„Die Blume, die heute lacht,
Stirbt morgen schon;
Was wir zu Dauer gedacht,
Lockt und flieht davon.
Was ist die Lust der Welt?
Blitz, der die Nacht erhellt,
Zuckt und zerfällt."

Diese Worte schreibt Shelley in seinem Gedicht MUTABILITY und es scheint, als habe er die Worte 'Was wir zu Dauer gedacht, lockt und flieht davon' auch geographisch auf sein Leben bezogen.

In Neapel durchlebt Shelley eine tiefe Krise, der das Gedicht STANZAS WRITTEN IN DEJECTION, NEAR NAPLES entsprang:

III

„Alas! I have nor hope nor health,
  Nor peace within nor calm around,
Nor that content surpassing wealth
  The sage in meditation found,
And walked with inward glory crowned -
Nor fame, nor power, nor love, nor leisure.
  Others I see whom these surround -
  Smiling they live, and call life pleasure; -
To me that cup has been dealt in another measure."

„Ach! Weder Hoffnung hab noch Heil,
  Noch Seelenfried ich, Ruh ringsum,
  Noch was den Reichtum übersteigt,
  Vom Weisen grübelnd einst gefunden -
Er ging bekränzt mit innrem Ruhm -,
Noch Ruf, noch Kraft, noch Zeit, noch Liebe.
  Andre seh ich nicht klagen drum,
  Sie leben lächelnd und genießen.
Mir ward in diesem Becher andrer Trunk bemessen."

In Stanze IV heißt es dann:
  „Ich könnt mich legen, müdes Kind
  Und weinen von mir dieses Leben..."

Ursache für sein schlechtes Befinden ist ein uneheliches Kind der Kinderfrau Elise, von dem man sagte, daß Shelley der Vater gewesen sei. (Auch dieses Kind starb später). Shelley muß die wahre Beziehung zu Elises Kind vor Mary verschleiern, und so wird der Diener Paolo als Vater vorgeschoben. Später kommt allerdings alles heraus, und Paolo erpresst Shelley.

1819 schreibt Shelley in Rom am PROMETHEUS UNBOUND. Das Gedicht entsteht innerhalb kurzer Zeit in den Ruinen der Bäder des Caracalla inmitten von Ginsterbüschen. Shelleys PROMETHEUS UNBOUND ist das Gegenstück zu Aischylos DER GEFESSELTE PROMETHEUS und gilt als Shelleys Meisterwerk.

Im Juni des Jahres 1819 stirbt Shelleys Lieblingskind, der vierjährige Michael. Der Shelley-Haushalt ist auf tragische Weise dezimiert worden. Erst im November des Jahres 1819, als Marys viertes Kind Percy Florence Shelley geboren wird, findet Mary, die unter starken Depressionen leidet, ihr psychisches Gleichgewicht wieder.

1821 besucht Shelley Byron in Venedig und nimmt somit die Freundschaft wieder auf. Er übernachtet in Byrons Palazzo, umgeben von Affen, Pfauen, einem Adler, einer Krähe, einem Falken, fünf Katzen und acht Hunden. Bis auf die zehn Pferde Byrons dürfen alle Tiere den Palazzo als ihr eigenes Territorium betrachten. Shelley und Byron unterhalten sich bis tief in die Nacht hinein über Poesie, Politik und private Dinge.

Schließlich überredet Shelley seinen berühmten Dichterfreund dazu, gemeinsam mit ihm nach Pisa zu gehen. Shelley will seine Dichterkommune erweitern. So sehr Shelley die Konversation Byrons schätzt, so sehr irritiert ihn Byrons sozialer Status. Es entsteht bald eine Rivalität zwischen beiden Dichterhäusern, die an gegenüberliegenden Ufern des Arno liegen. Freunde Byrons und Shelleys werden dazu gedrängt, sich einem Dichter anzuschließen. Dennoch weiß Byron Shelleys Kritik wohl zu würdigen. Als Shelley eines Tages Byrons Gedicht THE DEFORMED TRANSFORMED bezichtigt, fast Wort für Wort von Southey abgeschrieben zu sein, wird Byron aschfahl im Gesicht, nimmt sein poetisches Machwerk und wirft es ins Feuer. Byrons Einfluß auf Shelley ist weniger fruchtbar, da Shelleys Schaffenskraft immer mehr nachläßt.

1822 verlassen die Shelleys Pisa und begeben sich zum Golf von Spezia. Sie beziehen das Casa Magni, ein ruinenhaftes großes Haus mit grandioser Aussicht aufs Meer. Shelley hat bereits in Pisa seine Ruderleidenschaft wieder aufgenommen, obwohl er nicht schwimmen kann. Am 1. Juli 1822, Shelley ist 30 Jahre alt, bricht er mit seinem Freund Williams nach Livorno auf, wo er Hunt und seine Familie empfangen wollte. Gemeinsam mit Byron und Hunt wollte er eine literarische Zeitung gründen. Auf der Rückfahrt von Livorno kommt ein Sturm auf, und Shelley ertrinkt einige Meilen westlich von Viareggio. Seltsam ist, daß trotz Warnung die Segel voll gesetzt waren, und daß Shelley offensichtlich seinen Bootsjungen daran hinderte, die Segel einzuziehen. Was dann folgte, ist Legende geworden: Shelleys von Fischen zerfressener Leichnam wird am Ufer von Livorno verbrannt. Anwesend sind Lord Byron, Leigh Hunt, andere Freunde Shelleys, einige Fischer des Ortes und Militär. Beigesetzt wird er auf dem protestantischen Friedhof in Rom. Sein Herz allerdings, das nicht brennen wollte, liegt in der Christchurch Priory, westlich von Boscombe (Dorset), begraben.

*

PROMETHEUS UNBOUND

Im PROMETHEUS UNBOUND (1820) gibt Shelley seiner atheistischen Grundeinstellung Ausdruck. Er vollzieht in diesem 'lyrischen Drama' in vier Akten nicht die Versöhnung zwischen dem obersten Gott Jupiter und Prometheus, wie es Aischylos getan hat.

Er läßt den wahren Großen, Prometheus, seine Kraft und Überlegenheit gegenüber dem Gotte beweisen. Denn Prometheus, der den Menschen das Feuer des Wissens gab und deshalb von Jupiter an die eisigen Felsen des Kaukasus gekettet wurde, besitzt etwas, was der Gott Jupiter nicht besitzt: die Macht der Liebe:

„Prometheus: Evil minds
Change good to their own nature. I gave all
He has; and in return he chains me here
Years, ages, night and day: wheter the Sun
Split my parched skin, or in the moony night
The crystal-wing'ed snow cling round my hair:
Whilst my belov'ed race is trampled down
By his thought-executing ministers.
Submission, thou dost know I cannot try:"

„Prometheus: Böses Denken
Verwandelt alles Gute seiner Art an.
Ich gab Ihm, was er hat; zum Dank bin ich
Gekettet Tag, Nacht, Jahre, Ewigkeiten:
Ob Sonne mir die Haut dörrt, oder Mondnacht
Schneidend Kristalle heftet mir ins Haar
Während die, die ich lieb, zertreten werden

Von seinen alles ausführenden Dienern.
Mich unterwerfen, weißt du, kann ich nicht:"
Prometheus, der Vorausdenkende und Unbeugsame, wird sich dem tyrannischen Haß des Gottes nicht beugen und somit die Menschheit erlösen. Der Titan Prometheus, der Jupiter haßte und ihn verfluchte, als er an die Felsen geschmiedet wurde, hat sich verändert:
„I wish no living thing to suffer pain", kein lebendes Wesen soll Schmerzen ertragen.
Besonders der erste Akt beschreibt in großartigen Bildern das Leid des Dulders Prometheus. Die Erde und verschiedene Stimmen, wie die aus der Luft, aus der Quelle, aus Strömen und Wirbelwinden sprechen zu ihm. In der dichterischen Symbolisierung dieser Elemente erinnert der PROMETHEUS an Goethes FAUST II.
Byron schrieb nach dem Tode Shelleys:
„Wir beweinen ihn; aber tatsächlich, was hätte er uns, über das hinaus, was er uns geschenkt hat, noch geben können? Er selbst hätte seiner Dichtung gleichkommen, sie aber gewiß nicht übertreffen können. Das Unendliche läßt sich nicht vergrößern."
Im PROMETHEUS UNBOUND hat Shelley das Unendliche zum poetischen Manifest werden lassen.

Valleys of rocks

Shelley empfand eine intensive, ja fast leidenschaftliche Liebe zur Natur. Diese Liebe wurde durch die majestätische Gebirgswelt der Schweiz vollends zum Leben erweckt und erlangte poetische Dimension. Reißende Gebirgsflüsse, Lawinen, Gletscher, das Massiv des Mont Blanc: all das drückte für Shelley die Macht und Kraft der Natur aus, die diese an den Menschen

weitergeben müsse. Für Shelley liegt in der Natur Wahrheit, und sie bildet die wirkende Kraft der Liebe.
In seinem Gedicht MONT BLANC heißt es:
„O großer Berg, laß deine Stimme schallen
Und heb auf das Gesetz von List und Leid."
Naturphänomene spielen immer wieder eine bedeutende Rolle in seinen Gedichten. In der ODE TO THE WEST WIND interpretierte er den Wind als Weltseele, als Mittel gesellschaftlich-politischer Veränderung. Nicht nur die herbstlichen Blätter fegt er weg, um so dem Winter und dem Frühling Platz zu machen, auch veraltete politische Verhältnisse vermag er auseinanderzutreiben. 'Zerstörer und Erhalter' ist er. Vom wilden Westwind will das poetische Ich davongetragen werden. Heraus aus Stagnation und Erdendasein.
„Mach mich zu deiner Lyra wie den Wald", bittet der Dichter und:
„Scatter, as from an unextinguished hearth
Ashes and sparks, my words among mankind!
Be through my lips to unawakened earth
The trumpet of a prohecy! O, Wind,
If Winter comes, can Spring be far behind?"

„Streu aus die Asche aus des Herdes Brand,
Mein Wort gleich Funken aus des Feuers Kern,
Posaune sei durch meiner Lippen Band,
Der Erde künde, Wind, der Hoffnung Stern.
Ist denn, wo Winter herrscht, der Frühling fern?"
Shelley lebte von 1818 bis zu seinem Tod in Italien, doch die politischen Verhältnisse in England regten ihn nach wie vor auf. Seine Sprache war subtiler geworden, der Wunsch, durch Dichtung etwas zum Besseren zu verändern, war geblieben.
Natur war für ihn nicht nur Träger philosophischer Inhalte, Symbol für Macht und Größe, sondern auch ein notwendiges Refugium. Lange Wanderungen und das Rudern ließen ihn von schwermütigen Gedanken Erholung finden. In England ruderte er gerne mit seinem Freund Peacock auf der Themse, in Italien ruderte er mit Byron auf dem Arno, und in seinem

Segelboot 'Don Juan' fand er schließlich den Tod.

Ging Shelley allein spazieren, so vertiefte er sich anscheinend dermaßen in die Natur, daß er in vollkommen aufgelöstem Zustand (was Kleidung und geistige Verfassung anbetraf) von seinem Herumstreunen zurückkam. Die Inspiration zu seinem PROMETHEUS UNBOUND kam ihm, wie er selbst in seinem Vorwort schreibt, in den Caracalla Thermen:

„Dieses Gedicht wurde hauptsächlich auf den hügeligen Ruinen der Bäder des Caracalla geschrieben, inmitten blumenbesäter Lichtungen und des Dickichts duftender blühender Bäume, die sich in immer neuen labyrinthischen Windungen über ihre weiten Terrassen und den in schwindelnder Höhe verlaufenden Bögen erstreckten."

Trunkenheit erfüllt seinen Geist inmitten der frühlingshaften Natur, und wie damals im sommerlichen Lynmouth, am Ufer des Bristol Channels, greift er zur Feder. Oft verschwand er tagelang mit seinen Büchern in den Wäldern um Bagni di Lucca, so wie er es im englischen Marlow und Bishopsgate getan hatte. Dann ließ er sich an einem Fluß oder Wasserfall nieder und las Aristophanes und Platon. An Peacock schreibt er:

„Ich pflege mich zu entkleiden und, Herodot lesend, auf einem Felsen zu sitzen, bis ich aufhöre zu schwitzen, dann springe ich vom Felsen in diese Quelle - eine Praktik, die bei diesem heißen Wetter sehr erfrischend ist."

Dann klettert er, wie er schreibt, die Felsen hoch und läßt sich vom herauf spritzenden Wasser naßregnen. Hier inmitten der üppigen Natur Italiens konnte sich Shelley aufführen wie ein griechischer Gott.

Manchmal dachte er an England und bedauerte sein Exil. Dann gedachte er der Themsewiesen bei Bisham Woods in der Nähe von Marlow, dachte an flackernde Kaminfeuer und grüne verregnete Landschaften. Doch das südliche Klima bekam seiner Gesundheit besser, und so machte er sich daran, alle seine Freunde nach Italien zu locken. Sein Leben spaltete sich zwischen England und Italien auf, so wie am Ende seine körperlichen Überreste.

*

Die Zahnradbahn ächzte, als ich nach Lynton hinauffuhr. Ein großer Antiquitätenladen in einer Scheune pries verstaubte Überbleibsel des 'British Empire' an. Ein 'What-Not' zog meine Aufmerksamkeit auf sich. Ich kaufte das Gestell mit mehreren Ebenen für ein paar Pfund und schleppte die Etagere durch den Nieselregen. Vielleicht hatte Shelley recht, England zu verlassen. Ein Bad unter Zypressen hätte mir in diesem Augenblick auch besser gefallen, doch andererseits war ich Opfer einer Sehnsuchtsmaschinerie geworden, deren Räderwerk ich nicht mehr beherrschte.

10
Roald DAHL
Cardiff (Wales)

Am Rande des Exmoor Nationalparks liegt Porlock, ein literarischer Ort aus Blackmores finsterer Geschichte LORNA DOONE, The Romance of Exmoor, in der es um die verbrecherische Doone-Familie geht, die siebzig Jahre lang grausam über das Moorland herrscht:
„A shot rang through the church" heißt es in der Geschichte, und Lorna Doone liegt in ihrem weißen Hochzeitskleid verwundet auf den Altarstufen der Gemeindekirche von Oare.
Bei Bridgewater fuhr ich auf die M5 in Richtung Wales. Ich überquerte die Severnbrücke und gelangte über Newport nach Cardiff. Durch die vollen Straßen der walisischen Hauptstadt suchte ich mir den Weg nach Llandaff, dem Ort am Taff. Hier wurde am 13. September 1916 Roald Dahl geboren.
Langsam fuhr ich an den kleinen bürgerlichen Häusern vorbei, schaute in die Vorgärten hinein auf der Suche nach einem Bed- & Breakfast-Schild. Schließlich bog ich um eine Ecke und sah in einem verwahrlost wirkenden Vorgarten das Schild 'Three Witches' B&B. Das Haus sah ebenso heruntergekommen aus wie der Vorgarten: krumm stand es auf seinem Untergrund, als sei die eine Hälfte des Bodens etwas abgesackt. Die Farbe blätterte bereits von der Fassade, und die Treppe zur Eingangstür schien morsch zu sein. Dennoch entschloß ich mich, hier nach Unterkunft zu fragen. Ich befand mich auf den Spuren von Roald Dahl, und dieses Haus namens 'Three Witches' schien mir die richtige Umgebung zu sein. Lebhaft erinnerte ich mich an seine Hexengeschichte THE WITCHES, in der die Hexen der Welt ihr Jahrestreffen in einem Hotel in Bournemouth abhalten und dabei zwei Jungen in Mäuse verzaubern.
Ich ließ meinen Wagen vor dem Gartentor stehen und näherte mich der morschen Treppe. Eine Klingel gab es hier nicht, nur einen Türklopfer. Ich ließ ihn dreimal auf das Türholz fallen. Ein Holzsplitter löste sich und fiel zu Boden. Ich hörte leise Stimmen im Inneren des Hauses, dann öffnete sich die Tür. Vor

mir stand eine kleine rundliche Frau mit blassem Gesicht und grauen stechenden Augen. Hinter ihr an der Treppe des dunklen Korridors sah ich eine weitere Frau, hochgewachsen, mit langen dunklen Haaren, die ihr in dünnen Strähnen am Gesicht herunterhingen, und mit kugelrunden dunklen Augen. Sie starrte mich an.
„Was wollen Sie?" fragte mich die Grauäugige. Ich sah, wie eine schwarze Spinne an der Tapete des Korridors entlangkrabbelte und sagte mit unsicherer Stimme:
„Ich suche ein Zimmer mit Frühstück."
Der Gesichtsausdruck der beiden Damen änderte sich schlagartig.
„Aber natürlich, wie entzückend. Sie sind die Erste in diesem Sommer, die nach einem Zimmer fragt, nicht wahr, Abigail?" Auch die Dunkelhaarige hatte ein honigsüßes Lächeln aufgesetzt und sagte nun: „Ja. Ich hoffe, Sie bleiben länger als nur eine Nacht? Der Preis beträgt 15 Pfund pro Nacht."
„Möglicherweise bleibe ich drei Nächte. Aber...", fügte ich schnell hinzu, „ich weiß es noch nicht genau."
„Schön, schön", sprach die Grauäugige, „dann will ich Ihnen Ihr Zimmer zeigen. Aber kommen Sie doch erst einmal ins Wohnzimmer und trinken sie eine Tasse Tee."
Ich trat in ein kleines Zimmerchen mit dunkelgrünen alten Polstermöbeln und einem Kamin. Ich wartete. Während die Grauäugige schließlich mit einer dampfenden Teekanne ins Zimmer trat, hörte ich über mir lautes Gepolter. „Abigail macht Ihr Zimmer zurecht."
„An Ihrer Decke hängt ein großes Spinnennetz", wagte ich zu bemerken.
„Ja", sagte die Grauäugige begeistert, „Spinnen sind wunderbare und zudem sehr nützliche Tiere. Es sind die einzigen Haustiere, die wir haben."
Ich mußte meine Teetasse absetzen und schaute voll Unbehagen auf die kleinen, formlosen grauen Kekse, die vor mir lagen. Sie sahen aus, als wären sie aus Spinnennetzen gebacken. Inzwischen kam Abigail herunter und wollte mir mein Zimmer zeigen. Ich trank meinen Tee aus, bedankte mich und folgte der

Schwarzhaarigen die schmale Treppe hinauf. Zu meiner Überraschung war das Zimmer hell und freundlich. Ich schaute mich um, sah aber keinerlei Haustiere. Abigail stand noch in der Tür und blickte zum Fenster.
„Ach ja", stöhnte sie, „wenn wir gewußt hätten, was wir uns mit diesem Haus einhandeln, hätten wir die Erbschaft nie angetreten. Wissen Sie, meine Schwester Samantha und ich wohnten nämlich in Amerika, als die Nachricht vom Tode unserer Mutter kam. Ehrlich gesagt, hatten wir in den letzten zwanzig Jahren überhaupt keinen Kontakt mehr zu unserer Mutter. Ein alter Streit über unsere Tierliebe, wissen Sie. Leichtsinnigerweise haben wir beide unseren Job in der Tierhandlung aufgegeben und sind nach Wales gezogen."
„Wußten Sie denn nichts über das Haus Ihrer Mutter?"
„Nein, wir dachten, es wäre ein schönes großes Haus mit vielen Zimmern, die wir vermieten könnten. Na ja, und nun..."
„Immerhin haben Sie ja jetzt ein Zimmer vermietet, nicht wahr?"
Abigail lächelte: „Ja, Sie haben Recht, man soll den Kopf nicht in den Sand stecken." Sie schloß die Tür und ich hörte, wie sie sehr langsam die Treppe hinunterging. Mir war nicht wohl bei dem Gedanken, hier allzuviel Zeit zu verbringen, um so mehr, als mein Blick auf ein kleines vernetztes Gartenhäuschen fiel, in dem sich schwarze langbeinige Geschöpfe tummelten.
Ich verließ das Haus und ging erst einmal zur Kathedrale von Llandaff. Fünf Minuten von der Kathedrale entfernt, in Fairwater Road, steht Ty Gwyn, das Haus, in dem Roald Dahl geboren wurde. Roald Dahl war ein Mann mit einer intensiven Liebesbeziehung zu Süßigkeiten. In seiner Kindheitsautobiographie BOY schildert er die täglichen Besuche im 'sweet-shop', wo er für sein Taschengeld 'Bull's eyes, old fashioned Humbugs, Strawberry Bonbons, Glacier Mints, Acid Drops, Pear Drops und Liquorice Bootlaces' kaufte. In CHARLIE AND THE CHOCOLATE FACTORY beschreibt Roald Dahl die köstlichsten Schokoladenriegel. Die Schokoladenfabrik des Mr. Wonka ist ein wahres Paradies aus Süßigkeiten inklusive eines Flusses, in dem Schokolade statt Wasser fließt.

Die Taschen vollgestopft mit Süßigkeiten, schlenderte der kleine Roald die Fairwater Road entlang, den Kopf voller Streiche. Ein geeignetes Opfer für diese Kinderstreiche war Mrs. Pratchett, die Besitzerin des Süßigkeitenladens. Mrs. Pratchett zeichnete sich nicht durch übergroße Freundlichkeit gegenüber Kindern aus. Zudem war sie eine äußerst schmutzige Frau. Die Frühstücksreste hingen noch auf ihrer Bluse, und ihre Hände, mit denen sie in die Süßigkeitengläser griff, starrten vor Dreck. Eines Tages fanden Roald und seine Freunde eine tote Maus und entschieden, daß der beste Platz für diese Maus ein Süßigkeitenglas in Mrs. Pratchetts Laden sei.
Unbemerkt steckte Roald die Maus in ein Glas, das mit den beliebten 'Gobstoppers' gefüllt war. Am nächsten Tag wollten die Kinder untersuchen, ob ihr Anschlag gelungen sei. Doch statt eine kalkweiße Mrs. Pratchett vorzufinden, sahen sie, daß der Laden geschlossen war. Das Gobstopper-Glas lag auf dem Boden, die tote Maus daneben. Roald wurde von den anderen Jungen bezichtigt, einen Mord begangen zu haben. In BOY heißt es:
„Ich bin erst acht Jahre alt, sagte ich zu mir: Noch nie hat ein kleiner Junge von acht Jahren jemanden ermordet. Es ist nicht möglich."
Bald stellte sich heraus, daß Mrs. Pratchett lebendig war wie eh und je. Die Strafe folgte auf dem Fuß. Mit Mrs. Pratchett als anfeuernder Zuschauerin wurden die Jungen nun mit dem Stock geschlagen. Die Szene, die Roald Dahl in BOY schildert, könnte einer seiner erfundenen Geschichten entnommen sein:
„Swish-crack! went the cane.
'Ow-w-w-w-w!' yelled Thwaites.
'Arder!' shrieked Mrs. Pratchett. 'Stich 'im up!
Make it sting! Tickle 'im up good and proper!
Warm 'is backside for 'im!
Go on, Warm it up, 'Eadmaster!"
Roald Dahls Kinderbücher sind alles andere als gewaltfrei. Oft treten in seinen Büchern Erwachsene und Erziehungsberechtigte auf, die mit Gewalt und Terror auf Kinder reagieren. In MATILDA sind es die Eltern, die ihr hochbegabtes Kind ver-

nachlässigen und Frau Knüppelkuh, die grausame Schuldirektorin, die ihres Zeichens Meisterin im Kinderweitwerfen ist. In JAMES AND THE GIANT PEACH sind es die beiden Tanten, die James zur Arbeit zwingen und ihm den Kontakt mit anderen Kindern verbieten. Und in GEORGE'S MARVELLOUS MEDICINE beträgt sich die Großmutter recht ekelhaft gegenüber George, der ihr daraufhin eine wunderbare Medizin zusammenbraut.
Heldenhaft und teilweise mit Hilfe magischer Kräfte setzen sich die Kinder in Roald Dahls Büchern gegen die Erwachsenen zur Wehr. Diejenigen, die allerdings verwöhnt, fernsehsüchtig, freßsüchtig und Kaugummidauerkauer sind, werden von ihm eiskalt literarisch abserviert (CHARLIE AND THE CHOCOLATE FACTORY). Der achtjährige Roald hatte bei seinem Zusammentreffen mit dem Prügelstock keine grünen Kristalle wie in JAMES AND THE GIANT PEACH, die ihm aus der unangenehmen Situation hätten heraushelfen können. Doch er hatte eine besorgte Mutter, die sich entschloß, den übel zugerichteten Jungen künftig auf eine englische Schule zu schicken.

*

Es war Abend geworden. Die Sonne ging hinter der Kathedrale von Llandaff unter, und ich machte mich auf den Weg zurück in mein Quartier. Alles war still in 'Three Witches', als ich die Treppe zu meinem Zimmer hochstieg. Ich versicherte mich, daß das Fenster fest geschlossen war. Im Dämmerlicht sah ich, wie sich Samantha im Garten an dem Spinnenkäfig zu schaffen machte. Ich legte mich hin und versuchte zu schlafen, doch es gelang mir nicht. Noch einmal kontrollierte ich das Fenster. Von unten kamen quietschende Geräusche, als ob Möbelstücke verrückt würden. Was treiben die beiden da unten, fragte ich mich? Auf einmal war alles still. Womöglich hatten Abigail und Samantha eine Klappe im Boden des Wohnzimmers frei geräumt, um durch die Klappe in einen Kellerraum zu gelangen, in dem weitere Spinnen hausten!
Meine Neugier war geweckt und leise schlich ich die Treppe hinunter. Ich wagte einen Blick durch den Spalt der Tür. Statt

einer offenen Klappe sah ich Abigail und Samantha, wie sie auf einer Couch und auf zwei zusammengeschobenen Sesseln dahingestreckt lagen und schliefen. Die hochgewachsene Abigail hatte die Couch näher zum Kamin gerückt, um sich am ausglimmenden Feuer ihre über den Couchrand hängenden Füße zu wärmen.

Warum in aller Welt schliefen sie nicht in ihren Betten? Doch plötzlich wußte ich warum: ihr Bett war besetzt, ich schlief darin.Nachdem ich die Nacht mehr schlecht als recht überstanden hatte, beschloß ich, beim Frühstück den beiden Damen meine Abreise zu verkünden. Sie waren enttäuscht. Ich erklärte, daß ich noch nach Radyr fahren wolle, um das Haus der Familie Dahl zu suchen.

„Oh, da brauchen Sie nur ein paar Straßen weiter zu gehen, es ist in der Fairwater Road", sagte Samantha.

„Ja, ich weiß," erwiderte ich, „gestern habe ich es besucht. Ich meine, das zweite Haus, in dem er seit 1918 wohnte. Es soll in der Nähe eines Schlosses sein."

„Ach so, ja richtig, Castell Coch, die rote Burg, bei Tongwynlaig. Eine mittelalterliche Burgruine, die von William Burges zu einer Art Disney-Burg umgebaut wurde. Aber das Innere ist phantastisch und viktorianisch, voll von gemalten Schmetterlingen und Pflanzen."

„Wenn Sie sich für Roald Dahl interessieren, dann lege ich Ihnen auch die Norwegian Church ans Herz, in der Cardiff Bay, dort wurde er getauft", sagte Abigail und goß mir noch eine Tasse Tee ein.

„Nicht nur das", fügte Samantha hinzu. „Er hat sich finanziell an der Restaurierung der Kirche beteiligt, und heute ist sie ein Arts-Centre für Geschichten und Poesie".

„Wir sammeln alles von und über Roald Dahl, wissen Sie", sagte Samantha, „obwohl ich zugeben muß, daß er mir manchmal etwas zu makaber ist."

„Tatsächlich!" sagte ich matt.

*

Roald Dahl

Roald Dahl: Meister des schwarzen Humors im Zwiebelbeet

Roald Dahl wird 1916 als einziger Sohn der aus Norwegen stammenden Familie Dahl in Cardiff geboren. Er hat zwei Halbschwestern und drei leibliche Schwestern. Cardiff galt damals als eine bedeutende Hafenstadt mit großen Schiffswerften und einem florierenden Kohleexport. Harald Dahl, der Vater Roalds, hatte mit einem norwegischen Freund die Firma 'Aadnesen & Dahl' gegründet. Sie waren Schiffsmakler, die sich mit Schiffsversicherungen und der Vermittlung neuer Ladungen beschäftigten.

Das erste Haus, an das sich Roald Dahl erinnert, ist eine große mehrstöckige viktorianische Villa in der Nähe von Radyr, acht Meilen westlich von Cardiff, mit Erkertürmchen, Fachwerk und hohen Schornsteinen. Es heißt Ty Mynydd. Zu dem Besitz gehört auch Farmland, auf dem Kühe, Schweine und Hühner leben. Auf der anderen Seite des Tals liegt Castell Coch, das den jungen Roald als Kind sehr beeindruckt haben muß.

Doch die walisische Idylle der Dahls sollte nicht von langer Dauer sein. 1920 stirbt Astri, Roalds älteste Schwester, an Blinddarmentzündung. Der Vater ist über dieses Unglück so verzweifelt, daß er zwei Monate später einer Lungenentzündung erliegt. Er hinterläßt seiner Familie 150 000 Pfund. Die Mutter Roalds beschließt, zurück nach Llandaff zu ziehen. Die Dahls ziehen in ein rotes viktorianisches Backsteinhaus in der Cardiff Road. Der vierjährige Roald wächst nun ohne Vater auf und knüpft ein enges Band zu seiner Mutter. Bis zum Tode der Mutter schreibt er ihr regelmäßig Briefe. Auch während seiner dreijährigen Zeit bei der Shell Company in Afrika und der folgenden Kriegszeit, in der er in Ägypten und Griechenland dient, bleibt der wöchentliche Brief an die Mutter nie aus.

Jeremy Treglown, Roald Dahls Biograph, sagt, daß alles, was man über ihn schreiben mag, der Wahrheit entspäche. Roald Dahl beklagt sich über die Tyrannei in der Schule, doch er entwickelt sich im Umfeld der Schule von Weston-Super-Mare selbst zum Tyrannen und Angeber: er kann, wen wundert es, die gemeinsten Spitznamen erfinden, und es ist nicht leicht

vorhersagbar, wann und warum er jemanden fertigmacht. Freunde seiner späteren Frau beklagten sich darüber, daß Dahl seine Frau Pat oft vor anderen herumkommandiere und doch half er ihr, von einem schweren Schlaganfall zu genesen, der der Schauspielerin ihr Sprechvermögen genommen hatte.Wenn ein Problem auftaucht, beginnen Roalds graue Zellen zu arbeiten und legen ihre Arbeit erst nieder, wenn eine Lösung gefunden ist. Sein Sohn Theo, der beinah bei einem Autounfall gestorben wäre, profitiert heute noch vom medizinischen Einfallsreichtum seines Vaters.
Roald Dahl ist kein zukünftiger Gelehrter, als er die Schule von Repton verläßt. Er ist auf der Suche nach Abenteuern in fernen Ländern. Roald träumt davon, in Afrika zu arbeiten, und dieser Wunsch wird ihm 1938 erfüllt. Mit 22 Jahren fährt Roald Dahl im Auftrag der Shell Company nach Mombasa. Drei Jahre sollte er in Dar-es-Salaam (heute Tansania) bleiben. In GOING SOLO beschreibt Roald Dahl seine Zeit als Benzin- und Ölvertreter der Shell Company. Auf der zweiwöchigen Seereise zu seinem neuen Arbeitsplatz macht er die Bekanntschaft einiger 'Empire-Pioniere', eine Spezies, die, wie er schreibt, heute ausgestorben ist. Sie verfügten über ihr eigenes Vokabular:
„Ein Drink am Abend war zum Beispiel immer ein 'sundowner'. Ein Drink zu irgendeiner anderen Tageszeit war ein 'chota peg'. Die Ehefrau war die 'memsahib'. Sich etwas ansehen, hieß 'to have a shufti'."
Roald Dahl schreibt in späteren Jahren, daß ihm die Selbstverständlichkeit, mit der er als junger Mann den britischen Imperialismusgedanken aufgenommen habe, im nachhinein peinlich sei. Das Leben sei für Briten und andere Europäer nur aufgrund der einheimischen Diener so angenehm gewesen.
Dahls erste Veröffentlichung erscheint in der Zeitung East African Standard. Es ist eine wahre Geschichte um einen alten Löwen, der eine Frau entführt: der Löwe trägt die Frau zwischen den Zähnen in ein Waldstück. Durch einen Schuß in Angst versetzt, läßt er die Frau endlich fallen und läuft weg. Erstaunlicherweise ist die Frau unverletzt, noch nicht einmal ihr Kleid ist zerrissen.

1939 tritt Roald Dahl in die Royal Air Force ein, wo er zum Flieger ausgebildet wird. 1940 wird er über der libyschen Wüste abgeschossen und erleidet schwere Verletzungen. Nach seiner Genesung stößt er zu den in Griechenland stationierten britischen Luftstreitkräften, wo er es mit der deutschen Übermacht aufnehmen muß.

Dahl erlebt die wohl intensivsten und gefährlichsten zwei Wochen seines Lebens. Aber er übersteht sie als eine Art Kriegsheld, auch wenn er selbst viel zu diesem Image beigesteuert hat. Die offizielle Liste vermerkt fünf Abschüsse bei Dahl, eine keineswegs geringe Zahl, wenn man an die Übermacht der deutschen Flugzeuge denkt. Roald Dahl wollte gern ein Held sein, so wie er später gern eine Hauptrolle in der englischen Literatur spielen wollte, anerkannt von seriösen Zeitungen wie der Times.

Die Fliegerei hat eine erste literarische Selbstdarstellung SHOT DOWN OVER LIBYA zur Folge. Er schreibt auch über THE GREMLINS, übernatürliche Elfenwesen, die in der Fliegerei für jegliches mechanisches Problem verantwortlich gemacht wurden. Die Disney-Brüder zeigen an THE GREMLINS Interesse, doch letztendlich wird der Stoff zu einem Bilderbuch umgearbeitet. Immerhin ist Roald nun zeitweise in Hollywood ansässig. THE GREMLINS ist Roald Dahls erstes Buch. 1945 lebt Dahl wieder in England und besucht seine Familie in Grendon Underwood. Er will seinen Lebensunterhalt als Autor verdienen und schreibt skurrile auf dem Lande spielende Geschichten, in denen die angeblich ländliche Idylle den Hintergrund makabrer Erzählungen bildet. Der Erfolg bleibt aus.

1948 erscheint SOMETIME NEVER in den USA, ein Atomkriegsroman; übrigens der erste Roman dieses Sujets, der nach Hiroshima in den USA veröffentlicht wurde. Roald Dahl hat Angst vor einem neuen Krieg. Sein ganzes Leben lang mußte er wegen seiner Verletzungen behandelt werden.

Im Alter von 35 Jahren lernt Dahl in Amerika Patricia Neal kennen, eine Schauspielerin, die ein Verhältnis mit Gary Cooper hinter sich hatte und eine von Cooper erzwungene Abtreibung. Gary Cooper war zwar verheiratet, aber beruflich wie privat

ein Frauenheld, der sich privat im Umgang mit Frauen wenig heldenhaft benahm. Dahl hat zahlreiche Affären mit verheirateten älteren Frauen hinter sich und verliebt sich in die zehn Jahre jüngere Patricia. Leonard Bernstein warnt Patricia vor einer Heirat mit Roald Dahl, doch ohne Erfolg.
Dahl hat gerade NUNC DIMITTIS geschrieben, eine Geschichte über die Rache eines Mannes an seiner Geliebten, die ihn langweilig findet: ein Maler malt ihr Bildnis erst als Akt, dann wird die Unterwäsche darübergemalt und schließlich das Kleid. Der Mann entfernt vorsichtig die Farbschichten, so daß der Akt wieder zum Vorschein kommt. Dann lädt er viele bedeutende Gäste ein, darunter das Objekt seiner Rache. Schockiert starrt die Gesellschaft das Bildnis an.
Auch Roald Dahl liebt es, Scherze mit seinen Gästen zu treiben. So läßt er einmal seinen billigsten Wein in teure leere Flaschen füllen und amüsiert sich über das Lob der Gäste.
Im Juli des Jahres 1953 heiraten Patricia Neal, die Schauspielerin mit der belegten Stimme, und Roald Dahl, der Meister des schwarzen Humors. Später sollte seine Art von Humor in Deutschland als typisch Englisch gefeiert werden. Ob es dem Waliser mit norwegischen Vorfahren unangenehm gewesen wäre, ist zweifelhaft.
Die Dahls leben nun wechselweise in New York und Great Missenden, unweit von Bicester und Aylesbury (bei Oxford). Little Whitefield oder Gipsy House, wie es die Dahls nennen, steht an einer Landstraße, nicht weit von der mittelalterlichen Abtei (nun ein Herrenhaus) enfternt. Hier kann Dahl seine ländliche Seite entwickeln. Er pflanzt Zwiebeln, sein Lieblingsgemüse, zahlreiche Rosenarten, eine große Vogelvoliere wird installiert. Als Schreibort dient ihm eine Hütte im Garten. Oft fährt er von Dorf zu Dorf, um antike Möbel zu kaufen und zu restaurieren.
1953 wird SOMEONE LIKE YOU in den USA veröffentlicht. Hierin befinden sich einige der bekanntesten makaber-skurrilen Geschichten Roald Dahls. In LAMB TO SLAUGHTER erschlägt eine Frau ihren Mann mit einer tiefgefrorenen Lammkeule. Den Polizisten, die müde von der Suche nach der Tatwaffe sind, setzt sie schließlich ein delikates Gericht vor: Lammkeule.

In SKIN entdeckt ein alter abgerissener Mann, daß er das Bildnis eines inzwischen berühmten Malers auf dem Rücken trägt. Es wurde ihm vor vielen Jahren eintätowiert. Gegen Geld läßt er sich von einem Gauner nach Bristol locken. Später findet man das Bild gerahmt in einer Galerie in Buenos Aires.
Ein Kritiker der New York Times vergleicht Dahl mit Schriftstellern wie O. Henry, Maupassant oder Maugham; Spannung sei sein Spezialgebiet.
1955 wird Olivia geboren. Roald stellt sich als sehr verantwortungsbewußter und liebevoller Vater heraus. Die Kindermädchen müssen sich, wenn sie nicht gleich an den ersten Tagen wegen Hartherzigkeit enlassen werden, einer genauen Prüfung unterziehen. Pat nimmt eine Rolle am Broadway in Tennessee Williams CAT ON A HOT TIN ROOF an. In der Zwischenzeit wächst sowohl Olivia als auch das Anwesen der Dahls in Great Missenden zusehends. Ein Zigeunerwagen ziert nun den Garten, und die Gartenhütte wird mit Erinnerungsstücken aus Afrika versehen.

Dahls Haus in Great Missenden

Später kommen Roalds Fetische dazu: ein Teil seines Oberschenkelknochens und Teile seines Rückgrats. Doch die Idylle ist trügerisch. Pat und Roald sind alles andere als das ideale Paar. Roald verlangt von seiner Frau, daß sie Schauspielerkarriere und perfekte Haushaltsführung bewältigen solle. Pat sieht Roalds Schreiben nicht als Arbeit an und fühlt sich aufgrund ihres anstrengenden Schauspielerberufes ermächtigt, bis 12 Uhr im Bett zu liegen.
1957 wird Tessa geboren. Wie in Roalds jungen Jahren, werden nun die Sommerferien in Norwegen verbracht. Dahl machte sich die Sagenwelt der Norweger zu eigen. THE WHITCHES

spielt z.T. in Norwegen. 1960 kommt Theo auf die Welt.
KISS KISS erscheint und bekommt ein Lob von der Times Literary Supplement. WILLIAM AND MARY ist eine besonders unappetitliche und gelungene Geschichte über einen Professor, dessen Hirn nach seinem Tode am Leben erhalten wird. Das Auge, das mit dem Gehirn verbunden ist, schwimmt in einer mit Flüssigkeit gefüllten Schale und starrt die Decke an. Mary, die Frau des Professors, die zur Lebzeit ihres Mannes wenig zu lachen hatte, erkennt nun ihre Chance, sich an ihm zu rächen. Sie bläst den Überbleibseln des Raucherfeindes dichte Rauchwolken entgegen, beobachtet wie das Auge fast unmerklich aufblitzt und ordnet den Transport nach Hause an.
Wenig später erscheint Dahls erstes Kinderbuch JAMES AND THE GIANT PEACH, kurze Zeit später arbeitet er bereits an einer weiteren Kindergeschichte, die unter dem Titel CHARLIE AND THE CHOCOLATE FACTORY erscheinen sollte.
Roald Dahl erfindet diese Geschichten in Grundzügen für seine Kinder. Es sind Gute-Nacht-Geschichten, die er ihnen am Bett erzählt. So auch der Gute-Nacht-Vorläufer von THE BFG. Dahl erzählt seinen Kindern vom freundlichen Riesen, der Kinderträume in ihre Schlafzimmer pustet. Zum Beweis klettert er selber auf einer Leiter hoch, um von außen die Vorhänge zu bewegen, damit die Kinder meinen, der Riese sei da.
Die beruflichen Erfolge erfahren durch den Unfall des Sohnes Theo einen harten Rückschlag. In New York trägt er bei einem Autounfall eine schwere Kopfverletzung davon, die Wassersucht zur Folge hat. Theo kann nur mit Hilfe einer implantierten Klappe überleben, die den Andrang der Flüssigkeit zum Gehirn regelt. Doch diese Klappe verstopft von Zeit zu Zeit und muß operativ ausgetauscht werden.
Roald und Pat sind verzweifelt, doch bei Roald schlägt die Verzweiflung in Aktionismus um. Er führt medizinische Gespräche und entwickelt mit einem Mediziner namens Till und einem Flugzeugmodellbauer namens Wade eine neue Klappe. Sie wird patentiert und etwa dreitausend Kindern weltweit eingepflanzt. Theo überlebt, doch kurze Zeit später erkrankt Olivia an den Masern. Als sie 24 Stunden lang unun-

terbrochen schläft, holt Pat den Doktor. Olivia wird sofort ins Krankenhaus gebracht, stirbt aber noch in derselben Nacht.
Wie Pat später berichtete, verlor Roald fast den Verstand. Er kann über seine Gefühle nicht sprechen. Stattdessen errichtet er mit viel Mühe um ihr Grab herum einen alpinen Garten mit 120 verschiedenen Pflanzen. Dahl kann lange Zeit nichts mehr schreiben. Patricia stürzt sich in ihre Arbeit. Sie geht mit der Familie nach Hollywood, wo sie in Filmen mit John Wayne und Paul Newman spielt. Während Pat einen Oscar gewinnt, fühlt sich Roald immer mehr als unwichtiges Anhängsel.
1964 wird Ophelia geboren. Sechs Monate später erwartet Pat ein weiteres Kind. Sie hilft dem Kindermädchen gerade beim Baden der Kinder, als sie einen Schlaganfall bekommt. Es ist Roalds umsichtigem, schnellem Verhalten zuzuschreiben, daß sie überlebt. Doch sie hat ihre Sprechfähigkeit verloren, und ihre rechte Seite ist gelähmt. Roald Dahl, schon immer bemüht, die Führungsrolle zu übernehmen, kann diese Rolle nun ohne jegliche Konkurrenz ausspielen. Als sie nach England zurückkehren, schart er die Familie um sich und arbeitet ein Pat Neal-Hilfsprogramm aus:
„Wenn ich keine schlechtgelaunte, zutiefst unglückliche Idiotin im Haus haben wollte, mußten sofort drastische Maßnahmen eingeleitet werden."
Er ruft eine mehrstündige tägliche Sprachtherapie ins Leben, die selbst Doktor Doolittle erstaunt hätte.
Der Fortschritt bleibt nicht aus. Obwohl Freunde des Paares oft über Roald als kommandierenden Offizier in Sachen Pats Genesung irritiert sind, ist seine Frau ihm im nachhinein dankbar. Es gelingt ihr, wieder als Schauspielerin tätig zu werden. Als Lucy geboren wird, sind die Dahls sehr froh, daß das Kind keinen Schaden davongetragen hat.
Dahl schreibt am Drehbuch des James Bond Films YOU ONLY LIVE TWICE mit, was ihm finanziell sehr viel einbringt. Inzwischen hat er sich auch als Kinderbuchautor einen Namen gemacht.
„Die Kinder folgten ihm durch die Straßen wie dem Rattenfänger von Hameln", schreibt sein Biograph Jeremy Treglown.

Anfang der 70er Jahre tritt eine neue Frau in Dahls Leben, Felicity Crosland. Lange Zeit unterhalten sie eine geheime Beziehung zueinander, von der nur Dahls Tochter Tessa etwas weiß. 1983 lassen sich Roald und Pat scheiden. Ab sofort kehrt in Gipsy House Stil ein. Es wird nicht mehr in der Küche gegessen, sondern im Eßzimmer, und Roald bekommt endlich seine langersehnte perfekte Hausfrau, die Ruhe in sein Leben bringt. In den 80er Jahren schreibt er einige seiner besten Kinderbücher: THE BFG, THE WITCHES, MATILDA und die autobiographischen Schriften BOY und GOING SOLO. 1983 gewinnt er für THE WITCHES den Whitbread Award. 1984 bekommt THE BFG, SOPHIECHEN UND DER RIESE den Deutschen Jugendliteraturpreis.
Nicht immer hatte Roald Dahl es leicht mit den Pädagogen gehabt. Englische Büchereien lehnten sein erstes Kinderbuch ab, da es zu negativ und grausam sei. Doch Roald Dahl setzte sich bei den wirklichen Sachverständigen durch, den Kindern. Am 23. November 1990 stirbt Roald Dahl im Alter von 74 Jahren an Leukämie. Sein Grab liegt gegenüber von Gipsy House, es wird von seinem Lieblingsgemüse geziert, einer Zwiebel.

*

MATILDA

Matilda wächst in einer Familie auf, die wenig Interesse für sie hat. Während der Vater, ein Gebrauchtwagenhändler, Autos umfrisiert, um sie für viel Geld weiter zu verkaufen, verbringt die Mutter ihre Nachmittage beim Bingospiel. Matildas Bruder geht zur Schule.
Da Matilda jeden Nachmittag allein zu Hause ist, beginnt sie, sich das Lesen beizubringen. Als sie das einzige Buch der Familie, ein Kochbuch, mehrmals durchgelesen hat, besucht sie die Stadtbücherei. Dort liest sie sich durch den gesamten Kanon der Kinder- und Erwachsenenliteratur. Auch das Rechnen fällt der kleinen Matilda nicht schwer. Die Eltern ignorieren Matildas Talent und wittern hinter richtig gelösten Rechenaufgaben Betrug. Eines Tages beschließt Matilda, sich zu rächen. Sie schmiert Klebstoff in den Hut des Vaters und manipuliert sein Haarmittel. Letzteres hat zur Folge, daß der Vater bald wie

eine wasserstofffarbene Blondine aussieht.
Als Matilda in die Schule kommt, entdeckt ihre Klassenlehrerin, Fräulein Honig, bald Matildas Talente. Sie schlägt der Schuldirektorin, Frau Knüppelkuh, vor, Matilda einige Klassen höher einzustufen. Frau Knüppelkuh lehnt ab; Matilda sei ein kleines Biest. Der Vater habe sie vor ihr gewarnt. Fräulein Honig tritt traurig den Rückzug an.
Matilda erfährt von der Bosheit Frau Knüppelkuhs, die Kinder haßt und sie schlecht behandelt. Fräulein Honig ist die Nichte Frau Knüppelkuhs. Als Matilda Fräulein Honig einmal besucht, entdeckt sie, wie ärmlich sie leben muß. Fräulein Honig hat nur wenige Pfund im Monat zur Verfügung, da sie ihr Gehalt an Frau Knüppelkuh abgeben muß. Zudem enthält Frau Knüppelkuh Fräulein Honig ihr Erbe vor.
Matilda beschließt, etwas gegen diese Ungerechtigkeit zu tun. Da sie in der Lage ist, mit ihren Augen Dinge zu bewegen, schreibt sie, ohne ihre Hand zu benutzen, eine Warnung an Frau Knüppelkuh an die Tafel: Magnus, der verstorbene Bruder Frau Knüppelkuhs, fordert darin seine Schwester auf, Fräulein Honig ihr Eigentum zurückzugeben. Wenn dies nicht geschehe, werde sich Magnus fürchterlich an Frau Knüppelkuh rächen. Frau Knüppelkuh fällt in Ohnmacht. Matilda hat das Böse besiegt. Fräulein Honig erhält ihr Erbe und das ihr zustehende Geld und kann nun in einem schönen Haus wohnen. Matilda zieht zu ihr, denn die Eltern verlassen fluchtartig das Land, da die Polzei die Machenschaften des Vaters aufgedeckt hat.

*

THE BFG
Sophiechen, ein Waisenkind, wird von einem guten freundlichen Riesen ins Riesenland entführt. Der Riese hortet in seiner Höhle Kinderträume in hunderten von Einmachgläsern. Die schönen Träume pustet er dann in die Zimmer der Kinder. Doch der Riese ist der einzige vegetarische Riese im Riesenland, die übrigen großen Kerle fressen mit Vergnügen Menschen auf. Der gute freundliche Riese ernährt sich von meterlangen 'Kotzgurken', die ihrem Namen alle Ehre machen.

Obwohl sich der gute Riese bemüht, richtig zu sprechen, unterlaufen ihm immer wieder phantastische, lautmalerische Fehler: Majestät wird zu 'Majonese', Krokodile zu 'Krokodilleriche' und Rülpsen zu 'Brüllpsen', was der gute Riese 'schweinlich' findet. Als die bösen Riesen mal wieder zu einem nächtlichen Beutezug aufbrechen, beschließt Sophiechen, daß den armen Menschen geholfen werden muß. Zusammen mit dem guten Riesen eilt sie zur Königin von England. Der GuRie pustet der Königin einen Traum ins Schlafzimmer, der ihr vom Tun der bösen Riesen berichtet. Als die Königin schweißgebadet erwacht, sitzt Sophiechen auf der Fensterbank und stellt ihr den guten freundlichen Riesen vor. Sie fordert die Königin auf, die bösen Riesen zu bekämpfen. Doch bevor zur Tat geschritten wird, gibt es im Buckingham Palast ein echtes englisches Frühstück für den GuRie:

„Oben auf der Leiter angekommen, balancierte Mister Tibbs wie ein Seiltänzer, während er dem GuRie Kaffee einschenkte und die riesige Platte servierte. Auf der Platte lagen acht Spiegeleier, zwölf Würstchen, sechzehn Scheiben Speck und ein Berg Pommes frites."

„Wozu ist das denn, Eure Majonese?" fragte der GuRie und schielte auf die Königin herab.

„Er hat in seinem ganzen Leben nie etwas anderes gegessen als Kotzgurken", erklärte Sophiechen. „Die schmecken zum Davonlaufen."

Mit Hilfe des englischen Militärs werden die bösen Riesen im Schlaf überwältigt und in eine extra für diesen Zweck ausgehobene Grube gesperrt. Sophiechen und der Riese leben daraufhin in Freuden und müssen nie wieder warzige schwarz-weißgestreifte Kotzgurken essen.

*

Ein Motiv, das sowohl in Roald Dahls Erwachsenen- als auch in seiner Kinderliteratur auftaucht, ist das der sensitiven Natur, deren Eigenleben nur mit Hilfe übernatürlich guter Ohren (THE BFG) oder mit Hilfe eines technischen Apparates (THE SOUND MACHINE) wahrgenommen werden kann. In THE SOUNDMACHINE entwickelt ein eigenbrödlerischer Mann eine Maschine, die Töne oberhalb und unterhalb der menschlichen Hörskala aufzeichnen und für menschliche Ohren umwandeln kann. Als die Nachbarin einige Rosen abschneidet, hört er durch die Maschine einen unheimlichen, hohen, seltsam gequälten Schrei. Aufgeregt schlägt er eine Kerbe in einen Baum. Wieder zeichnet der Apparat ein seltsames Geräusch auf, das einem tiefen gequälten Brummen gleicht. Als der Lautforscher sein Wissen einem Arzt weitergeben will, wird der Apparat von einem großen herunterfallenden Ast zerschmettert.

In THE BFG ist der gute freundliche Riese ebenfalls in der Lage, die Schreie der Pflanzen und Bäume zu hören.

Die leidende Natur, über deren Qual der Mensch nichts weiß oder wissen will, macht eine irdische Hölle sichtbar, die der Aufmerksamkeit des Menschen entgeht. Ebenso absurd wie unheimlich wirkt Dahls Hinweis auf die schreienden Weizenähren beim Abmähen eines Feldes.

Auch die Tiere verfügen über menschliche Eigenschaften und menschlichen Geschmack. Zum Beispiel, wenn Crocky-Wock, das gemeine Krokodil in DIRTY BEASTS, Jungen und Mädchen verspeist:

> "No animal is half so vile
> As Crocky-Wock the crocodile.
> On Saturdays he likes to crunch
> Six juicy children for his lunch,
> And he especially enjoys
> Just three of each, three girls, three boys.
> He smears the boys (to make them hot)
> With mustard from the mustard pot.
> But mustard doesn't go with girls,
> It tastes all wrong with plaits and curls
> With them, what goes extremely well
> Is butterscotch and caramel."

> „Kein Tier ist halb so scheußlich
> Wie Crocky-Wock, das Krokodil.
> An Samstagen knuspert er gern

Sechs saftige Kinderchen zum Mittag,
Besonders aber mag er gern
Drei von jeder Sorte, drei Jungen, drei Mädchen,
Er beschmiert die Jungen (um sie scharf zu machen)
Mit Senf aus dem Senftöpfchen.
Doch Senf schmeckt nicht zu Mädchen,
Er passt nicht zu Zöpfen und Löckchen
Zu ihnen paßt besonders gut
Sahnebonbons und Karamel.

Roald Dahls Kinderbücher entführen in moderne Märchenländer voll dumm-quasselnder Riesen, schlitzäugiger Gebrauchtwarenhändler und Tieren, die sich wirklich schweinlich benehmen. So fühlt das Schwein in DIRTY BEASTS keinerlei Gewissensbisse, als es Farmer Bland mit Haut und Haar verspeist hat. Zufrieden resümiert es:

„And so, because I feared the worst,
I thought I'd better eat him first."

„Und deshalb, weil ich das Schlimmste befürchtete,
Dachte ich, ich esse ihn zuerst."

11
Dylan THOMAS
Swansea, Laugharne (Wales)

Nicht weit von Cardiff entfernt liegt Pontypridd, ein ehemaliger Ort der Kohlegewinnung, den der Autor Richard Llewellyn 1938 besuchte, um seinen Roman HOW GREEN WAS MY VALLEY schreiben zu können. In diesem Roman beschreibt der Erzähler die Veränderung der Landschaft durch Zechentürme und Massenwohnungsbau. Wehleidig blickt er in die Vergangenheit, als die walisischen Täler noch grün waren:
„Beautiful are the days that are gone, and O for them to be back."
Heute haben die Täler ihre grüne Farbe wiedergewonnen. Und nur dann und wann sieht man unter dem grünen Gras die Spuren der ehemaligen Kohlegewinnung. Ich fuhr auf der M4 an Swansea vorbei, Dylan Thomas' Geburtsort, und weiter Richtung Pembroke, bis ich zur A4139 gelangte. In einem kleinen Straßenlabyrinth geisterte ich, wie mir schien, ziellos umher, bis ich zur Abzweigung nach Manorbier kam. Hier im kleinen Küstenort Manorbier, nicht weit von Dylan Thomas' langjährigem Wohnort Laugharne entfernt, fand ich in The Old Vicarage Quartier.
Ein großes Haus mit gotischen Fenstern, alten Truhen und Ehrfurcht einflößenden großen Schränken nahm mich in Empfang. Während die beiden Kinder Joanna und Tom um mich herumsprangen, stieg ich, meiner Gastgeberin folgend, die lange Treppe zum ersten Stock empor. Das alte Pfarrhaus bot viel Platz, und ich bekam ein gemütliches helles Zimmer mit Kamin zugeteilt. Nachdem ich am großen Holztisch, der in der spärlich eingerichteten Küche stand, meinen Tee getrunken hatte, ging ich ins Dorf. Im Schloß von Manorbier wurde um das Jahr 1146 Gerald of Wales geboren.
Lang ziehen sich die efeuüberwachsenen Schloßmauern zum Meer hin, und in einer mit Stroh ausgelegten Turmzelle des Schlosses sitzt Giraldus Cambrensis als Wachspuppe und beugt sich schreibend über ein Buch.

Gerald of Wales hatte während seines Lebens nur ein Ziel, Bischof von St. David's zu werden, eine Stellung, die vormals sein Onkel einnahm. St. David's war nach Ansicht Geralds einmal die wichtigste Diözese in Wales, und er wollte ihr diese Vormachtstellung wieder einräumen. Vieles sprach für Gerald, als es zur Nominierung zum Bischofsamt kam: sein reformatorischer Eifer, seine Gelehrsamkeit, sein persönlicher Mut und nicht zuletzt seine Verwandtschaft mit Rhys ap Gruffydd, dem Prinzen von Südwales. Doch Gerald war ein stolzer Waliser, der St. David's von der Vormundschaft Canterburys befreien wollte, und der englische König entschied sich stattdessen für Peter de Leia. Nach dem Tod Peter de Leias im Jahr 1199 wiederholte sich eine ähnliche Situation. Gerald hatte jahrelang in Rom gelebt, um dort seine Sache vor dem damaligen Papst Innozenz III. zu verfechten. Der Papst verfolgte eine ausgeklügelte Hinhaltetaktik. Er wollte es sich nicht mit der englischen Kirche verderben. Gerald wurde, völlig verarmt, in Frankreich gefangengenommen. Obwohl er von den walisischen Erzbischöfen bereits zum Bischof von St. David's gewählt worden war, standen der Papst und die englische Kirche ihm im Wege. Als schließlich Geoffrey de Henelawe, Prior of Llanthony, zum Bischof von St. David's gewählt wurde, protestierte Gerald nicht mehr, sondern fügte sich in sein Schicksal. Er gab sein bisheriges Amt auf, das des Erzdiakons von Brecon.
Andere Bischofssitze waren Gerald angeboten worden, doch er schlug sie alle aus. Sein Interesse galt einzig und allein St. David's, wo er erst im Tod eine bleibende Heimat fand.
Gerald of Wales hat an die 17 Bücher geschrieben, von denen THE JOURNEY THROUGH WALES zu den bekanntesten gehört. Es entstand während einer sechswöchigen Reise mit Erzbischof Baldwin von Canterbury, auf der man walisische Anhänger für den dritten Kreuzzug nach Jerusalem anwerben wollte.
„The Welsh go to extremes in all matters", schreibt Gerald of Wales, und diese Einschätzung trifft sicherlich auf Dylan Thomas zu.
„You may never find anyone worse than a bad Welshman, but

you will certainly never find anyone better than a good one."
Als ich an dem kleinen von Felsen umrahmten Strand von Manorbier stand, mußte ich an Gerald of Wales Beschreibung des Ortes denken:
„Am östlichen Ende des befestigten Vorgebirges zwischen dem Schloß, wenn ich es so nennen darf, und der Kirche windet sich ein nie versiegender Fluß das Tal hinab. Der starke Seewind bestreut ihn mit Sand. Der Fluß kommt von einem großen See, und eine Wassermühle liegt an seinem Ufer...Dies ist eine Region, reich an Weizen, mit Meeresfischen und Wein, die zum Verkauf angeboten werden. Wichtiger als alles andere ist die Nähe zu Irland, der Hauch des Himmels riecht so verführerisch hier."
Dylan Thomas hätte wohl auch viel über die See vor Manorbier zu dichten gewußt. Wie ein walisischer Barde stürmt er mit seinen poetischen Worten über Himmel und Erde hinweg, widmet sich der 'fishing-boat bobbing sea' und erinnert sich an die Meereslandschaft vor Swansea mit den Worten: „This sea was my world."
Dylan Marlais Thomas, am 27. Oktober 1914 geboren, beschrieb Wordsworths Naturlyrik als langweilig. Langweilig mußte sie wohl einem Mann erscheinen, dessen Wortflut sich in rhythmischen Verslawinen ergießt, wie:

„To begin at the beginning:
It is spring, moonless night in the small town, starless
and bible-black, the cobblestreets silent and the
hunched, courters'- and rabbits'-wood limping
invisible down to the sloeblack, slow, black,
crowblack, fishingboat-bobbing sea."

„Anfangen, wo es anfängt:
Es ist Frühling, mondlose Nacht in der kleinen Stadt, sternlos
und bibelschwarz, die Kopfpflasterstraßen still, und der
geduckte Liebespärchen- und Kaninchenwald humpelt
unsichtbar hinab zur schlehenschwarzen, zähen, schwarzen,
krähenschwarzen, fischerbootschaukelnden See."

Die Natur in Dylan Thomas' Lyrik ist aktiv und teilweise fast

menschlich in ihrer Leidenschaftlichkeit, nicht nur Objekt menschlicher Betrachtung und Erhöhungsmittel menschlichen Selbstwertgefühls wie bei Wordsworth.
Als ich Dylan Thomas' Wohnort Laugharne besuchte, schien die Sonne auf das Glockenturmrathaus und auf Coronation Street.

Laugharne

Dylan Thomas schrieb über Laugharne:
„Hin und wieder, hinauf und hinab, hoch und trocken, Mann und Junge, habe ich jetzt seit fünfzehn Jahren oder Jahrhunderten in dieser zeitlosen, schönen, verrückten, verzückten Stadt gewohnt, in diesem fernen, siebenschläfernden wichtigen Ort mit seinen Reihern, Kormoranen (die hier Entenböcke heißen), mit seinem Schloß, mit seinem Friedhof, seinen Seemöwen, Geistern, Gänsen, Kirschbäumen, Geheimnissen..."
Er fügt hinzu, daß er sich nun, nach fünfzehn Jahren rühmen darf:
„Mehrere von den Einwohnern und sogar einige von den Reihern beim Vornamen nennen zu können."
Laugharne, dieses 'Narrenhaus am Meer', wie er es in QUITE EARLY ONE MORNING nennt, war Vorbild für den Ort in seinem Spiel für Stimmen UNDER MILK WOOD, in dem ein Küstenstädtchen und dessen Einwohner von Sonnenaufgang bis Sonnenuntergang geschildert werden. Als die BBC 1954 UNDER MILK WOOD zum ersten Mal ausstrahlte, waren die Bürger Laugharnes 'not amused', wurden sie doch als liebestolle, verschrobene, mit Mordgedanken einhergehende Wesen beschrieben. Doch Laugharne hat auch Dylan Thomas überlebt und beherbergt nun seinen Leichnam auf dem Kirchhof von St. Martin's.

In dem kleinen Schuppen am Cliff Walk, der zum Boat House gehört, schrieb Dylan Thomas an UNDER MILK WOOD und DO NOT GO GENTLE INTO THAT GOOD NIGHT. Dem Schreibschuppen gegenüber, am anderen Ufer des sandigen Taf, liegt St. John's Hill.

Boat House

In einer spiegelverkehrten Skizze des verrückten walisischen Llareggub erkennt man ihn als realen Ort des imaginären Milchwaldes. Auch wenn Dylan Thomas bekräftigte, UNDER MILK WOOD spiele in einem 'never never Wales' und jede Ähnlichkeit mit lebenden Örtchen sei rein zufällig, so ist doch nicht wegzudiskutieren, daß Bay View, Rose Cottage und Coronation Street in Laugharne reale Häuser und Straßen sind. In Brown's Hotel fand sich Dylan Thomas fast jeden Morgen ein und trank sein Bitter.

„Unsere Stadt, die hier unterm Milchwald ruht, die ist nicht ganz schlecht und auch nicht ganz gut", ruft der Reverend Ely Jenkins, der jeden Morgen und jeden Abend mit seinen Versen kommentiert, und man kann nicht umhin, in Llareggub, was kein walisischer Name, sondern ein Anagramm zu Bugger All ist, mehr zu sehen als irgendeinen hübschen Ort an der Küste von Südwales.

Coronation Street mit ihrem Glockenturmrathaus glitzerte in der Sonne. Ich bog vor dem New 3 Mariners Pub in die Victoria Street ein und gelangte zum Boat House, Dylan Thomas' ehemaligem Wohnhaus. Wie zu Dylan Thomas' Zeiten sind die Fensterrahmen innen rot und außen blau angestrichen. Die Küche ist nun ein Tea-Room, und in einer Ecke des Hauses lehnen noch die Krücken von Dylan Thomas' Mutter. Durch das Haus dröhnte die Tonbandstimme von Dylan Thomas:

„To begin at the beginning: It is spring, moonless night in the small town..."

Ich ging hinaus und suchte den blauen Schuppen am Cliff Walk auf, wo Dylan Thomas gründlich, langsam und nüchtern an seinen Gedichten arbeitete. An der Bretterwand hingen Photos von Thomas Hardy, Walt Whitman und D.H. Lawrence. Ein kleiner Kohleofen, ein Tisch mit roten Beinen und ein paar Stühle zierten den Raum. Alles war an seinem Platz, so wie es zu Lebzeiten des Dichters wohl nie gewesen war.

Ich schaute aus dem Fenster und sah auf die weiten Sandbänke und St. John's Hill. Dann kehrte ich zum Boat House zurück und verabschiedete mich von dieser 'verrückten, verzückten Stadt' unter dem Milchwald.

*

Dylan Marlais Thomas

Dylan Thomas: Walisischer Barde im Milchwald

„To begin at the beginning", wie es zu Anfang von Dylan Thomas' Radiospiels für Stimmen UNDER MILK WOOD heißt, muß man einen Blick auf Swansea werfen, auf Dylan Thomas' 'ugly, lovely town', wo er in N°5 Cwmdonkin Drive im Stadtteil Uplands geboren wurde. Heute ist die Wohnung, in der er aufwuchs, als Ferienwohnung zu mieten.
Sein Vater war Englischlehrer an der Oberstufe des Gymnasiums von Swansea, das auch der junge Dylan später besucht. Von der Mutter und deren Verwandten erbt Dylan Thomas seine Liebe zur Natur. Regelmäßig besucht er seine Großeltern in Carmarthenshire, die auf einem Hof namens Fern Hill in Llangain leben. In seinem Gedicht FERN HILL beschreibt er sich als einen glücklichen Jungen, der noch grün ist und sorglos sich in Feldern herumtreibt, geehrt von Füchsen und Fasanen: als Lamm - weiß sieht er die Tage seiner Kindheit in Fern Hill. Das Gedicht schließt mit den Sätzen:
„Oh as I was young and easy in the mercy of his means,
Time held me green and dying
Though I sang in my chains like the sea."

„O, da ich jung war und leicht im Vermögen ihrer Gnade,
Hielt mich die Zeit grün und sterbend,
Ob ich doch sang wie das Meer in meinen Ketten."
Der Junge, der in seinen Ketten singt wie die See, sollte auch in seinem Erwachsenenleben nicht von ihm weichen. Denn in jungen Jahren entwickelt Dylan Thomas nicht nur sein poetisches Talent, sondern auch die Angewohnheit, in Bars zu schwadronieren und zu trinken. Später sagt er einmal, er trinke, weil man es von ihm erwarte. Er wolle sein Lesepublikum nicht enttäuschen, das sich von ihm das Bild des saufenden, egozentrischen und unausgeschlafenen walisischen Barden gemacht habe. Dylan Thomas bleibt dem Klischee seiner selbst treu bis zu seinem frühen Tod in New York mit 39 Jahren.
Seine Kindheit in Swansea ist einerseits vom industriellen Hintergrund Swanseas geprägt, andererseits von der wunderschö-

nen Küstenlandschaft der Halbinsel Gower. Als Dylan Thomas seine Kindheit und Jugend in Swansea verlebt, geht es mit der ehemaligen Metropole des Kohleexports und der Kupferverarbeitung bergab. Das Lower Swansea Valley war um 1877 für seine ergiebige Kupferproduktion bekannt, doch auch für seine Umweltzerstörung. Statt Bäumen gab es hier Schlackenhalden, statt sauberer Luft hingen gelbe Schwefeldämpfe zwischen den Hügeln. 150 Metallverarbeitungswerke drängelten sich zwischen der Tawe-Mündung und der heutigen M4. Später wird das Gebiet zur Industriebrache. 1913 existieren 106 Walzwerke in Swansea, 1955 gibt es nur noch eines.

Dylan Thomas schreibt in QUITE EARLY ONE MORNING über Swansea:

„So eine Stadt hat es wirklich noch nie gegeben, dachte ich, mit so einem Geruch nach Fischen und Bratkartoffeln an Samstagabenden, mit solchen Samstagnachmittagvorstellungen im Kino, wo wir unsere drei Groschen verjohlten und verzischten, mit solchen Menschenmengen auf den Straßen, die an Abenden, an denen ein internationaler Fußballkampf stattfand, den walisischen Lauch in der Tasche trugen, eine Stadt mit solchem Singen, das aus den rauchigen Eingängen der Wirtshäuser hervorspritzte, in Statdvierteln, die wir eigentlich gar nicht besuchen durften, und mit so einem Park, dem unerschöpflich lächerlichen und geheimnisvollen, dem buschigen, rothäuteversteckenden; wo der Bucklige allein saß mit Bildern der Vollkommenheit in seinem Kopf, und die Weiden blau waren von Matrosen."

Der Park, in dem der Bucklige haust, ist Cwmdonkin Park, ganz in der Nähe von Dylan Thomas' Wohnhaus. Dieses Kindheitsrefugium hält er in seinem Gedicht THE HUNCHBACK IN THE PARK fest:

„The hunchback in the park
A solitary mister
Propped between trees and water
From the opening of the garden lock
That lets the trees and water enter
Until the Sunday sombre bell at dark."

„Im Park der Bucklige
Ein Mister ganz allein
Gekeilt zwischen Bäumen und Wasser
Vom Öffnen der Gartenschleuse
Die läßt die Bäume und Wasser ein
Bis zur sonntagsdumpfen Glocke wenn's dunkel wird."
Cwmdonkin Park ist für Dylan Thomas ein großer Spielplatz, aber auch ein Ort der heimlichen und unheimlichen Erfahrungen:
„In diesem kleinen, von Eisengittern begrenzten Weltall von Felsengarten, Kiesweg, Spielböschung, Kegelbahnrasen, Kapellenpavillon, Wasserreservoir und Chrysanthemengarten, wo ein uralter, Knastermaul genannter Parkwächter die tyrannische und schnauzbärtige Schlange im Gras war, das man nicht betreten durfte, erduldete ich mit Wonne die ersten Qualen der unerwiderten Liebe, das erste langsame Kochen im Bauch, wenn ein schlechtes Gedicht entstand..."
1925 wird Dylan Thomas' erstes Gedicht in der Schülerzeitung des Swanseaer Gymnasiums gedruckt, THE SONG OF THE MISCHIEVOUS DOG.
„D.M. Thomas 3A" steht unter dem Gedicht. Dylan Thomas hat nichts für eine akademische Ausbildung übrig. In Englisch liest er mit Vorliebe moderne Lyrik von William Butler Yeats und Gerald Manley Hopkins. Im Kapitel THE FIGHT, das in seinem Buch THE PORTRAIT OF THE ARTIST AS A YOUNG DOG erscheint, beschreibt er das kämpferische Zusammentreffen mit einem fremden Jungen, das in Freundschaft umschlägt, als ein Mann beginnt, sie anzufeuern. Den Jungen gab es wirklich. Er hieß Daniel Jenkin Jones und war seines Zeichens Komponist und Poet. Die beiden Jungen dichten gemeinsam; es sei denn, Dylan ist gerade damit beschäftigt, am Eisenbahnviadukt herumzustehen. In einem autobiographischen Radiospiel von Dylan Thomas heißt es:
„Er hat unter den Eisenbahnviadukten herumgestanden, sagen sie, und sich an der Bahnstrecke unnütz gemacht und auf die alte See hinausgerufen. Auf den Dünen soll er sich herumgetrieben und die Öltanker und Schlepper und Bananenschiffe aus dem Hafen kommen gesehen haben."

Ein beliebter Tummelplatz für den jungen Dylan Thomas ist auch der Ort Mumbles, in dem heute die Wirtschaften darum wetteifern, welche den Dichter am längsten beherbergt habe. Der Strand von Rhossilli auf der Halbinsel Gower und Worm's Head, das Wurmende des Felsenkaps, sind Orte, an denen er oft lange Spaziergänge unternimmt. Er nennt es 'taking my devils for an airing.'
Dylan besucht die Sandstrände und läuft auf den Felsenklippen der Halbinsel herum, ein Teenager mit wirrem Haar, der, im von der Wirtschaftskrise gebeutelten Wales, einer ungewissen Zukunft entgegensieht.
In WHO DO YOU WISH WAS WITH US?, einem Kapitel aus A PORTRAIT OF THE ARTIST AS A YOUNG DOG, beschreibt er einen Ausflug mit seinem Freund Ray zum Worm's Head:
„Lachend erreichten wir die Klippe über dem langen goldenen Strand und zeigten einander, ganz als ob der andere blind wäre, den mächtigen Felsen von Worm's Head. Es war Ebbe, das Meer war weit draußen. Wir balancierten über schlüpfrige Steine und standen schließlich triumphierend auf der windigen Höhe."
Einen Schulabschluß erwirbt Dylan Thomas nur in Englisch. Als Jungreporter beginnt er anschließend seine Arbeit bei den Swanseaer Zeitungen 'South Wales' Daily Post' und 'Herald of Wales'. Hier muß er sich um die lokalen Belange Swanseas kümmern und sammelt beim täglichen Rundgang zur British Legion, zum Krankenhaus, zu Auktionen und zu Theatern Neuigkeiten. Besonders häufig findet man ihn in Bars wie den Three Lamps, wo er mit seinem älteren Kollegen Farr einkehrt. Dort versucht er, den hartgesottenen Reporter nachzuahmen, indem er reichlich Alkohol trinkt und sich daran gewöhnt, ständig eine Zigarette im Mundwinkel hängen zu lassen. Er stibitzt seiner Schwester den Seidenschal und versucht sich dadurch ein bohèmienhaftes Aussehen zu geben. Sich selbst beschreibt er als 'ein schwadronierendes, ehrgeiziges, abgebrüht tuendes, anspruchsvolles Bürschchen; und zu allem übrigen noch kurzsichtig.'
Dylan Thomas' Volontariat beim 'Herald' wird nach einem Jahr

beendet, weil er, so die offizielle Version, nicht stenographieren könne. Doch tatsächlich speichert sein Gehirn schon damals eher das literarisch Verwertbare als das tatsächlich Geschehene. Er beginnt sich für das Theaterspiel zu interessieren. Vor dem Little Theatre in Swansea steht Dylans Bronzestatue von John Doubleday mit einem Zitat aus FERN HILL. Im Alter von 16 bis 19 Jahren schreibt er an die 212 Gedichte. In dieser Zeit entsteht auch sein erster Gedichtband 18 POEMS. Unter diesen frühen Gedichten finden sich bereits Erstfassungen einiger seiner besten Gedichte, wie THE HUNCHBACK IN THE PARK, THE FORCE THAT THROUGH THE GREEN FUSE und I SEE THE BOYS OF SUMMER.

Wie Shelley arbeitet auch Dylan Thomas gern im Freien. In Rhossilli, an der Spitze der Halbinsel Gower, nistet er sich oft mit eingepackten Butterbroten ein und arbeitet bis zum Abend unter freiem Himmel. Auch stundenlange Spaziergänge an der Küste entlang gehören zu dieser frühen Zeit.

Dylan Thomas ist der Ansicht, daß Gedichte, und somit auch seine eigenen, nicht gelesen, sondern vorgetragen werden müssen. Über eine solche Aufführung von Dylan Thomas urteilt sein Swanseaer Freund Bert Trick:

„Es war unverkennbar: hier sang ein Dichter in ganz neuen Tönen."

Dylan Thomas lehnt jegliche Begrenzung der Lyrik ab. Nur die Form drücke der Lyrik ihre Gesetzte auf.

1934 versucht sich Dylan Thomas in London durchzusetzen. Mit zwei anderen Künstlern wohnt er in Chelsea. Seine erste Veröffentlichung 18 POEMS findet Kritik aber auch Anerkennung. Kritisiert wird vor allem 'eine gewisse Überladenheit' und 'der krampfhafte Versuch, die Sprache zu überfordern'.

1936 lernt Dylan Caitlin Macnamara kennen, eine junge irische Tänzerin, die sich auf eurhythmischen Tanz spezialisiert hat. Der Romancier Richard Hughes lädt beide in sein Haus nahe der Schloßruine von Laugharne ein. Hier bleiben sie länger als geplant, denn sie haben kein Geld für die Rückreise. Geldprobleme sollten Caitlin und Dylan auch in ihrer Ehe ständig begleiten.

Beide waren unfähig, mit Geld umzugehen. Am 12. Juli 1937 heiraten Dylan Thomas und Caitlin MacNamara in Cornwall. Anschließend wohnen sie im Hause von Caitlins Mutter in Ringwood (Hampshire). Doch es zieht sie nach Laugharne zurück, wo ihre Liebesbeziehung begonnen hatte. Dort mieten sie sich in Sea View ein, wo sie ein ärmliches, aber glückliches Leben führen, ohne festes Einkommen.

1936 erscheint TWENTY-FIVE POEMS. Zusätzlich bespricht Dylan Thomas 'mystery thriller' und Romane für verschiedene Zeitungen. 1939 wird Llewelyn Edouard Thomas geboren. Während der Schwangerschaft Caitlins ist auch Dylan Thomas' Körperumfang ständig gewachsen.

Indem er sich vor der Musterung einem Saufgelage nach dem anderen unterwirft, gelingt es Dylan Thomas, sich dem Kriegsdienst zu entziehen. Den ersten Eindruck, den die Musterungskommission von ihm bekommt, ist der Dichter Dylan Thomas, wie er sich gerade übergibt.

1940 erscheint A PORTRAIT OF THE ARTIST AS A YOUNG DOG, in das er seine Kindheits- und Jugenderinnerungen einfließen läßt. Den Titel und auch die Idee der autobiographischen Geschichten entlehnte Thomas James Joyces THE PORTRAIT OF THE ARTIST AS A YOUNG MAN. Letzteres bringt Dylan Thomas eine Anstellung bei der BBC ein, wo er Funkmanuskripte erstellt. Er beginnt auch für eine Filmfirma Kurzfilmdrehbücher zu schreiben.

1943 wird die zweite Tochter Aeron geboren. 1946 erscheint DEATHS AND ENTRANCES und macht Dylan Thomas über Lyrikerkreisen hinaus bekannt. Drei Jahre später wird Laugharne zur festen Heimat der Familie Thomas. Eine Gönnerin stellt ihr Boat House zur Verfügung, das am Ufer des Taf gelegen ist. Hier wird das dritte Kind Colm geboren.

Dylan Thomas' Trinksucht nimmt mit den Jahren zu. Ständige Verpflichtungen lasten auf ihm und ständige Geldsorgen, die die Verpflichtungen wiederum wachsen lassen. Einmal wird ein Hilfsaufruf an andere Schriftsteller geschickt, um Dylan und seine Familie vor der Pfändung zu bewahren. Doch wenn Geld da ist, so wird es sofort ausgegeben. Selbst nach Abschluß

der gut bezahlten Lesereisen durch Amerika bleibt nichts von dem eingenommenen Geld übrig.
Die Schuldner drängen, und Dylan Thomas schreibt in einem seiner Gedichte, „...daß er nicht für Geld schreibe, nicht für die, die seine Gedichte kaufen, sondern für die Liebenden, die in ihrer eigenen Welt leben und denen die Gedichte eines walisischen Barden nicht wichtig sind. So war das landschaftlich wunderschöne Laugharne mit seinem kleinen Glockenturmrathaus Kulisse für das private Trauerspiel eines Dichters, der sich ein romantisches Bild von sich selbst geschaffen hatte.1950 besucht Dylan Thomas auf Einladung von John Malcolm Brinnin, einem amerikanischen Lyriker, zum ersten Mal die USA.
In DYLAN THOMAS IN AMERIKA zeichnet Brinnin ein wenig schmeichelhaftes Portrait des walisischen Dichters bis zu dessen Tod in New York. Brinnin schildert einen kaputten, aber genialen Menschen, der sich nicht unter Kontrolle hat:
„Ich schlief bis zum Mittag und fand Dylan anschließend in einer Bar an der Third Avenue traurig und allein über einem Drink. Er war schon seit Stunden da und der erste Gast des Tages gewesen. Da er an diesem Abend seine erste amerikanische Lesung im Poetry Center geben sollte, konnte ich ihn dazu überreden, für einige Stunden Schlaf ins Hotel zuückzukehren. Er sagte, er fühle sich 'wie der Tod persönlich...'
Brinnin berichtet, wie peinlich ihm Dylan Thomas' Attacken auf Frauen waren. Einerseits konnte er seinen Charme spielen lassen, andererseits begegnete er ihnen mit unverhohlener Obszönität. Dylan Thomas' Hang zum Obszönen zeigt sich auch in seinen Gedichten, wie THE FORCE THAT THROUGH THE GREEN FUSE DRIVES THE FLOWER, sexuelle Anspielungen werden durch Naturmetaphorik ausgedrückt und mit Todeserfahrungen konfrontiert.
Trotz seines schlechten Gesundheitszustandes - er spuckt Blut und übergibt sich oft - absolviert er in den USA 30 Lesungen an zahreichen Colleges.
Im Dezember 1952 stirbt Dylan Thomas' Vater. Ihm widmet er sein Gedicht DO NOT GO GENTLE INTO THAT GOOD NIGHT, dessen Endstrophe lautet:

„And you, my father, there on the sad height,
curse, bless, me now with your fierce tears, I pray.
Do not go gentle into that good night,
Rage, rage against the dying of the light."

„Und du mein Vater dort auf der Todeswacht,
Fluchsegne mich, von Tränenwut vermauert.
Geh nicht gelassen in die gute Nacht.
Im Sterbelicht sei doppelt zornentfacht."

Ende 1951 zieht die Familie Thomas nach London um. Es heißt, daß das Boat House verkauft werden müsse. In London fühlt sich Dylan Thomas nicht sehr wohl.
Die Wohnung liegt in der Nähe einer Eisenbahnbrücke und eines Rangierbahnhofs. 'Nirgends Reiher' bemerkt Dylan Thomas kritisch. Doch schon bald bricht die Familie zu Dylans zweiter Amerikareise auf.
Nach der Rückkehr überarbeitet er noch einmal das Manuskript zu UNDER MILK WOOD. Am 19. Oktober 1953 ist er wieder in New York, um dort die Proben zu diesem Stück zu leiten.
Bei den Proben bricht er unter heftigen Zuckungen zusammen. Er spricht vom Sterben, von seiner Familie, von seinem kleinen Sohn, den er vergöttere. Dann bricht er zu seiner letzten Sauftour auf und kehrt mit den Worten zurück:
„Ich habe achtzehn Gläser Whisky pur getrunken. Ich glaube, das ist der Rekord!"
Dylan Thomas wird ins St. Vinzenz-Hospital gebracht, wo er in einem fünftägigen Koma liegt. Er stirbt am 9. November 1953. Sein Sarg wird per Schiff nach Wales transportiert.

*

UNDER MILK WOOD

In diesem 'Spiel für Stimmen' wird ein Tag im walisischen Küstenort Llareggub geschildert. Während 'First Voice' und 'Second Voice' Personen einführen und Natureindrücke wiedergeben, charakterisieren sich die Personen des Stückes selbst. Da ist Mrs. Ogmore-Pritchard, die die Geister ihrer beiden verstorbenen Ehemänner herumkommandiert und ihr Haus klinisch sauberhält:

"And before you let the sun in, mind it wipes its shoes."
Da ist Polly Garter, in deren Vorgarten Babies und Wäsche wachsen. Lord Cut-Glass tickt wie seine Uhrensammlung und der Reverend Ely Jenkins preist Milk Wood und will niemals fort. Mr. Pugh träumt davon, seine Frau zu vergiften und möchte ihr ein Frühstück servieren, das aus 'weedkiller biscuit' besteht, und der blinde Captain Cat sitzt an seinem Fenster und hört die Schritte der Kinder auf dem Katzenkopfpflaster. Hört wie der Postbote Willy Nilly einen Brief zu Mrs. Ogmore-Pritchard bringt, hört das Rattern der Milchkannen und die Gespräche der Frauen am sonnigen Frühlingsmorgen.

Die Luft vibriert, erfüllt von den sexuellen Wünschen der Einwohner, und sogar Mrs. Ogmore-Pritchard, die sonst unter ihren 'polar sheets' schläft, befiehlt die Geister ihrer verstorbenen Ehemänner zum Beischlaf.

Sexuelle Erfahrungen und der Tod liegen, wie oft auch in Dylan Thomas' Gedichten, nah beieinander. Während der Abend über Llareggubb hereinbricht, spielt das Wort 'Tod' eine immer größere Rolle.

Polly Garter, die sonst, was ihre Bettgenossen betrifft, nicht wählerisch ist, denkt an den toten Willy Wee, den einzigen Mann, den sie wirklich liebte:

"But I always think as we tumble into bed
Of little Willy Wee who is dead, dead, dead."

Cherry Owen, der sich jeden Abend betrinkt, legt sich auf einen Grabstein schlafen. Dem Hörer wird deutlich gemacht, daß obwohl Milkwood ein 'Narrenhaus' ist, es sich doch um einen 'God-built garden' handelt, in dem das auserwählte Volk lebt. Llareggub, dieser 'verrückte verzückte' Ort im Milchwald, ist mit all seinen Fehlern und Freuden das 'Gelobte Land'. Reverend Ely Jenkins ist davon überzeugt, daß Gott der erste sein wird, der die guten Seiten der Menschen im Milchwald entdeckt.

"We are not wholly bad or good
Who live our lives under Milk Wood,
And Thou, I know, wilt be the first
To see our best side, not our worst."

POEM IN OCTOBER

Seinen dreißigsten Geburtstag feiert der Erzähler, indem er die noch schlafende Stadt verläßt und in die Natur hinausgeht. Er sieht die Seelandschaft mit ihren Seemöwen und Krähen, sieht den 'muschel-geteichten' und 'reiher-gepriesterten Strand'. Während in der zweiten Strophe beschrieben wird, wie er im Regen steht und die Vögel beobachtet, die mit ihren Schwingen seinen Namen über der Farm schreiben, wird in der dritten Strophe deutlich, daß er sich an seine Kindheit zurückerinnert. Vom Frühling und Sommer ist nun die Rede. Der erinnerte Frühling, Synonym für die Kindheit, wird der Gegenwart gegenübergestellt. Der Erzähler setzt sich von der Normalität ab, indem er seinen Geburtstag 'vertut' und 'verstaunt', anstatt ihn wie üblich in sozialer Gemeinschaft zu feiern. Ab der fünften Strophe wird die Erinnerung an Sommer und Kindheit Raum greifend. Doch der Sommer, der sinnliche Höhepunkt des Jahres, ist ein 'Totensommer' und birgt den Tod des Erwachsenwerdens in sich. Das Ende der letzten Strophe lautet:

„It was my thirtieth
Year to heaven stood there then in the summer noon
Though the town below lay leaved with October blood.
O may my heart's truth
Still be sung
On this high hill in a year's turning."

„Es war mein dreißigstes
Jahr gen Himmel, das im Mittag des Sommers stand,
ob auch unten die Stadt belaubt mit Oktoberblut lag.
Oh, daß man meines Herzens Wahrheit
Noch singen mag
Hoch auf dem Hügel hier in eines Jahres Wende!"

Das lyrische Ich geht eine enge Bindung mit der Natur ein:
„And the mistery
Sang alive
Still in the water and singingbirds."

„Und das Geheimnis
Klang noch immer
Nach im Wasser und im Singvogelsang" -
heißt es in der sechsten Strophe und in der letzten Strophe soll des
„...Herzens Wahrheit...hoch auf dem Hügel"
gesungen werden.
Die Natur ist ein Ort der Reflexion über das Ich, ein Ort, um Wahrheit zu finden und zu verkünden.

12
William WORDSWORTH
(Lake District)

Um sechs Uhr morgens befreite ich mich von meiner englischen Bettdecke, die aus mehreren übereinander gelagerten Betttüchern und Decken bestand, und frühstückte in der menschenleeren Küche der Old Vicarage meine Weetabix. Es war Sonntag, und alle Bewohner des Hauses schliefen noch. Die Stille war sehr ungewohnt, denn sonst pflegten Joanna und Tom hier herumzutoben. Jetzt hörte man nichts als das Ticken der großen Standuhr, die in keinem traditionsbewußten englischen Haushalt fehlen darf. Ich zog die schwere Eingangstür hinter mir zu und ging durch das menschenleere Dorf noch einmal zum Strand. Mein nächstes Reiseziel war der Lake District im Nordwesten Englands, in dem William Wordsworth, einer der Lakepoets, seine Kindheit und den größten Teil seines Lebens verbracht hatte. Doch bevor ich den langen Weg in Richtung Norden antrat, fuhr ich erst einmal die M4 zurück, vorbei an Swansea, Cardiff und Newport. Bei Chepstow bog ich nördlich auf die A466 ab, die mich ins Tal des Wye führte, in dem sich die Ruine Tintern Abbey befindet.

„How oft in spirit have I turned to thee
O sylvan Wye - thou wanderer through the woods -"
schrieb William Wordsworth (1770-1850), der sich wie kein anderer englischer Dichter mit der Natur beschäftigte, sie mystisch verklärte und ihren Einfluß zum Motor seines Lebens ernannte. Er besuchte Tintern Abbey im Jahr 1793. Fünf Jahre später kehrte er mit seiner Schwester Dorothy hierher zurück und schrieb LINES COMPOSED A FEW MILES ABOVE TINTERN ABBEY.
In diesem Gedicht geht es nicht so sehr um die Abtei, sondern um den Dichter selbst. Die Rückkehr zu Tintern Abbey läßt ihn seine eigene Entwicklung noch einmal Revue passieren. Er erinnert sich an seine Jugend, in der die Natur alles für ihn war. Diese leidenschaftliche Zeit ist vorbei. An ihre Stelle getreten ist eine mehr verstandesorientierte, philosophisch ausgedeutete

Natursicht. Die Liebe zur Natur führte zur Liebe des Menschen.

Tintern Abbey

Tintern Abbey, 1131 gegründet, war zu einer Zeit, als noch keine romantisch veranlagten Gentleman-Touristen das Wye-Tal auf der Suche nach dem Pittoresken durchstreiften, eine von insgesamt fünfzehn Klöstern der Zisterzienser. Die Abtei ist ein gotisches Meisterwerk, das nicht nur den Dichter Wordsworth inspirierte, sondern auch den Maler William Turner. Der Boden des sechsjochigen Hauptschiffes ist grasbewachsen. Durch die hohen Vierungsbögen fällt sanftes Licht ein.
Der Regen hatte einen Moment lang aufgehört, als ich durch das nasse Gras der Abteiruine ging. Ein Schild belehrte mich, daß ich mich vor den Überresten des 'Warming House' befand. Neben der Küche und der Krankenstation einer der wenigen Räume, in denen sich die Mönche in kalten Wintern aufwärmen konnten. Ich ging an 'Monk's Dining Hall' vorbei und kehrte zum Hauptschiff zurück. Durch das ornamentreiche Westfenster fiel ein schwacher Sonnenstrahl, der sogleich wieder verschwand. Ein großgewachsener Mann mit dunkelblonden Haaren und einer abgetragenen Jeanshose machte sich an seinem Schirm zu schaffen, den er gerade aufspannen wollte. Ich schaute ihn nachdenklich an, denn er kam mir bekannt vor. Allerdings wußte ich nicht recht, woher ich ihn kannte. Auch er schaute herüber, und ich konnte sehen, wie seine grauen Zellen arbeiteten. Er hatte die Stirn in Falten gezogen, doch nun grinste er und kam langsam mit seinem aufgespannten Regenschirm auf mich zu.
„Goudhurst, Star&Eagle", rief er mir zu. Und nun erinnerte auch ich mich. Vor dem Kamin des 'Star&Eagle' hatte ich mich mit ihm unterhalten.

„Mr. Collins", rief ich überrascht.
„Nanu, Sie können sich noch an meinen Namen erinnern?"
„Ja, denn sie heißen genauso wie der eingebildete Landpfarrer in Jane Austens Roman PRIDE AND PREJUDICE."
„Na ja, ich hoffe ich habe etwas bessere Qualitäten als dieser Herr. Was führt Sie denn in diese romantische Gegend?" Er hatte mich inzwischen unter seinen Schirm genommen, und wir gingen langsam weiter.
„Ich bin auf dem Weg in den Lake District. Dove Cottage ist mein nächstes Ziel, wo William Wordsworth ein paar Jahre lang lebte."
„Aha, Sie zigeunern also immer noch von einem literarischen Ort zum nächsten. Als ich Sie das letzte Mal traf, wollten Sie nach Sissinghurst, nicht wahr? Und was suchen Sie in Tintern Abbey? 'The still, sad music of humanity'?" Er schaute mich nachdenklich an.
„Ja, vielleicht."
„Sie sind schon recht lange unterwegs, wie mir scheint. Wann werden Sie gefunden haben, was Sie suchen?"
„Sind Sie Psychiater, Mr. Collins? Oder Philosoph? Oder worauf gründet sich Ihr Interesse an meiner Reise?"
Er lachte. „Keins von beiden. Vielleicht beneide ich Sie nur. Ich habe früher selbst für Wordsworth geschwärmt. Aber das ist vorbei. Wordsworth ist etwas für Egozentriker. Wer wie er in THE PRELUDE vierzehn Bücher mit poetischen Gedanken über sich selbst füllt und sich einbildet, es würde die Nachwelt interessieren, der ist entweder geisteskrank oder hoffnungslos in sich selbst verliebt."
Ich mußte lachen. „Ja, Sie haben Recht, seine Selbstgenügsamkeit kann einem wirklich auf die Nerven gehen. Aber Sie müssen bedenken, daß THE PRELUDE erst nach seinem Tode veröffentlicht wurde. Er selbst sah ja ein, daß dieses Werk sich nur als Teil seines noch zu dichtenden Hauptwerks THE RECLUSE rechtfertigen konnte. Mir kommt es auch so vor, als hätte er THE PRELUDE an seinen Freund Coleridge adressiert, von dem er wußte, daß er ein reges Interesse an seiner Entwicklung hatte."

„Der arme Coleridge", meinte mein kritischer Begleiter und klappte den Regenschirm zu, „wahrscheinlich hat er deshalb Opium genommen, weil Wordsworth ihn immer wieder mit dem Vorlesen seiner autobiographischen Ergüsse traktiert hat."
„Hacken Sie nur weiter auf ihm herum. Für mich ist er interessant, weil er eine tragische Gestalt war und es nicht wußte. Denn sein Hauptwerk THE RECLUSE, sein poetisch philosophisches Hauptwerk, hat er nie vollendet. Er hatte sich geistig übernommen und sah es erst spät in seinem Leben ein."
„Tja. Berühmt geworden ist er ja ironischerweise durch Gedichte wie SHE WAS A PHANTOM OF DELIGHT oder DAFFODILS. Wußten Sie übrigens, daß der Lake District im April ein Narzissentelefon eingerichtet hat, über das man erfragen kann, wo genau die Narzissen blühen?"
Ich sah ihn verwundert an.
„Das ist nicht Ihr Ernst? Daß ein Gedicht soviel bewirken kann, hätte ich nicht gedacht."
Wir unterhielten uns noch eine Weile lang und stiegen dabei den Weg zur kleinen Kirche hoch. Von dort hat man einen ungewöhnlich schönen Blick auf die gesamte Abtei.
Aus Mr. Collins' Worten schloß ich, daß er mich gerne in den Lake District begleitet hätte, um Jugenderinnerungen wieder aufzufrischen, wie er sagte, daß er aber dringend nach Manchester zurück müsse aus beruflichen und auch aus privaten Gründen. Dabei räusperte er sich verlegen.
„Ich muß auch los. Bis Sawrey ist es noch ein weiter Weg." Wir gingen schweigend den Pfad wieder hinunter. Auf dem Parkplatz trennten wir uns.
„Good Bye, Mr. Collins."
„Good Bye, und verderben Sie sich auf der Suche nach Wordsworths Narzissen nicht die Augen."
Ich lachte und öffnete die Zentralverriegelung meines Wagens.
„Die werde ich im Sommer wohl kaum finden."
„Ach, übrigens", er kam noch einmal zurück. „Fahren Sie auch zur Brontë Parsonage nach Haworth?"
„Ja, das habe ich vor."
„Rufen Sie mich doch an, wenn Sie wissen, wann Sie dort sind.

Vielleicht können wir uns ja zu einem Moorspaziergang treffen." Er sah mich prüfend an und gab mir seine Visitenkarte. Dann drehte er sich schnell um und verschwand zwischen den Autos.
John Collins, Lawyer, 162 Deansgate, Manchester M60 2RR, tel: 44 161 832 7266 stand auf der Karte.
Ich war in Gedanken, als ich die A466 in Richtung Monmouth weiterfuhr und hätte fast die Abzweigung nach Abergavenny genommen, statt in Richtung Ross-on-Wye weiterzufahren. Von der M50 kam ich zur M5, die nach Birmingham zur M6 wird und an Manchester und Lancaster vorbei nach Carlisle führt. An der Anschlußstelle 36 fuhr ich in Richtung Kendal ab und gelangte in den Lake District. Es war bereits halb fünf, als ich durch die vollen Straßen von Bowness on Windermere fuhr und, was ich nicht berücksichtigt hatte, es war Samstag abend! Ich fuhr die Straße zur Fähre hinunter und sah einen bemerkenswerten Stau. Also kehrte ich mißmutig um, von Hunger und Kopfschmerzen geplagt, und fuhr die A592 weiter in Richtung Newby Bridge. An einem Hotel bog ich in eine kleine Straße ein, die am westlichen Ufer des Lake Windermere zurückführte. Die Straße brachte mich schließlich nach Sawrey, wo ich hoffte, B&B zu finden. Allein, wo ich auch fragte, alle Quartiere waren belegt.
Die Sternzahl meiner angestrebten Unterkünfte wurde notgedrungen immer höher. Doch selbst Sawreys House Country Hotel hatte kein Zimmer mehr frei. Immer noch ohne Nachtquartier, gewann ich so zumindest einige Einblicke in das Innenleben traditionbewußter Country Hotels, die mit ihren großen Spiegeln, antiken Anrichten und pompösen Treppenaufgängen einen gewaltigen Eindruck auf mich machten. Ich fuhr weiter in Richtung Hawkshead und hielt an jedem Haus, das B&B anbot und kein 'no vacancies'-Schild aufgehängt hatte. Ohne Erfolg. Der Lake District war, wie es schien, vollkommen ausgebucht. In Ambleside versuchte ich es noch einmal in einem schönen Landhotel namens Rothay Manor.
„Okay, let's see - how long would you like to stay?" überrascht antwortete ich vorsichtshalber: „Two days".

„All right", sagte die nette junge Dame, „that's 80 Pounds per night. Would you please sign here!"
Ich muß wohl recht blaß geworden sein, schließlich hatte ich mich sowohl in Torquay als auch im Dartmoor finanziell etwas übernommen und reiste nun auf Sparkurs. Und dazu wollten 240 DM pro Nacht nicht passen.
„I think, I'll only stay one night," beeilte ich mich zu sagen. Die junge Dame, die in gediegenes Schwarz gekleidet war, schaute mich verständnisvoll an und zeigte mir mein Zimmer. Ein Himmelbett, in dessen Holz kleine Rosen eingearbeitet waren, reflektierte in einem großen Wandspiegel. „Einmal in Rothay Manor schlafen und sterben", dachte ich.
Zum Frühstück servierte ein schwarz livrierter Kellner Blackpudding, eggs, sausages, tomatoes, bacon und den Daily Telegraph. Auf dem Service waren dieselben kleinen Rosen abgebildet, die auch mein Nachtlager geziert hatten.
Von der Vornehmheit des Frühstücks paralysiert, machte ich mich auf den Weg nach Grasmere, wo sich William Wordsworths Wohnhaus Dove Cottage befindet. Zu Dreivierteln ist Grasmere von Bergen umgeben: Dunmail Raise, Stone Arthur und Fairfield Mass im Norden und Osten, Helm Crag und Silver How im Westen.
Hier lebte der 'Poet der Einsamkeit' in einem kleinen weißgetünchten Haus von 1799-1808. THE PRELUDE wurde hier 1805 vollendet, doch der Dichter setzte seine Verbesserungen fort und fügte noch spät in seinem Leben christliche Grundüberzeugungen ein. In Dove Cottage (heute ein Wordsworth Museum) schrieb er MICHAEL, die Geschichte eines verarmten Schäfers, der seinen Sohn verliert, RESOLUTION AND INDEPENDENCE und die ODE: INTIMATIONS OF IMMORTALITY. Während der Tour durch das Cottage erfuhr ich, daß Wordsworth sich nur ein hölzernes Visitenkartentablett leistete, statt eines silbernen, um zu betonen, daß er ein einfaches Leben führte. Die Tee-Steuer war zur damaligen Zeit so hoch, daß William Wordsworth von seinen Besuchern Geld verlangte, wenn sie Tee zu sich nahmen. Im oberen, helleren Teil des Cottages trug eine Lautsprecherstimme DAFFODILS vor:

„For oft when on my couch I lie,
In vacant or in pensive mood,
They flash upon that inward eye
Which is the bliss of solitude,
And then my heart with pleasure fills
And dances with the daffodils."

„Oft, wenn ich mich zu ruhn anschick,
Halb sinnend, halb zum Traum bereit,
Aufleuchten sie dem innern Blick,
Dem Geistesglück der Einsamkeit -
Dann tut mein Herz, an Freude reich,
Im Tanz es den Narzissen gleich!"

Ich sah gedankenverloren auf Dorothy Wordsworths Aufzeichnungen über die Narzissen bei Ullswater, die die Grundlage für Williams Gedicht bildeten. Dann hob die Lautsprecherstimme von Neuem an:

„There was a boy - ye knew him well, ye cliffs
And islands of Winander."

„Da war ein Junge - ihr kanntet ihn gut, ihr Klippen
Und Inseln von Winander."

*

William Wordsworth

William Wordsworth: Das Phantom der Freude

William Wordsworth wird am 7. April 1770 in Cockermouth geboren. Das Geburtshaus gehört heute dem National Trust und ist von März bis November wochentags von 11 bis 17 Uhr in der Main Street zu besichtigen. Der River Derwent fließt am Garten des Wohnhauses vorbei, und Wordsworth hört, wie er später sagt, 'endlose Musik, die Tag und Nacht durch meine Träume floß.' Der Vater, John Wordsworth, ist Gutsverwalter und kümmert sich um die rechtlichen Belange von Sir James, des fünften Barons von Lowther. Die Mutter ist die Tochter eines Tuchhändlers. William hat vier Geschwister, von denen vor allem Dorothy eine wichtige Rolle in seinem Leben spielt.

Die Liebe zur Natur, die er in TINTERN ABBEY als leidenschaftlich beschreibt, nimmt hier am Fluß Derwent, mit dem Bergmassiv des Skiddaw im Hintergrund, seinen Anfang. Im Sommer rudert er mit Freunden auf dem Windermere: „bursts of glee made all the mountains ring", schreibt Wordsworth im ersten Buch von THE PRELUDE. Auf einer Insel wird der Freund abgesetzt, und während sich das Boot wieder entfernt, bläst der zurückgebliebene Junge auf seiner Flöte:

„And rowed off gently, while he blew the flute
Alone upon the rock - oh, then, the calm
And dead still water lay upon my mind
Even with a weight of pleasure, and the sky,
Never before so beautiful, sank down
Into my heart, and held me like a dream."

„Und ruderte leise fort, während er die Flöte blies
Allein auf dem Felsen - oh, da legte sich
die Stille des Wassers auf meine Seele
Mit dem Gewicht ihrer Freude, und der Himmel,
Nie zuvor so schön, sank nieder
In mein Herz, und hielt mich wie im Traum."

Als Wordsworth acht Jahre alt ist, stirbt seine Mutter. Im Jahr darauf, 1779, wird er nach Hawkshead zur Grammar School geschickt, am Esthwaite Water gelegen. Es beginnt eine lange

Trennung von seiner geliebten Schwester Dorothy.
Seine Landlady Anne Tyson, bei der er während der Schulzeit wohnt, nimmt Mutterstelle ein. Im Winter frönt er dem Schlittschuhlaufen auf Esthwaite Water.
Die glücklichen, aber auch unheimlichen Erfahrungen hingegen, die er in der Natur macht, werden durch den Tod des Vaters 1783 überschattet. Der dreizehnjährige William und seine Geschwister sind nun Waisenkinder. Die Vormundschaft haben nun die Onkel Richard Wordsworth und Christopher Crackenthorpe Cookson. Die Kinder werden aufgeteilt.
Hawkshead Grammar School (im Sommer für Besucher geöffnet) gab William eine gute Erziehung in Mathematik und den Klassikern. Viele der Schüler, so auch Wordsworth, wurden nach der Schule nach Cambridge entlassen. Aber noch ist es nicht so weit, noch folgen scheinbar endlose Natureindrücke: die romantische Ruine Furness Abbey, 20 Meilen südlich von Hawkshead, Bootsausflüge zum White Lion von Bowness am östlichen Ufer des Windermere, die Wasserfälle von Rydal, die '...tremoulous cliffs of high Lodore'.
Extreme Situationen werden künstlich hervorgerufen; das romantische Gefühl durch nächtliche Wanderungen und Ruderpartien forciert. Und wo die Romantik einmal um sich greift, darf die Furcht nicht fehlen: beim Rudern im Mondschein fühlt er sich von einem Felsvorsprung verfolgt:
„With measured motion, like a living thing, strode after me."
Dem körperlichen und geistigen Vergnügen an der Natur folgt die Angst vor einer Verkörperlichung: der bewegungslose Fels wird subjektiv zu seinem Verfolger. Zitternd kehrt der Junge zurück und wird zumindest in der verklärten poetischen Erinnerung nun von toten Felsformationen beherrscht, die wie lebende Menschen durch seinen Verstand geistern und seine Träume bevölkern. Das Schöne und der Schrecken liegen nah beieinander, wenn er in THE PRELUDE schildert, wie ein Ertrunkener aus dem See gezogen wird:
„At lenght the dead man, mid that beauteous scene
Of trees and hills and water, bolt upright
Rose with his ghastly face..."

„Der tote Mann erhob sich schließlich,
inmitten der schönen Umgebung
Von Bäumen und Hügeln und Wasser,
Mit entsetzlichem Gesicht..."

Und als er im Moor seinen Begleiter verliert, einen alten Galgen erblickt und eine Frau, die mit einem Krug auf dem Kopf gegen den Wind ankämpft, erfaßt ihn

„...visionary dreariness
Which, while I looked all round for my lost guide,
Did at that time invest the naked pool,
The beacon on the lonely eminence,
The woman and her garments vexed and tossed
By the strong wind."

„...vorhersehende Eintönigkeit
Die, als ich nach meinem verlorenen Führer suchte,
Umgab den nackten See,
Das Leuchtfeuer auf der einsamen Anhöhe,
Die Frau und ihre Kleider, hin und her bewegt
Vom starken Wind."

1787, nach neunjähriger Trennung, trifft William seine Schwester Dorothy beim Onkel in Penrith wieder und empfindet sie als 'ein Geschenk, das ihm zum ersten Mal gemacht wird'. Allerdings können die glücklichen Erinnerungen, die er in THE PRELUDE wiedergibt, nicht über die abhängige Situation hinwegtäuschen, in der sich die Geschwister befinden. An William, der 1787 nach Cambridge geht, werden von Seiten seines Onkels hohe Erwartungen geknüpft. Er soll seine Universitätslaufbahn nutzen, um Pfarrer zu werden. Im übrigen befindet sich die Familie Wordsworth in einem Rechtsstreit mit dem früheren Arbeitgeber des Vaters, Sir James Lowther. Dieser weigert sich, das dem Vater noch zustehende Geld auszuzahlen. Viereinhalbtausend Pfund seines eigenen Geldes hatte John Wordsworth in Sir James Angelegenheiten gesteckt. Der inzwischen in den Adelsstand erhobene Lord Lonsdale, der mächtigste Mann im Nordwesten Englands, lehnte jede Verpflichtung ab. In einem Brief Dorothys an ihre Freundin Jane

beschreibt sie die Abneigung des Onkels gegenüber William und wie schlecht sie von der Dienerschaft behandelt würden. Am Schluß des Briefes heißt es:
„Unsere Gespräche, die sich oft ins Melancholische wenden, enden immer mit dem Wunsch nach einem Vater und einem Heim."
Mary Hutchinson, Dorothys Freundin und Williams spätere Frau, stößt während dieser Ferien zu ihnen. In THE PRELUDE verklärt William Wordsworth in der Erinnerung vieles, was zu seiner Zeit schwierig, ja ausweglos erscheint.
Seine sechsjährige Zeit in Cambridge verbringt Wordsworth zum Ärger seines Onkels, ohne sich für einen kirchlichen Beruf zu entscheiden oder einen Hauptabschluß zu erzielen. Er nimmt am geselligen Leben der Universität teil und verlagert seine Ruderleidenschaft vom Windermere auf den River Cam. Allerdings erscheint ihm das Universitätsstudium in zunehmendem Maße hohl und unprofitabel. Er sehnt sich nach dem Lake District und schreibt
AN EVENING WALK, einen imaginären Spaziergang durch den Lake District.

Wordworth's Lakeland

„Far from my dearest friend, 'tis mine to rove
Thro' bare grey dell, high wood, and pastoral cove."
Ohne seine Verwandten zu informieren, bricht er 1790 ins revolutionäre Frankreich auf.
Stolz erklärt er seinen ungläubigen Kommilitonen bei seiner Rückkehr, daß er zweitausend Meilen gelaufen sei und die Wirren des revolutionären Frankreich schadlos überstanden habe. Im Januar 1791 erwirbt er sich in Cambridge einen Bakkalaureatsabschluß, den niedrigsten Akademischen Grad. Dann

bricht er wieder nach Frankreich auf. In Orléans und Blois verbringt er fast ein Jahr. Er lernt Michel Beaupuy kennen, einen Offizier, der ihm zum Glauben an die Französische Revolution verhilft. Als sie auf der Straße ein hungriges Mädchen sehen, das an ein Kalb gekettet ist und nach Nahrung sucht, bricht es aus Beaupuy heraus:
„Tis against that, that we are fighting."
William Wordsworth wird unter der Anleitung Beaupuis zum Girondisten. In Orléans trifft er Annette Vallon, in die er sich verliebt. Annette wird schwanger und bringt im Dezember 1792 Anne-Caroline Wordsworth zur Welt. Der Vater kehrt nach England zurück.
Wordsworth befand sich in einer unangenehmen Situation. Ohne Beruf, mit einer untergründigen Überzeugung, zum Dichter geboren zu sein, und gänzlich abhängig von seiner Familie, schwankte er zwischen Pflichterfüllung und Verfolgung eigener Wünsche hin und her. Robespierre hatte die Macht in Frankreich übernommen, und König Louis XVI. wurde der Prozess gemacht. Nachdem Louis im Januar 1793 hingerichtet worden war, brach im Februar desselben Jahres der Krieg zwischen Frankreich und England aus. Annette und William waren getrennt und ein Zusammenkommen nicht mehr möglich.
In A LETTER TO THE BISHOP OF LLANDAFF tut Wordsworth seine radikalen politischen Überzeugungen kund. Er verteidigt die Hinrichtung Louis XVI., indem er dem französichen Volk, ja jedem Volk, das Recht einräumt, seine Regierung zu wählen und sei es mit den Mitteln der Gewalt. Wie auch Southey und Coleridge erhofft er einen reformatorischen Einfluß auf England. Wordsworth kritisiert die Monarchie und die Aristokratie, wobei er für die Abschaffung der letzteren plädiert - politische Überzeugungen, die auch Shelley später vertrat. Doch Shelley warf dem alternden Wordsworth vor, seine radikaldemokratischen Überzeugungen verraten zu haben. Während Shelley sich an die Öffentlichkeit wandte, blieb Wordsworth im Verborgenen.
A LETTER TO THE BISHOP OF LLANDAFF wurde erst nach

seinem Tod veröffentlicht. Noch immer haltlos und unschlüssig, was seinen Berufsweg angeht, unternimmt er eine lange Wanderung, die ihn von Salisbury über Südwales nach Nordwales führt.

1794 ist er wieder mit seiner Schwester Dorothy vereint und bekommt ein Farmhaus namens Windy Brow bei Keswick im Lake District angeboten. Am östlichen Ufer des Windermere entlang, erreichten sie zu Fuß Low Wood, von wo aus man vollends das Bergmassiv der Langdale Pikes sehen kann, und wandern dann über White Moss nach Grasmere. Am darauffolgenden Tag wanderten sie weitere 13 Meilen nach Keswick, wo sich die Bergmassive Skiddaw und Blencathra erheben. Dorothy ist überglücklich, wieder mit ihrem Bruder zusammensein zu können.

Der Aufenthalt in Windy Brow wird durch ein weiteres großzügiges Angebot abgelöst, das die Geschwister nach Racedown Lodge in Dorset führt. Hier sollen sie als Erzieher des kleinen Basil Montagu tätig werden bei einem Jahresgehalt von 50 Pfund. In Bristol lernt Wordsworth Samuel Taylor Coleridge kennen, der seine Abneigung gegen Monarchie und Aristokratie teilt und sich von Wordsworths EVENING WALK sehr beeindruckt zeigt. Eine Dichterfreundschaft entsteht, die trotz zeitweiser Meinungsverschiedenheiten ein Leben lang hält. Coleridge ist der philosophisch gebildetere, dessen Ideen besser ausgearbeitet sind. Allerdings bringen sein Opiumkonsum und unglückliche Lebensumstände sein dichterisches Talent nach einer letzten genialen poetischen Anstrengung (KUBLA KHAN) zum Erliegen.

Vielleicht war es diese Freundschaft mit Coleridge, in der viel über Dichtung, Politik und Dichterverständnis gesprochen wurde, die in Wordsworth eine Erwähltheitsüberzeugung reifen ließ. In THE PRELUDE gibt er seiner Überzeugung Ausdruck, daß Krise und Verwirrung während seiner Universitätsjahre und auch danach ihn 'as a clouded not a waning moon' gezeigt hätten, als einen umwölkten jedoch nicht abnehmenden Mond. Die Natur habe ihn zum Propheten erwählt. Der Naturliebe sei die Menschenliebe gefolgt.

Ein Brief von Annette aus Frankreich erinnert Wordsworth an seine leibliche Tochter, und er ist nun in der Lage, Dorothy sein Geheimnis mitzuteilen. Im Juli 1797 besuchen die Wordsworths Coleridge in Nether Stowey, wo er mit seiner Familie in einem kleinen Häuschen lebt. Sie mieten ein schön gelegenes Haus namens Alfoxden, vier Meilen von Stowey entfernt. Hier entwickeln die Dichterfreunde ihr gemeinsames Werk LYRICAL BALLADS, zu dem Coleridge seine Ballade THE ANCIENT MARINER beisteuert. Ein Großteil der Gedichte stammt allerdings von Wordsworth, wie z.B. TINTERN ABBEY.
LYRICAL BALLADS gilt als Begründungswerk der englischen Romantik.
1798 brechen die Freunde gemeinsam nach Deutschland auf, wo die Wordsworths den deutschen Dichter Friedrich Klopstock treffen. Der Aufenthalt in Deutschland war allerdings kein glücklicher. Coleridge beschwerte sich über den Hang der Deutschen zum Betrug, zu Trunkenheit und sexueller Ausschweifung. Sie kehren nach England zurück und im Jahr 1800 gelingt es ihnen, Dove Cottage, ein ehemaliges Wirtshaus, in Grasmere zu mieten.

Dove Cottage

Auch die Coleridges folgen in den Lake District nach Keswick, wo sie Greta Hall beziehen. Der Blick aus dem Fenster von Dove Cottage reicht über eine Wiese zum See. Der Wohnraum im Untergeschoß ist holzvertäfelt. Am 12. Oktober schreibt Dorothy in ihr Tagebuch:
„Schöner Tag. Saß morgens im Haus und schrieb, während William in den Wald ging, um zu dichten...habe Gedichte für die Lyrical Ballads kopiert...Nach dem Dinner haben wir einen ganzen Korb Äpfel gepflückt. Vor dem Tee wanderten wir an

Bainriggs vorbei, um die bunten Blätter, die dunkelgrünen Eichen mit gelben Blättern zu beobachten, die Birken, die meist noch immer grün sind, einige nahe am Wasser eher gelb, der Bergahorn karmesinrot..."

Der Frieden von Amiens macht es 1802 wieder möglich, nach Frankreich zu reisen. Dorothy und William besuchen Annette, wo Wordsworth zum ersten Mal seine Tochter sieht. Grund für diesen Besuch ist auch Wordsworths bevorstehende Heirat mit Mary Hutchinson im Oktober des Jahres. Leider gibt Dorothys Tagebuch keine Auskunft über Williams Gefühle beim Zusammentreffen mit Annette und seiner inzwischen neunjährigen Tochter. Es ist ein Abschiedsbesuch, der Annette klarmachen soll, daß sie keinerlei Ansprüche auf ihn erheben könne. Andererseits zeigen die nachfolgenden Besuche, daß ein freundschaftliches Verhältnis bewahrt wurde.

Ende August sind die Wordsworths wieder in London. Es wäre falsch zu behaupten, daß Wordsworth von London nicht ebenso fasziniert gewesen wäre
wie vom Lake District. In COMPOSED UPON WESTMINSTER BRIDGE lobt er
den Anblick der Stadt beim Morgengrauen:
„Dies mächtige Herz liegt still", heißt es in der letzten Zeile. Wordsworth liebte diese unterhaltsame Stadt, in der er viele Freunde hatte, wie z.B. die Lambs. Aber es ist bezeichnend, daß ihm die Schönheit der Stadt im Augenblick der Stille auffällt. In einem Augenblick, in dem sie statisch daliegt wie eine Landschaft.

Auch in hohem Alter kehrt er immer wieder nach London zurück, wo er als eine Berühmtheit von einer Gesellschaft zur anderen weitergereicht wird.

Die Ehe mit Mary Hutchinson im Oktober 1802 bedeutet für Dorothy, nicht mehr an erster Stelle zu stehen. Doch sie bleibt ihr Leben lang die Begleiterin ihres Bruders, und für die fünf Kinder Wordsworths, die aus der Ehe mit Mary hervorgehen sollten, ist sie eine zweite Mutter.

Bis 1808 bleibt Dove Cottage die Heimat der Wordsworths. Doch mit wachsender Kinderzahl wird das Cottage zu klein.

Vom Dichterfreund Sir Walter Scott wird berichtet, er sei, wenn es ihm zu voll in Dove Cottage wurde, aus dem Fenster gestiegen, um in einem Wirtshaus Zuflucht zu finden (heute White Swan). Auch Sara Hutchinson, die Schwester Marys, gehört zeitweise zum Haushalt. Coleridge, aus einem Genesungsaufenthalt auf Malta zurückgekehrt, kritisiert Wordsworths 'High Self-opinion' und führt Wordsworths hohe Meinung von sich selbst darauf zurück, daß er von Dorothy und Mary zu sehr verwöhnt werde. Möglicherweise hatte er dabei auch Sara Hutchinson im Auge, von der er selber gerne hätte verwöhnt werden wollen.

Im Umgang mit seinen Verlegern legt Wordsworth tatsächlich ein eigenartiges Verhalten an den Tag. Trotz des mäßigen Erfolges von POEMS, IN TWO VOLUMES erwartet er von seinem Verleger Longman, daß er sein neues Werk
THE WHITE DOE OF RYLSTONE ungelesen veröffentliche. Kam es zu einer Veröffentlichung, so änderte er weiter an seinen Gedichten herum und reichte nach und nach schwerleserliche Neufassungen nach, die jeden Verleger zur Verzweiflung brachten.

Über die Veröffentlichung von THE WHITE DOE zerstreiten sich die Dichterfreunde, da Coleridge die Veröffentlichung in London vorantreibt und Wordsworth sie nachher wieder zurückzieht.

Wordsdworths Stellung als Dichter ist alles andere als gefestigt. Er hat es schwer in einer Zeit, als Lord Byron von den Lesern vergöttert wurde. Byrons Kritik an POEMS, IN TWO VOLUMES ist vernichtend:
„Common-place ideas...in language not simple, but puerile...namby-pamby."
In der Tat gilt Wordsworths Dichtung, besonders seine Naturlyrik, als sprachlich einfach. Seine Helden und Heldinnen sind einfache Bauern, Bettler, Schäfer, Mädchen im Moor, Kriegsrückkehrer, ein Blutegelsammler und ein kleines Mädchen, das den Tod seiner Geschwister nicht begreift. Seine Sprache ist nicht kompliziert genug, um den Ansprüchen Byrons und vor allem deutscher sogenannter Literaturkenner zu genügen.

Doch gerade in der Einfachheit seines Werkes gelingt es ihm, eine Vision auszudrücken. So wird die Begegnung mit dem 'Leech-Gatherer', dem Blutegelsammler, der Tag für Tag die Moorteiche mit seinem Stock durchkämmt - eine beklagenswerte einsame Gestalt - zur Offenbarung für den unsicheren und gequälten Erzähler:

„And soon with this he other matter blended -
Cheerfully uttered, with demeanour kind,
But stately in the main - and when he ended
I could have laughed myself to scorn to find
In that decrepit man so firm a mind.
'God' said I, 'be my help and stay secure',
I'll think of the leech-gatherer on the lonely moor!"

„Und bald sprach er von anderen Dingen -
Erzählte fröhlich, benahm sich freundlich,
Würdevoll in seinem Betragen - und als er endete
Hätt' ich mich selbst verachten können,
Denn in dem heruntergekomm'nen Mann
Fand ich fest'ren Geist als in mir.
'Gott', sagte ich, 'sei meine Hilfe und Stütze',
Ich denke an den Blutegelsammler im einsamen Moor!"

Wordsworths romantische Weltsicht offenbart sich auch in seinem Prosa-Werk GUIDE TO THE LAKES und in seiner Frühform DESCRIPTION OF THE SCENERY OF THE LAKES. Er widmet sich nicht so sehr Höhenmessungen und Kategorisierungen, sondern den farblichen Abstufungen im Herbst und den Wellenbildungen am Ufer. Wordsworth hält den Lake-District zumindest in einem wichtigen Punkt den schottischen Highlands oder dem Vierwaldstättersee in der Schweiz für überlegen: in der Licht- und Schattenbildung. Die Art und Weise, wie die schnell dahinziehenden Wolken sich auf den bemoosten Bergrücken abbilden und ein Puzzle aus Licht und Schatten entstehen lassen, ist einmalig. Die Harmonie des Lake Districts sieht er schon damals, 1809, durch unüberlegte Neubauten und Bepflanzungen gefährdet. Er spricht sich 1844 gegen den Weiterbau der Eisenbahn aus, die von Kendal nach

Bowness führt. Die Eisenbahn wurde tatsächlich nicht weitergebaut, doch was hätte er wohl gesagt, wenn er die Massen von Autos und Caravans gesehen hätte, die sich an schönen Sommerabenden heute durch die Straßen von Ambleside schieben.
1813 ziehen die Wordsworths nach Rydal Mount in der Nähe von Ambleside.
Während sein Eheleben größtenteils glücklich verläuft, ist die Beziehung zu seinen Kindern eher problematisch. Seine Söhne und auch seine vergötterte Tochter Dora bleiben von ihm abhängig, und Wordsworth sorgte sich ein Leben lang um sie.
Seine politischen Überzeugungen werden konservativ, und er tritt als Stempelbevollmächtigter von Westmoreland und Eintreiber staatlicher Einnahmen in die Dienste Englands. Durch den Tod Lord Lonsdales gehen die finanziellen Angelegenheiten an den Sohn über, der Wordsworth eine Abfindung auszahlt und ihm die staatlichen Posten verschafft. Dadurch wird der jahrelange Rechtsstreit endlich beigelegt. Wordsworth fühlt sich dem jungen Lord Lonsdale verpflichtet, was ihm wiederum den Spott Byrons und anderer politisch Radikaler einbringt. Aber Wordsworth muß für eine große Familie sorgen, und die Einkünfte aus seiner Literatur waren unzuverlässig. So erweist sich der Begründer der englischen Romantik im Privatleben als rechter Realist.
1832 wurden COLLECTED WORKS in vier Bänden veröffentlicht. Zwei Kinder waren gestorben und Dorothy litt an einer alzheimerähnlichen Erkrankung. Sie unterlag großen Stimmungsschwankungen. In der einen Minute sang sie, in der anderen schlug sie auf ihre Krankenschwester ein. Das gesellige Leben in Rydal Mount musste auf engere Freunde eingeschränkt werden, denn 'she would terrify strangers to death', so Mary, die auch diesen schweren Schicksalsschlag ohne Selbstbetrug hinnahm und meisterte.
1837 bricht Wordsworth zu seiner letzten großen Reise auf, die ihn nach Italien führt. Im April 1843 wird er zum 'Poet Laureate' ernannt. Rydal Mount wird noch zu seinen Lebzeiten zum Pilgerort der Wordsworth-Anhänger. Wordsworth, 'der

Dichter der Einsamkeit', genießt die Bewunderung, die fremde Menschen ihm entgegenbringen.

Der Tod seiner Tochter Dora an Tuberkulose (1847) scheint ihm jeden Lebenswillen zu rauben. Er kann den Namen seiner Tochter nicht aussprechen und flieht vor Freunden. Doch sein Lebenswille ist noch nicht gebrochen. Erst im Alter von 80 Jahren stirbt er am 23. April 1850 an Rippenfellentzündung. Wieder blühen die Narzissen am Ullswater. In St. Oswald's Church, Grasmere, befindet sich eine Gedenktafel, und auf dem Friedhof liegen er und Mary begraben.

*

THE IDIOT BOY

In 92 Strophen à fünf Zeilen (ausgenommen die Anfangs- und Endstrophe, die sechs bzw. sieben Zeilen enthalten) wird die Geschichte von Betty Foy und ihrem geistig zurückgebliebenen Jungen entwickelt. Betty Foy lebt mit ihrem Jungen in einer einsamen Gegend. Als ihre alte Nachbarin Susan Gale erkrankt, weiß sie sich nicht anders zu helfen, als ihren Johnny abends auf das sanfteste Pony zu setzen und ihn zum Doktor zu schicken. Während die Eulen im Mondschein rufen, macht sich der glückliche Johnny auf den Weg. Die Mutter ist stolz auf ihn. Doch während die Stunden vergehen und sie an Susan Gales Bett sitzt, ändert sich ihre Stimmung von Zuversicht über Ungeduld, Ärger auf den Doktor, der so lange ausbleibt, bis zur Angst um den Tod ihres geistig zurückgebliebenen Jungen. Betty Foy hält es nicht länger am Krankenbett von Susan Gale. Sie macht sich auf den Weg, um ihren Jungen zu suchen.

Ihre Gedanken beschäftigen sich mit den möglichen Unfällen, die passiert sein könnten. Vielleicht wollte er den Mond, den er im Bach widergespiegelt sah, jagen; vielleicht ist er auf einen Baum geklettert oder ist zu den Zigeunern gegangen. Als sie beim Doktor ankommt, erfährt sie, daß Johnny nicht da war. In ihrer Verzweiflung vergißt sie, den Doktor zu Susan Gale zu schicken. Sie irrt zurück, und ihre einzige Hoffnung ist, daß das Pony den Weg zurückfindet.

Schließlich findet sie Johnny, der nichts weiter tut, als am Wasserfall auf seinem grasenden Pony zu sitzen. Betty Foy ist überglücklich, und auch Susan Gale ist vor lauter Sorge um Betty und Johnny gesund geworden. Betty Foy bedrängt ihren 'idiot boy' und will wissen, was er denn von acht Uhr abends an getan hat:

„And thus to Betty's question, he
Made answer, like a traveller bold
(His very words I give to you):
'The cocks did crow to-whoo, to-whoo,
And the sun did shine so cold.'
Thus answered Johnny in his glory,
And that was all his travel's story."

„Da antwortete er auf Bettys Frage
Wie ein mutiger Reisender
(Und dies sind seine Worte):
'Die Hähne krähten Schu-hu, Schu-hu,
Und die Sonne schien so kalt.'
So antwortete Johnny in seinem Ruhm,
Und das war die Geschichte seiner Reise."

Obwohl die bildlichen Zutaten des Schauerromans übernommen werden – die rufenden Eulen, der Mond, die wilde Landschaft - verharrt das schauerliche Geschehen allein in der Imagination Betty Foys sowie des Lesers. Trotz aller Befürchtungen ist nichts weiter passiert, als daß Johnny auf seinem Pferd ziellos umhergeirrt ist. Sein zielloses Tun hat darüber hinaus zur Folge gehabt, daß Susan Gale tatsächlich gesund geworden ist. Wordsworth spielt mit der Vorstellungskraft seiner Leser, ja macht sich über sie lustig, indem er den hohen Erwartungen eine einfache realistische Lösung entgegensetzt. In seinem Vorwort zu LYRICAL BALLADS schreibt er:
„Das Hauptziel, das in diesen Gedichten ins Auge gefaßt wurde, war also Geschehnisse und Situationen aus dem gemeinen Leben zu wählen und sie durchgehend, soweit das möglich war, in einer Auswahl von Sprache auszudrücken, wie sie wirklich von den Menschen gebraucht wird, und solchen Geschehnissen zugleich eine gewisse Färbung der Vorstellungskraft überzuwerfen, wodurch gewöhnliche Dinge dem

Geist unter einem ungewohnten Aspekt dargestellt werden sollten."

Wordsworths religiöse Naturerfahrungen, seine exzessive Selbstbetrachtung machen ihn heutigen Lesern eher befremdlich. Seine Ausbrüche im Umgang mit sich selbst und der Natur:
„Oh happy state!
What beauteous pictures now
Rose in harmonious imagery!..."
(THE DISCHARGED SOLDIER)

wirken oft erzwungen und passen nicht mehr zur modernen problematischen Sichtweise der Natur, die zwischen Tourismus und technischem Fortschritt aufgerieben und nur noch in Reservaten am Leben erhalten wird. Die Hinwendung zur Idylle bleibt ein unerfüllbarer Wunsch, übrigens selbst in Wordsworth's Dichtung; denn wie oft wird die Naturidylle mit menschlichem Leid konfrontiert. Die religiöse Erfahrung allerdings hebt ihn aus der Betrachtung menschlichen Leids in eine andere Dimension, die heute schlecht nachvollziehbar ist, da sie eine allesumfassende Gottesliebe zur Grundlage hat. Naturidylle, Einsamkeit, Leid und Tragik, die im dichterischen Ich wirken, kondensieren zu einem positiven Weltbild.

Ob man dies noch am Ende des 20. Jahrhunderts begreifen kann, wenn sich die Touristenmassen um die Narzissenfelder drängen, ist fraglich, denn eindringliche Naturerfahrungen macht man eher in der Einsamkeit.

Aber vielleicht ist es noch möglich, in einem Anfall von Mut den Helvellyn zu besteigen, sich den Elementen zu stellen, wie Wordsworth es getan hat:

„My best companions now the driving winds,
And now the 'trotting brooks' and whispering trees,
And now the music of my own sad steps..."

„Meine besten Freunde, der treibende Regen,
Der plätschernde Bach und flüsternde Baum,
Und schließlich, die Musik meiner eigenen traurigen Schritte..."
(THE RUINED COTTAGE)

13
Beatrix POTTER
(Sawrey, Lake District)

Auf der westlichen Seite des Lake Windermere, schräg gegenüber von Bowness-on-Windermere, liegt Sawrey. Hier, inmitten einer schönen Hügellandschaft, fand die Kinderbuchautorin und Zeichnerin Beatrix Potter ihre Farm Hill Top. Mit wachsender Berühmtheit kaufte sie weitere Grundstücke hinzu, so daß sie am Ende ihres Lebens dem National Trust 4000 Morgen Land vermachen konnte.

Beatrix Potters ausgeprägtes Pflichtgefühl und die Konventionen der viktorianischen Zeit gestatteten ihr nicht, das Haus ihrer tyrannischen Eltern vor einer Heirat zu verlassen. Hill Top blieb ein Feriendomizil. Doch obwohl sie bei ihren strengen Eltern in Bolton Gardens, London, wohnen blieb - sie heiratete erst mit 47 Jahren - kreisten ihre Gedanken um den Lake District und um Hill Top. Ihre anfängliche Begeisterung für Pilzzeichnungen hatte sie zugunsten von Tierdarstellungen abgelegt. Zuerst fanden sich die Zeichnungen von Peter Rabbit, Squirrel Nutkin und Jeremy Fisher in Briefen, die sie an die Kinder ihrer Gouvernante schrieb. Doch die Moore-Kinder sollten nicht die einzigen bleiben, die diese Kindermärchen genießen konnten.

Von Hawkshead aus fuhr ich die kleine Landstraße entlang, die am Seeufer beginnt und stetig ansteigend in eine waldreiche Gegend führt. Oben auf dem Hügel liegt das kleine Dorf Sawrey, eine idyllische Ansammlung von kleinen Häusern, Bauernhöfen und zwei Country Hotels. Ich ging an dem winzigen Gasthaus Tower Bank Arms vorbei, als mich eine junge Japanerin nach dem Weg zum Potter Haus fragte. Gemeinsam gingen wir die kleine Straße hoch und wären fast an dem Haus vorbeigelaufen, denn nur ein kleines Tor führt zur Rechten in den Garten von Hill Top hinein.

Das Haus war umlagert von Japanern. (Öffnungszeiten: 3. April bis 31. Oktober, montags-mittwochs, samstags und sonntags 11 bis 17Uhr, donnerstags und freitags geschlossen, außer

Karfreitag). Auch die Informationsbroschüren waren teilweise auf japanisch verfaßt.

Hill Top ist ein Haus aus dem 17. Jahrhundert, das mit Beatrix Potters Möbeln und ihrem Porzellan ausgestattet ist. In THE TALE OF TOM KITTEN und THE TALE OF SAMUEL WHISKERS stellt sie das Innere ihres Hauses dar: die niedrigen Räume, die mit einer vorgelagerten Bank ausgestatteten Fenster, der Korridor und die Treppe, die alte Standuhr auf der Empore und die vielen alten Schränke. Auf dem Tisch im Eingangsbereich befinden sich Beatrix-Potter-Buchausgaben, die zum Vergleich einladen.

Hill Top: The Dolls House

Als ich das obere Stockwerk betrat, sah ich das rote Puppenhaus, das die Vorlage zu A TALE OF TWO BAD MICE bildete. In der Geschichte beschreibt Beatrix Potter die Spielzeugspeisen der Puppen:

„There were two red lobsters and a ham, a fish, a pudding, and some pears and oranges. They would not come off the plates, but they were extremely beautiful."

Und richtig, da lagen sie noch immer, der kleine Schinken und der Pudding, über deren Ungenießbarkeit sich die Mäuse so ärgern, daß sie die künstlichen Speisen zerschlagen.

Im Garten von Hill Top wurde mit liebevoller Hand die ideale Kulisse für Peter Rabbit geschaffen: ein Spaten, eine Gießkanne und einige leere Blumentöpfe warten geradezu auf den Auftritt von Peter Rabbit in blauer Jacke, und, wie immer auf der Flucht vor Mr. McGregor, dem typischen englischen Gartenliebhaber, der alles haßt, was vier Beine und lange Ohren hat.

Im Garten von Hill Top

Doch statt eines Kaninchens fiel mir ein amerikanisches Paar auf, das sich interessiert die Blumen vor Hill Top ansah. Die Dame, etwa um die 45, hielt ein Beatrix-Potter-Buch in der Hand und verglich die Blumen mit den Abbildungen einer Geschichte. Ich kam mit den beiden ins Gespräch. Sie seien aus Minnesota, versicherten sie mir. Der Mann, seines Zeichens Musiklehrer, war seiner Frau pflichtschuldigst ins Beatrix-Potter-Lakeland gefolgt. Auch, wenn er, wie er sagte, ihre Begeisterung nicht ganz teilen konnte.

„Here, here it is", rief die Frau enthusiastisch aus. „That's the garden wall from THE TALE OF TOM KITTEN. Here Moppet's white pinafore fell down into the road." Ihr Mann lächelte belustigt und folgte seiner Frau zur Mauer. Nach einer Weile drehte er sich um und teilte mir mit, dies sei ihre letzte Station in Sachen Beatrix Potter.

„Ich glaube, wir haben alles gesehen: Lingholm Gardens bei Keswick, Wray Castle am Windermere, die Kinderausstellung in Bowness, das Steamboat Museum in Windermere und die Beatrix-Potter-Gallery in Hawkshead mit ihren Originalzeichnungen."

„Nein, alles haben wir nicht gefunden, Darling", meinte seine Frau. „Cat Bells, z.B., wo die Geschichte um Mrs. Tiggy-Winkle spielt."

„Cat Bells?" fragte ich, „ist das nicht am Derwent Water"?

„Ja, auf der westlichen Seite in der Nähe von Little Town".

„Sugarplump", sagte ihr Mann, „ich habe wirklich keine Lust, stundenlang in der Wildnis herumzulaufen, nur um eine Tür im Hügel zu suchen, die wahrscheinlich schon lange nicht mehr da ist. Wenn sie überhaupt jemals da war."

„Natürlich war sie da", antwortete seine Frau beleidigt und blätterte in ihrem Beatrix-Potter-Buch herum. „Hier steht es." Sie zitierte: „Außerdem habe ich die besagte Tür am Hang des Hügels, der Cat Bells heißt, selber gesehen, und außerdem sind die liebe Frau Tiggy-Winkle und ich sehr gute Bekannte."
„Das ist ja nicht zum Aushalten!" lamentierte ihr Mann. „Bald fängst du noch an zu glauben, daß Igel statt tagsüber zu schlafen in ihren Hügeln hocken und Wäsche stärken!"
„Unsinn," erwiderte seine Frau wütend und schloß das Buch mit einem lauten Knall. „Du hast überhaupt kein Verständnis für mein Hobby. Das nächste Mal fahre ich alleine nach England."
Ich kam mir vor wie Mrs. Tiggy-Winkle, als ich mich ohne Verabschiedung schnellstens auf den Weg zum Ausgang machte. Vielleicht hätte ich den beiden erzählen sollen, daß Beatrix Potter tatsächlich Mrs. Tiggy-Winkle kannte. Sie besaß einen Igel, den sie als Vorlage für ihre Zeichnungen benutzte und der jahrelang bei ihr wohnte. Doch Tiggy wurde krank und verlor ganz und gar ihre säuberlichen hausfräulichen Qualitäten. In einem Brief an ihre Freundin Millie Warne berichtet Beatrix: „Ich hätte heute abend vorbeikommen können, hatte aber die traurige Aufgabe, eine Zeichnung von der armen Tiggy zu Ende zu führen. Sie ist so schmutzig und elend geworden. Ich glaube, es ist besser, sie nicht länger zu behalten... sie war immer ein überaus sauberes kleines Tier."
Mrs. Tiggy-Winkle wurde eingeschläfert und fand ihre letzte Ruhestätte im Garten von Bolton Gardens, London (das Haus wurde 1940 durch Bomben zerstört).

*

Die feingezeichneten Naturräume des Lake Districts und die Innenräume von Hill Top bilden einen idyllischen Hintergrund für das Treiben der Potterschen Kleintiere.

The white cat and Peter Rabbit

Beatrix Potters Hasen, Katzen, Enten, Frösche und Mäuse haben menschlich-allzumenschliche Eigenschaften, ohne das Wesen ihrer Tiergattung zu verleugnen. So hat sich der Frosch, Mr. Jeremy Fisher, in feinen Zwirn gekleidet und sitzt zeitunglesend vor seinem Hauseingang unter den Butterblumen. Dennoch behält er sein froschhaftes Wesen, denn:
„The water was all slippy-sloppy in the larder and in the back passage."
Trotz geblümter Weste stört sich Mr. Jeremy Fisher nicht daran, nasse Füße zu bekommen, und die durchgeweichte Nahrung in seiner Speisekammer verursacht ihm keine Bauchschmerzen. Das Regenwetter ermutigt ihn zu einem Angelausflug, bei dem er sich angesichts einer Forelle, die den feinen Angler nun ihrerseits verspeisen will, allerdings etwas übernimmt.
Mr. Jeremy Fisher läßt sich von solcherlei Schwierigkeiten jedoch nicht aus der Ruhe bringen. Statt Elritzen serviert er seinen Freunden, dem Lurch Sir Esaac Newton und Mr. Alderman Ptolemy Tortoise, Grashüpfer mit Marienkäfersauce.
Tatsächlich treffen sich Grasfrösche in Gesellschaften, allerdings weniger um miteinander zu speisen, als um ihre Eier abzulegen.

Jeremy Fisher

Jemima Puddle-Duck wiederum erweist sich als wahrhaft entenhaft-naiv, als sie vertrauensselig einem gutaussehenden Gentleman mit langem buschigem Schwanz und spitzen Ohren folgt, der nichts anderes im Sinn hat, als sie mit Salbei, Thymian, Pfefferminz, Zwiebeln und Petersilie auszustopfen und zu braten.

Wie Mr. Jeremy Fisher beschäftigt sich auch der Fuchs in THE TALE OF JEMIMA PUDDLE-DUCK eingehend mit dem Zeitunglesen, aber obwohl er sich wie ein Gentleman-Farmer kleidet und in grünem Tweed daherstolziert, kann er sein wahres Wesen nicht verbergen.

In THE TALE OF MRS. TIGGY-WINKLE verliert die kleine Lucie ihre Taschentücher und ihr Schürzchen, die sie bei einer stacheligen Wäscherin wiederfindet, die in einem Hügel wohnt. Sie ist gerade damit beschäftigt, die Wäsche zu stärken, und bildet sich viel auf ihre hausfräulichen Qualitäten ein:

„Oh, yes if you pleas'm, I'm an excellent clear-starcher!"

Der 'exzellenten Wäschestärkerin' ragen die Stacheln aus der Haube. Als sie die fertige Wäsche bei den Tieren der Umgebung abgeliefert hat, verschwindet sie, ohne sich von Lucie zu verabschieden, verliert ihre Kleidung und rennt in ihrem Stachelkleid den Hügel hinauf.

Einen Igel als perfekte Hausfrau darzustellen, ist gar nicht so abwegig. Sein ausgeprägter Geruchssinn und die Tatsache, daß er Wärme bevorzugt (was beim Bügeln vorteilhaft ist) machen deutlich, warum Beatrix Potter in dieser Geschichte einen Igel in Schürze und Haube steckte. Da Igel Einzelgänger sind, verhält sich Mrs. Tiggy-Winkle am Ende der Geschichte dem Charakter ihres Igelwesens entsprechend, indem sie ohne Verabschiedung Reißaus nimmt.

Beatrix Potter verwendet allerdings eher die putzigen Eigenschaften der Tiere. Daß sich Igel selbst bespucken, kommt bei der adretten Mrs. Tiggy-Winkle natürlich nicht vor. Auch das freche Squirrel Nutkin verhält sich insofern entsprechend seines wahren Eichhörnchencharakters, als es mit Tannenzapfen Kegeln spielt.

Beatrix Potter beobachtete die Tierwelt genau und entdeckte

schon in jungen Jahren die Verspieltheit und Intelligenz der Eichhörnchen. Daß sie allerdings wie in THE TALE OF SQIRREL NUTKIN auf Flößen über einen See rudern, entspringt ganz und gar ihrer Phantasie.

Beatrix Potters Hauptinteressen waren das Zeichnen und das Farmerleben. Letzteres konnte sie in London nicht verwirklichen und deshalb kehrten ihre Gedanken immer wieder in den Lake District zurück. Die Heirat mit William Heelis eröffnete ihr die Möglichkeit eines Farmerlebens, wie sie es sich schon seit langem erträumt hatte. Aus Beatrix Potter, der Kinderbuchautorin und Zeichnerin, wurde Mrs. Heelis, die bodenständige Farmerin, die sich in dicke Tweedröcke hüllte und auf Schafauktionen ihre bevorzugten Herdwick Schafe ersteigerte. Nur Eingeweihte wußten von der Identität der Personen und natürlich die Einwohner von Sawrey.

Wenn sie z.B. in THE TALE OF JEMIMA PUDDLE-DUCK ihren Pub Tower Bank Arms wiedererkannten oder in THE TALE OF GINGER AND PICKLES den örtlichen Lebensmittelladen wiederfanden und Szenen aus Sawrey entdeckten, dann waren sie stolz auf Mrs. Heelis alias Beatrix Potter.

*

Beatrix Potter

Beatrix Potter: Im Bann der Niedlichkeit

Beatrix Potters Kindheit in N°2 Bolton Gardens London, war alles andere als glücklich.
Am 28. Juli 1866 geboren, ist Helen Beatrix Potter das erste Kind wohlhabender Eltern, die streng nach viktorianischem Vorbild leben. Der Vater Rupert Potter, ein begeisterter Amateurphotograph, geht nur nominell dem Beruf eines Rechtsanwaltes nach. Er verbringt seine Zeit hauptsächlich in Clubs. Beide Elternteile leben vom Vermögen, das ihre Vorfahren durch Lancashire Baumwolle gemacht haben. Die Notwendigkeit der Arbeit besteht also nicht, und so legt sich über N°2, Bolton Gardens jene Atmosphäre der Vornehmheit und Eintönigkeit, die gerade Beatrix eine abwechslungsarme Kindheit beschert. Ihr Bruder Bertram wird erst geboren, als Beatrix fünf Jahre alt ist.
Mit Ausnahme der langen Ferien in Schottland und dem Lake District, wie Fawe Park und Lingholm Gardens bei Keswick, verbringt Beatrix die Zeit in ihrem Zimmer. Unterrichtet wird sie von Gouvernanten. Wie das gleichmäßige Ticken einer Uhr vollzieht sich ein strenger Lebensrhythmus, der sogar in den dreimonatigen Ferien akribisch nachgestellt wird. Um Punkt 1 Uhr mittags bringt der Diener das Schnitzel herauf, das Beatrix in ihrem Zimmer einnimmt. Um Punkt 2 Uhr steht die Kutsche für Mrs. Potter bereit. Um 5 Uhr gibt es den Nachmittagstee. Beatrix wird selten mitgenommen, wenn ihre Mutter ausfährt. Und wenn, dann besteht ihre Unterhaltung darin, schön angezogen und still bei einer Teegesellschaft zu sitzen. Die Einsamkeit und Abgeschlossenheit macht sie schüchtern und zurückhaltend. Manchmal in jungen Jahren sitzt sie unter dem Wohnzimmertisch und hört zu, wenn ihre lebhafte Großmutter von ihrer Jugend erzählt, von den dickköpfigen radikalen Lancashirevorfahren, von dem Tod Princess Charlottes und von Waterloo.
Als Zwölfjährige schreibt Beatrix diese Geschichten in einer Geheimschrift auf. Später mit 15 Jahren entwickelt sie ein in Geheimschrift verfasstes Tagebuch, das erst 1966 decodiert

wird. Ihr Geist braucht Beschäftigung, und so entwickelt sie nicht nur eine komplizierte Geheimschrift, sondern lernt ganze Shakespeare-Stücke auswendig. Vor allem interessiert sie sich für das Zeichnen von Tieren und Pflanzen. Zu diesem Zweck schaffen sie und ihr Bruder sich einen Privatzoo an. Er besteht aus einer Fledermaus, einem Igel, Mäusen, Hasen und einer Ratte, die sie wechselweise in einem Köfferchen auch auf ihre Reisen mitnimmt. Als die Fledermaus bei schlechter Gesundheit ist, wird Beatrix von ihrem Bruder angewiesen, sie zu töten und anschließend ihren Körper zu präparieren:
„Sei sicher, daß Du ihre genauen Maße nimmst, bevor du sie ausstopfst. Nämlich die Länge ihres Kopfes, Körpers, Schwanzes, Humerus, Radius, Femoris, Tibia, Zehe und Krallen; und auch die Finger. Mit anderen Worten alle Knochen der Flügel und Beine. Ich weiß nicht, was Du am besten tun solltest, um die Flügel ausgespannt zu bekommen. Vielleicht nagelst Du sie fest, wie bei der Fledermaus aus Edinburgh, aber stecke etwas Baumwolle hinter die Flügel, so daß sie nicht so flach aussehen. Mit dem Kopf würde ich nicht allzuviel machen, er kann eigentlich nicht stark riechen."
Als Mr. Gaskell stirbt - ein enger Freund der Familie, Ehemann der berühmten Schriftstellerin und Brontë-Biographin Mrs. Gaskell -, blickt die 17jährige Beatrix ohne Hoffnung in die Zukunft: „Werde ich ihn wirklich niemals wiedersehen? Alles ist vorbei, und er ruht friedlich bei seinen Vätern. Ich habe die dunkle Reise des Lebens begonnen. Wird sie so düster verlaufen wie sie begonnen hat?"
Trotz der Wiederholung eintöniger und formeller häuslicher Lebensmuster gibt die Begegnung mit der Natur in ihren Ferien einen wichtigen Anstoß für Beatrix' weiteres Leben. Hier bemerkt sie zum ersten Mal, daß es ein natürliches Leben gibt, fernab von Bolton Gardens.
Neugierig streift sie mit ihrem Bruder an Bauernhöfen vorbei, beobachtet die Frösche am Teich, die ausgelassenen Eichhörnchen in den Baumwipfeln und die kleinen flinken Mäuse. Beatrix und Bertram geben sich mit der reinen Beobachtung nicht zufrieden. Sie sammeln tote Tiere ein und häuten sie. Andere

kochen sie und betrachten interessiert ihre Skelette. Die Tiersammlung der Potter-Kinder wächst: Käfer, Frösche, Igel, Raupen, Elritzen, Vögel und Schlangenhäute liegen bereit, um gezeichnet und abgemalt zu werden. Mit durchaus naturwissenschaftlichem Eifer analysieren und beobachten Beatrix und Bertram die Wunder der Natur.

Diese Vorgehensweise, die im Kontrast zu Beatrix Potters niedlichen und putzigen Tierdarstellungen zu stehen scheint, läßt schon damals Rückschlüsse auf ihr Verhältnis zur Natur zu. Sie war nie Vegetarierin, und sie verschloß nie die Augen vor der Brutalität gewisser Naturvorgänge. Das 'Fressen und Gefressenwerden' ist immer Bestandteil ihrer niedlichen Tiergeschichten: daß die kleinen Ohren der Flopsy Bunnies so anheimelnd aus dem Kompost herausragen, hindert Mr. McGregor nicht daran, die Tiere in einen Sack zu stecken, um sie später stolz seiner Frau um Mittagessen zu präsentieren. Und nur Dank der märchenhaften Erfindungsgabe Benjamins und Peter Rabbits werden die Flopsie Bunnies davor bewahrt, im Kochtopf ihr Leben zu beenden.

Peter Hase

Und auch dem hübschen, manierlichen Pigling Bland, das in Rock und Weste auf zwei Beinen laufend zum Markt aufbricht, wäre ein trauriges Schicksal als Schweinebraten beschieden, wenn es nicht schlau genug wäre, Reißaus zu nehmen. Die Bedrohung ist allgegenwärtig, mal sind es die Menschen, mal die Tiere selbst, die ihre Artgenossen bedrohen. In der Kinderwelt Beatrix Potters darf natürlich kein Blut fließen, auch wenn die Möglichkeit dazu ständig vor Augen geführt wird.

Beatrix Potter und ihr Bruder Bertram finden im Leben auf

dem Land jene Freiheit, die sie in der Stadt entbehren. Die Eltern sind mit der rigiden Wahrung ihres Lebensstandards zu sehr beschäftigt, als daß sie die Hauptbeschäftigung der Kinder entdeckt hätten. In THE TALE OF JOHNNY TOWN-MOUSE (1918) erklärt sich Beatrix mit der Landmaus Timmy Willie solidarisch:
„One place suits one person, another place suits another person. For my part I prefer to live in the country, like Timmy Willie."
Dennoch zieht sie auch ihre Vorteile aus dem Stadtleben: sie besucht die French Gallery in der Tate Gallery und die National Gallery, um abzuzeichnen. Auch zu den Royal Botanic Gardens in Kew zieht es sie häufig hin. Sie züchtet Pilzsporen und schreibt eine Abhandlung darüber. Doch die wissenschaftlichen Herren in Kew sind skeptisch. Ein Außenseiter und dazu noch eine Frau, selbst wenn sie fundierte Kenntnisse hat, ist den Herren suspekt. Es wäre falsch zu behaupten, daß die Eltern kein Interesse an Beatrix hatten, ihr Interesse an der Person ihrer Tochter drückte sich in Verboten aus. Als Beatrix sich 1905, also im Alter von 39 Jahren mit Norman Warne, dem Sohn ihres Verlegers verlobt, legen sie ihr alle nur erdenklichen Schwierigkeiten in den Weg, da sie die Heirat für nicht standesgemäß ansehen. Sie wachen eifersüchtig über den Umgang ihrer Tochter mit der Warne-Familie, die Beatrix durch ihre Publikationen kennengelernt hat und mit der sie befreundet ist. Norman Warne baut ein Puppenhaus für seine Nichte, das Beatrix als Vorlage für THE TALE OF TWO BAD MICE abzeichnen wollte. Doch die Mutter untersagt ihr die Reise zur Nichte, und Beatrix ist gezwungen, nach Photos zu arbeiten.
Bevor es zu einer Hochzeit mit Norman kommen kann, stirbt er an Leukämie. Vor dem Tod Normans vergleicht Beatrix Potter sich mit Anne Eliott, der Heldin aus Jane Austens spätem Roman PERSUASION:
„Ich dachte, meine Geschichte würde durch Geduld und Warten ein gutes Ende nehmen wie bei Anne Eliott."
Beatrix Potter stürzt sich in ihre Arbeit. Seit 1901, als ihr erstes Buch THE TALE OF PETER RABBIT bei Warne & Co. erschie-

nen war - übrigens nach sechs Ablehnungen und einer Eigenveröffentlichung - hatte sie fortwährend an ihren Geschichten gearbeitet. Während ihr die Menschenzeichnungen schwerfallen, gehen ihr die Tierzeichnungen dank anatomischer Studien leicht von der Hand. 1903 erscheinen THE TALE OF SQUIRREL NUTKIN und THE TAILOR OF GLOUCESTER, ein bezauberndes Weihnachtsmärchen, das von Mäusen handelt, die für einen kranken Schneider am Heiligen Abend den zugeschnittenen Rock für den Bürgermeister zu Ende nähen. THE TAILOR OF GLOUCESTER ist Beatrix Potters Lieblingsgeschichte.

Mit der Zeit lernt Beatrix Potter den Lake District immer besser kennen, vor allem die Gegend zwischen Windermere und Coniston. Auch Sawrey kennt sie bereits aus Ferienaufenthalten und hat das Dorf und seine Umgebung häufig als Vorlage für ihre Zeichnungen benutzt. 1905 kauft sie sich Hill Top.

Beatrix Potters Haus

In einem Brief schreibt sie:

„Das Haus ist wirklich entzückend - wenn man nur die Ratten herausbekommen könnte!...Noch nie habe ich einen so geeigneten Ort fürs Versteckspiel gesehen, mit so seltsamen Schränken und Wandschränken."

Durch Hill Top inspiriert, schreibt und zeichnet sie THE TALE OF SAMUEL WHISKERS (1908), eine Geschichte, die ihrer Ratte Sammy gewidmet ist:

„In Erinnerung an Sammy, dem intelligenten, rotäugigen Repräsentanten einer verfolgten (aber nicht unterdrückbaren) Rasse. Ein liebevoller kleiner Freund und hervorragender Dieb."

Die Bilder der Geschichte zeigen Mr. und Mrs. Whiskers bei

ihren Diebesaktionen vor dem Hintergrund der Treppen und Schränke Hill Tops.
Selbst auf den Umbau eines Kamins wird verzichtet, da Beatrix Stoff für ihr nächstes Buch braucht.
Sie schafft sich Schweine, Geflügel, Schafe und später auch Galloway-Kühe an. In der Zeit ihrer Abwesenheit von Hill Top wird die Farm von John Canon verwaltet. Während ihre Gedanken in Hill Top sind, sitzt sie - nun über 40 – mit zunehmender Unzufriedenheit in Bolton Gardens:
„Ich kann es nicht abwarten, in den Norden zu fahren und einige neue Büsche vor der Blütezeit zu pflanzen." Später schreibt sie:
„Ich fahre am nächsten Mittwoch mit meinen Eltern nach Windermere. Ich bin etwas im Zweifel, ob es für sie der beste Ort ist, so früh im Jahr...Ich möchte natürlich gerne dorthin, weil ich dann nach Sawrey hinüber und mir die neugeborenen Lämmer ansehen kann."
1909 fügt sie ihrem Besitz Castle Farm hinzu in der Nähe von Hill Top. Der Kauf wird durch den Rechtsanwalt William Heelis vollzogen, einen ruhigen Mann in Beatrix' Alter. Er hilft ihr bei der Planung der Wasserversorgung und teilt ihre Begeisterung für Hill Top. Die Briefe, die er ihr schreibt, während Beatrix in Bolton Gardens krank darniederliegt, richten sie auf. Es kommt zum Heiratsantrag. Beatrix Potter hat Angst vor ihren Eltern; aber sie muß dieses Mal eine Angelegenheit duchsetzen, die ihr Glück bedeutet. Ihr Bruder Bertram, der selber heimlich mit der Tochter eines Ladenbesitzers verheiratet ist, kommt ihr zu Hilfe, und nach einem mehrmonatigen Untergrundkrieg mit ihren Eltern heiraten Mr. William Heelis und Beatrix Potter am 14. Oktober 1913.
Endlich kann Beatrix ihr geliebtes Farmleben unterbrechungslos aufnehmen. Mit der Wandlung von Beatrix Potter in Mrs. Heelis findet auch eine Wandlung in Bezug auf ihre Kinderbücher statt. Die kreative Phase ist zu Ende. Mrs. Heelis' Hauptbeschäftigung ist nun das Farmleben. Sie veröffentlicht zwar noch sechs Bücher nach ihrer Heirat, kann aber nicht an ihren früheren Erfolg anknüpfen. In diesem Zusammenhang

spielt auch ihre nachlassende Sehkraft eine Rolle. Weil sie die Illustrationen nicht mehr so korrekt ausführen kann wie früher - obwohl der Leser den Unterschied kaum merkt - nimmt sie Abstand vom Zeichnen.
Mrs. Heelis hat darunter wenig zu leiden. Die harte Farmarbeit und die Zucht ihrer geliebten Herdwick-Schafe, einer besonders widerstandsfähigen Rasse, nehmen sie ganz in Anspruch. Mit rosigem Gesicht, das Haar zu einem Knoten zusammengebunden, in zeitloses Tweed gehüllt, stapft sie über ihre Felder. Auf äußere Erscheinung hat sie nie viel Wert gelegt, und so wirft sie sich, wenn es regnet, einfach einen alten Sack über. Belustigt erzählt sie, wie ihr einmal bei schlechtem Wetter ein Landstreicher begegnet sei, der bei ihrem Anblick ausgerufen habe:
„It's sad weather for the likes o'thee and me!"
Zwei Selbstporträts finden Eingang in ihre Geschichten. Beatrix Potter engagiert sich sehr für den National Trust, dem auch heute Hill Top gehört. Sie kauft nach ihrer Heirat weitere Grundstücke dazu, so daß sie am Ende 4000 Morgen Land an den National Trust weitergeben kann, insgesamt vierzehn Bauernhöfe. Wie Canon Rawnsley, einer der Begründer des Trusts, den sie in ihrer Kindheit kannte, sieht auch Beatrix Potter die Gefahren des Tourismus und der Entwicklungsfanatiker.
Aus den nahen großen Industriestädten Liverpool und Manchester kommen die Tagesausflügler mit ihren Picknickpaketen. Baugesellschaften wollen Bungalows bauen. Straßen sollen durch die abgelegenen Gebiete geführt, Stadtrandsiedlungen erweitert werden. Sogar der kleine Farmer ist versucht, seine Schafherde zu verkaufen, das Holz abzuschlagen und Hühnerhöfe zu gründen oder Land, das an Straßen gelegen ist, bestmöglich zu verkaufen.
Beatrix Potter, durch ihre Bücher zu Geld gekommen, kauft den großen Monk-Coniston-Besitz und den Troutbeck Park, Tilberthwaite. In ihrer Liebe für das Land ist sie oft anderen gegenüber unnachgiebig, und auf so mancher Frauenkommiteeversammlung des Ortes fließen Tränen, wenn Mrs. Heelis ihren Standpunkt in schneidenden Worten klarmacht.

Sawrey bleibt vom Krieg verschont. Aus der Ferne beobachtet Beatrix Potter die Luftangriffe über den Langdale Pikes, die jede Nacht den Himmel rot färben und in ihrer unsentimentalen Art kommentiert sie:
„Wenn man einmal über die Grausamkeit und das Leid hinwegsieht, ist ein Luftangriff mit Suchscheinwerfern und Leuchtraketen aus der Ferne betrachtet, schön."
In ihrer burschikosen Art reagiert sie auf diejenigen ihrer Kritiker, die ihre Bücher als Kunst bezeichnen, recht ungehalten:
„Great rubbish, absolute bosh!"
Doch eigentümlicherweise verhält sie sich gerade gegenüber ihren amerikanischen Verehrern, die sie in Hill Top aufsuchen, gnädig. Ihre englischen Besucher werden strenger abgefertigt. THE FAIRY CARAVAN ist ein Buch, das sie extra für ihre amerikanischen Leser veröffentlicht.
Im Winter 1943 zieht sie sich eine Bronchitis zu. Sie weiß, daß sie sterben wird und läßt ihren Schäfer Tom Storey zu sich rufen, den sie beauftragt, die Farm für Mr. Heelis weiterzuleiten. Sie stirbt mit 77 Jahren am 22. Dezember 1943. Ihren Lebenstraum hat sie trotz heftiger Widerstände verwirklicht. In CECILY PARSLEY'S NURSERY RHYMES singen die Mäuse folgendes Lied:

>„We have a little garden,
>A garden of our own,
>And every day we water there
>The seeds that we have sown."

>„Wir haben einen kleinen Garten,
>Der gehört uns ganz allein,
>An jedem Tage wässern wir
>Die Samen, die wir säten."

Beatrix Potter war eher bodenständig als niedlich, doch diese Worte hätte sie begeistert mitgesungen. Ihre Asche wurde über Sawrey verstreut.

*

THE TAYLOR OF GLOUCESTER
Der Schneider von Gloucester, ein armer alter Mann, hat vom

Bürgermeister den Auftrag erhalten, ihm zum Weihnachtstag Rock und Weste für seine Hochzeit zu nähen. Der Schneider arbeitet emsig an den verschiedenen Kleidungsteilen und hofft, durch dieses Glanzstück sein Glück zu machen. Während alle Teile zugeschnitten auf dem großen Schneidertisch liegen, kehrt der alte Mann am Ende seiner Kräfte in seine bescheidene Wohnung zurück. Da er keinen Zwirn mehr hat, schickt er seine Katze Simpkin, die ihm den Haushalt führt, zum Einkauf. In der Zwischenzeit läßt er die kleinen Mäuse frei, die unter umgestülpten Teetassen hausen. Als Simpkin zurückkehrt, ist sie darüber so erbost, daß sie dem Schneider seinen Zwirn vorenthält. Der Schneider sieht sein Schicksal besiegelt und schläft unglücklich und krank ein.
„Kein Zwirn mehr! Kein Zwirn mehr!" murmelt er unruhig im Schlaf.
Simpkin macht sich auf ihren nächtlichen Weg durch die Stadt. Als sie an der Schneiderstube am Westgate vorbeikommt, entdeckt sie, daß dort Kerzen brennen.
Kleine Mäuse hantieren dort mit Schere und Faden. Sie sind damit beschäftigt, den Rock des Bürgermeisters fertigzunähen. Als sie Simpkin sehen, die an der Tür kratzt, singen sie:
„Three little mice sat down to spin,
Pussy passed by and she peeped in.
What are you at, my fine little men?
Making coats for gentlemen.
Shall I come in and cut off your threads?
Oh, no, Miss Pussy, you'd bite off
our heads!"

„Drei kleine Mäuse setzten sich, um zu spinnnen,
Pussy kam vorbei und schaute hinein.
Was macht ihr da, meine feinen kleinen Männer?
Wir machen Röcke für Gentlemen.
Soll ich hereinkommen und eure Fäden abbeißen?
Oh, nein, Miss Pussy, du wirst unsere Köpfe abbeißen!"
Die Mäuse singen und arbeiten weiter, bis Simpkin den Ruf 'Kein Zwirn mehr!' hört. Simpkin ist beeindruckt von der Güte

der Mäuse und schämt sich über seine eigene Hartherzigkeit. Als der Schneider am Weihnachtsmorgen aufwacht, findet er den Zwirn neben seinem Bett. Glücklich geht er in seine Schneiderstube, wo er zu seiner Überraschung alles aufgeräumt und fertig vorfindet:

„Alles war fertiggestellt mit Ausnahme eines einzigen kirschfarbenen Knopfloches und wo dieses Knopfloch fehlte, befand sich ein Schnitzel Papier mit diesen Worten - in einer kleinen, winzigen Schrift - kein Zwirn mehr."

Das Glück des Schneiders von Gloucester ist gemacht. Er wird reich und berühmt durch die kleinen, so kleinen Stiche seiner Knopflöcher, die aussehen, als wären sie von Mäusen genäht worden.

*

Die Idee zu dieser Geschichte kam Beatrix Potter, als sie ihre Cousine in Gloucester besuchte. Hier hörte sie die wahre Geschichte des Schneiders von Gloucester, der eine Weste in unfertigem Zustand zurückließ und sie am Montag fertig vorfand. In Wahrheit hatten seine Gehilfen die Weste heimlich fertiggestellt, bis auf ein Knopfloch für das 'kein Zwirn mehr' vorhanden war. Bei Beatrix Potter spielt die Geschichte am Heiligen Abend, jenem Abend, an dem laut Aberglauben, die Tiere sprechen können. Ihre Hausmaus Hunca Munca bildete wohl das Vorbild für die Mäusezeichnungen.

*

THE TALE OF SQUIRREL NUTKIN

Squirrel Nutkin, ein freches und ausgelassenes Eichhörnchen, reist mit seinen Artgenossen auf Flößen zu einer kleinen Insel im See. Dort wollen die Eichhörnchen Nüsse sammeln. Beherrscht wird die Insel von Old Brown, einer alten Eule. Old Brown, eine stattliche schweigsame Eule, beobachtet mit wachsendem Ärger die Unverschämtheiten des Squirrel Nutkin. Das Eichhörnchen verspottet die Eule mit Rätseln und dummen Sprüchen. Old Brown bleibt stumm und erhaben, bis Nutkin ihm ins Gesicht springt. Plötzlich ist ein gewaltiges Flügelschlagen zu hören, und die anderen Eichhörnchen rennen fort.

„Als sie sehr vorsichtig zurückkamen und um den Baum her-

umsahen, saß da Old Brown vor seiner Tür, ganz still, mit geschlossenen Augen, als sei nichts passiert....
Aber Nutkin war in seiner Westentasche."
Old Brown will Nutkin häuten, doch das gelingt ihm nicht, da Squirrel Nutkin entkommen kann. Allerdings muß er die Hälfte seines Schwanzes lassen.
„Und heute noch, wenn du Squirrel Nutkin auf einem Baum siehst und ihm ein Rätsel aufgibst, wird er Stöcke auf dich werfen, mit den Füßen stampfen und schimpfen und rufen: 'cuck-cuck-cuck-cur-r-r-cuck-k-k!'"

*

Im Verhalten Squirrel Nutkins spiegelt sich kindlicher Protest gegen die Autorität der Erwachsenen (Old Brown) wider. Die Mahnung, es mit der Frechheit nicht zu übertreiben, ist wohl auch für kleine Kinder gut verständlich.
Als Beatrix Potter 1901 den Sommer mit ihren Eltern in Lingholm am Derwent Water verbrachte, erzählte ihr eine alte Dame, die auf St. Herbert's Island wohnte, daß sie den Eindruck habe, die Eichhörnchen kämen jedesmal über den See, wenn die Nüsse reif seien. Doch Beatrix wunderte sich, wie sie über den See herüberkommen konnten, da Eichhörnchen keine großen Schwimmer sind. „Vielleicht machen sie kleine Flöße!", schrieb sie an die Tochter ihrer früheren Lehrerin, für die Geschichte erstmals bestimmt war. Wie auch in anderen Geschichten gibt Beatrix Potter auch hier lautmalerisch Tiergeräusche wieder.
Ein weiteres Merkmal ihrer märchenhaften Tierporträts sind die hausfräulichen Qualitäten, die sich in vielen Geschichten wiederfinden, und die genaue Beschreibung von Geschirr. Mrs. Tiggy-Winkles Fähigkeiten wurden schon erwähnt. In THE TALE OF THE PIE AND THE PATTY PAN erweisen sich die Katze Ribby und der kleine Hund Duchess als wahre Meister im Backen von Aufläufen. Beide betten ihre Aufläufe in Formen mit einem rosa Rand. Es ist nur zu dumm, daß ihre Geschmäcker so verschieden sind. Denn Duchess mag Ribbys Mäuseauflauf nicht und tauscht ihn heimlich gegen einen Schinkenauflauf um. Am Ende sieht Ribby ein, daß Katzen und

Hunde doch nicht zusammenpassen, und zu ihrem Erstaunen findet sie eine zerbrochene Auflaufform mit rosa Rand in ihrem Garten.
In THE TALE OF MRS. TITTLEMOUSE ist Mrs. Tittlemouse höchst verärgert über den Besuch der schmutzigen Kröte, die in ihrer blitzblanken Höhle Fußstapfen hinterlassen hat:
„Am nächsten Morgen stand sie sehr früh auf und begann einen Frühjahrsputz, der zwei Wochen dauerte. Sie fegte, scheuerte und wischte Staub, sie rieb die Möbel mit Bienenwachs ab und polierte ihre kleinen Blechlöffel."
Sogar die Mäuse in THE TALE OF TWO BAD MICE, die aus Enttäuschung darüber, daß sich im Puppenhaus keine echten Lebensmittel befinden, alles auseinandernehmen, werden reumütig, und Hunca Munca verdingt sich am Ende als Putzfrau im Puppenhaus. 1912 bei der Veröffentlichung von THE TALE OF MR. TOD verkündete Beatrix Potter allerdings, das Schreiben von 'goody, goody books about nice people' sei sie nun endlich leid. Es folgte eine Geschichte über einen ungehobelten Dachs und einen gefährlichen Fuchs, die in einer regelrechten Schlägerei der beiden endet. Aber da auch Benjamin Kaninchen und die Flopsy Bunnies mit dabei sind, gelingt der Abschied von der Niedlichkeit nicht ganz.
Wie auch, denn schließlich ist es das Hauptmerkmal ihrer Kleintierwelt für kleine Kinder, die in die idyllische Szenerie des Lake Districts eingebettet ist.

14
Charlotte BRONTË
Haworth, Yorkshire, Gomersal, Oakwell Hall Country Park, Scarborough

Um vom Lake District in die Yorkshire Dales zu gelangen, braucht man nicht viel Zeit. So verbrachte ich den Morgen eines schönen Augusttages in einem Dampfboot namens 'Otto' auf dem Lake Windermere. 'Otto' hatte einen grün-weiß gestreiften Baldachin, einen kleinen weißen Schornstein und stammte aus dem Jahr 1896. Das Boot setzte sich mit ohrenbetäubendem Lärm in Bewegung. Die meisten Passagiere hielten sich die Ohren zu, während der Steuermann enthusiastisch den Mechanismus der alten Maschine erklärte.
Gegen Mittag brach ich nach Yorkshire auf. Von Kendal aus fuhr ich auf der A684 Richtung Sedbergh und gelangte eine Weile später nach Hawes. Hier, mitten im Yorkshire Dales National Park, quartierte ich mich im Tarney Fors Farmhouse ein. Es liegt einsam ein paar Kilometer oberhalb von Hawes. Die Landschaft der Yorkshire Dales erinnerte mich an die des Dartmoors, nur daß es hier keine Felsansammlungen gibt.
Hungrig brach ich abends nach Hawes auf. Ich ging den Fußweg entlang, vorbei an einer Farm namens 'Thorney Mire'. Die Bezeichnung 'Dorniger Matsch' erwies sich als sehr treffend: meine grünen Wanderschuhe hatten eine braune Farbe angenommen. Allerdings wußte ich nun, warum Yorkshire Countrymen and -women immer in grünen Gummistiefeln dargestellt werden. Ich kaufte mir einen Beefburger, schlenderte durch das mausgraue Örtchen mit seinen einfachen Häusern, seinem starken Wind und seinen Country-Style-Geschäften. Dann machte ich mich auf den Rückweg. Was ich nicht vorhersah war, daß es hier ziemlich schnell dunkel wird. Als Stadtmensch an Neonbeleuchtung allerorten gewöhnt, ging ich irritiert die dunkle Straße hoch, auf der kaum ein Auto fuhr. Meine Schritte wurden schneller, und ich strengte die Augen an, um in der Ferne die Lichter von Tarney Fors sehen zu können: Doch es blieb dunkel. Zu meiner Linken zog sich eine

Hügelkette hin, und ich meinte, auf dem Hügel den Schatten einer Frau zu erblicken, deren langes Kleid im Wind flatterte und die mir zuwinkte. Wäre ich nicht allein gewesen, hätte ich über diesen Vorfall gelacht. Doch wie die Dinge standen, blieb mir das Lachen im Halse stecken. Der Wind, die Dunkelheit und die Stille machten den Vorfall (der bei Tageslicht sicher eine einfache Erklärung finden würde) zu einem alarmierenden Erlebnis. Endlich, nachdem die Straße eine Biegung vollzogen hatte, sah ich Licht. Außer Atem kam ich im Farmhaus an.
„Wenn die Einbildungskraft beginnt Amok zu laufen", heißt es in Charlotte Brontës VILLETTE, „wo soll das hinführen? Welcher Winterbaum ist so nackt und zweiglos, welches Heckentier zu niedrig, als daß die Einbildungskraft, eine vorbeiziehende Wolke und ein Mondstrahl sie nicht in eine Geistigkeit kleiden und ein Phantom daraus machen würde."
Am nächsten Morgen fuhr ich mit dem Auto an der Stelle vorbei: die Frau im langen Kleid war nichts weiter als ein nackter Pfosten. Entweder hatte meine Einbildungskraft ihm ein langes Kleid übergezogen, oder es hing tatsächlich etwas am Pfosten, das im Wind flatterte.
Am Abend vorher hatte ich in Manchester angerufen und Mr. Collins eine Nachricht auf Band hinterlassen. Heute nachmittag um 15 Uhr wollte ich im Brontë Parsonage Museum in Haworth sein.

Brontë Parsonage Museum Haworth

Daß ich ihn dort treffen würde, schien mir eher unwahrscheinlich, denn es war ein normaler Wochentag, und ich schätzte das Arbeitspensum eines Anwaltes enorm hoch ein. Haworth liegt in der Nähe von Keighley in West Yorkshire. Als der Rektor Patrick Brontë im Jahr 1820 mit seiner sechsköpfigen Kinder-

schar und einer bereits kranken Frau im Pfarrhaus eintraf, fand er in Haworth einen aufstrebenden Industrieort. Entlang des River Worth befanden sich die ersten Mühlen Yorkshires, die seit 1790 mit Hilfe der Wasserkraft Kammgarn herstellten. Durch die Einführung der ersten Maschinenwebstühle und die Wirtschaftsblockadepolitik Napoleons kam es zu den sogenannten Ludditen-Unruhen. England verlor seine Absatzmärkte, und die arbeitslos gewordenen Weber zerstörten Maschinen, da sie diese für die Ursache ihrer Arbeitslosigkeit ansahen. Charlotte Brontë verarbeitete diesen Stoff in ihrem Roman SHIRLEY, der 1849 erschien. Patrick Brontë schlief jede Nacht mit einer geladenen Pistole neben sich, die er am jeweils nächsten Morgen aus dem Fenster des Pfarrhauses abfeuerte. Geistliche wurden relativ oft Opfer der Ludditen oder Chartisten.
Eine schmale Straße gesäumt von alten Weberhäusern windet sich bis zur Haworth Church hoch. Oberhalb der Kirche befindet sich das Pfarrhaus mit dem vorgelagerten Friedhof. Haworth Parsonage ist ein zweistöckiges Gebäude, das nach dem Tod des Rektors Patrick Brontë, der seine Familie um Jahre überlebte, um einen Anbau erweitert wurde:
„Where, behind Keighley...the church stands
on the crest of the hill,
Lonely and bleak; - at its side
The parsonage-house and the graves",

„Wo, hinter Keighley...die Kirche steht
auf dem Hügelkamm,
Einsam und trostlos; - an ihrer Seite
Das Pfarrhaus und die Gräber",
schrieb Matthew Arnold 1855.
Doch die erste Beschreibung dieses einsamen Ortes inmitten der 'high waving heather, 'neath stormy blasts bending...', wie Emily Brontë in einem Gedicht schrieb, stammt von Elisabeth Gaskell, der Schriftstellerin und ersten Brontë-Biographin:
„Das Haus ist aus grauem Stein, zweistöckig, das Dach besteht aus schweren Steinplatten, da der Wind ein leichteres Dach

abtragen würde. Es scheint vor ungefähr 100 Jahren gebaut worden zu sein und besteht aus vier Räumen in jedem Stockwerk; die zwei Fenster zur Rechten...gehören zu Mr. Brontës Arbeitszimmer, die zwei zur Linken gehören zum Wohnzimmer der Familie."

Über dem Kaminsims des Wohnzimmers, das auch als Eßzimmer diente, befindet sich ein Portrait Charlotte Brontës. Ein Profilrelief über der Couch zeigt ihren Bruder Branwell Brontë, dessen erwartete Karriere als Portraitmaler so vielversprechend begann, und der unter der Erwartungslast zusammenbrach und als Alkoholiker und Drogenabhängiger endete.

In eben diesem Wohnzimmer vollzog sich zu Charlotte Brontës Zeiten abends ein Ritual, das sich ebenso wiederholte wie das Aufziehen der Standuhr, das der Rektor pünktlich vor dem Zubettgehen um 9 Uhr p.m. erledigte.

Branwell, Charlotte, Emily und Anne versammelten sich hier, um ihre Phantasieländer Gondal (Emily und Anne) und Angria (Charlotte und Branwell) vor dem inneren Auge erstehen zu lassen. Sie schrieben ihre Geschichten in der Zeit von 1829 bis 1845 nieder, Geschichten voll von Abenteuern, düsteren bösartigen Helden, die der 'Gothic Novel' entlehnt zu sein scheinen, und die einen Mr. Rochester, den Helden aus Charlotte Brontës JANE EYRE ansatzweise vorwegnehmen. Die Beschäftigungen der Geschwister weiteten sich zu Tagträumen aus, die weitgehend das bedrückende Leben ersetzten. In ihren ausgetüftelten Spielen verwandeln sich die vier intelligenten Kinder in die Schutzgeister Annii, Tallii, Brannii und Emmii. Sie führen die Geschicke ihrer Tagtraumfiguren; geleiten sie nach Afrika in die Hölle der Aschanti-Menschenfresser und erretten die halbverzehrten Helden aus ihrer Qual. In ihrer Phantasie bauen sie die 'marmorne Stadt am Niger', Glass Town, die vom 'Turm der Nationen' überragt wird. Das wirkliche Leben der Brontës sollte später schattenhaft wirken gegenüber den wüsten Abenteuern ihrer Tagträume. Die Tagträume verließen sie auch im Erwachsenenleben nicht: als Charlotte in Roe Head Lehrerin wurde, flüchtete sie sich oft aus der Tristesse des Alltags in die Welt ihrer Tagträume, verließ das Klassenzimmer, indem sie den Blick nach Innen wandte und sich in die finstere, ereignisreiche Welt Angrias begab.

Auch die Standuhr ist im Pfarrhaus noch zu sehen, deren Ticken durch das leere Haus hallte, als Charlottes sämtliche fünf Geschwister gestorben waren. Auf einem von Branwell gemalten Portrait sind Anne, Emily und Charlotte dargestellt mit rosigen Wangen und ernstem Blick. Zwischen Emily und Charlotte erkennt man einen Kopf, der übermalt wurde: Branwell. Die einen sagen, er hätte sich aus dem Bild herausgenommen, weil es die Komposition gestört hätte, die anderen meinen, er hätte sich übermalt, da er sich für unwert erachtete, die Gesellschaft seiner Schwestern zu teilen. Wie dem auch sei, die Geschichte vom verlorenen Sohn Branwell, der mehr als seine Schwestern sein sollte und als einzig Unbegabter der Familie schließlich unterging, wurde von Daphne du Maurier geschrieben (THE INFERNAL WORLD OF BRANWELL BRONTE) und interessiert uns hier nur insoweit, wie uns Charlotte interessiert.

Im Ausstellungsraum sieht man den 'Apostelschrank', einen hohen dunkelbraunen Schrank, der von Charlotte Brontë im 20. Kapitel ihres Romans JANE EYRE geschildert wird:

„Ein großer Schrank, dessen Vorderseite in zwölf Tafeln geteilt war, trug in düsterer Malweise die Köpfe der zwölf Apostel. Jeder Kopf war in die jeweilige Tafel eingefasst, wie in einen Rahmen..."

Im Roman befindet sich der düstere Schrank neben der Dachkammer, in der Rochester seine wahnsinnige Frau vor der Welt verbirgt. Hinter dem Pfarrhaus führt der beschilderte Weg ins Moor hinaus und an dem ruinenhaften Gebäude Top Withens vorbei (einem der möglichen Vorbilder für WUTHERING HEIGHTS von Emily Brontë).

„Wuthering Heights ist der Name von Mr. Heathcliffs Wohnsitz. Wuthering ist ein Dialektwort, das treffend den atmosphärischen Tumult zur Anschauung bringt, dem der Ort bei stürmischer Witterung ausgesetzt ist. Eine reine stärkende Luft müssen sie dort oben in der Tat zu allen Jahreszeiten haben. Mit welcher Gewalt der Nordwind über den Hügelkamm hinfährt, mag man aus der ausserordentlichen Neigung einiger verkümmerter Föhren am Ende des Hauses ermessen sowie aus einer Reihe magerer Dornsträucher, die alle ihr Geäst nach der gleichen Seite ausstrecken, als erflehten sie von der Sonne ein Almosen."

Durch das dichte Heidekraut schlängelt sich der Weg weiter bis Ponden Hall, einem Haus, von dem gesagt wird, es sei die Vorlage für Thrushcross Grange. Im Roman heiratet Catherine den Besitzer dieses Landsitzes gegen ihre Neigung, was den wilden Heathcliff zur Rache an ihr und ihrer Familie anstachelt.

Ich ging den Weg ein Stück weit ins Moor hinein. Doch der Wind wehte so heftig, daß er mir die Luft vom Mund abschnitt: eine wahrhafte 'Sturmhöhe'. Außerdem wollte ich einen 'gewissen Herrn' nicht versäumen, der sich bis jetzt noch nicht eingestellt hatte, aber möglicherweise noch kam. Es war inzwischen halb fünf und ich entschloß mich, die Church Lane hinunterzugehen. Ich kehrte also zur Parsonage zurück, gab dem meckernden Ziegenbock auf seiner Weide etwas Gras und schlenderte langsam die Straße hinunter. Hier war es, im Gegensatz zum Moor, gar nicht einsam. Die Tagesbesucher drängten sich in der schmalen Straße mit ihren langstufigen Bordsteinen und alten Weberhäusern. Ich blickte in den Tea-Room hinein, und wen sah ich da am Fenster sitzen? Mr. Collins, der gemächlich in seiner Teetasse rührte. Er sah mich und winkte. Ich ging hinein.

„Wo haben Sie denn gesteckt?" fragte er mich mit einem schelmischen Lächeln.

„Ich war im Moor, aber der Wind hat mich zurückgetrieben", antwortete ich und nahm ihm gegenüber Platz.

„Der Wind?", fragte er zweifelnd und vertiefte sich in die Speisekarte. Auch ich studierte nun eingehend die Tea-Room-Karte. Wir bestellten Chocolate-Cake und Trifle.

„Ehrlich gesagt, habe ich nicht mit Ihrem Kommen gerechnet. Hoffentlich haben Sie wegen mir keinen Klienten verprellt."

„Na ja, Mrs. McCoram wird nicht gerade begeistert sein, wenn sie gleich meinen Partner durchs Gartentor kommen sieht, den sie nicht besonders mag. Aber Ihre Nachricht auf meinem Anrufbeantworter klang etwas unsicher und aufgeregt, und da dachte ich mir, ich sehe mal lieber nach, ob der Geist der tau-

bengrauen Brontë-Schwestern Sie nicht behext hat." Er schaute mich prüfend an und rührte immer noch in seiner Teetasse.
„Mein Gott, lassen Sie doch ihren armen Tee endlich in Ruhe. Dem wird noch ganz schwindelig." Er legte den Löffel auf die Untertasse.
Ich erzählte ihm von meiner gestrigen unheimlichen Begegnung mit dem Wäschepfosten. Doch obwohl ich versuchte, meiner Erzählung einen witzigen Unterton zu verleihen, fing meine Stimme an zu zittern, und ich mußte abbrechen. Mr. Collins schwieg. Das einfallende Licht ließ seine Brillengläser metallen und undurchsichtig erscheinen.
„Kokettieren Sie nicht mit der Einsamkeit. Sie ist ein wildes Tier", sagte er. „Wie lange sind Sie jetzt schon allein unterwegs? Es müssen doch bereits an die fünf Wochen sein!"
„Ich weiß manchmal nicht mehr, ob es Wochen oder Monate sind. Ich glaube, ich habe jegliches Zeitgefühl verloren."
„Sie sollten nach Hause reisen. Auch wenn es mir leid täte, Ihre Gesellschaft zu verlieren. Es ist sicher das Beste für Sie."
„Mr. Collins, ich bin sehr enttäuscht. Ich wollte von Ihnen einen lustigen, geistreichen Kommentar hören, der mir den Kopf wieder zurechtrückt, und was tun Sie, Sie machen mir Angst und nehmen den Vorfall viel zu ernst."
„Sie selbst nehmen ihn ernster als Sie zugeben wollen. Ich sehe es Ihren Augen an, daß sie beunruhigt sind, nicht über die Frau im langen Kleid oder den Pfosten, sondern über sich selbst, über den fremdartigen Einfluß, den das alles auf Sie ausgeübt hat."
Manchmal war mir Mr. Collins unheimlich. Er kannte mich nicht. Dennoch schien er in meinen Augen zu lesen, wie Wahrsager in den Linien einer Hand.
„Ach was", sagte ich und lächelte, „wenn ich erst einmal in Stratford bin mit seinen Theatern und Touristenbussen werden mir derartige Gesichte vollkommen unverständlich erscheinen. Ich glaube, ich habe zu viel Charlotte Brontë gelesen. Mein Kopf ist voll von wahnsinnigen Frauen in Dachkammern, düsteren regennassen Wegen und schüchternen huschenden Gouvernanten, die um die Anerkennung ihrer Gefühle kämpfen müssen."

„Bravo, das ist das erste vernünftige Wort, das ich heute von Ihnen höre. Charlotte Brontë zog sicherlich alle Register des Melodramas." Mr. Collins lachte, und ich konnte nicht umhin mitzulachen.
Wir besuchten die Haworth Church mit der Familiengruft der Brontës und verbrachten den Abend in einem Restaurant namens 'The Dovecoat'. Mr. Collins' Einladung, mit ihm nach Manchester zu kommen und mich vom Literaturstreß zu erholen, lehnte ich ab. Wir einigten uns auf einen Briefwechsel, den wir nach meiner Rückkehr nach Deutschland aufrecht erhalten wollten, und Mr. Collins drohte mir für das nächste Jahr einen Literaturbesuch in Deutschland an, bei dem ich ihm von 'Auerbachs Keller' bis zum 'Stechlinsee' und 'Hölderlinturm' die gesamte deutsche Literatur anhand von Schauplätzen vorzuführen hätte. Schließlich sei ich die Fachfrau in Sachen unendlicher Reisen, und er hoffe, die nächste Reise würde tatsächlich eine unendliche werden. Bei diesen Worten schaute er mich lange an und vergaß dabei, seinen Tee weiter umzurühren.
Das Neonlicht des Parkplatzes war eigentlich nicht dazu angetan, romantische Stimmungen hervorzurufen, und doch war es so. Erst das Hupen eines Autos in unmittelbarer Nähe schreckte uns auf, und wir verabschiedeten uns.

*

Charlotte Brontë

Charlotte Brontë: Das versteckte Leben

Charlotte Brontë wird als drittes Kind des Rektors Patrick Brontë am 21. April 1816 in Thornton geboren. Ihre älteren Schwestern heißen Maria und Elizabeth. Die jüngeren Geschwister Patrick Branwell, Emily Jane und Anne erblicken ebenfalls in Thornton, nahe Bradford, das Licht der Welt.

Im Jahr 1820 wird Patrick Brontë als Rektor nach Haworth versetzt. Seine Frau, eine geborene Maria Branwell, die das südliche Klima von Penzance (Cornwall) gewohnt ist, erliegt im unbarmherzigen Klima Yorkshires einer Krebskrankheit, wobei wohl auch Tuberkulose mit im Spiel war. So sieht sich der Rektor Patrick Brontë plötzlich allein mit sechs Kindern und zwei Haushaltshilfen. Sein etwas linkischer Versuch, eine früher von ihm sitzengelassene Jugendfreundin zur Heirat zu überreden, scheitert. Um die verfahrene Situation zu retten, reist die Schwester der Verstorbenen aus Penzance nach Yorkshire, Miss Elizabeth Branwell. Sie versucht Mutterstelle einzunehmen und ihre Pflicht an den Kindern zu erfüllen, doch die Entfernung vom südlichen Penzance setzt ihr ein Leben lang zu, und die Beziehung der Kinder zu ihr ist zwar von Respekt und Anerkennung geprägt, jedoch nicht von Liebe. Wie der Rektor, so zieht auch sie sich oft vor dem lauten Haushalt in ihr Zimmer zurück. Maria, die Älteste, versucht mit wahrer Aufopferung und frühreifem Ernst, dem Vater eine ebenbürtige Gesprächspartnerin zu sein und geleitet die fünf Geschwister, die sich alle bei der Hand fassen, über das einsame Moor.

Im Jahr 1824 werden Maria und Elizabeth zur Clergy Daughters' School nach Cowan Bridge, Kirkby Lonsdale geschickt. Auch Charlotte und Emily folgen ihren Schwestern nach Cowan Bridge. In JANE EYRE hat Charlotte Brontë dieser teilweise von Spenden abhängigen Schule ein unrühmliches Denkmal gesetzt. Da die Schule nur sehr wenig Geld zur Verfügung hat - es ist eine Wohlfahrtsschule -, herrscht der Leiter, Reverend Carus Wilson, mit einer derartigen Strenge sowohl über die unzureichende Verpflegung als auch über die Bekleidung, daß sich Cowan Bridge, in einem feuchten Klima gelegen, wie Haworth, zum Herd für Krankheiten entwickelt. Dazu kommt, daß das wenige Essen oft in verbranntem Zustand die Teller der hungrigen Mädchen erreicht. Die christliche Doktrin eines Reverend Carus Wilson sieht vor, die Kinder jeglicher äußerer Schönheiten zu berauben, um ihre Seelen zu retten. Sein bizarrer Kampf gegen Eitelkeit, Sebstbewußtsein und Unordnung macht aus den Schülerinnen ärmlich gekleidete, unterernährte Kreaturen, denen jegliche Lebensfreude verweigert wird. Das zum Kochen benutzte Wasser wird der Regentonne entnommen und in ungereinigtem Zustand verwendet. Typhus, Auszehrung und Skrofulose dezimieren periodisch die Kinderzahl.

In JANE EYRE verkündet der unbarmherzige Schulleiter Mr. Brocklehurst sein unheiliges Evangelium:
„'Selig die, die Hunger und Durst erleiden um meinetwillen.' Oh, Madam, wenn sie Brot und Käse in die Münder dieser Kinder füllen statt verbranntem Haferschleim, dann füttern sie in der Tat ihre sündigen Körper, aber sie denken nicht daran, daß ihre unsterblichen Seelen verhungern!"

Die Lockenpracht eines Mädchens sticht ihm ins Auge und 'to mortify in these girls the lusts of the flesh' bestellt er den Barbier, der ihr die Haarpracht abschneidet.

Mr. Brocklehursts' eigene Töchter allerdings gehen in Locken und Straußenfedern einher, und ihre Kleidung besteht aus Samt, Seide und Pelz. Charlotte Brontë hat allen Grund, Cowan Bridge zu hassen: ihre Schwestern Maria und Elizabeth holen sich in Mr. Carus Wilsons Charity School beide die Schwindsucht. Als der Rektor über den schlechten Gesundheitszustand seiner Töchter informiert wird, holt er alle vier nach Haworth zurück. Maria und Elizabeth sterben. Charlotte und Emily kehren nach den Sommerferien noch einmal nach Cowan Bridge zurück. Dann werden auch sie von der Schule genommen. Das religiöse Klima der Zeit schlägt sich in der Kindererziehung restriktiv nieder. Die Lehre des Seelenverzückers Wesley, eines bekannten Predigers des 18.Jahrhunderts, besagt:
„Wenn ein Kind ein Jahr alt ist, lehre es, die Rute zu fürchten und leise zu weinen."

Demut steht Kindern nach Ansicht Wesleys gut an, und um die kleinen Seelen vor der Höllenpein zu erretten, müssen Korrekturen vorgenommen werden. Eine Jüngerin Wesleys schreibt dazu: „Ich erinnere mich nicht an ein einziges Kind, das, wenn wir eine Korrektur durch die Rute angeordnet hatten...sich nicht schweigend wie ein Lamm niederlegte und danach zu uns kam und uns küßte."
Solchermaßen wird die Heuchelei gefördert und natürliches Verhalten abgetötet.
Helen, in der Charlotte Brontë in JANE EYRE ihre Schwester Maria dargestellt haben soll, vertritt das christliche Prinzip der Sanftmut. Demütig erträgt sie jede Ungerechtigkeit, die der Schülerin von einer mißgünstigen Lehrerin angetan wird. Jane Eyre vertritt die entgegengesetzte Position. Eine Christin wie Helen, ist sie doch der Auffassung, man müsse sich gegen Ungerechtigkeit zur Wehr setzen. Mit diesem Verhalten verschafft sie sich Feinde, gilt als unweiblich; doch vor Mr. Brocklehurst muß auch sie kapitulieren. Als er sie vor der ganzen Schule anklagt, mit dem Teufel im Bunde zu sein, sie eine Lügnerin schilt, die Kinder auffordert, sie zu meiden und sie auf einen Stuhl stellt, ist sie sprachlos vor Trauer und Wut.
Der Rektor Patrick Brontë ist zwar auch ein feuriger Seelenretter im Namen des Kreuzes, doch seine Erziehungsmethoden sind liberaler. Ihn interessiert die Meinung und der Charakter seiner Kinder: um ihnen ein freies Sprechen zu erleichtern, läßt er sie unter einer Maske sprechen. Ihre Lektüre dürfen die Kinder frei wählen: Byron und Swift gehören noch nicht wie später, in prüder viktorianischer Zeit, zu den verbotenen Schriften für junge Mädchen, da zu leidenschaftlich und unanständig.
Wieder in Haworth, bahnt sich 1826, als Branwell eine Packung Holzsoldaten geschenkt bekommt, ein Alternativleben für die Brontë-Kinder an. Sie erfinden Namen und Charaktere für ihre Soldaten und verwickeln sie in haarsträubende Abenteuer. Die Erfahrungen, die Emily und Charlotte in Cowan Bridge gemacht haben, sind negativ. Nun können sie sich ganz und gar zurückziehen in die interne Welt des Pfarrhauses und der Imagination. Im Laufe der Zeit denken sich Anne, Emily, Bran-

well und Charlotte 640 Charaktere aus. Die Kinder selbst schlüpfen nicht nur in die Rolle der Schutzgeister, sondern übernehmen auch unterschiedliche Charaktere. Charlotte ist in der Welt von Angria Captain Tree und später Lord Wellesley, ein fiktiver Herzog von Wellington, den Charlotte vergöttert. Sie ist ihr Leben lang ein Tory und schreckt vor republikanischen Ideen zurück. Die vier Schutzgeister haben mächtig viel zu tun. Sie sitzen zu Rate in der Halle aus Marmor und Saphir. Wie die vier apokalytischen Reiter aus der Apokalypse des Johannes, die Pest, Krieg, Hungersnot und Tod verkünden, herrschen die Schutzgeister, die manchmal eher als Rachegeister erscheinen, über ihre düstere imaginäre Welt. Inspiriert wurden die Kinder sicher sowohl durch die Bibel als auch durch die Drucke des Rektors, wie 'Belshazzars Fest' von John Martin, in dem die Erscheinung des Todes inmitten der festlichen Gesellschaft einen Aufruhr auslöst. Für die Kinder ein immer sichtbares memento mori.

1831 verläßt Charlotte zum zweiten Mal Haworth. Sie muß genug Wissen zusammenbringen, um später als Gouvernante arbeiten zu können. Der Vater ist nicht reich genug, um alle seine Kinder auf lange Sicht unterstützen zu können, und die geplante Ausbildung des Sohnes zum Portraitmaler wird ohnehin genug Geld kosten. So verabschiedet sich Charlotte von der imaginären Hauptstadt Angrias, um nach Roe Head zu gehen.

„No mortal may further the vision reveal;
Human eye may not pierce what a spirit would seal.
The secrets of genii my tongue may not tell,
But hoarsely they murmured: Bright city farewell."

„Kein Sterblicher wird jemals die Vision enthüllen;
Menschliches Auge wird nicht durchdringen, was der Geist versiegelte.
Die Geheimnisse der Schöpfer mag mein Mund nicht offenbaren,
Heiser murmeln sie: Auf Wiedersehen, du leuchtende Stadt."

In Miss Woolers' Institut für junge Mädchen bekommt Char-

lotte die Ausbildung, die sie als Gouvernante braucht. Allerdings ist ihre spätere Tätigkeit als Lehrerin und Gouvernante ein immerwährender Kampf gegen ihre eigene schüchterne Natur. Die Konfrontation mit fremden Menschen verursacht Qualen. Lieber nimmt sie jede Unbequemlichkeit hin, als jemanden um eine Gefälligkeit zu bitten. Sie ist sehr klein, 1,45m, kurzsichtig und nicht gerade hübsch. Schon in jungen Jahren ist sie davon überzeugt, eine alte Jungfer zu werden. In einem Brief an eine spätere Freundin teilt sie mit, sie sei weder schön noch biegsam genug, um Interesse in einem männlichen Wesen erwecken zu können. Sie sollte sich irren.
In Roe Head (20 Meilen von Haworth entfernt) beeindruckt sie ihre Mitschülerinnen mit ihrem literarischen Wissen. In Grammatik und Geographie ist sie nahezu unwissend. Freundschaften entstehen, für die ihre Biographen dankbar sein müssen. Sie teilt Ellen Nussey, der freundlichen, frommen, unauffälligen Korrespondentin späterer Zeit, und Mary Taylor ihre Gedanken mit. Ihr späterer Ehemann Mr. Nicholls besteht darauf, daß Ellen die Briefe Charlottes verbrennen sollte. Der strikte Kleriker findet die Mitteilungen dieses schüchternen, dennoch leidenschaftlichen Mädchens allzu freimütig. Ellen gesteht es ihm zu - und tut es doch nicht. Für dieses Beispiel weiblichen Ungehorsams muß man auch heute noch dankbar sein. In Roe Head erfindet Charlotte Geschichten, um ihre Freundinnen zu unterhalten.
Als sie Mary von ihren toten Schwestern erzählt, ist diese mit der kurzen Geschichte nicht zufrieden und bittet Charlotte, weiter zu erzählen: „Mach weiter! Erfinde etwas! Ich weiß, daß du es kannst."
Später berichtet Mary Taylor: „Die ganze Familie pflegte Geschichten zu erfinden und auch Charaktere und Ereignisse. Ich sagte ihr zuweilen, sie seien wie keimende Kartoffeln im Keller. Sie sagte traurig, ja! Ich weiß, so sind wir!"
Nachts erzählt Charlotte den Kindern im Schlafsaal Schauergeschichten. Als eines der Mädchen in Angstzustände gerät, werden die 'Gute-Nacht-Geschichten' à la Charlotte Brontë von Miss Wooler verboten.

Als Charlotte 1835 nach Roe Head zurückkehrt (dreieinhalb Jahre unterrichtete sie ihre Schwestern zu Hause), tauscht sie die Schulbank mit dem Lehrerpult ein. Als Lehrerin und später als Gouvernante in Stonegappe, Lothersdale und Upperwood House ist sie unglücklich. Sie hat keine Zeit übrig für ihre Tagtraumphantasien, und doch klagt Angria sein Recht ein und Lord Wellesley, ihr fiktiver Held, schiebt sich vor die Wirklichkeit, macht sie uninteressant und eintönig.

Auch Emily und Anne versuchen, sich zu bilden und ihr Brot als Gouvernanten zu verdienen. Doch während Anne diese Aufgabe zwar unwillig, aber pflichtschuldigst löst, verzweifelt Emily an der Schulroutine von Roe Head und wird krank. Gondal, das Reich ihrer Phantasie, das sie sich gemeinsam mit Anne erfand - es enthält 230 Gedichte - verwandelt die Wirklichkeit für sie in ein Schattenreich. Sie kann die Realität nur ertragen, insofern ihr Freiheit gewährt wird. Freiheit zu schreiben, zu denken, zu erfinden und zu träumen, wann immer sie es für angebracht hält. Im Pfarrhaus hatte sie diese Möglichkeiten.

Das traurige Gouvernantenleben veranlaßt Charlotte zu dem kühnen Plan, gemeinsam mit ihren Schwestern ein eigenes Lehrinstitut für junge Mädchen zu gründen.

Um ihre Ausbildung zu vervollkommnen, begeben sich Charlotte und Emily 1842 nach Brüssel. Im Pensionat Héger in der Rue d'Isabelle wollen sie Französisch und Deutsch dazulernen. In THE PROFESSOR und VILLETTE verarbeitet Charlotte Brontë ihre Erfahrungen in Brüssel. Das Institut ist groß, schlecht beheizt und in einem Gebäude aus dem 17. Jahrhundert untergebracht. Es liegt direkt in der Stadtmitte Brüssels an einer schmalen Straße. Der Garten befindet sich innerhalb des Instituts und ist von Mauern umschlossen. Abends vor dem Schlafengehen gibt es die von Charlotte gefürchtete 'lecture pieuse', in der den katholischen Mädchen fromme Texte vorgelesen werden. In VILLETTE (1853) gibt die weibliche Heldin Lucy Snowe zu erkennen, was sie vom Katholizismus hält:

„Eine fremde, ausgelassene, laute kleine Welt war diese Schule: man verwandte viel Arbeit darauf, Fesseln mit Blumenketten

zu verhüllen: eine feine Essenz des Katholizismus pervertierte jedes Arrangement: große sinnliche Freiheit wurde gestattet...um eifersüchtig geistiger Einschränkung ein Gegengewicht zu geben; jeder Geist wurde in Sklaverei erzogen; aber um ein Nachdenken über diese Tatsache zu verhindern, wurde jeder Vorwand für körperliche Erholung ergriffen und ausgeweidet. Dort, wie anderswo, strebte die KIRCHE (gemeint ist die katholische Kirche, A.d.V.) danach, ihre Kinder, robust am Körper, schwach in der Seele, fett, rotbäckig, gesund, froh, dumm und ohne die Fähigkeiten zum Nachdenken und Nachfragen zu erziehen. 'Eßt, trinkt und lebt!' sagte sie. 'Paßt auf eure Körper auf; überlasst eure Seelen mir'."
Immerhin war diese lebensfrohe religiöse Erziehung schon ein gewaltiger Fortschritt verglichen mit Reverend Carus Wilsons' 'Institut für kahle Köpfe und angebrannten Haferschleim'.
Charlotte und Emily schließen im Institut Héger keine Freundschaften. Ihre Mitschülerinnen kommen ihnen allesamt recht oberflächlich und uninteressant vor. Als englische Pastorentöchter inmitten des feindlichen, sinnenbetörenden Katholizismus bleibt man unter sich. Als ihre Tante Elizabeth Branwell im Oktober stirbt, kehren Emily und Charlotte zurück nach Haworth. Während Emily, die in Brüssel recht unglücklich war, nun als Haushälterin bei ihrem Vater bleibt, kehrt Charlotte auf Bitten Hégers als Lehrerin ins Institut zurück. Ein Jahr sollte sie noch in Brüssel bleiben, bis sie die Schule endgültig verließ. Der Grund für ihre Beständigkeit, im fremden Klima Brüssels auszuharren, ist die Person des Monsieur Héger, Ehemann der Institutsleiterin. Charlotte schreibt in einem Brief über ihn:
„Von einer Person habe ich noch nicht gesprochen, von Monsieur Héger, dem Gatten von Madame...ein Mann von machtvollem Intellekt, aber sehr cholerisch und reizbar, ein kleines, dunkles, häßliches Wesen mit einem Gesicht, dessen Ausdruck wechselt. Manchmal nimmt es die Züge eines verrückten Katers an, manchmal die einer rasenden Hyäne...vor einigen Wochen hat er mir in einer hochfliegenden Laune verboten, Wörterbuch und Grammatik zu gebrauchen, wenn ich die schwierigsten Aufsätze ins Französische übersetze...Wenn er sehr scharf mit

mir spricht, weine ich; das bringt alles wieder ins Lot."
Während Emily, die Unbeugsame, niemals vor Monsieur Héger weinen würde und ihm auch sonst nicht die genügende Ehrerbietung entgegenbringt, stimmt sich Charlotte ganz und gar fasziniert vom Wesen des cholerischen Mannes auf seinen Charakter ein. Schon als junges Mädchen wünschte sie sich einen Mann, „den ich lieben muß und fürchten kann."
Das Lehrerinnendasein macht ihr so wenig Spaß wie zuvor. Sie versucht, den Belgierinnen die englische Sprache beizubringen: „Manchmal werde ich rot im Gesicht vor Ungeduld über ihre Dummheit", schreibt sie. Allerdings bescheren ihr die Englischstunden, die sie Monsieur Héger und seinem Schwager gibt, eine angenehme Abwechslung:
„Wenn du meine Bemühungen sehen und hören könntest, wie ich versuche, ihnen beizubringen, die Worte wie Engländer auszusprechen, und ihre fruchtlosen Versuche, mich nachzuahmen, Du würdest bis in alle Ewigkeit lachen", berichtet sie Ellen.
Die Atmosphäre im Pensionat Héger wird zunehmend kühler je mehr sich Charlotte in ihren Lehrmeister verliebt. Madame ist nicht mehr so freundlich wie früher, und auch Monsieur Héger zieht sich zurück. Charlotte gerät in eine noch größere Außenseiterposition als vorher. Während der langen Sommerferien bleibt sie mit einer ungeliebten Kollegin allein im Pensionat. Die einsamen Spaziergänge durch Brüssel, die langen Reihen weißer verlassener Betten im großen Schlafsaal lassen sie in Depressionen verfallen. In ihrer Verzweiflung besucht sie die Kathedrale St. Gudule und geht zur Beichte. Der Geistliche will sie auch gleich missionieren und lädt sie ein, jeden Morgen zu ihm zu kommen. Aber Charlotte hat nicht vor, die Konfession zu wechseln.
Im Januar 1844 verläßt Charlotte das Institut Héger mit einem Diplom, das sie befähigt, Französisch zu unterrichten. Der Abschied von Monsieur Héger fällt ihr sehr schwer, und auch Monsieur muß zumindest Sympathie für Charlotte empfunden haben, denn er läßt sie nur ungern gehen. Doch der Vater, fast erblindet, schickt nach ihr, und sie folgt ihrem Gewissen. Wieder zurück in Haworth träumt sie vom fernen Lehrmeister und

schreibt ihm Briefe:
„Vergeben Sie mir also, Monsieur, wenn ich Ihnen doch wieder schreiben muß. Wie kann ich das Leben ertragen, wenn ich keinen Versuch mache, seine Leiden zu lindern?...Auch ich benötige nicht viel Zuneigung von denen, die ich liebe, eine rückhaltlose und vollständige Freundschaft würde mich verwirren - daran bin ich nicht gewöhnt. Aber Sie haben mir vor Zeiten ein kleines Interesse entgegengebracht, als ich in Brüssel Ihre Schülerin war - und an das Fortdauern dieses kleinen Interesses klammere ich mich - ich hänge daran, als wäre es mein Leben." Monsieur Héger antwortet nicht und Charlotte versucht, ihre unglückliche Liebe so gut es geht zu vergessen. Der Plan, eine Privatschule im Pfarrhaus zu gründen, scheitert an fehlenden Interessenten. Prospekte werden zwar verteilt, doch die ungesunde und abgelegene Lage des Hauses (das Grundwasser war durch die Überbelegung des Friedhofs vergiftet) führt zum Scheitern des Projekts.

Haworth Churchyard

Im Mai 1846 veröffentlichen die drei Brontë-Schwestern unter dem Pseudonym Ellis, Currer und Acton Bell einige Gedichte, die jedoch weitgehend ohne Resonanz bleiben. Etwas später werden Charlottes THE PROFESSOR, Annes AGNES GREY und Emilys WUTHERING HEIGHTS fertiggestellt. THE PROFESSOR findet keinen Verleger. Das nachfolgende Werk JANE EYRE wird 1847 von Smith, Elder & Co. veröffentlicht und erregt einiges Aufsehen. Die Schwestern veröffenlichen unter einem Pseudonym, das den Leser über das Geschlecht der Autoren im Unklaren läßt. Weibliche Autorenschaft wird allzu oft mit leichter Unterhaltung identifiziert, die Verfasserinnen nicht ernst genommen. Im Juli 1848 wagen die zurückhalten-

den Brontës allerdings einen schicksalsschweren Schritt. Charlotte und Anne reisen zu ihren Verlegern nach London und präsentieren sich. Es war das Gerücht laut geworden, es handele sich bei den drei Autoren nur um eine einzige Person.
Charlotte sollte ihren Verleger George Smith, einen sympathischen gutaussehenden jungen Mann, nun öfter zu Gesicht bekommen. Sie wird in die Londoner Gesellschaft eingeführt, besucht Theater und trifft ihren Helden, William Makepeace Thackeray, den Verfasser von VANITY FAIR. Der, ein Bewunderer von JANE EYRE, fühlt sich durch die ernste kleine Frau, die gerne zu ihm aufschauen möchte, in seinem Witz angespornt. Auf einer Vortragsgesellschaft flüstert er einigen Anwesenden zu, Jane Eyre sei im Raum. Charlotte, rot vor Zorn und Schüchternheit, muß einen Spießrutenlauf durch die Reihen der Neugierigen antreten. Später rechnet sie mit ihm ab: wie könne er es wagen, sie als Jane Eyre zu bezeichnen.
Mit George Smith, der sie auch mit seiner Mutter bekanntmacht, versteht sich Charlotte ausgezeichnet, doch sie ist klug genug, zu wissen, daß George nie mehr als Freundschaft für sie empfinden wird. Ein Ansinnen, mit ihm zusammen nach Deutschland zu reisen, lehnt sie ab. Sie sei zu sehr eine Frau aus Fleisch und Blut, um sich darauf einzulassen, teilt sie ihrer Freundin mit. Die Jahre 1848 49 werden von Todesfällen überschattet. Charlotte verliert in dieser kurzen Zeit ihre Geschwister Branwell, Emily und Anne, die an Tuberkulose sterben. Anne, die noch einmal das Meer sehen will, fährt gemeinsam mit Charlotte und Ellen nach Scarborough. Im Eselskarren fährt die tief religiöse Anne noch einmal glücklich am Strand entlang. Auf dem St. Mary's Friedhof über den Klippen liegt sie begraben. Ihr letztes Werk THE TENANT OF WILDFELL HALL bestürzte wie JANE EYRE und WUTHERING HEIGHTS die viktorianischen Gemüter. Im TENANT stellt Anne eine Frau dar, die ihren degenerierten Ehemann verläßt (dessen Eigentum sie per Gesetz war) und die fortan ihren Lebensunterhalt durch Malerei verdient. Das Zuknallen ihrer Schlafzimmertür 'hallte durch das ganze viktorianische England', kommentiert später Mae Sinclair.

Ja, sie machten wirklich von sich Reden, diese drei taubengrauen Schwestern, die die Gefühlsintensität ihrer literarischen Helden auf die Spitze treiben, sie zu Geächteten und Außenseitern einer Gesellschaft formen, die auf Restriktion, Moral und Gehorsam baut.
WUTHERING HEIGHTS allerdings ist selbst Charlotte und Anne etwas zu viel der Wildheit. Das Angesiedeltsein des Protagonisten Heathcliff jenseits aller Moral, mehr mit den Elementen des Moores vertraut als mit menschlicher Zivilisation, wirkt selbst auf sie befremdlich.
Als Charlotte aus Scarborough zurückkehrt, kommt sie in ein verlassenes Haus. Besonders die Abende sind einsam, wenn Charlotte daran zurückdenkt, wie sie früher, die eine oder andere Schwester untergehakt, den Tisch umrundeten und sich ihre Geschichten ausdachten.
Im Oktober 1849 erscheint ihr drittes Buch SHIRLEY, in dem sie sich u.a. über die Kuraten lustig macht, jene Gattung christlicher Diener Gottes, die sich des öfteren im Pfarrhaus einfinden und Charlotte durch ihre Oberflächlichkeit beeindrucken. Der Kurat des Rektors ist Mr. Nicholls, ein strikter Mann mit einem Gesicht, das an ein Pferd erinnert. Schon seit einiger Zeit hat er Charlotte mit sehnsüchtigem Blick verfolgt und kurz vor Weihnachten 1852 hält er um ihre Hand an:
„Von Kopf bis Fuß zitternd, mit totenblassem Gesicht, seine Rede leise, heftig und doch stockend, ließ er mich zum erstenmal spüren, was es einen Mann kostet, seine Liebe zu gestehen, an deren Erwiderung er zweifeln muß. Der Anblick eines sonst so statuenähnlichen Mannes, der sich mir zitternd, aufgewühlt und überwältigt zeigte, versetzte mir eine Art von sonderbarem Schock. Er sprach von Leiden, die er monatelang ertragen hätte und nicht mehr aushalten könne, und er flehte um ein Wort, das ihm ein wenig Hoffnung mache."
Charlotte Brontë liebt Mr. Nicholls nicht, dennoch erinnert sie sich möglicherweise an eine ähnliche Situation, in der sie sich selbst vor einiger Zeit befand. Vielleicht kann und will sie nicht so unbarmherzig sein wie Monsieur Héger. Mr. Nicholls, der mit dem Rektor nach seiner Erklärung auf Kriegsfuß steht,

beschließt, nach Australien in die Mission zu gehen. Er steht innerlich zutiefst zerrissen am Gartentor der Brontës, durch das er nun zum letzten Mal gehen soll, da faßt Charlotte sich ein Herz, geht zu ihm und willigt in einen Briefwechsel ein. Statt nach Australien auszuwandern, bleibt Mr. Nicholls in Yorkshire und schließlich schreibt Charlotte an Miss Wooler: „Das Schicksal, das die Vorsehung mir in ihrer Güte und Weisheit zu bieten scheint, gilt allgemein sicher nicht als glänzend, aber ich glaube, ich sehe darin einige Ansätze echten Glücks." Am 29. Juni 1854 heiraten sie. Mr. Nicholls wird wieder als Kurat in Haworth eingesetzt. Doch das Eheleben ist nur von kurzer Dauer. Auf dem Moor zieht sich Charlotte bei Regenwetter eine Erkältung zu. Am 31. März 1855 stirbt sie, im ersten Stadium ihrer Schwangerschaft, an Tuberkulose.

*

JANE EYRE

Jane Eyre, eine Waise, wächst bei ihrer Tante in Gateshead Hall auf. Das stille zurückgezogene Kind wehrt sich gegen die Ungerechtigkeiten ihres Cousins. Die Tante, die stets auf Seiten ihrer eigenen Kinder steht, hält Jane für ein verstocktes, gottloses Kind und gibt sie in Mr. Brocklehursts halb von der Wohlfahrt abhängiges Institut Lowood. Jane verabschiedet sich von ihrer Tante, indem sie ihr wutentbrannt ihre Herzlosigkeit vorwirft. In Lowood freundet sich Jane mit der religiösen Helen an, die demütig jede ihr auferlegte Strafe hinnimmt. Jane Eyre hat ihre eigenen Ansichten, was Religion angeht. Sie begegnet Menschen, die ihrer Meinung nach ungerecht handeln, mit Haß. Im ungesunden Klima Lowoods stirbt Helen an Tuberkulose. Jane Eyre wird zur Gouvernante ausgebildet und nimmt in Lowood eine Stellung als Lehrerin an. Als ihre Freundin Miss Temple heiratet und Lowood verläßt, hält sie nichts mehr in dem Institut. Sie inseriert und bekommt eine Gouvernantenstelle in Thornfield. Dort unterrichtet sie das uneheliche Kind Mr. Rochesters, des Hausherrn. Mr. Rochester, eine dunkle Gestalt, innerlich zerrissen, findet in der freundlichen, stillen aber leidenschaftlichen Jane eine neue Hoffnung für sein zerfahrenes Leben. Als beide vor den Traualtar treten, wird die

Zeremonie unterbrochen. Ein Herr beharrt darauf, daß die Ehe nicht geschlossen werden kann, da Mr. Rochester bereits verheiratet ist und seine Frau lebt. Mr. Rochester, außer sich vor Verzweiflung und Zorn, führt die Gesellschaft in die Dachkammer des dritten Geschosses von Thornfield Hall. Dort vegetiert seine wahnsinnige Frau wie ein wildes Tier vor sich hin, die von Grace Poole, einer Bediensteten, bewacht wird.

Die verzweifelte Jane flieht im Morgengrauen aus Thornfield. Auf die sehnliche Bitte Mr. Rochesters, mit ihm nach Frankreich zu gehen, will sie nicht eingehen. Nachdem sie ein Stück weit mit der Kutsche gereist ist, bleibt ihr nur wenig Geld übrig. Hungernd zieht sie durch Dörfer und einsame Moorgegenden.

Sie sieht in einem Haus Licht und wird dort vom Geistlichen, Mr. St. John Rivers und seinen Schwestern aufgenommen und gepflegt. St. John Rivers liebt die Tochter eines benachbarten Gutsherrn und wird von ihr wiedergeliebt. Er kämpft gegen diese Liebe an, da er als Missionar tätig und sein Leben Gott weihen will. Jane arbeitet unterdessen in einer Schule für die Kinder der armen Landbevölkerung. Nach einer Weile stellt sich heraus, daß Jane Eyre mit den Rivers verwandt ist. Die Erbschaft eines Onkels teilt sie mit ihnen. St. John sieht in Jane nur die nützliche, disziplinierte Gefährtin und möchte mit ihr als seiner Ehefrau in die Mission gehen. Doch Jane kann sich niemals an einen Mann binden, der keine Liebe für sie empfindet. Trotz seiner Güte ist St. John ein kalter Mensch, der Jane erbarmungslos seinen Willen aufdrängen will. So wie vordem Mr. Rochester Jane zu einer außerehelichen Beziehung überreden wollte.

Auch Mr. Brocklehurst versuchte, ihr seine religiösen Auffassungen überzustülpen. Sie alle sehen nur einen Teil ihres Charakters, nicht ihren unabänderlichen Willen, sich selbst treu zu bleiben. In einer stürmischen Nacht wird sie wieder von St. John bedrängt, mit ihm zu gehen, da hört sie durch den Sturm Mr. Rochesters Stimme, die nach ihr ruft. Sie eilt nach Thornfield, das sie abgebrannt findet. Jane erfährt, daß Mr. Rochesters wahnsinnige Frau das Haus angezündet hat und tot ist. In

Ferndean manor-house findet sie Mr. Rochester, der nun blind ist, und dem eine Hand amputiert wurde. Nachdem Mr. Rochesters' Eifersucht auf St. John Rivers aus dem Wege geräumt ist, steht einer Heirat Janes mit Mr. Rochester nichts mehr im Wege.

*

SHIRLEY

Shirley Keeldar ist eine junge Gutsbesitzerin, die durch ihr freies beherztes Auftreten in ihrer Nachbarschaft und bei ihrem Onkel Verwirrung auslöst. Sie steht auf der Seite Robert Moores, dem Pächter ihrer Mühle, der sich gegen die Angriffe der Maschinenstürmer zu Wehr setzt. Parallel dazu wird die Geschichte Caroline Helstones erzählt, der Tochter eines Geistlichen, die an ihrer Liebe zum Mühlenpächter Robert Moore verzweifelt und sich nach einer sinnvollen Beschäftigung als Gouvernante sehnt. Krankheit als Folge oder im Zusammenhang mit Gefühlsverdrängung und Einsamkeit ist ein Element sowohl in diesem Roman wie auch in JANE EYRE und VILLETTE. Der Knoten der ausführlichen Erzählung entwirrt sich, als sich die Protagonisten zu ihren Gefühlen bekennen und über Standesunterschiede und Machtstreben hinwegsehen. Die stolze Shirley heiratet den Hauslehrer ihres Onkels, Louis Moore, und sein Bruder Robert Moore bekennt seine Liebe zu Caroline Helstone.

*

Im 'Shirley Country' bei Gomersal kann man auch heute noch das Red House bewundern, das neben Oakwell Hall als Vorlage für Shirleys Haus Briarmains gedient haben soll. Es ist heute ein Museum. Als Shirley und Caroline an einem Maitag in ein von Gänseblümchen geschmücktes Tal hinabschauen und beobachten, wie die Wolken ihre Schatten auf das Heidekraut werfen, meint Shirley:
„Our England is a bonnie island...and Yorkshire is one of her bonniest nooks."
Charlotte Brontë durchbricht mit noch höherer Intensität als Jane Austen das weibliche Rollenbild. Allerdings bergen ihre Charakterzeichnungen am Rande der Existentialität die Gefahr

der Melodramatik in sich. Im viktorianischen Roman entweder als engelsgleiche Gestalt oder Teufelsbraten dargestellt, entwirft sie Frauenfiguren - durchaus autobiographisch motiviert -, deren Gefühlswelt und Intellekt genauso variantenreich sind wie die der Männer. Shirley und Caroline Helstone widersprechen der These, daß sich unverheiratete Frauen mit häuslicher Näh- und Strickarbeit sowie wohltätigen Armenbesuchen zufriedenzugeben haben. Sie fordern ein ereignisreiches Leben, sowohl intellektuell wie auch gefühlsmäßig. Ein Dahinvegetieren der höheren Tochter als empfindliche, umhegte Pflanze, wird von ihnen abgelehnt. Doch der Kampf scheitert letztendlich an den Realitäten der Zeit. Caroline kann sich gegenüber ihrer Umwelt nicht durchsetzen. Sie bleibt in ihrem Pfarrhaus gefangen.

Sowohl Jane Eyre als auch Lucy Snowe in VILLETTE kämpfen gegen das Bild der zahmen Frau an, die ihren Willen dem männlichen unterwirft. Leidenschaft und Erotik spielen schon in Angria eine wachsende Rolle, und Charlotte Brontë stellt die Leidenschaftlichkeit ihrer Frauengestalten durch Naturmetaphorik verschlüsselt dar, wie beim Heiratsantrag Mr. Rochesters in JANE EYRE:

„Ein Windstoß fuhr durch den Lorbeergang, zitterte durch die Zweige der Kastanie, wanderte weiter - weiter - in die unendliche Ferne - und verging...

Der Mond war noch nicht untergegangen, und doch waren wir ganz im Dunkeln. Und was war mit der Kastanie? Sie krümmte sich und ächzte, während der Wind durchs Gebüsch und über uns hinwegfuhr...Der Regen strömte nieder..."

Die Wildnis der Natur (Sturm, Regen, Mooreinsamkeit) spiegelt die Wildnis der Seele wider. Die Natur des Brontë-Country gibt insofern Aufschluß über die Seelenlandschaft ihrer Helden und Heldinnen.

15
George ELIOT
Nuneaton (Warwickshire) Arbury Hall

Das Innere meines Wagens wurde von der Sonneneinstahlung in eine Sauna verwandelt, als ich auf der M6 Richtung Birmingham fuhr. Die karge Landschaft der Yorkshire Dales hatte sich in das grüne kornreiche Land der Midlands verwandelt. Ich passierte Derbyshire, über das es in George Eliots Roman ADAM BEDE heißt:

„...und nach einem Ritt von zwei oder drei Stunden konnte ein Reisender eine öde, baumlose Gegend, durchschnitten von Linien kalten grauen Steins, gegen eine andere vertauschen; dort schlängelte sich seine Straße im Schutz von Wäldern dahin oder schwellende Hügel hinauf, eingebettet in Heckenzäune und hohes Wiesengras und dichtes Korn; dort traf er an jeder Biegung auf einen schönen alten Landsitz, der sich ins Tal schmiegte oder den Hang krönte, auf ein Gehöft mit langgezogener Scheune und einer Ansammlung goldener Schober oder auf einen grauen Kirchturm, der aus einem hübschen Gewirr von Bäumen und Strohdächern und dunkelroten Ziegeln hervorschaute."

Bei Coventry, wo man George Eliot-Touren buchen kann, gelangte ich zur Anschlußstelle 3 Richtung Nuneaton, und ein großes Schild am Straßenrand unterrichtete mich darüber, daß ich mich nun im 'George Eliot Country' befand.

Dreißig Jahre lang lebte die Schriftstellerin, Übersetzerin und Journalistin Mary Ann Evans (1819-1880) in der Umgebung Nuneatons, bevor sie endgültig ihre Heimat verließ und nach London zog. Ihr Zusammenleben mit dem verheirateten Schriftsteller George Lewes machte sie zur Persona non grata. Ihre Familie wandte sich von ihr ab, und London wurde somit ein Exil, aus dem sie immer wieder ausbrechen mußte, um ihre Gesundheit wiederherzustellen.

In ihren Büchern beschreibt sie allerdings sehr eindringlich das Landleben der Midlands, wie sie es als Kind und junge Frau selbst miterlebt hatte. Vor allem ihr erstes Werk, SCENES OF CLERICAL LIFE, das unter dem Decknamen George Eliot geschrieben wurde, spielt in den Midlands und beschreibt in drei Geschichten drei unterschiedliche Pastorenschicksale.

Shepperton Church ist die Gemeindekirche von Chilvers Coton bei Nuneaton, wo George Eliot in Griff House lebte. Das Haus wurde in eine viktorianische George-Eliot-Gedächtnis-Wirtschaft umgewandelt, mit einer Casaubon Library, benannt nach George Eliots trockenem und lieblosem Gelehrten aus MIDDLEMARCH, der sein Leben einem Werk widmet, das er nie zu Ende führen kann.

Auch Rosamonds Salon ist in Griff House zu sehen, angelehnt ebenfalls an eine Figur aus MIDDLEMARCH, nämlich der schönen verwöhnten Rosamond Vincy, deren Tränen den mittellosen Arzt Lydgate zu einem Heiratsantrag verleiten. Griff House ist auch das Vorbild für Maggie Tullivers Haus in THE MILL ON THE FLOSS, wo sich Maggie, vor der Erwachsenenwelt und ihrem hartherzigen Bruder flüchtend, in die Dachkammer zurückzieht:

„Maggie schluchzte laut, und der hohle Widerhall aus dem großen, leeren Speicher gefiel ihr in ihrer Verzweiflung."

George Eliot zog sich des öfteren ins Dachgeschoß von Griff House zurück. Die problematische Beziehung zwischen Maggie Tulliver und ihrem Bruder Tom, spiegelt die Beziehung George Eliots zu ihrem Bruder Isaac wider, der sich nachher von ihr abwandte, so wie sich im Roman Tom aus moralischen Gründen von Maggie abwendet.

In Nuneaton selbst ist auf dem Marktplatz eine Statue George Eliots zu sehen: im langen Kleid, das schmale Gesicht von dickem Haar umkränzt, blickt die 'große Weise' der englischen Literatur nachdenklich auf ihre Umgebung. Im Museum der Stadt befindet sich die Nachbildung ihres Londoner Wohnzimmers, inklusive des Flügels, auf dem sie sowohl George Lewes, als auch ihren späteren Ehemann John Cross unterhielt.

Arbury Hall, unweit vom Stadtzentrum Nuneatons gelegen, wird in George Eliots Geschichte MR. GILFIL'S LOVE-STORY (SCENES OF CLERICAL LIFE) als der Herrensitz 'Cheverel Manor' dargestellt. Hier in Arbury Hall war George Eliots Vater als Verwalter der Newdigate Familie angestellt. Ihre Belesenheit

hatte George Eliot vor allem der reichhaltigen Bibliothek dieses im gotischen Stil hergerichteten Hauses zu verdanken. In MR. GILFIL'S LOVE STORY wird Arbury Hall so beschrieben:
„...Das mit Türmen und Zinnen ausgestattete Haus aus graugefärbtem Stein mit den flackernden Sonnenstrahlen, die ihr goldenes Licht über die vielgestaltigen Glasscheiben der Stabwerk Fenster warfen, und eine hohe Buche, die sich quer über einen Seitenturm lehnte und mit ihren dunklen flachen Ästen die allzu formelle Symmetrie der Vorderseite brach...der große Teich, wo ein Schwanenpaar faul entlangschwamm, das eine Bein unter die Flügel gesteckt..."

Arbury Hall

Als handle es sich um ihre letzte große Anstrengung in diesem Jahr, brannte die Sonne auf Arbury Hall nieder. Eine lange Auffahrt windet sich durch die wiesenreiche Gegend, bis man den Eingang zu den Stallungen erreicht. Der runde Teich, in dem Mary Ann und ihr Bruder Isaac angelten, befindet sich zur Rechten. Auf dem mit Seerosen bedeckten Teich schwammen die Schwäne, als sei die Zeit stehengeblieben und als müsse gleich ein kleines ungestümes Mädchen namens Mary Ann mit einer Schürze bekleidet hervortreten und hinter einem entschlossen blickenden Jungen herlaufen. Das Tor stand offen, denn die Gärtner waren dabei, den Garten für den morgigen Tag (einen öffentlichen Besichtigungstag) herzurichten.
Ich ging durch den bis auf die Gärtner leblosen Park. Arbury Hall erschien mir wie ein großer Kasten, dem nur die gotischen Fenster etwas Abwechslung brachten. Als ich ein Stück weit um den Herrensitz herum gelaufen war, sah ich auf der großen Rasenfläche eine Frau um die 35 mit Sommerhut und im cremefarbenen Kleid, die vor einem Stativ stand und ihre Kamera auf das Haus richtete.

Sie nahm den Hut ab, um besser durch das Objektiv blicken zu können, dann drückte sie auf den Auslöser. Mit einem Mal wandte sie mir ihr Gesicht zu, und ich sah ihre zahlreichen Sommersprossen. Sie lächelte und fragte, ob ich zur Hall gehöre und ob sie nun endlich hinein könne, um ihre Photos zu machen. Ich antwortete ihr, daß ich weder zur Newdigate-Familie gehöre noch zum Personal, und daß ich mir lediglich Arbury Hall, das Vorbild für Cheverel Manor, anschauen wolle.

„Oh", sagte sie, heftig das Interesse verlierend. „Ich bin etwas in Eile müssen Sie wissen, ich arbeite für Country-Life, und sobald ich die Bilder gemacht habe, müssen sie zur Entwicklung."

Sie machte sich wieder an ihrem Stativ zu schaffen.

„Würden Sie vielleicht so freundlich sein, meine Tasche zu tragen, Dear", fragte sie mich honigsüß lächelnd und eilte mit ihrer Photoausrüstung weiter.

Ich nahm ihre große schwarze Tasche und schlenderte hinter ihr her.

„Wenn ich kein gutes Photo von der Vorderseite bekomme, killt mich mein Chef. Haben Sie übrigens mal was von George Eliot gelesen?"

„Ja, besonders MIDDLEMARCH hat mir gut gefallen."

„Ach, das habe ich mir mal im Fernsehen angeschaut - geht schneller, wissen Sie."

„Das ist wahr, wenn man es auf Zeitersparnis anlegt, aber dafür entgehen einem viele Gedankengänge des Autors."

„Shit, jetzt ist mein Film zu Ende, und ich habe nur noch einen für die Innenaufnahmen", sie seufzte resigniert und setzte sich auf den Rasen. „Ich lese lieber Biographien als Literatur. George Eliots Leben fand ich interessanter und nicht so furchtbar dramatisch wie die meisten ihrer Romane", sagte sie und blickte zu mir hoch.

„Aber warum sie sich an diesen häßlichen Lewes verschwendet hat, bleibt mir unbegreiflich. Und dann auch noch seine ständige Zensur, was sie in den Briefen, die sie bekam, lesen durfte und was nicht! Anmaßend."

„Aber er kannte sie gut. Er wußte, wie zurückhaltend sie war, und wie leicht sie sich von Kritik aus der Bahn werfen ließ.

Vielleicht hätte sie tatsächlich nichts mehr geschrieben, wenn sie mit der negativen Kritik konfrontiert worden wäre."
„So empfindlich darf man als Schriftstellerin nicht sein. Man schreibt für die Öffentlichkeit, also geben auch die Öffentlichkeit und die schreibenden Kollegen ihre Meinung ab. Möglicherweise wären ihre späteren Romane leserlicher gewesen, wenn sie sich etwas von der Kritik angenommen hätte."
„Oder sie wären gar nicht geschrieben worden, und auch MIDDLEMARCH wäre nie entstanden. Sie dürfen nicht vergessen, daß sie leicht zu verunsichern war."
„Gut, daß ich nicht so zurückhaltend und leicht zu verunsichern bin. Übrigens, mein Name ist Leslie, und ich marschiere jetzt in die Hall, ob die mich nun gerufen haben oder nicht!"
Mit diesen Worten packte sie ihre Ausrüstung zusammen. Da erschien ein schwarz gekleideter älterer Herr und fragte:
„Mrs. Morris? Die Familie wird Sie nun empfangen, wenn Sie mir bitte folgen wollen." Er wandte sich schnell um und ging zum Eingang zurück.
Leslie verdrehte die Augen, sagte: „Bye, Dear, und vielen Dank für die Hilfe." Dann raffte sie ihre Photogerätschaften zusammen und watschelte schwerbepackt hinter der schwarzlivrierten Gestalt her. Ich setzte mich noch etwas auf den Rasen und blickte zur Hall hinüber. Es ertönte ein lauter Krach und ein Schrei aus dem Inneren des Gemäuers. „Shit", hörte ich Leslie fluchen.

*

George Eliot (Mary Ann Evans)

George Eliot: Die große Weise der englischen Literatur

Am 22. November 1819 wird Mary Ann Evans als drittes Kind des Verwalters Robert Evans und seiner zweiten Frau, einer geborenen Pearson, auf der South Farm Arbury geboren. Zwei Kinder hat Robert mit in die Ehe gebracht, und bald darauf werden Chrissey und Isaac geboren. Mary Ann ist das jüngste der fünf Kinder. Sie entwickelt eine starke Beziehung zu ihrem Bruder Isaac und folgt dem drei Jahre älteren Bruder bald überall hin. Schon in der Kindheit zeigt sich so ein Grundtenor in George Eliots Leben: sie braucht jemanden, an den sie ihre Existenz binden kann, oder wie ihr Biograph Gordon Haight es ausdrückt: „She was not fit to stand alone."
Mit fünf Jahren besucht sie zusammen mit ihrer Schwester Chrissey ein drei Meilen entferntes Internat. Aufgrund ihrer Ernsthaftigkeit bekommt sie dort bald den Spitznamen 'Little Mama'.
1828 wird sie zu Mrs. Wallington's Boarding School in Nuneaton geschickt.

Denkmal in Nuneaton

Dort wird sie von Miss Lewis religiös unterwiesen und an den Evangelikalismus herangeführt. Der Evangelikalismus ist eine Richtung des Protestantismus innerhalb der anglikanischen Kirche, der die unbedingte Autorität des Neuen Testamentes propagiert und das Neue Testament fundamentalistisch auslegt. Mary Ann liest die Bibel immer und immer wieder, und ihr damals begründetes religiöses Interesse spiegelt sich vor allem in ihren ersten Romanen wider. Mary Anns Religiosität entwickelt sich wie ein Feuer, das aufflammt und wieder erlischt. In JANET'S REPENTANCE (SCENES OF CLERICAL LIFE) wird Mr. Tryans evangelikale Lehre aus der Vogelperspektive des Kritikers beurteilt:

„...Er machte den Fehler, Christlichkeit mit einer zu engen Doktrin zu identifizieren; er sah Gottes Werk zu ausschließlich im Gegensatz zur Welt, zum Fleisch und zum Teufel..."
Dennoch ist Mr. Tryan ein wahrer Retter der Menschheit, der Janet aus Verzweiflung und Isolation befreit. Miss Lewis' evangelikale Lehre betont mehr die Elemente der Liebe und Erlösung als das des Höllenfeuers als Strafe für ein sündhaftes Leben. Die leicht beeinflußbare Mary Ann beginnt ihr Äußeres zu vernachlässigen, um mehr auf den Zustand ihrer Seele achten zu können:
„Ich benahm mich wie eine Eule", sagte sie später, „zum großen Mißfallen meines Bruders, und ich hätte ihm wohl das harmloseste Vergnügen nicht gegönnt."
Als sie ihren Bruder in London besucht, weigert sie sich, ihn ins Theater zu begleiten und verbringt die Abende mit der HISTORY OF THE JEWS. 1836 stirbt Mary Anns Mutter an Krebs. Die Bindung zum Vater war allerdings immer stärker, und der einfache grundehrliche Mann, der für seine außergewöhnliche Stärke bekannt war, wird wohl mit verwunderten Augen die Tätigkeiten seiner 'little wench' verfolgt haben.
Mary Ann besucht häufig die Bibliothek von Arbury Hall und bekommt in der Nachbarschaft den Ruf einer wirklich gelehrten jungen Dame. Ihre ersten literarischen Versuche sind religiöse Gedichte; ihre erste Veröffentlichung kann man 1840 im Christian Observer lesen:

> „As o'er the fields by evening light I stray,
> I hear a still, small whisper - 'Come away!
> Thou must to this bright, lovely world soon say
> Farewell!'"

> „Als beim Abendlicht ich über die Felder streiche,
> Hör' ich ein Flüstern - 'Komm mit mir!
> Zu dieser strahlend schönen Welt mußt bald du sagen
> Auf Wiedersehen!'"

Doch ihre calvinistische, antiweltliche strikte Religionsauffassung sollte sich wandeln. Ihre Tante erzählt ihr vom Tod eines Pastors, der aufgrund persönlicher Sorgen zu trinken begonnen habe:

„Aber ich hoffe, der gute Mann ist im Himmel trotz allem, sagte mein Onkel. 'Oh ja', sagte meine Tante mit einem tiefen inneren Seufzer freudiger Überzeugung. 'Mr. A. ist im Himmel - das ist sicher'. Zur damaligen Zeit war dies ein Vergehen für meine strenge, asketisch harte Sichtweise - wie schön erscheint mir diese Überzeugung jetzt!"
Ihre menschlichere Religionsauffassung mag auch dem Einfluß ihrer neuen Freunde, der Brays, zu verdanken sein. Jedenfalls entwickelt sie sich zur Freidenkerin und lehnt es künftig ab, ihren Vater sonntags in die Kirche zu begleiten.
Die Evangelien sieht sie fortan als Werke der im jüdischen Glauben erzogenen Apostel, und obwohl sie Jesu' Taten und Glauben akzeptiert, mißtraut sie den Quellen, die diesen Glauben überliefern. Es kommt zum Bruch mit ihrem Vater, und Mary Ann wird zu ihrem Bruder Isaac geschickt, der inzwischen geheiratet hat.
Doch beide, Vater und Tochter, können diese Trennung nicht lange ertragen, und so kommt es zum Kompromiß: Mary Ann nimmt ihre sonntäglichen Kirchbesuche gemeinsam mit dem Vater wieder auf und sonst kann sie denken, was sie will. In Rosehill, dem Haus der Brays, wird Mary Ann in einen intellektuellen Zirkel eingeführt: hier trifft sie z.B. Ralph Waldo Emerson. In ihrem späteren Leben sollten noch viele weitere Berühmtheiten dazukommen.
Nachdem 1849 Mary Anns Vater gestorben ist, verläßt sie, sichtlich mitgenommen, England und geht für acht Monate in die Schweiz. Als sie zurückkommt, lernt sie bei den Brays den Verleger der Westminster Review John Chapman kennen. Da Mary Ann, die im Deutschen gut bewandert ist, DAS LEBEN JESU von Strauss übersetzt hat, wird sie für Chapman als Journalistin und Kritikerin interessant. Sie besucht Chapman in London. John Chapman, ein gutaussehender und charismatischer Mensch, der mit seiner Geliebten, seiner Ehefrau und drei Kindern zusammenlebt, lädt Mary Ann ein, während ihrer Tätigkeit für die Zeitung bei ihm zu wohnen.
Mary Ann sieht ihren weiteren Lebensweg nun klar vor sich: sie wird sich ihren Unterhalt mit der Feder verdienen. Was sie

allerdings nicht vorhergesehen hat, ist, daß das geschäftlich motivierte Zusammenleben mit dem faszinierenden Chapman für sie eindeutig persönliche Konsequenzen haben muß. Es kommt zu Eifersüchteleien, bei denen sich die Ehefrau und die Geliebte gegen Mary Ann verbünden. Doch das Fasziniertsein Chapmans entzündet sich eher an Mary Anns sanfter Stimme und mächtigem Intellekt als an ihrem Aussehen. Henry James beschreibt es so:

„Als erstes möchte ich sagen, sie ist großartig häßlich - wunderbar unansehnlich. Sie hat eine niedrige Stirn, ausdruckslose graue Augen, eine große herabhängende Nase, einen riesigen Mund voll von ungleichen Zähnen...Doch in dieser Häßlichkeit wohnt eine höchst machtvolle Schönheit, die innerhalb kurzer Zeit die Oberhand gewinnt und den Geist bezaubert, so daß du wie ich damit enden würdest, dich in sie zu verlieben."

Chapman allerdings verfügt nicht über eine derart philosophische Ästhetik, und als er ihr während eines Spaziergangs erklärt, Schönheit sei für ihn das Wichtigste bei einer Frau, bricht Mary Ann in Tränen aus. Nachdem die Fronten zwischen Mary Ann und Chapman geklärt sind, kommt es zu einer langanhaltenden, fruchtbaren gemeinsamen Arbeit für die Westminster Review. Mary Ann wird Herausgeberin der reformatorischen Zeitung, deren Themen gesellschaftskritischer Natur sind. Zusätzlich ist sie auch für die Buchbesprechungen verantwortlich.

Ein weiterer Buchkritiker, der in Chapmans Haus ein und aus geht, ist George Lewes, ein unansehnlicher kleiner Mann mit ausdrucksvollen traurigen Augen, jedoch in seiner Unterhaltung genial und amüsant.

Mary Ann freundet sich mit ihm an, und sie besuchen gemeinsam Theateraufführungen. George Lewes befindet sich, wie er später sagt, in der dunkelsten Phase seines Lebens. Seine Frau hat ein Verhältnis mit seinem Freund und Kollegen Thornton Hunt. Bald ist das dritte Kind von Hunt unterwegs. Die Ehe der Lewes besteht also nur noch auf dem Papier. Dennoch reagiert die viktorianische Gesellschaft pikiert, als George Lewes und Mary Ann Evans zusammenziehen. Zwar sind außereheche Verhältnisse auch in der prüden viktorianischen Zeit an der Tagesordnung, doch jedermann bemüht sich, seine Affären so gut es geht zu kaschieren. Der Schein muß aufrecht erhalten werden. Genau das tun George und Mary Ann mit voller Absicht nicht. Sie gehen eine ehrliche Beziehung ein, aufgrund deren Eheähnlichkeit Mary Ann darauf besteht, künftig mit Mrs. Lewes angeredet zu werden. Für sie war der Bund auch ohne die Zustimmung der Kirche geheiligt.

1848 drückt Mary Ann ihre Verachtung für Jane Eyre aus dem gleichnamigen Roman von Charlotte Brontë aus, die die Liebe Rochesters zurückweist, als sie erfährt, daß er noch verheiratet ist. George und Mary Ann brechen gemeinsam nach Weimar und Berlin auf, der ersten ihrer zahlreichen Deutschlandreisen. George Lewes recherchiert für sein neues Buch über das Leben Goethes.

In ihren Romanen pflegt George Eliot einen moralischen Unterton, der zum Teil eine oft kritisierte Rigorosität annimmt. Auf die sittliche Schuld folgt die oft lebenslange Sühne. In ADAM BEDE endet die leidenschaftliche geheime Beziehung zwischen der Dorfschönheit Hetty Sorrel und dem Landjunker Arthur Donnithorne in einer Katastrophe, die das Leben beider zerstört.

Doch die Schuld liegt für George Eliot nicht so sehr in der ungleichen Liebe zwischen Arthur und Hetty, sondern in Arthurs Standesdünkel und Hettys Unehrlichkeit Adam Bedes gegenüber, der sie aufrichtig liebt und sie heiraten will. Eben jene Unehrlichkeit der christlich-moralischen Gesellschaft, die ihre Moral nicht aufrechterhalten kann ohne zu lügen.

Bullstrode in MIDDLEMARCH ist ein weiterer Charakter, der von seiner Schuld eingeholt wird.

Seit ihrer Kindheit träumt George Eliot davon, einmal einen Roman zu schreiben. Mit 37 Jahren beginnt sie ihre Schriftstellerkarriere. In Berlin liest sie Lewes ihre ersten Versuche vor. Er ist begeistert und ermutigt sie weiterzumachen:

„Aber eines Morgens als ich noch im Bett lag, dachte ich über den Inhalt meiner ersten Geschichte nach, meine Gedanken vermischten sich im träumerischen Halbschlaf, und ich stellte mir vor, wie ich eine Geschichte schrieb mit dem Titel 'The Sad

Fortunes of the Reverend Amos Barton'. Bald war ich wieder hellwach und erzählte es G. Er sagte, 'Oh, was für ein großartiger Titel!' und von dieser Zeit an war ich davon überzeugt, daß dies meine erste Geschichte sein sollte!"
So wird aus Mary Ann Evans der unbekannte Schriftsteller George Eliot. Ihr Verleger Blackwood war lange Zeit der Meinung, es handele sich bei dem Verfasser der sprachgewaltigen, philosophisch-psychologisch untermauerten Geschichten um einen Mann. Einen derart analytischen Verstand konnte nur ein Mann besitzen. Um diese Illusion nicht ins Wanken geraten zu lassen, erscheint auch der auktoriale Erzähler in JANET'S REPENTANCE als Mann:
„It is the way with us men." Nur Dickens entdeckt aufgrund der Sensibilität von George Eliots Frauenbeschreibungen eine weibliche Verfasserin. Lewes beschreibt die Ursachen für Mary Ann Evans Gebrauch eines männlichen Pseudonyms:
„Sie können allen erzählen, die es interessiert, daß der Grund für die Anonymität darin besteht, daß das Buch durch seine eigenen Vorzüge beurteilt wird und nicht vorurteilsvoll als das einer Frau oder einer bestimmten Frau. Es ist ganz klar, daß die Leute die Nase gerümpft hätten, wenn sie gewußt hätten, daß der Autor eine Frau ist. Jetzt können sie ihre Bewunderung nicht mehr rückgängig machen..."
George Eliot will nicht in die Kategorie der reinen Unterhaltung eingestuft werden. Außerdem weiß sie nicht, welchen weiblichen Namen sie hätte verwenden sollen. Mrs. Lewes? Die aber lebt mit ehelichen und inzwischen vier unehelichen Kindern in 26, Bedford Place, und mit Mary Ann Evans kann sie sich nicht mehr identifizieren. Außerdem wären die Bücher einer gesellschaftlich Geächteten voller Vorurteile gelesen worden. George Eliot aber ist, da nicht existent, ein Mann tadellosen Ansehens, von dem man aufgrund seines Wissens vermutet, er sei Kleriker. Doch wie im Falle der Brontës macht sich die Öffentlichkeit und die Familie Mary Anns natürlich Gedanken. Ihr Bruder Isaac erkennt sie als Autorin der SCENES OF CLERICAL LIFE, während die Öffentlichkeit einen gewissen Mr. Liggins als George Eliot ansieht.

1859 wird ADAM BEDE veröffentlicht, die Charakterstudie eines aufrechten Zimmermanns, dessen Hartherzigkeit in Bezug auf die Verfehlungen anderer nachlässt, als er Hetty Sorrels Untergang verfolgen muß.

Im Januar 1859 nimmt George Eliot die Arbeit an THE MILL ON THE FLOSS auf. Sie reist gemeinsam mit Lewes nach Gainsborough (im Roman St. Ogg's) in Lincolnshire, wo sie landschaftliche Grundlagen für ihren Roman sucht, der am Trent (The Floss) spielen soll.

Der autobiographisch motivierte Roman erzählt die Geschichte des ungleichen Geschwisterpaares Maggie und Tom Tulliver. Die intelligente und sensible Maggie gerät mit der Gesellschaft und ihrem hochmoralischen Bruder Tom in Konflikt. Während einer dramatischen Überschwemmung des Floss' versucht sie, ihren Bruder zu retten. Beide Schicksale vereinigen sich wieder, doch die Fluten reißen das Geschwisterpaar mit sich. Das traurige Ende bewirkt allerdings, daß Tom das wahre Wesen seiner Schwester erkennt.

George Eliot schreibt den Roman in zunehmendem Maße unter Tränen.

1860, nachdem Lewes Sohn Charles aus seinem Schweizer Internat in Hofwyl entlassen worden ist, zieht er zu seinem Vater und zur 'new little Mutter' nach London. Auch Thornie, Lewes zweitältester Sohn, folgt bald.

George Eliot hätte wohl gern das Londoner Leben gegen ein Leben auf dem Land eingetauscht. Doch die Ausbildung der Söhne, die an London gebunden sind, verhindern alle Pläne fortzuziehen. Obwohl Lewes jegliche negative Kritik an ihren Büchern von ihr fernhält und sie in allen ihren schriftstellerischen Unternehmungen enthusiastisch unterstützt, führt ihr schlechter Gesundheitszustand zu Depressionen. Doch ein paar Tage auf dem Land reichen meist aus, um aus ihr wieder einen glücklichen Menschen zu machen.

„I felt a new creature as soon as I was in the country", schreibt sie an Mrs. Congreve.

1861 reisen Lewes und Eliot nach Italien, wo George Eliot Recherchen zu ihrem neuen Roman ROMOLA unternimmt.

Ihr größtes und wohl auch kompliziertestes Werk MIDDLEMARCH beginnt sie 1871. Das in einer Provinzstadt spielende Epos verbindet unterschiedliche Handlungsstränge, die von verschiedenen Personengruppen geprägt werden. Als Grundlage dient ihre Erzählung MISS BROOKE. Zentral ist das Leben Dorothea Brookes, einer wohlhabenden Frau, die nach einem nützlichen, moralisch-religiösen Leben voller Selbstentäußerung strebt und einsehen muß, daß ihre Verbindung mit dem trockenen Gelehrten Casaubon ein Fehler war. Gerade in diesem Roman wird die Kluft zwischen hehren Lebensprinzipien und der profanen Wirklichkeit besonders deutlich gemacht.
Freilich läuft der Leser Gefahr, angesichts der vielen Personen des Romans in Verwirrung zu geraten. George Eliot selbst fürchtet nach den ersten 236 Seiten, sie habe 'too much matter, too many momenti' in ihre Erzählung eingesponnen. Doch das Buch ist ein großer Erfolg und gilt bald als ihr Meisterwerk. Die künstlerische High Society Londons schart sich um George Eliot, die sonntags immer einen offenen Abend abhält, und obwohl Henry James die Bemerkung abgibt, MIDDLEMARCH sei ein 'Schatzhaus der Details, aber ein unbedeutendes Ganzes', strömt die Fanpost in den Briefkasten der Priory, 21 North Bank. Der philosophische Rahmen ihrer lebenswirklichen Gestalten wird als große Leistung einer wahrhaft Weisen gelesen. Und manchmal entwickelt sich die Begeisterung zur Liebeserklärung gerade weiblicher Fans:
„Bitte beantworte diesen Brief nicht, Liebste. Ich möchte, daß Du an mich denkst wie an einen abendlichen Lufthauch, der manchmal Deine Wangen berührt. Ich liebe Dich, Du bist so liebenswert. Und alle paar Jahre möchte ich Dir das gerne mitteilen. Aber ich würde Dich nicht mit dem Gewicht eines Rosenblattes beschweren."
Im November 1876, nachdem DANIEL DERONDA veröffentlicht worden ist, beziehen George Eliot und Lewes ein Landhaus in Surrey, The Heights in Witley, in der Nähe von Weybridge, wo sie in unmittelbarer Nachbarschaft der Tennysons wohnen.
Obwohl George Eliot glücklich über das Landleben ist, bleibt die Bindung an das gesellschaftlich aufregendere London

immer noch groß. Regelmäßig besuchen sie die Konzerte in der Royal Albert Hall, wo sie auch Richard Wagner kennenlernen. Doch das glückliche Zusammenleben mit George Lewes neigt sich dem Ende zu. Am 29. November 1878 stirbt Lewes.
George Eliot bricht zusammen, ihre Schreie kann man im ganzen Haus hören. Und so wie ihre Romanfigur Dorothea in MIDDLEMARCH nach dem Tod ihres Mannes ängstlich vor dessen unfertigen Manuskripten steht - zwischen dem Pflichtgefühl, sein unwertes Buch zu vollenden und von persönlichem Widerstreben hin und her gerissen -, so ist auch George Eliot tagelang mit der Sichtung von Lewes Manuskript PROBLEMS OF LIFE AND MIND beschäftigt. Sie befindet sich in ständiger Angst, Aufzeichnungen zu finden, die sie als wertlos einstufen muß.
George Eliot schließt sich monatelang vor ihren Freunden ab, unfähig ihr altes Leben wieder aufzunehmen, von dem Wunsch besessen, Lewes unvollendetes Buch zu Ende zu schreiben.
Im März nimmt sie ihre Kontakte zur Außenwelt langsam wieder auf. John Cross, ein Freund Lewes', der früher bei ihnen ein und aus ging, macht ihr einen Heiratsantrag. George Eliot ist unentschlossen. Der Altersunterschied zwischen ihr und dem zwanzig Jahre jüngeren Cross macht ihr Kopfzerbrechen. Doch mehr und mehr nimmt Cross Lewes Stelle als Gesprächspartner und unterstützender Ermunterer ein. Am 6. Mai 1880 werden sie in St. George's Hanover Square getraut. Sieben Monate dauert die Verbindung an, dann stirbt George Eliot am 23.12.1880 an einer Herzschwäche infolge einer Kehlkopfentzündung. Auf dem Highgate Friedhof berührt ihr Grab eine Ecke von Lewes' Grab. Ein Kind fragt bei der Beerdigung, ob es die Frau George Eliots sei, die nun zu Grabe getragen werde, und von John Cross spricht man fürderhin als von George Eliots Witwe. Sic transit gloria mundi.

*

MIDDLEMARCH
Wie Zahnräder greifen die Lebensbeschreibungen der unterschiedlichen Bewohner Middlemarchs, eines kleinen Provinz-

städtchens, ineinander. Da ist die junge schöne, sehr auf Religiosität und Weltverbesserung bedachte Dorothea Brooke, die sich an den trockenen Gelehrten Casaubon bindet, der im Grunde genommen liebesunfähig ist. Dorothea sehnt sich nach einem nützlichen Leben und will ihrem Mann bei der Erstellung seines Werkes DER SCHLÜSSEL ZU ALLEN MYTHOLOGIEN helfen. Dieser jedoch weist sie anfangs zurück. Nachdem Casaubons Neffe Will Ladislaw, ein künstlerisch ambitionierter byronischer Mensch auf der Bildfläche erschienen ist, reagiert Casaubon zunehmend mit Eifersucht und aus der Luft gegriffenen Beschuldigungen auf Dorothea.

Gleichzeitig wird die Geschichte des jungen aufstrebenden Arztes Lydgate geschildert, der ehrenamtlich im neugegründeten Hospital Middlemarchs arbeitet und sein Leben der Fieberforschung widmen will. Wie Dorothea so scheitert auch er an der Wirklichkeit. Ohne genügend Einkommen zu besitzen, heiratet er die schöne, anspruchsvolle Rosamond Vincy. Ihr kostspieliger Lebensstil führt zur Verschuldung Lydgates. Rosamond wendet sich von ihm ab und gibt ihm zu verstehen, daß sie seinen Beruf haßt. Lydgate wird in die kleinlichen Machenschaften Middlemarchs verstrickt und fängt aus Verzweiflung an zu spielen. Schließlich verläßt er zusammen mit Rosamond Middlemarch, um sich woanders eine Existenz aufzubauen. In Dorothea Brooke findet Lydgate, der wegen Casaubons schlechtem Gesundheitszustand konsultiert wird, eine echte Freundin, die Rosamond zu einem Neuanfang überredet.

Als Casaubon stirbt, enthält sein Testament eine Klausel, nach der Dorothea den Erbanspruch verliert, sollte sie Will Ladislaw heiraten. Doch Dorothea und Ladislaw setzen sich nach einigen Verwicklungen über Casaubons kleinliche Denkart hinweg, heiraten und ziehen nach London.

Zentral in MIDDLEMARCH ist die Dunkelheit des Lebensweges, die Qual des Einzelnen, der zwischen dem Gefühl der Berufung und der konträren Lebenswirklichkeit hin und hergerissen wird. Im Kapitel 30 heißt es über Dorothea und Lydgate: „...Dieser Schrei von Seele zu Seele ohne anderes Bewußtsein, als daß sie beide mit verwandtem Wesen in demselben ausweglosen Gelaß, in demselben gefahrvollen, nur auf Sekunden erhellten Leben herumtappen."

*

MR. GILFIL'S LOVE STORY
Diese zweite Geschichte der SCENES OF CLERICAL LIFE schildert die Liebesgeschichte des Landpfarrers Mr. Gilfil, eines untheoretischen hilfreichen Geistlichen, der sich stark zu Caterina hingezogen fühlt, dem Schützling der Cheverels. Caterina, eine italienische Waise, wächst in Cheverel Manor auf und wird zu einer beachtlichen Sängerin. Doch ihre unglückliche Liebesbeziehung zum Neffen der Cheverels (der schließlich eine standesgemäße Verlobte wählt) führt zur Katastrophe. Die eifersüchtige Caterina will den herzkranken Neffen Sir Cheverels mit einem Dolch töten (hier zieht George Eliot alle Register des Klischees einer feurigen Italienerin). Doch ihr Plan mißlingt, denn ihr mutmaßliches Opfer liegt bereits tot am Boden. Mr. Gilfil versteckt ihren Dolch und hält zu ihr. Nach Caterinas Verschwinden spürt er das kranke Mädchen auf, und sie kommt wieder zu Kräften. Nach einiger Zeit heiraten sie. Aber die schwere Krankheit hat ihre Spuren bei Caterina hinterlassen. Sie stirbt nach einigen Monaten. Mr. Gilfil erreicht ein hohes Alter, die Poesie seines Lebens in der Vergangenheit zurücklassend.

*

George Eliot betont in ihrer Geschichte, sie wolle nicht das Leben eines Helden darstellen, sondern eines ganz normalen Sterblichen. Romantische Geschichten fänden sich nicht nur bei gekrönten Häuptern oder anderen großen Gestalten der Zeitgeschichte:
„Aber als erstes, liebe Damen, erlauben Sie mir zu sagen, daß Gin und Wasser, wie Fettleibigkeit oder Glatzköpfigkeit oder die Gicht eine vorangegangene Romanze nicht ausschließen..."
Auch in ihren folgenden Romanen richtet sie den Blick auf den Realismus, auf die normale Landbevölkerung und ihren Umgang mit Romantik und Leid.
In Mr. Gilfil zeigt sie einen Geistlichen, dessen gute Taten sich direkt äußern, nicht im Ausformulieren komplizierter

Lehrsätze.
Ihre Naturbeschreibungen zeigen einerseits die heile Welt des Landes, andererseits den Einfluß des Fortschritts (in MIDDLEMARCH den Bau der Eisenbahn) auf das mehr oder weniger intakte Landleben. In ADAM BEDE wird eine Naturidylle beschrieben im Zusammenhang mit dem sonntäglichen Kirchgang der Poyser-Familie:
„Und als sie alle fort waren, lehnte sich der alte Mann wieder an die Pforte und schaute ihnen nach auf ihrem Weg den Hofacker entlang und durch das äußere Tor, bis sie hinter einer Biegung der Hecke verschwanden. Denn die Heckenzäune versperrten einem in jenen Tagen selbst auf besser bewirtschafteten Höfen den Blick, und an diesem Nachmittag streckten die Hundsrosen ihr rosa Geflecht heraus, die Tollkirsche stand in gelber und purpurner Pracht, das blasse Geißblatt wucherte in unerreichbare Höhen und lugte hoch oben aus einem Holunderbusch hervor, und darüber warfen dann und wann noch eine Esche oder ein Bergahorn ihren Schatten über den Pfad."
Der alte Mann, der selbst nicht mehr aktiv am Leben teilnimmt, hat hier Muße, einen Blick auf die Natur zu werfen. Was er sieht, ist im Grunde genommen nur ein ländlicher Weg, der von Bäumen überschattet und Heckengewächsen umsäumt wird. Es ist eine romantische Pose des reinen Beobachters.
In ihren Naturbeschreibungen profitierte George Eliot vor allem von ihrer eigenen Vergangenheit. Sie schätzte die Landschaft der Midlands und liebte Spaziergänge über Felder und Wiesen. Vielleicht war es für sie, als ob sie ein verblaßtes Naturbild wieder auffrischte, wenn sie diese Naturszenen an ihrem Londoner Schreibtisch ausarbeitete. Eine Erinnerung auch an ihr früheres Leben.

16
William SHAKESPAERE
Charlecote Warwickshire

Es war Pause im Swan-Theatre. Die Lichter gingen an und zeigten das im elisabethanischen Stil errichtete Theater Stratfords in seiner ganzen mittelalterlich wirkenden Pracht. Eben noch waren die Töchter des Squires aus
A JOVIAL CREW von Richard Brome als Bettlerinnen über die lang und breit in den Zuschauerraum reichende Bühne gezogen. Eben noch hatte Springlove ganz nah neben mir seine Rede gehalten, so daß ich fast den Zug seines Atems spürte. Doch nun war der Zauber des Stückes für eine Weile unterbrochen. Die Schauspieler mischten sich unter die Zuschauer und unterhielten sich mit ihnen. Ein dickbäuchiger, glatzköpfiger Schauspieler mit schmutzigem Gesicht verfolgte einen Zuschauer, der es gewagt hatte, die Bühne zu betreten. Der ahnungslose Zuschauer blickte sich immer wieder irritiert um, während er sein Fluchttempo steigerte. Ein derartiger 'jovial actor' war ihm wohl noch nie untergekommen.
Amüsiert schaute ich zu den Galerien hoch. Zwei Galerien waren im Halbrund übereinander angeordnet, durch wie Gitterstäbe aussehende Ballustraden vom Abgrund des Parketts getrennt. Ich gehörte zu den sogenannten 'groundlings', doch mußte ich das Stück nicht, wie noch zu elisabethanischer Zeit, stehend verfolgen. Auch würfelte ich nicht, trank kein Ale und prügelte mich nicht mit meinem Nachbarn. Insofern ging es im Swan Theatre der Neuzeit, das Teil des Royal-Shakespeare-Theatres ist, gesitteter zu. Das Original stand in Paris Garden auf der Bankside in Southwark, London, und war ab 1595 bespielbar. Es ist das einzige elisabethanische Theater, von dem eine Abbildung - nämlich die Kopie einer Zeichnung Johannes De Witts - existiert. Das Swan Theatre Stratfords zeigt in seinem Programm die Schauspieltradition der Zeit vor Shakespeare und versucht, dem Zuschauer durch die einmalige Atmosphäre des Spielhauses einen Einblick in die Frühzeit englischen Theaterstils zu geben.

Das Licht wurde schwächer, und ich begab mich wieder auf meinen Platz direkt neben der Bühne. Die 'Jovial Crew' trat in Lumpen gehüllt wieder auf, mit einem munteren Lied von Ian Dury auf den Lippen. Von Springlove erlernen die wohlhabenden Jugendlichen, die sich auf der Flucht befinden, das Betteln. Doch es will nicht so recht überzeugen, wenn sie mit elaborierten Redewendungen um ein Stück Brot bitten.

Royal Shakespeare Company: A JOVIAL CREW

Am Ende lösen sich die Probleme in Wohlgefallen auf. Eine der Töchter zieht mit den Bettlern, um die Sterne besser sehen zu können, die andere wird zum umhegten Leben samt Heirat bekehrt. Die Bettler ziehen weiter, da sie auf die Straße gehören. „All's well that ends well", wie ein anderer weitaus berühmterer Dichter als Richard Brome einmal sagte.
Ich verließ das Swan Theatre und ging zum Haupteingang des Royal Shakespeare Theatre, ursprünglich das Shakespeare Memorial Theatre, das am Fluß Avon gelegen ist. Die Macbeth-Aufführung im Royal Shakespeare Theatre war gerade zu Ende gegangen, und Zuschauer aller Altersgruppen kamen durch die großen Eingangstüren. Einige gingen in den gegenüberliegenden Pub 'The Swan', andere blickten auf die Lichtspiegelung im Avon, wieder andere machten sich auf den Weg ins nächste Restaurant, ins Hotel oder in ihr B&B Quartier. Eine Gruppe junger Leute ließ sich auf der großen Wiese vor dem Festspielhaus nieder. Zwei Mädchen zitierten lachend die Hexenszene aus Akt 1, Szene 1.
Die beiden Mädchen hatten sich bei den Händen gefaßt und ihren Gesichtern einen unheilverkündenden Ausdruck verliehen:

„Fair is foul, and foul is fair:
Hover through the fog and filthy air."
Die Jugendgruppe klatschte, und lachend setzten sich die Hexen auf den Rasen und nahmen die Colaflasche zur Hand.
Ich machte mich auf den Rückweg zu meinem B&B Quartier Clomendy, das ich auf der Evesham Road bei Maureen und Derek Jones gefunden hatte. Schließlich mußte ich mich ausruhen. Der Anfahrtsweg über die M40 und A46 von Nuneaton nach Stratford war zwar nicht lang gewesen, doch die morgige Shakespeare-Besichtigungstour würde wahrscheinlich alle mir zur Verfügung stehenden Kräfte verbrauchen.
Am anderen Morgen unterrichtete mich Mr. Jones im Gebrauchsenglischen. Er wirkte wie ein plötzlich schlank gewordener Falstaff - mit funkelnden braunen Augen, Bart und einer Neigung, sich über alles lustig zu machen. Während seine Frau mit Kostüm und Aktenmappe das Haus verließ, um ihrer Arbeit nachzugehen, band Mr. Jones sich die große Schürze um, damit seine internationalen Gäste ein hervorragendes englisches Frühstück serviert bekämen. Dennoch hatte er Zeit, mich mit einem Satz auszustatten, den ich in Guyvers Autowerkstatt an den Mann bringen konnte.
Als ich dann Mr. Guyver tatsächlich gegenüberstand, war ich mir nicht sicher, ob Mr. Jones vielleicht einen Scherz machen wollte, als er mir beibrachte:
„That the engine overheats when idling". Mr. Guyver im ölverschmierten Arbeitsanzug sah mich groß an:
„What?" Wahrscheinlich hatte Mr. Jones versucht, edles Shakespeare-Englisch auf den Zustand eines kaputten Autos zu übertragen. Mr. Guyver ließ mich wissen, daß er schon herausfinden würde, was mit dem Wagen nicht stimme, und ich verließ Guyvers Garage etwas irritiert über die Tatsache, daß ich dem englischen Alltag sprachlich offensichtlich nicht gewachsen war.
Ich ging noch einmal zum Royal Shakespeare Theatre, das selbst zu dieser frühen Stunde schon von Touristen umlagert war. Es wurde 263 Jahre nach dem Tode Shakespeares errichtet. Die Eröffnung des Theaters fand 1879 statt. 1926 brannte es ab,

wurde in einfacherer Form aus rotem Stein wieder hergerichtet und 1932 vom Prince of Wales wiedereröffnet. Seitdem nennen Zyniker es die Shakespeare-Fabrik - möglicherweise auch wegen der großen Anzahl von Stücken, die hier jährlich produziert wird.
Geographisch liegt es in der Mitte zwischen Shakespeares Birthplace in der Henley Street und der Holy Trinity Church, wo Shakespeare begraben liegt.
Die Regiestile des Shakespeare-Theaters differieren. In den sechziger Jahren schlug man eine Brücke zwischen klassischem und populärem Theater. Peter Brook, langjähriger Produzent und Co-Direktor der 'Royal Shakespeare Company', wollte, daß sich die Inszenierungen „wegbewegen von der Romanze, der Phantasie, der Dekoration...Wir müssen über eine äußere Lebhaftigkeit hinaus zu einer inneren gelangen", kommentierte er.
In der Tat ist die Ausstattung oft spärlich, wenn bei einer Macbeth-Inszenierung von 1988 beispielsweise eine lange Treppe die Bühne beherrscht. Doch dadurch gewinnt das düstere Stück nur an Ausdruckskraft. Wo allerdings übersprudelnde Fröhlichkeit regiert, und dies trifft auf Shakespeares zehn heitere Komödien zu, da wird sie dekorativ und schauspieltechnisch ausgespielt wie beim Liebesduell der beiden Kontrahenten Beatrice und Benedikt in MUCH ADO ABOUT NOTHING.
Auf der verkehrsberuhigten Henley Street liegt Shakespeares Birthplace, wo der 'Schwan vom Avon' 1564 der Tradition zufolge geboren wurde.

Shakespeares Birthplace

Es ist ein beiges Fachwerkhaus, dessen zahlreiche Fenster aus feinem Gitterwerk bestehen. Das benachbarte Shakespeare-Centre, durch das man eintritt, wurde zum 400ten Jahrestag von Shakespeares Geburt errichtet. Verschiedene Schaukästen und Modelle (wie das des Globe Theatre in London) sollen dem Besucher einen Einblick in Shakespeares Zeit- und Lebensumstände geben. Der Lautsprecher verbreitet Hühnergegacker und Gemurmel. In einem Schaukasten sind alte Handschuhe ausgestellt, die von Shakespeares Vater, einem Handschuhmacher, der es bis zum Bürgermeister brachte, hätten hergestellt sein können. Ein anderer Teil des Shakespeare-Centre zeigt Abbildungen von Shakespeares Schauspieler-Kollegen aus der Truppe der Lord Chamberlain's Men, die 1603 zur Truppe der King's Men wurden. Das Erbe Shakespeares ist auf einer Leuchttafel optisch festgehalten. Hier kann der eifrige Shakespeare-Bewunderer wieder zum Kind werden und Knöpfe drücken. Drückt man auf den Knopf, der sich unter dem Namen seiner Tochter Susanna befindet, so leuchtet Shakespeares späteres Wohnhaus New Place auf. Drückt man auf den seiner Frau Anne zugesellten Knopf, leuchtet das zweitbeste Bett Shakespeares auf, worüber die Besucher regelmäßig ins Kichern geraten und sogleich unterstellen, Shakespeare hätte zu seiner Frau kein besonders gutes Verhältnis gehabt.

Tatsache ist allerdings, daß die Witwe per Gesetz Anspruch auf ein Drittel des Vermögens ihres Mannes hatte. Es bedurfte also keiner weiteren testamentarischen Erwähnung, und das zweitbeste Bett mag durchaus eine liebevolle Assoziation hervorgerufen haben, da es das Ehebett war. Das beste Bett in New Place wurde für die Gäste reserviert.

Seine Freunde und Kollegen Heminges, Burbage und Condell bekamen je 26 Schilling und 8 Pence, um sich einen Gedenkring kaufen zu können.

Vom Shakespeare-Centre gelangt man in den Garten des Hauses. Hier wurden die Pflanzen, Blumen und Kräuter gezüchtet, die in Shakespeares Werk Erwähnung finden; z.B. in Ophelias Wahnsinnsszene aus HAMLET. Ophelia, durch den Mord an ihrem Vater um den Verstand gebracht, zählt in Akt 4, Szene 5 einige Sorten auf:

„Da ist Vergißmeinnicht, das ist zum Andenken: ich bitte Euch, liebes Herz, gedenkt meiner! und da ist Rosmarin, das ist für

die Treue...Da ist Fenchel für Euch und Akelei - da ist Raute für Euch, und hier ist welche für mich; (wir können sie Gnadenkraut des Sonntags nennen) - Ihr könnt Eure Raute mit einem Abzeichen tragen. - Da ist Maßlieb - ich wollte Euch ein paar Veilchen geben, aber sie welkten alle, da mein Vater starb..."
In Shakespeares Geburtshaus befinden sich Möbel im Stil des elisabethanischen und jakobinischen Zeitalters. Eine ramponiert wirkende Bank aus der Grammar School gilt als Shakespeares Schulbank. Im sogenannten Geburtszimmer Shakespeares findet sich eine hölzerne ornamentierte Wiege. Im Originalfenster haben berühmte Besucher ihre Namen hinterlassen: Sir Walter Scott, Thomas Carlyle, Isaac Watts.
Die dunkelbraunen Tudormöbel wirken vor den weiß verputzten Wänden mit ihren Holzquerbalken geradezu anheimelnd, doch eine Öffnung in der Wand zeigt dem Besucher, daß der ursprüngliche Verputz aus Flechtwerk und Schmiere bestand. Über den Betten wurden zu damaliger Zeit oft Netze gespannt, die die Ungeziefer, die aus der ungeputzten Decke fielen, auffangen sollten. Shakespeares gemütliches Geburtshaus ist also eher eine Erfindung der Nachfahren als der originale Hintergrund eines heranwachsenden Genies.
Wer sich auf der Suche nach Authentizität befindet, der suche sie im Anne-Hathaway-Cottage im zwei Kilometer westlich gelegenen Dorf Shottery. Das geräumige Bauernhaus mit dem strohbedeckten Dach war das Heim Anne Hathaways, der Frau Shakespeares. Von Stratford aus führt der Fußweg, ausgehend vom Evesham Place, durch die Vorstadt über eine große Wiese und durch die mit alten Häusern bestückte Tavern Lane nach Shottery. Anne Hathaway's Cottage liegt inmitten eines großen wilden Blumengartens, der aus Kräutern, Wicken, Rosen und anderen Pflanzen besteht. Sie bilden einen idyllischen Vordergrund für das jasminbewachsene Fachwerkhaus aus dem 15. Jahrhundert, in dem der 18jährige William Shakespeare um die 26jährige Anne geworben haben soll. In der 'hall' ist die berühmte Holzbank zu bewundern, auf der das 'courting' der Legende nach stattfand. Der Garten der wohlhabenden Familie Hathaway präsentiert auch heute noch Wiesengras und Apfel-

bäume. Und wäre der ständig tätige Rasenmäher nicht, so hätte man dort sogar seine Ruhe.

Als liefe man der Lebensgeschichte des Stratforder Barden von Ort zu Ort hinterher, kann man als nächstes Ziel New Place ansteuern. An der Ecke Chapel Street Chapel Lane befand sich früher Shakespeares Wohnhaus New Place (zu betreten durch Nash's House), von dem allerdings nur noch ein wunderschöner Garten (Knott Garden und The Great Garden) und die alten Grundmauern samt Brunnen existieren.

Der Besitzer, Reverend Francis Gastrell, wurde durch die Besucherscharen derart aus der Fassung gebracht, daß er 1756 das Objekt der Begierde - Shakespeares eigenhändig gepflanzten Maulbeerbaum - abhacken ließ. Aufgrund eines Streites mit der Stadtobrigkeit ließ er einige Jahre später auch das Haus selber niederreißen. Ein findiger Touristikfachmann alter Zeit ließ aus dem Holz des Maulbeerbaums Souvenirs schnitzen.

Es wird behauptet, daß der Maulbeerbaum, der sich heute im Great Garden befindet, ein Ableger des berühmten Shakespeare-Maulbeerbaumes ist. Geht man die Chapel Lane in Richtung Fluß und Theater, kommt man zu dem Fußweg, der zur Holy Trinity Church führt. Eine Lindenallee weist zum Eingang der Kirche, die bis auf das Jahr 1210 zurückgeht.

Im Chor der Holy Trinity Church sieht man an der Nordseite Shakespeares Büste, die sich in einem Nischenbogen befindet. Der Barde, mit Schnurrbart, Kinnbart und einem Haarkranz versehen, hält Feder und Papier in den Händen. Es fehlt allerdings der Ohrring, mit dem er auf dem berühmten Chandos-Portrait gezeigt wird.

Shakespeares Büste in der Holy Trinity Church

Auf der kopierten Seite des Gemeindebuches ist Shakespeares Taufeintragung aus dem Jahr 1564 zu sehen: 'April 26 Guilielmus filius Johannes Shakespear.'

Auf der Steinplatte seines Grabes befindet sich ein Fluch, der bislang erfolgreich alle Ausgrabungs- und Identifizierungsversuche verhindert hat:

"Good friend, for Jesus' sake forbear
To dig the dust enclosed here!
Blesse'd be the man that spares these stones,
And curs'd be he that moves my bones."

Dieser Fluch diente dazu, den Totengräber von einer platzbedingten Räumung des Grabes abzuhalten. Heute dient er eher dazu, die Identitätsfanatiker zu verscheuchen, die anhand der Gebeine beweisen möchten, daß Shakespeare gar nicht Shakespeare war, sondern Francis Bacon, William Stanley, 6th Earl of Derby, Roger Manners, 5th Earl of Rutland oder Edward de Vere, 17th Earl of Oxford.

Denn, so die Argumentation, ein derart intimer Kenner der adeligen Szene müsse auch einen adeligen Hintergrund gehabt haben und dürfe kein bürgerlicher Kaufmannssohn sein. Allerdings war Shakespeare nicht nur kundig in der Welt des Adels, sondern auch in der der Jurisprudenz, der Medizin und verschiedener Handwerksbereiche, ohne diese Berufe ausgeübt haben zu müssen. Genauso wenig muß er von Adel gewesen sein, um in seinen Dramen Könige, Prinzen, Earls und Dukes glaubhaft darstellen zu können. Dennoch bleibt offen, warum Shakespeares Unterschrift nur im Zusammenhang mit seinen geschäftlichen Dokumenten zu finden ist, während sein Werk anscheinend keine handschriftlich belegte Beziehung zu seiner Person hat. Da also weder die Verfasserschaftsfrage noch das Rätsel um den Verlauf der sogenannten 'Verlorenen Jahre' (1585-1592) aufgrund der heutigen Faktenlage eindeutig geklärt werden kann, ist es empfehlenswert, sich an Beweisbares zu halten und Shakespeares Leben in lichterfüllten Einzelbildern einmal mehr aufleben zu lassen. Es wird den Leser sicher verwundern, daß ich trotz dieser achtbaren Gesinnung meinen Weg nach Charlecote Park fand.

Über die Clopton Brücke Stratfords, am Denkmal vorbei, das Hamlet, Lady Macbeth, Falstaff und Prince Hal verewigt, führt eine kleine Landstraße zum wenige Kilometer entfernten Charlecote Park: ein rötliches Backsteinschloß mit elisabethanischen Türmchen am Torhaus, gelegen am Fluß Avon. In dieser auch heute noch idyllischen Gegend soll William Shakespeare als Wilddieb sein Unwesen getrieben haben.

Charlecote

Nicholas Rowe, der erste Biograph Shakespeares und Herausgeber der ersten Shakespeare-Ausgabe, berichtet aufgrund einer Erzählung, die ihm zugetragen wurde:
„Er war zufolge eines bei jungen Burschen recht communen Mißgeschicks in schlechte Gesellschaft geraten; etwelche Kerle aus derselben, die sich's zur häufigen Gewohnheit gemacht, Wilddiebereien zu verüben, nahmen ihn mehr denn einmal auf ihre Raubzüge in ein Wildgehege mit, welches dem Sir Thomas Lucy von Charlecote gehörte und ohnweit von Stratford gelegen war. Darob ward er von jenem Herrn gerichtlich verfolgt - ein wenig zu scharf wie ihm schien. Und um sich für solch erlittene Ohnbill zu rächen, verfertigte er eine Ballade auf ihn. Und wie wohl dieser vielleicht erste Versuch seiner Dichtkunst verloren gegangen ist, sagt man demselben doch nach, er sei dermaßen erbittert gewesen, daß die Verfolgungen, denen er ausgesetzt, sich verdoppelt hätten und er sich gezwungen gesehen, Geschäft wie Familie in Warwickshire auf einige Zeit zu verlassen und in London unterzutauchen."
Die lästerliche Ballade auf Sir Thomas Lucy soll der dichtende Wilddieb an das Tor Charlecotes angeschlagen haben.
Da in den MERRY WIVES OF WINDSOR ein Wortspiel mit 'dozen white luces' (Hechte) und 'lowses' (Läuse) gemacht

wird, wurde haarscharf geschlossen, Shakespeare habe auf das Wappen der Lucy-Familie, das weiße Hechte abbildet, angespielt und versucht, den Edelmann Lucy im hageren Justice Shallow lächerlich zu machen.

Jagdszene

Hechte waren damals allerdings häufig vorkommende Wappentiere. Heute behauptet der Charlecote-Park-Führer des National Trust, der Bestand des Damwildes des derzeitigen Barons Sir Edmund Fairfax-Lucy gehe auf die von Shakespeare gewilderten Tiere zurück.

Eine schöne Geschichte, in der uns der junge Will Shakespeare als feuriger Versedrechsler und Wilddieb dargeboten wird, von adeliger Rachsucht aus der Grafschaft vertrieben. Aber ach, eine Geschichte nur. Hat doch ein Forscher namens Malone nachgewiesen, daß die Lucy-Familie im 16. Jahrhundert noch keinen Hirschpark besaß.

Aber vorstellen möchte man sich den jungen Shakespeare natürlich gerne inmitten der sanften hügeligen Flußlandschaft, wie er sich schleichend dem Anwesen nähert, auf dessen Fassade ein Greif und ein Löwe das Hechtwappen umklammern.

*

William Shakespeare - Chandos Portrait

William Shakespeare:
And we'll strive to please you every day

William Shakespeare wird am 26. April 1564 in der Holy Trinity Church in Stratford-upon-Avon getauft. Seine Geburt wird, da der genaue Tag unbekannt ist, traditionsgemäß auf den 23. April festgesetzt, dem Tag des hl. Georg, des Schutzpatrons Englands. Zu dieser Zeit sucht die Pest das damals durch zahlreiche Ulmen umgebene Stratford heim. In sechs Monaten werden 200 Menschen dahingerafft. Shakespeare ist das dritte Kind von John Shakespeare, dem Handschuhmacher, Gerber und späteren Ratsherrn, und Mary Shakespeare, geb. Arden aus Wilmcote, wo man auch heute noch ihr Geburtshaus besichtigen kann. William Shakespeares ältere Geschwister, Joan und Margaret, sterben früh, und so wächst er mit seinen jüngeren Geschwistern Gilbert, einer zweiten Joan, Anne, Richard und Edmund auf. Die Karriere seines Vaters John Shakespeare bricht um das Jahr 1575 ab. 1586 wird ihm das Privileg, die Tracht eines 'alderman' zu tragen, entzogen. Auch das Bemühen um ein Familienwappen führt zu nichts und wird erst von William 1596 in London bewirkt.

William Shakespeare besucht die King's New School in Stratford und befaßt sich dort mit Lillys GRAMMATICA LATINA, mit lateinischen Aphorismen und Redewendungen, Äsops Fabeln, Horaz, Plautus, Terenz und Ovid. Auch Rhetorik wird dem jungen William beigebracht, der, wie Ben Jonson später sagte, 'small Latin and less Greeke' beherrscht.

Eine große Anzahl der Shakespeare-Stücke haben ihren Ursprung bei Plautus oder Ovid, und was die Kunst der Rhetorik betrifft, so werden Grammar-School-Schüler zur Zeit Shakespeares in bis zu 100 Redefiguren unterrichtet.

Am 28. November 1582 wird die Heirat zwischen 'William Shagspere' und 'Anne Hathwey aus Stratford' (über Rechtschreibung machte man sich noch keine großen Gedanken) durch den Bischof von Worcester genehmigt. Es bedurfte einer Genehmigung, da die Heirat schon nach einem statt den üblichen drei Aufgeboten vollzogen wurde. Eile ist geboten, da bereits ein Kind unterwegs ist. Am 26. Mai 1583 wird Shakespeares erste Tochter Susanna geboren. 1585 folgen die Zwillinge Hamnet und Judith.

Shakespeare's Stratford-upon-Avon

Für die 'verlorenen Jahre' (1585-1592) vermutet man die unterschiedlichsten Tätigkeiten Shakespeares: Shakespeare als Schulmeister, als Wilddieb, als Handschuhmacherlehrling oder Metzger. Möglich ist, daß Shakespeare sich im Sommer 1587 der Queens-Schauspieltruppe angeschlossen hat und mit ihr nach London aufbricht.

1592 hat er sich in London als Schauspieler und Stückeschreiber etabliert und zwar auf eine Weise, die offensichtlich den Neid eines heruntergekommenen Kollegen hervorrief. In seinem GROATSWORTH OF WIT, einer Warnschrift des durch Hurerei und Sauferei dem Tode nahen Robert Greene, warnt dieser vor:

„Eine(r) Krähe von Emporkömmling, die sich mit unseren Federn schön macht, die mit ihrem in eine Komödienhaut gesteckten Tigerherz des Glaubens ist, sie könne ebensogut einen Blankvers zustande bringen wie die Besten von Euch: und da sie ein ausgesprochener Johannes factotum ist, hält sie sich in ihrer Verblendung für den einzigen Szenen-Erschütterer (Shake-scene) im Land."

Das Wortspiel um das in einer Komödienhaut gesteckte Tigerherz spielt auf eine Zeile aus HENRY VI. an:

„O tiger's heart wrapp'd in a woman's hide".

Der Drucker dieses Machwerkes entschuldigt sich nach dem Tod Greenes offiziell für die Lästerung:

„Ich bedaure es so sehr, als wäre der faux pas mein eigener, weil ich selbst gesehen habe, daß sein Benehmen nicht weniger

höflich ist, als er in seinem Beruf (d.h. dem Schauspielern) excelliert. Außerdem haben etliche achtbare Männer von seiner Redlichkeit im Geschäftsverkehr erzählt, was für seine Ehrlichkeit spricht, und von der humorvollen Grazie seiner Arbeiten, was seine Kunst bestätigt."
Während der Pestepidemie, die in London von 1592 bis 1594 tobt, schreibt Shakespeare VENUS AND ADONIS und THE RAPE OF LUCRECE. Beide Werke widmet er dem 'Right Honourable Henry Wriothesley, Earl of Southampton, And Baron of Tichfield', einem anmutigen jungen Adeligen, der damals 19 Jahre alt war:
„Die Lieb', so ich Eurer Lordschaft entgegenbringe, ist ohn Ende: wovon dies Büchlein ohn Anfang bloß ein überschüssig Teil ist. Die Gewähr Eurer vornehmen Denkungsart und nicht der Wert meiner ohngebildeten Zeilen sichert mir deren günstige Aufnahme zu. Was ich getan, ist Euer; was ich tun muß, ist Euer; Euch geweiht Eu'r Teil an allem, was ich habe. Wäre mein Wert größer, erwies' auch meine Schuldigkeit sich größer. Derweil und wie die Dinge liegen ist sie Eurer Lordschaft verpflichtet, der ich ein langes Leben wünsche, noch verlängert durch jedwedes Glück.
In aller Schuldigkeit Eurer Lordschaft
William Shakespeare."
Es werden Mutmaßungen angestellt, ob Henry Wriothesley der 'Fair Youth' aus den Sonetten ist, denn die Sonette geben als ihren Inspirator einen 'Mr. W.H.' an. Hierbei könnte es sich um eine Umkehrung von H.W., dem Earl von Southampton, handeln. Allerdings wäre ein weiterer Kandidat William Herbert, Earl of Pembroke, wobei bei seinem Namen auch die Reihenfolge der Buchstaben stimmen würde, nur daß der 1580 geborene William Herbert noch etwas zu jung gewesen wäre für jemanden, der aufgefordert wird: „Zum Antlitz, das im Spiegel dir begegnet, sprich: 'Nun ist's Zeit, ich schaffe dich aufs neu'."
Eine weitere Legende versucht, nicht nur Shakespeares Dichtungskraft, sondern auch seine Manneskraft zu unterstreichen: derzufolge soll Shakespeares Schauspielerkollege Burbage, der gerade Richard III. spielte, sich mit einer Bürgersfrau zu einem

nächtlichen Rendezvous verabredet haben. Unter dem Losungswort: „Richard III. ist da", solle die Frau ihn einlassen. Shakespeare hört diese Abmachung, ist vor Burbage am rechten Ort und wird von der Dame bereitwillig aufgenommen. Als schließlich Burbage meldet, Richard III. stünde vor der Tür, läßt Shakespeare rückmelden, Wilhelm der Eroberer sei ihm zuvorgekommen.

1598 reißen die Lord Chamberlain's Men ihr Theater 'The Theatre' ab und benutzen das Holz für den Bau des Globe Theatres auf der Bankside. Die Theater standen im Amüsierviertel Londons in enger Nachbarschaft der Bordelle und Bärenhatzarenen, wo an einen Pfahl gefesselte Bären gegen Bulldoggen kämpfen mußten. Manchmal wurden die Bären auch geblendet und von Männern mit Peitschen attackiert. Die Theateraufführungen fanden nachmittags statt und boten weniger grausame Unterhaltung an. Der Schauspielstand, zu dem nur Männer gehörten, hatte keinen besonders guten Ruf, auch wenn sich nun Lordkämmerer, Könige und Königinnen ihrer annahmen. Wer ins Theater ging, galt als Tagedieb, der anstatt zu arbeiten seinem Vergnügen nachging.

Das moderne Globe Theatre wurde nach alten Plänen unter der Federführung des amerikanischen Schauspielers Sam Wanamaker wieder aufgebaut und am 12.6.1997 wiedereröffnet, 355 Jahre nach seiner Zerstörung.

Wenn die heutigen Groundlings nach oben sehen, erblicken sie, wie zu Shakespeares Zeiten, nicht die Theaterdecke, sondern den Himmel, und ab und zu sehen und hören sie, anders als zu Shakespeares Zeiten, wie eine Maschine der British Airways, Lufthansa oder Trans-All über den Themsebogen donnert. Das am Rande des runden Fachwerkgebäudes und über der Vorbühne befestigte Dach besteht teilweise aus Gips und Ziegenhaar, was die moderne Feuerwehr überhaupt nicht freut, schließlich war die Ursache für den Untergang des Globe 1613 ein Brand.

Shakespeare wird 1598 eine Art Miteigentümer des Globe und kann auf zehn Prozent der Gewinne Anspruch erheben. Shakespeares bis 1603 veröffentlichten Stücke, wie die Trilogie HENRY VI, RICHARD III, KING JOHN, HAMLET oder die heiteren Komödien wie LOVE'S LABOUR'S LOST, THE TWO GENTLEMEN OF VERONA, THE TAMING OF THE SHREW machen einen Großteil des Repertoires aus. Shakespeare wird zum populärsten Dichter seiner Zeit.

Am 28. Dezember 1594 wird im Gray's Inn eine weihnachtliche 'Juristen-Lustbarkeit' veranstaltet, die dank Shakespeares COMEDY OF ERRORS ihre Folgen hat.

Man feiert das erste Weihnachtsfest nach der großen Pestepidemie, und die angehenden Juristen sind recht ausgelassen. So ausgelassen, daß auf der Bühne ein tumultuarisches Durcheinander herrscht. So beschließt man, sich erst einmal auf Tanz und Lustbarkeit mit den Damen zu beschränken.

„Und im Anschluß daran ward eine Comödie der Irrungen...von den Schauspielern gegeben. Auf solche Weise war jene Nacht begonnen worden und dauerte fort bis zu ihrem Ende mit nichts als Konfusionen und Verirrungen. Wodurch sie nachmalen stets 'Die Nacht der Irrungen' geheißen ward."

Obwohl Shakespeares berufliche Tätigkeit sich auf London beschränkt, und er auch dort in St. Helen's Bishopsgate und dem Freibezirk Clink auf der Bankside wohnt, bleibt er in Stratford-upon-Avon verwurzelt.

1597 kauft er dort New Place, ein drei Stockwerke hohes Haus mit fünf Giebeln, das das zweitgrößte Haus Stratfords war. Der Dichter hat sich nun zuzüglich seiner zahlreichen anderen Aktivitäten, auch um seine Weinstöcke zu kümmern. 1602 kauft Shakespeare 107 Morgen Ackerland und 20 Morgen Weideland in Old Stratford. 1605 kommt der halbe Anteil an der Verpachtung des Zehnten auf 'Weizen, Samengetreide, Getreide auf dem Halm und Heu' dazu. 1613 tätigt er aus Spekulationsgründen auch in London einen Kauf, indem er das Blackfriars-Pförtnerhaus erwirbt. Vielleicht hat seine Rückwendung nach Stratford im Jahr 1597 mit dem Tod seines Sohnes Hamnet 1596 zu tun.

Die Richtung seiner dichterischen Schaffenskraft ändert sich mit dem Tod Königin Elizabeths I. und der Thronbesteigung König Jakobs I. im Jahr 1603. Nun folgen Schakespeares große

Tragödien wie OTHELLO, KING LEAR, MACBETH, ANTHONY AND CLEOPATRA UND CORIOLANUS und seine heiter-melancholischen Spätwerke THE WINTER'S TALE und THE TEMPEST.

Der Narr, der in Shakespeares Werken eine zentrale Rolle spielt, entwickelt sich vom zotenreißenden Clown zum 'wise fool', dem weisen Narren, der den hochgestellten Persönlichkeiten einen Spiegel vorhält: so z.B. Feste in TWELFTH NIGHT oder der Narr in KING LEAR.

Shakespeare stirbt am 23. April 1616 mit 52 Jahren in Stratford. Und wieder schlägt die Legende zu und berichtet uns von einem Saufgelage Shakespeares mit Drayton und Ben Jonson, wonach Shakespeare einem Fieber erliegt.

Einer neueren Legende zufolge, die ausgerechnet von einer Deutschen Forscherin stammt, die die sogenannten 'Flower'- und 'Chandos'-Portraits, sowie die angebliche Totenmaske in Darmstadt forensisch untersuchen ließ, hatte Shakespeare eine Schwellung am linken Augenlid und Probleme mit seinen Tränensäcken. Dies, so die Mediziner, könnte ein Hinweis auf Krebs sein.

Wie auch immer, Prosperos Epilog aus THE TEMPEST, der oft als eine Verabschiedung Shakespeares von der Bühne interpretiert wird, soll auch seiner Lebensgeschichte hier ein Ende setzen:

„But release me from my bands
With the help of your good hands:
Gentle breath of yours my sails
Must fill, or else my project fails,
Which was to please. Now I want
Spirits to enforce, Art to enchant."

„Macht mich aus des Bannes Schoß
durch eure will'gen Hände los.
Füllt milder Hauch aus euerm Mund
Mein Segel nicht, so geht zugrund
Mein Plan; er ging auf eure Gunst.
Zum Zaubern fehlt mir jetzt die Kunst."

*

AS YOU LIKE IT

Diese heitere Komödie Shakespeares entstand voraussichtlich im Jahr 1599 und basiert auf Thomas Lodges Prosaroman ROSLYNDE. Wie in der 1590 entstandenen Vorlage kontrastiert Shakespeare hier die intrigante Welt des Hofes, in der sich Brüder gegeneinander wenden, mit der idyllisch pastoralen Welt des Waldes von Arden. Gemeint sind die Ardennen an der Grenze von Belgien und Luxemburg. Doch Shakespeares Zuschauer konnten damals durchaus den Wald von Arden mit dem noch heute 'Arden' genannten Landesteil in Warwickshire identifizieren. Allerdings existierte dort schon zu Shakespeares Zeiten keine Bewaldung mehr. Die Handlung verläuft wie folgt:
Duke Frederick hat den rechtmäßigen älteren Herzog, seinen Bruder, ins Exil geschickt. Auch Oliver und Orlando, Söhne Sir Rowland de Boys, sind entzweit. Oliver haßt seinen jüngeren Bruder und enthält ihm das Leben vor, das er gemäß seines Standes führen müßte, er sinnt sogar darauf, seinen Bruder töten zu lassen. Das intrigante Leben am Hof veranlaßt sowohl Orlando als auch die Töchter der Herzöge, Celia und Rosalind, in den Wald von Arden zu flüchten, wo sich der ältere rechtmäßige Herzog mit seinem Gefolge aufhält:

„They say he is already in the Forest of Arden, and
a many merry men with him; and there they live
like the old Robin Hood of England. They say
many young gentlemen flock to him every day,
and fleet the time carelessly as they did in the golden world."

„Sie sagen, er ist bereits im Ardennerwald und
viel lustige Leute mit ihm, und da leben sie
wie Zigeunervolk. Es heißt,
viele junge Leute strömen ihm täglich zu
und versaufen sorglos die Zeit wie im goldnen Alter."

Mit dabei im waldigen Exil Ardens sind auch Touchstone, der Narr, und Jacques, der melancholische Bruder Orlandos.
Im idyllischen Wald nimmt die Handlung bald eine friedfertige Wendung und konzentriert sich auf das Liebeswerben dreier Paare, wobei der Aspekt der romantischen Liebe variantenreich

und ironisch vorgeführt wird.
Rosalind trifft wie zufällig ihren geliebten Orlando und nimmt einen Kleidertausch vor. Als Jüngling verkleidet, will sie ihm seine oberflächlich klischeehafte Verliebtheit austreiben (er heftet Liebesgedichte an die Bäume) und ihn zu einer tiefen Liebe bekehren. Der Narr Touchstone wirbt um die Ziegenhirtin Audrey und stellt durch seine Derbheit die romantische Liebe in Frage. Das Schäferpaar Silvius und Phebe pflegt und hegt die romantische Liebe, doch unglücklicherweise verliebt sich Phebe in die als Mann verkleidete Rosalind. Daß das Leben im Wald von Arden nicht so idyllisch ist, wie es den Anschein hat, machen die Akteure klar: so z.B. der ältere Herzog:

„Duke Sen. Now my co-mates and brothers in exile,
   Hath not old custom made this life more sweet
   More free from peril than the envious court?
   Here feel we not the penalty of Adam,
   The season's difference, as the icy fang
   And churlish chiding of the winter's wind,"

„Herzog: Nun, meine Brüder und des Banns Genossen,
   Macht nicht Gewohnheit süßer dieses Leben
   Als das gemalten Pomps? Sind diese Wälder
   Nicht sorgenfreier als der falsche Hof?
   Wir fühlen hier die Buße Adams nur,
   Der Jahreszeit Wechsel; so den eis'gen Zahn
   Und böses Schelten von des Winters Sturm."

Fehlende Nahrung machen Adam und Orlando bei ihrem Eintreffen im Wald zu schaffen, und Touchstone tut seine Ansicht vom idyllischen Landleben in wahrhaft närrischer Weise kund:
„Probstein: Wahrhaftig Schäfer, an und für sich betrachtet, ist es ein gutes Leben; aber in Betracht, daß es ein Schäferleben ist, taugt es nichts."
Auch Corin, Schäfer im Wald von Arden, macht klar, daß das Schäferleben harte Anforderungen stellt. In einem absurden Wortgefecht, wie Shakespeares weise Narren es allzuoft und gern ausführen, beweist Touchstone Corin, daß für das Leben am Hofe dieselben Regeln gelten sollten wie auf dem Lande.

Corin wendet ein, daß das Händeküssen bei den Schäfern sehr unreinlich wäre, da ihre Hände mit dem Fett der Schafsfelle beschmiert seien; er weist auf die harten, mit Teer überzogenen Hände der Schäfer hin.

Die bukolische Idylle Ardens, die auch durch die Existenz eines Löwen in Frage gestellt wird, weist Elemente Arkadiens, Englands und Afrikas auf, da hier Löwen, Palmen, Eichen und Winterwetter nebeneinander existieren. Doch die Gefährlichkeit und Härte des Lebens in der Natur existiert eher in den Worten der Waldgesellschaft als in tatsächlichen Vorfällen.

Auf überraschende Weise wird Oliver, der nach dem Leben seines Bruders trachtet, von Orlando vor einem Löwen gerettet und dadurch bekehrt. Duke Frederick wird im Wald von einem Einsiedler auf den rechten Weg zurückgeführt und gibt die Krone an seinen verbannten Bruder zurück.

Rosalind löst schließlich das Liebesverwirrspiel auf, indem sie ihre wahre Identität offenbart. Und der Hochzeitsgott Hymen reimt:

> „Peace ho! I bar confusion.
> 'Tis I must make conclusion
> Of these most strange events.
> Here's eight that must take hands
> To join in Hymen's bands,
> If truth holds true contents."

> „Still! die Verwirrung end ich,
> Die Wunderdinge wend ich
> Zum Schluß, der schön sich fügt.
> Acht müssen Hand in Hand
> Hier knüpfen Hymens Band,
> Wenn nicht die Wahrheit lügt."

Nur der melancholische Jacques, der des Menschen Treiben für bloße Schauspielerei hält ('Die ganze Welt ist eine Bühne...'), verzichtet auf die Festlichkeit.

> „Herzog: Bleib, Jaques, bleib!
> Jacques: Zu keiner Lustbarkeit - habt Ihr Befehle,
> So schickt sie mir in die verlaßne Höhle."

So ist am Ende die durch Zwietracht der Brüder und Entmachtung des rechtmäßigen Herzogs in Unordnung gekommene Welt wieder geordnet, und aus der heilenden, wiederherstellenden Natur kehrt man an den Hof zurück.

*

KING LEAR

KING LEAR, diese wohl anspruchsvollste Tragödie Shakespeares über das Verwirrspiel von Schein und Sein, entstand wahrscheinlich im Winter des Jahres 1605/6 nach dem anonymen Bühnenstück THE TRUE CHRONICLE HISTORY OF KING LEIR und nach Sidneys ARCADIA. Shakespeare wandelte die Chronik allerdings in eine stark durchstrukturierte Tragödie um und fügte der Haupthandlung um King Lear und seine Töchter die Nebenhandlung Gloucesters und seiner Söhne bei.

Die Handlung beginnt mit King Lears Reichsteilung. Der König von Britannien will seine Regentschaft und seinen Hof aufgeben und unter seinen drei Töchtern Regan, Goneril und Cordelia aufteilen. Er fordert von seinen drei Töchtern, ihm den Grad ihrer Vaterliebe zu schildern. Während Goneril und Regan sich gegenseitig in ihren Liebesbekundungen zu übertreffen suchen, bleibt Cordelia schweigsam und hofft, daß ihre Liebe zu King Lear schwerer wiegen wird als ihr Wort. Doch King Lear wird zornig, als er hört, daß Cordelia ihm auf seine Frage:

„What can you say to draw
A third more opulent than your sisters? Speak."
„Was sagst du, dir zu gewinnen
Ein reiches Dritteil als die Schwestern? Sprich!"

„Nichts, gnäd'ger Herr!" antwortet. Er verstößt Cordelia, die den König von Frankreich heiratet, und will sein Leben künftig zwischen den Höfen Gonerils und Regans aufteilen.

King Lears treuer Gefolgsmann Kent und der Narr weisen ihn auf die Falschheit seiner Handlungsweise hin. Auch Kent wird vom Hof verstoßen, und so bleibt nur der Narr, der dem König den Spiegel vorhält. Der Narr macht ihm klar, welcher von beiden der wirkliche 'fool' ist.

> „Fool: That lord that counsell'd thee
> To give away thy land,
> Come place him here by me,
> Do thou for him stand:
> The sweet and bitter fool
> Will presently appear;
> The one in motley here,
> The other found out there."

> „Narr: Der dir's geraten, Lear,
> Dein Land zu geben hin,
> Den stell hierher zu mir,
> Oder stehe du für ihn.
> Der süß und bittre Narr
> Zeigt sich dir nun sofort,
> Der ein' im scheck'gen Wams,
> Den andern siehst du dort."

In der Nebenhandlung hetzt derweil Edmund, der uneheliche Sohn Gloucesters, seinen Vater gegen Edgar, den ehelichen Sohn, auf. Er macht seinen Vater glauben, Edgar wolle ihn (Gloucester) töten. Gloucester verkennt, wie Lear, die wahren Charaktere seiner Mitmenschen, und Edgar muß als Irrsinniger verkleidet in die Heide fliehen. Dort trifft Lear, der inzwischen den wahren Charakter seiner Töchter Goneril und Regan erkannt hat, die ihn von ihren Höfen verwiesen haben, auf Edgar. Lear wird vom Narren und dem verkleideten Kent begleitet, der trotz seiner Verbannung seinem Herrn treu bleibt. Während ein Sturm auf der Heide wütet - Spiegel des menschlichen Chaos in der Natur -, wandelt sich Lears zornige Rachsucht in Einsicht um. Er erkennt, daß die Spaltung des Reiches und seine Abdankung Fehler waren. Die falsche Tochter verstieß er, um die, die nun seinen Tod suchen, zu erheben. Auch wird er menschlicher, verantwortungsvoller den Armen gegenüber. Doch mit der Erkenntnis wird sein Geist mehr und mehr dunkel. Er verfällt dem Wahnsinn.
In einer gespielten Gerichtsszene sitzen der entmachtete König, der Narr und der angeblich irrsinnige Edgar über die unnatür-

lichen Töchter Lears zu Gericht; ein mittelalterliches Tableau voller Symbolkraft.

Da ein Mordkomplott der Töchter und Edmunds das Leben Lears bedroht, brechen sie nach Dover auf, wo Frankreich und Cordelia ihnen zu Hilfe kommen wollen. Auf Veranlaßung Gonerils und Regans werden Gloucesters Augen geblendet, da er in Treue zu King Lear hält. Edgar, sein Sohn, führt den blinden Vater nach Dover, wo er dessen Selbstmord verhindert.

Auch Gloucester hat inzwischen gelernt, zwischen Schein und Sein zu unterscheiden.

In Dover wird die Handlung an ihren traurigen Endpunkt geführt. In einer Schlacht verlieren die guten Mächte (Lear, Cordelia) gegen die Seite des Bösen (Edmund, Goneril, Regan). Cordelia und Lear versöhnen sich, doch sie haben keine Zukunft mehr. Cordelia wird gehängt, Lear glaubt sterbend, daß die tote Cordelia noch lebt.

Das erschütterte Reich hat einen neuen Führer, den Herzog von Albany, der für die Seite des Guten steht. Doch dem Zuschauer bleibt ein Satz in Erinnerung, der das unchristliche Chaos dieser Welt ins Zentrum rückt:

> „As flies for wanton boys
> are we to the gods
> they kill us, for their sport."

> „Wie Fliegen für mutwillige Jungen
> sind wir für die Götter
> sie töten uns zum Spaß."

Es darf aber nicht vergessen werden, daß es der Mensch war, in diesem Fall King Lear, der durch das Absetzen der Krone die natürliche Ordnung außer Kraft setzte. Das Königtum wurde zu elisabethanischer Zeit als gottgewollt und der König als von Gott eingesetzt betrachtet. Durch die Reichsteilung handelt King Lear dieser gottgewollten Ordnung zuwider und setzt somit die Welt 'aus den Fugen'. Das gleiche Schema der Außerstandsetzung königlicher Ordnung findet sich auch in HAMLET (Ermordung des Königs durch den Bruder) und MACBETH (Mord am König). Gerät die Welt des Menschen in

Unordnung, so ist auch der gesamte Kosmos betroffen, da man den Menschen als Zentrum des Universums sah (erst mit Galileo Galilei setzte sich das heliozentrische Weltbild Anfang des 17. Jahrhunderts langsam durch). Andersherum ist auch der Kosmos verantwortlich für die Entwicklung der Gesellschaft:
„Gloster: Jene letzten Verfinsterungen an Sonne und Mond weissagen uns nichts Gutes."
In KING LEAR werden zwei Natursichtweisen gegenübergestellt: die fortschrittliche Natursicht Edmunds, die wir auch heute unterstreichen würden:
„Eine herrliche Ausflucht für den Liederlichen, seine hitzige Natur den Sternen zur Last zu legen!"
Und die im alten Weltbild verankerte Natursicht, wie Gloucester sie repräsentiert. Im Sturm auf der Heide findet das menschengemachte Chaos seinen natürlichen Ausdruck.

*

SONETT 18
Shall I compare thee to a summer's day?
Thou art more lovely and more temperate.
Rough winds do shake the darling buds of May,
And summer's lease hath all too short a date:
Sometime too hot the eye of heaven shines,
And often is his gold complexion dimm'd;
And every fair from fair sometime declines,
By chance, or nature's changing course, untrimm'd;
But thy eternal summer shall not fade,
Nor lose possession of that fair thou ow'st;
Nor shall Death brag thou wander'st in his shade,
When in eternal lines to time thou grow'st.
So long as men can breathe, or eyes can see,
So long lives this, and this gives life to thee."

„Soll ich dich einem Sommertag vergleichen,
Der du viel lieblicher und sanfter bist?
Durch Maienblüten rauhe Winde streichen,
Und Sommers Pracht hat allzu kurze Frist.
Oft fühlst zu heiß des Himmels Aug du brennen,

Oft hüllt zu dunkler Schleier sein Azur,
Und stets muß Schönes sich vom Schönen trennen
Durch Zufall oder Wandel der Natur.
Doch deines Sommers Glanz wird nie ermatten,
Nie von dir fallen deine Herrlichkeit,
Nie wirst du wandeln in des Todes Schatten,
In ewigen Reimen strahlst du durch die Zeit.
Solange Menschen atmen, Augen sehn,
Wird dies mein Lied, wirst du in ihm bestehn."
Die 154 Sonette, die nach Surreys Reimschema abab cdcd efef gg in vierzehn Zeilen verlaufen, wurden als Quartband im Jahre 1609 von dem Drucker Thomas Thorpe veröffentlicht. Die ursprüngliche Reihenfolge der Sonette kann im Nachhinein schwerlich identifiziert werden.

Die Sonette handeln um das variationsreiche und philosophisch mehrdeutige Thema der Liebe. Die Erscheinungsformen der Liebe werden hier von der distanzierten metaphernreichen Bewunderung (nach Petrarka) bis zur sexuellen Hörigkeit dargestellt. Während die Sonette 1-126 sich an den 'Fair Youth', den schönen Jüngling, wenden, kreisen die Sonette 127-152 um die 'Dark Lady', die dunkelhäutige, braunhaarige Dame, die das lyrische Ich durch ihre zügellose Sexualität durch die Höhen und Tiefen der Liebe führt. Die Sonette Nr. 153 und 154 sind nicht original Shakespeare, sondern Übersetzungen eines griechischen Gedichtes aus dem 5. Jahrhundert.

Die Naturmetaphorik spielt eine einprägsame Rolle in der bildreichen Welt der Sonette.

Der Jüngling, der in den vorangegangenen Sonetten zur Vermehrung aufgefordert wird, muß hier im Sonett Nr. 18 den Vergleich mit einem schönen Sommertag bestehen. In den Augen des liebenden Dichters überstrahlt der Jüngling die Schöpfung der Natur. Doch so wie die Natur ständiger Veränderung ausgesetzt ist, muß auch die Schönheit des Jünglings vergehen. Ein Mittel, diese Schönheit zu bewahren, ist erstens, die Zeugung eines Nachkommen oder zweitens, wie in Sonett Nr. 18 geschildert, die unvergänglichen Zeilen des Dichters:

„In ewigen Reimen strahlst du durch die Zeit."

**

Besonders bei der romantischen Liebeswerbung spielt die idyllische Natur in der Tradition Petrarkas eine entscheidende Rolle.
In TWELFTH NIGHT, Akt 1, Szene 1 heißt es:
„If music be the food of love, play on..."
Gleiches gilt auch für die Idylle der Natur, auch sie gibt der Liebe Nahrung, ist Förderer und Hintergrund der anbetenden Liebe, wie sie Duke Orsino in TWELFTH NIGHT ausübt. Als er von seiner geliebten Olivia wieder eine Absage erhält, begibt sich der melancholisch liebende Duke in die Natur:
„Away before me to sweet beds of flow'rs:
Love-thoughts lie rich when canopied with bow'rs."
Die Liebesgedanken gedeihen auf süßen, Lauben überschatteten Blumenbeeten, und die stilisierte Liebe nach dem Vorbild Petrarkas, die von der Ferne der Geliebten lebt, findet in der Naturidylle ihre natürliche Umgebung.
Von der Waldidylle bis zur öden Heide nutzte Shakespeare die Natur als ambivalenten Entwicklungsort des Dramengeschehens. Er benutzte die Tradition der Pastorale, der arkadischen Idylle, als antigesellschaftliche Basis, als Fluchtort, in dem ein Nachdenken über die Fehler der Gesellschaft und des Hoflebens möglich wird (AS YOU LIKE IT). Doch daß das 'Goldene Zeitalter' mehr als Illusion denn als nachlebbares Muster gedeutet wird, zeigt sich bereits in
AS YOU LIKE IT und auch in THE WINTER'S TALE und THE TEMPEST, wo Magie, Gesang und Spiel im Spiel die pastorale Welt repräsentieren. Sie ist ein spielerischer Übergang, der als Katalysator funktioniert und eine Wendung zum Besseren herbeiführt. Auch im MIDSUMMER NIGHT'S DREAM wird die Magie eingesetzt und in THE MERRY WIVES OF WINDSOR ist der Tanz der Elfen um Hernes Eiche ein aufgesetztes Spiel, das nur Falstaff ernst nimmt.
Im MERCHANT OF VENICE bildet die pastorale Welt Belmonts mit ihrem Märchenmotiv der Kästchenwahl einen Gegenpart zum grausamen Venedig, wo Kaufmänner ihre Schiffe verlieren und grausame Rache regiert (Shylock). Doch

Midsummer Nights Dream

die Rettung, wiederum als Spiel im Spiel inszeniert, bringen Portia und Nerissa, Bewohnerinnen des idyllischen Belmont. Shakespeare verherrlicht die Natur nicht, sondern setzt sie als dramaturgisches Mittel zum Zweck ein. Die grausame Macht der Natur bleibt ihm bewußt. Am deutlichsten zeigt sich dies in KING LEAR, wo der Sturm auf der Heide im Zusammenspiel mit den Worten des Narren und der Selbsterkenntnis Lear in den Wahnsinn treiben. Hier wird der Natur jede heilende Wirkung abgesprochen; hier findet zwar der Prozeß der Selbsterkenntnis statt, doch sie führt in den Wahnsinn. Wieder dient sie als Katalysator, doch nun vom äußeren Chaos der Welt hin zum inneren Chaos in Lears Gedankenwelt. Die Heide ist ein Naturraum, in dem äußere Reize weitgehend fehlen. Die Öde der Landschaft wirft den Menschen auf sich selbst zurück, läßt den Gedanken ihren freien Lauf, ohne daß schöne oder herausragende Objekte sie ablenken würden. In der Heide ist der Mensch mit sich allein und sieht mehr in sich hinein, als daß er außerhalb seiner Selbst etwas zu sehen sucht. Shakespeare setzt die unterschiedlichen Bedeutungsebenen der Naturdarstellung gezielt als dramaturgisch wichtige Versatzstücke ein.

17
Lewis CARROLL
Oxford, Guildford (Surrey)

Nebel lag über dem Sherwell-Fluß, als ich langsam an seinem Ufer entlang schländerte. Addison's Walk, wie dieser wohl bekannteste Weg Oxfords heißt, gestattete mir einen Blick auf die dahingleitenden Ruderboote. Einige Weiden ragten weit über das Wasser hinaus und schufen grüne Höhlen, durch die die Boote glitten.

Immer wenn sich ein Boot einer solchen Höhle näherte, wurden die Stimmen leiser, andächtiger, bis das Boot unter den Blättern verschwand. In der Ferne sah ich eine Brücke, die über den Fluß hinüber in einen Garten führte.

'For the snark was a Boojum, you see', fuhr es mir durch den Sinn, als ich die Turmuhr elf schlagen hörte und das seltsame Ruderboot sah, das mit der Strömung zu kämpfen hatte. Zwei junge Männer in Collegejacken saßen in dem Boot und bedienten eifrig die Ruder; in der Mitte saß ein ungeheuer kauziges Wesen, das einen etwas zerknitterten Eindruck machte, als habe man es erst gerade auseinander gefaltet. War es ein großer Vogel oder doch ein Mensch? Jedenfalls hatte es ein langes vorstehendes Etwas im Gesicht und einen kahlen Kopf. Das Wesen schaute zur gegenüberliegenden Seite des Flusses, so daß ich seine Augen nicht sehen konnte. Seine Augen würden mir sicher Auskunft darüber geben, mit wem oder was ich es zu tun hatte!

Ein Zweig, auf den ich gerade getreten war, machte ein lautes knackendes Geräusch, und mit einem Ruck wandte das Wesen mir sein Gesicht zu. Ich sah nur noch die großen Augen und die dunklen runzligen Falten drumherum, dann tauchte das Ruderboot in die Blätterhöhle ein. Schnell ging ich zur Holzbrücke und wartete, irgendwann mußte das Boot doch wieder auftauchen. Doch wahrscheinlich hatte es am Ufer festgemacht, nur der Nebel lag auf dem Fluß.

„Wenn Sie ihn wirklich sehen wollen, müssen sie ganz früh morgens kommen", sagte eine Stimme neben mir. Ein kleines

Mädchen mit kurzen schwarzen Locken und einer Jeans-Latzhose lehnte sich auf die Holzbrüstung und blickte desinteressiert auf den Fluß.

„Wieso, was meinst Du?" fragte ich sie verwundert. Lässig holte sie einen Lutscher aus ihrer Hosentasche, steckte ihn auf einen elektrischen Lutscherdreher in Form eines Hot-Dogs und ließ den Lolly im Mund kreisen.

„Mr. Birdie", sagte sie etwas undeutlich und musterte mich von oben bis unten.

„Mr. Birdie?"

„Ja, der komische Kerl, der immer mit Mick und Mike herumfährt", sie wandte ihre Augen zu den Baumkronen und schien langsam ungeduldig zu werden ob meiner Unwissenheit.

„Ach, und der komische Kerl heißt Mr. Birdie?"

„Ich weiß nicht, wie er heißt. Meine Schwester nennt ihn so, die studiert im Christ Church College. Jedes Jahr darf ich sie eine Woche lang besuchen."

„Und Deine Schwester kennt Mr. Birdie?"

„Natürlich nicht! Niemand kennt ihn!"

„Außer Mick und Mike, oder?"

„Tja, ehrlich gesagt, wo die eingeschrieben sind, hat bis jetzt noch niemand rausgekriegt. Manchmal sieht man sie im Poor Student. Da essen sie Hähnchen mit dicken Kartoffeln, aber ohne Mr. Birdie, und manchmal sitzen sie in der Radcliffe Camera und lesen da den ganzen Tag über arabische Bücher, auch ohne Mr. Birdie!"

„Vielleicht kann Mr. Birdie kein Arabisch."

„Hahahaha, sind Sie eigentlich eine Touchristin?"

„Eine Touristin, meinst Du wohl? Ja, so etwas Ähnliches. Ich suche ein Mädchen namens Alice und ihr Wunderland."

„Oh, da müssen Sie meine Schwester besuchen. Die war mal in dem Raum, wo der Mann, der ALICE geschrieben hat, wohnte - im Christ Church. Der Mann hatte ganz viele Spielsachen da und Kostüme. Die Mädchen haben sich dann verkleidet, und er hat sie photographiert, und manchmal...", sie legte ihre Hand an den Mund und flüsterte, „manchmal hat er sie auch nackt photographiert".

„Ja, wenn die Mädchen und ihre Mütter ihre Zustimmung gegeben haben."
„Genau, schade, daß ich nicht so einen schönen Namen habe wie 'Alice'".
„Wieso, wie heißt Du denn?"
„Mabel, ähh", sie verzog das Gesicht und dabei kamen ihre durch den Lutscher blaugefärbten Zähne zum Vorschein.
„Der Name gefällt mir."
„Mir aber nicht. Oh, ich muß rennen, meine Schwester hat gleich Vorlesungsschluß, und wir treffen uns im Poor Student, Bye; bye", sie winkte mir zu und rannte den Sherwell entlang.
Seltsam nur, daß ich sie hinter der Weide nicht mehr hervorkommen sah, aber vielleicht hatte sie ja eine Abkürzung über die Wiese genommen.
Ich schaute in die andere Richtung des Flusses, der ein Stückchen weiter in die Themse mündet. Von den Themsewiesen aus konnte Lewis Carroll auf seinen sommerlichen Bootsausflügen mit Alice Pleasance Liddell, der Tochter des Dekans, die Kuppeln und Kirchtürme Oxfords sehen.
Neun Jahre bevor Lewis Carroll die inspirationsreichen Bootsausflüge mit dem Vorbild für seine Wunderland-Alice unternahm, dichtete Matthew Arnold über die pastorale Idylle Godstows:

„And above Godstow Bridge, when hay-time's here
In June, and many a scythe in sunshine flames,
Men who through those wide fields of breezy grass
Where black-wing'd swallows haunt the glittering Thames,
To bathe in the abandon'd lasher pass,
Have often pass'd thee near
Sitting upon the river bank o'ergrown..."

„Und über der Godstow Brücke, wenn die Zeit der Heuernte naht,
Im Juni die Pflüge im Sonnenlicht blitzen,
Männer, die durch die weiten Felder des luftigen Grases streichen,
Wo schwarz-geflügelte Schwalben die glitzernde Themse heimsuchen,

> Um zu baden im verlass'nen Wehr,
> Sind oft an Dir vorbeigeflogen,
> Als Du am überwachs'nen Ufer gesessen hast..."

36 Colleges samt ihren Innenhöfen reihen sich aneinander, unterbrochen von tiefgrünem gepflegten Rasen. Das wohlhabendste College ist Christ Church wegen seines Besitzes an Aktien, Grundbesitz, Silber und einer Gemäldegalerie alter Meister auch allumfassend The House genannt. Auch andere Colleges haben Aktien und Grundbesitz.

Die Universitätsstadt Oxford geht bis auf das Jahr 1167 zurück. Damals wurden die bestehenden Klöster mit englischen Scholaren und Professoren gefüllt, die König Heinrich II. eigens aus Paris herbitten ließ. Oxford gilt als katholisch und mehr den Geisteswissenschaften und der aristotelischen Philosophie zugeneigt. Charles Lutwidge Dodgson, der intelligente aufstrebende Mathematiker und Logiker, Schriftsteller und Vater des unpädagogischen Nonsenseromans, verbrachte fast sein ganzes Leben in Oxford. Er war Teil des alten Universitätsmodells, nach dem Dozenten des Christ Church College ordiniert werden und ehelos bleiben mußten, um im College leben zu können.

Christ Church war College und Kathedrale zugleich und stand unter kirchlicher Führung. So wurde aus dem schüchternen und zurückhaltenden Charlie der Reverend C.L. Dodgson, der allerdings wegen seines zeitweiligen Stotterns nur selten Predigten hielt.

Glückliche Tage, deren Ereignisse eine längerfristige Wirkung auf ihn haben sollten, markierte Lewis Carroll in seinem Tagebuch nach römischem Vorbild mit einem weißen Stein. Ein solcher Glückstag entwickelte sich, als Carroll am 4. Juli 1862 mit den drei Töchtern des Dekans Lorina, Alice und Edith sowie seinem Freund Duckworth von der Folly Brigde Bootsanlegestelle nach Nuneham aufbrach.

In Nuneham Park gab es Picknickhütten und bei der Godstow-Brücke eine Klosterruine. Eine Sommeridylle mit eindeutig literarischen Folgen:

> „All in the golden afternoon
> Full leisurely we glide;

For both our oars, with little skill,
By little arms are plied,
While little hands make vain pretence
Our wanderings to guide.
...
Thus grew the tale of Wonderland:
Thus slowly, one by one,
Its quaint events were hammered out -
And now the tale is done,
And home we steer, a merry crew
Beneath the setting sun."

„Gemach im goldenen Nachmittag
Gleiten wir leis dahin,
Da kleine Ärmchen ungeschickt
Sich an den Rudern mühn
Und wenig achten, ob durchs Naß
Einen graden Pfad sie ziehn.
...
So trat das Wunderland gemach
Ans Tageslicht heraus,
Ward Stück für Stück euch vorgestellt:
Nun ist das Märchen aus,
Und fröhlich schaukelt jetzt das Boot
Im Abendlicht nach Haus."

Die Grundzüge dieses phantastisch-absurden Glanzstückes des Logikers C.L. Dodgson entstanden zuerst als Erzählung. Auf Bitten von Alice begann Dodgson noch in der Nacht nach dem Ausflug die Erzählung aufzuschreiben.

Als bildlichen Hintergrund verwendete der Punch-Zeichner John Tenniel für ALICE und THROUGH THE LOOKING-GLASS einige Oxforder Szenen.

Im Bild 'off with her head', das Alice im Reich der Karten zeigt, ist im Hintergrund das Wasserlilienhaus des Botanischen Gartens zu sehen.

In THROUGH THE LOOKING-GLASS zeichnete Tenniel den Kampf zwischen Löwen und Einhorn vor dem Hintergrund von St. Aldate's gegenüber Christ Church.

The Queen's croquet ground
(Illustration by Tenniel)

Oftmals mag Lewis Carroll, der lange Nachmittagsspaziergänge liebte, den Broad Walk zum Christ Church College und zu den Merton meadows gegangen sein. Den Blick auf Tom Tower geheftet, der traditionsgemäß eine andere Uhrzeit schlug, als die Greenwich-Zeit sie vorschrieb. Das eine und andere Mal hatte er kleine Mädchen an der Hand und nahm sie auf seine nachmittäglichen Ausflüge mit. Sicher kannte er auch den Süßigkeitenladen in St. Aldate's, heute Alice's Shop genannt, in dem Alice von ihrem Kindermädchen oft Zuckerstangen bekam. Im Kapitel 'Wool and Water' von THROUGH THE LOOKING-GLASS zeichnete Tenniel den 'Sheep-Shop', in dem ein Schaf sitzt, das mit vierzehn Nadeln strickt. So sehr sich Alice auch die Augen reibt, das strickende Schaf, das vorher noch die Schachkönigin war, will sich nicht zurückverwandeln:

„...sie stand in einem kleinen dunklen Laden und hatte die Ellbogen auf den Ladentisch gestützt; und ihr gegenüber thronte ein betagtes Schaf in einem Lehnstuhl und strickte, wobei es ab und zu innehielt, um sie durch eine große Brille zu betrachten."

In der Bücherei des Christ Church College hängt noch heute das Bild des Greifs, gezeichnet vom Bruder Carrolls, das zur Vorlage für das Bild in ALICE'S ADVENTURES IN WONDERLAND wurde:

„(Wenn ihr nicht wißt, was ein Greif ist, könnt ihr euch ja das Bild ansehen)" heißt es in der Geschichte, und das geflügelte

Mischwesen aus Löwe und Adler führt Alice zu der Falschen Suppenschildkröte, die ihr unter Schluchzen ihre Lebensgeschichte erzählt. Besonders der Unterricht in der Unterwasserschule, den die Falsche Suppenschildkröte genossen hat, ist für Alice interessant:
„Also, zunächst einmal das Große und das Kleine Nabelweh, natürlich", antwortete die Falsche Suppenschildkröte, „aber dann auch Deutsch und alle Unterarten - Schönschweifen, Rechtspeibung, Sprachelbeere und Hausversatz."
Auch die Oxforder Ausflüge Lewis Carrolls mit seinen jungen Begleiterinnen - zeitweise hatte er einen Bekanntenkreis von 100 Mädchen - dienten u.a. dem Unterricht. Sie führten zum Hirschpark des Magdalen College, zum See am Worcester College und in die Wiesen am Christ Church College. Der Botanische Garten mit seinen exotischen Pflanzen war bei diesen Ausflügen auch ein wichtiges naturkundliches Ziel.
Ausflüge, bei denen Carroll von Miss Prickett, dem Kindermädchen der Liddells, begleitet wurde, waren ihm weniger lieb, und war sie auf einer Ruderpartie dabei, so wollte sein Erzählstrom nicht recht ins Fließen kommen.
In der Gesellschaft Erwachsener mag es denn auch des öfteren vorgekommen sein, daß, wenn Dodgson seinen Namen nannte, ein Stottern eintrat, und aus Dodgson wurde Do-Do-Dodgson, der sich in ALICE in den ausgestorbenen Vogel 'Dodo' verwandelt.
Auch der Mad Hatter, der verrückte Hutmacher, hat sein reales Vorbild: sein Name war Theophilus Carter, und er war ein Polsterer, der mit weit zurückgeschobenem Zylinderhut und Schürze vor seinem Geschäft auf der High Street zu sehen war. Er machte eine Erfindung, die sich allerdings nicht durchsetzte: das Weckerbett, das sich seines Schläfers durch Rausschmiß entledigte, sobald der Wecker klingelte. Der Mad Hatter war also wirklich 'mad'.
Möglicherweise ist ihm auch auf einem seiner Oxforder Spaziergänge Humpty Dumpty, auf einer hohen Mauer sitzend, begegnet, und daß den armen Kerl weder des Königs Pferde noch des Königs Männer wieder zusammensetzen können,

wenn er von der Mauer fällt, liegt natürlich daran - der Logiker Dodgson zwinkert mit dem Auge -, daß Humpty Dumpty ein Ei ist.

Sogar die Cheshire-Katze, die sich bis auf ein Grinsen unsichtbar machen kann, hat ihr Vorbild, doch um dieses Vorbild zu finden, muß eine Reise in Lewis Carrolls Vergangenheit vorgenommen werden.

*

Lewis Carroll

Lewis Carroll:
Verrückter Geschichtenmacher mit logischem Geschick

In einem kleinen Dorf in Cheshire namens Daresbury befindet sich in der All Saint's Church ein buntes Kirchenfenster, das den verrückten Hutmacher, den Märzhasen und die Haselmaus in der Teekanne zeigt.
Hier hört der junge Charles Lutwidge Dodgson oft den Sonntagspredigten seines Vaters zu. Am 27. Januar 1832 kommt er als drittes von elf Kindern des Geistlichen Charles Dodgson und seiner Frau Frances Jane, geborener Lutwidge, auf die Welt. Bis zu seinem elften Lebensjahr wächst er in der ländlichen Abgeschiedenheit Daresburys auf. Später erinnerte er sich in FACES IN THE FIRE an sein erstes Heim:
„An island farm - mid seas of corn
Swayed by the wandering breath of morn –
The happy spot where I was born."
„Ein Inselbauernhof - inmitten einer See von Korn
Sich wiegend im wandernden Morgenatem –
Der glückliche Ort, wo ich geboren wurde."
1843 zieht die Familie nach Croft in Yorkshire, wo der Vater Rektor wird.
1992 entdeckte die Times in der St. Peter's Kirche in Croft einen Katzenkopf in der Nähe des Altars. Von vorne betrachtet sieht man den Katzenkopf, doch schaut man von unten herauf, erblickt man nur das Grinsen.
Möglicherweise ist das Vorbild für die grinsende Katze allerdings im Cheshire Käse zu suchen, der die Form einer Katze hatte und mit einem Grinsen ausgestattet war. Ein grinsender Käse hätte sich in ALICE'S ADVENTURES IN WONDERLAND sicherlich auch gut gemacht!
1844 beginnt für den jungen Charles der Ernst des Lebens. Er besucht erst die Richmond School in Yorkshire und wechselt dann auf die Rugby School. Schon bald stellt er sich als ausgezeichneter Schüler heraus und gewinnt viele Preise in Mathematik. Er gilt als Muttersöhnchen und ist froh, als er die Schule verlassen kann.

Im Schnee vor Croft Rectory entwirft er ein kompliziertes Labyrinth und amüsiert sich, weil seine zahlreichen Schwestern das Rätsel nicht lösen können. In den Ferien beschäftigt er sich mit der Hauszeitung 'Rectory Umbrella', die von ihm sowohl unterhaltsam als auch lehrreich gestaltet wird.
1850 schreibt er sich im Christ Church College Oxford ein und bekommt 1854 den Magistertitel. Seine freie Zeit nutzt er, indem er lange Spaziergänge unternimmt und gerichtliche Prozesse verfolgt. Er wird Dozent für Mathematik und bekommt ein lebenslanges Wohnrecht im College.
Doch der junge Mann, dessen Lebensweg klar vorgezeichnet scheint, muß vor allem in der Nacht Kämpfe ausfechten, Kämpfe mit sich selbst, mit seiner sexuellen Veranlagung, die nicht zum Durchbruch kommen darf, mit blasphemischen Gedanken, die ihn in seiner Religiosität beirren:
„Es gibt skeptische Gedanken, die für einen Moment den festesten Glauben zu entwurzeln scheinen; blasphemische Gedanken, die in den gläubigsten Seelen ungebeten aufschießen; es gibt unheilige Gedanken, die mit ihrer hassenswerten Gegenwart die Vorstellung peinigen, die gerne rein bleiben möchte. Gegen all dies hilft nur wirkliche geistige Arbeit. Dieser 'unreine Geist' der Parabel, der sieben andere mitbrachte, noch unreiner als er selbst, tat dies nur, weil er das Zimmer 'gefegt und geschmückt' und dessen Bewohner mit gefalteten Händen sitzend vorfand: hätte er es lebendig vorgefunden, mit geschäftigem Summen und aktiver Arbeit, wäre für ihn und seine sieben Gefährten wohl kaum ein Willkommen gewesen."
Um die unreinen Gedanken zu verdrängen, die ihn während seiner Schlaflosigkeit plagen, steigert er sich nachts in logische und mathematische Probleme hinein. Er sucht nach einer allgemeingültigen Formel für zwei Quadrate, deren Summe = 2 ist; er denkt darüber nach, wo der neue Tag beginnt, wenn jemand am Dienstagmorgen London verläßt und sich in gleicher Geschwindigkeit wie die Sonne nach Westen fortbewegt. Wenn er wieder in London eintrifft, ist es Mittwoch, doch wo und wann hat sich der Tag geändert?

Das Zeitproblem zieht sich durch den gesamten ALICE-Roman. Er geht spät zu Bett, um nicht darüber nachdenken zu müssen, warum es ihn dazu drängt, Bekanntschaften mit kleinen Mädchen zu schließen, warum er Nacktaufnahmen den Kostümaufnahmen vorzieht.
Lewis Carroll lebte in einer Zeit, in der man sich über Kindesmißbrauch noch nicht allzuviele Gedanken machte. Er fand nichts dabei, wenn er am Strand oder im Zug neue Mädchenbekanntschaften suchte. Carroll betrachtete die gerade publik werdende Photographie als künstlerisches Gebiet und portraitierte auch Berühmtheiten wie Dante Gabriel Rossetti, Christina Rossetti, Ruskin und Tennyson. Am liebsten photographierte er allerdings Kinder. Von Alice Pleasance Liddell existiert ein Photo, das sie als Bettlermädchen zeigt. Tennyson lobte es als schönste Photographie, die er je gesehen habe.
Lewis Carrolls Biograph Donald Thomas bezeichnet ihn als Grenzgänger, der es geschafft habe, jenseits der Verbrechensgrenze zu bleiben.
Was Theateraufführungen und Theaterstücke anging, so war er ein rechter Moralapostel, der selbst in der jugendfreien Shakespeare-Version Bowdlers noch Ausdrücke fand, die zu verbessern wären.
Er lebte in einer Zeit des Umbruchs. Fälle von Kindesmißhandlung und sexuelle Übergriffe an Kindern wurden um 1880 in zunehmendem Maße von den Zeitungen aufgenommen und gedruckt. Das öffentliche Bewußtsein für Kindesmißhandlungen wuchs, und überall in England wurden Vereine für den Schutz von Kindern gegründet. Das Krankheitsbild der Pädophilie wurde von der Psychopathologie erstmals benannt, und das 'age of consent' wurde auf 16 Jahre angehoben.
So findet der berühmte Kinderbuchautor Lewis Carroll mit 50 Jahren eine veränderte Gesellschaft vor, die stutzig wurde, wenn er ein fremdes Mädchen am Strand von Eastbourne bei der Hand faßte, um es zu besserem Sand zu führen.
Diese gesellschaftlichen Veränderungen mögen auch dafür verantwortlich gewesen sein, daß er vor seinem Tod alle Nacktaufnahmen zerstörte, und daß nach seinem Tod einige Tage-

bucheintragungen herausgerissen wurden.
Doch seine kleinen Freundinnen, die vor dem Auge seiner Kamera posierten, hatten nie Grund, ihm etwas vorzuwerfen. Begeistert hängen sie an seinen Lippen, wenn er von der grinsenden Katze erzählt, vom verrückten Hutmacher, vom Land hinter den Spiegeln, wo die Welt ein Schachbrett ist, und wo der weiße Ritter Alice nur soweit begleiten kann, bis ihre Kindheit endet; sie lesen vom Snark, der sich dann doch als Boojum herausstellt, in dessen Gegenwart sich der Snarkjäger auflöst.
Seine jungen Brieffreundinnen versuchen die unzähligen Rätsel zu lösen, die logischen Probleme, die Erwachsenen eher auf die Nerven fielen:
„§1 Die Dinner-Party.
Problem: Der Gouverneur von Kgovjni will eine ganz kleine Dinnerparty abhalten, er lädt seines Vaters Schwager, seines Bruders Schwiegervater, seines Schwiegervaters Bruder und den Vater seines Schwagers ein. Ermittle die Zahl der Gäste. - Antwort: Einer."
In einem Brief an Gertrude Chataway vom 28. Oktober 1876 schreibt er humoristisch von einer seltsamen Müdigkeit, die ihn befallen habe:
„Nein, es ist nicht die Art von Müdigkeit, der mit dem Bett geholfen ist. Ich bin müde im Gesicht. Er (der Arzt, A.d.V.) blickte ein wenig besorgt drein und sagte: Oh, es sind ihre Locken, die müde sind: das kommt davon, wenn man zu viele kleine Mädchen anlockt."
Doch die Mädchen müssen gewisse Voraussetzungen erfüllen, um des Anlockens für Wert befunden zu werden. Sie müssen, wenn möglich um die sieben Jahre alt sein, intelligent genug, um seinen logischen Rätseln standhalten zu können, und aus der gehobenen Mittelschicht stammen.
Gelangen sie in die Pubertät, so läßt das Interesse Lewis Carrolls an ihnen meist nach, und aus den kleinen Gefährtinnen werden bloße Grußbekanntschaften.
Es gibt allerdings einige Ausnahmen von der Regel, z.B. Alice Pleasance Liddell, spätere Mrs. Hargreaves, der Lewis Carroll auch über die Kindheit hinaus in distanzierter Weise treu

bleibt. Alice bleibt für Carroll immer etwas Besonderes. Er geht jedoch nicht auf Alices Vorschlag ein, die Patenschaft ihres Kindes zu übernehmen. Später erinnert sich Mrs. Reginald Hargreaves an den denkwürdigen Bootsausflug im Juni 1862:
„Die meisten von Mr. Dodgsons Geschichten wurden uns auf Bootsausflügen nach Nuneham oder Godstow in der Nähe von Oxford erzählt. Meine ältere Schwester, nun Mrs. Skene, war 'Prima', ich war 'Sekunda', und 'Tertia' war meine Schwester Edith. Ich glaube, der Anfang der Geschichte von ALICE wurde an einem Sommernachmittag erzählt, als die Sonne so heiß schien, daß wir an den Wiesen flußabwärts haltmachten, das Boot verlassend, um Rettung im einzig vorhandenen Schatten zu finden: unter einem neuerrichteten Heuhaufen. Hier kam von allen Dreien die alte Bitte 'Erzähl uns eine Geschichte', und so begann eine der vielen immer wunderbaren Geschichten. Manchmal, um uns zu ärgern - oder vielleicht weil er wirklich müde war - würde Mr. Dodgson plötzlich innehalten und sagen:
„Und das ist alles bis zum nächsten Mal."
„Ah, aber es ist nächstes Mal", würde der Ausruf von uns Dreien lauten; und nach einiger Überredung würde die Geschichte von Neuem beginnen. An einem anderen Tag würde die Geschichte möglicherweise im Boot beginnen, und Mr. Dodgson würde mitten in der Erzählung eines spannenden Abenteuers zu unserem großen Ärger so tun, als ob er einschliefe."
Als Dodgson im Mai 1864 wieder um die Erlaubnis bittet, die drei Schwestern auf einen Bootsausflug mitnehmen zu dürfen, erhält er von Mrs. Liddell eine Absage: in Zukunft würden ihre drei Töchter nicht mehr zur Verfügung stehen. Alice war nun zwölf Jahre alt und Ina, ihre ältere Schwester, fünfzehn. Sie näherten sich dem Alter, in dem ein Mann um ihre Hand anhalten konnte.
Auch mag Mrs. Liddell ob der bewundernden Blicke des Oxforder Dons Verdacht geschöpft haben. Eine 'unnötige Vorsicht', wie Carroll kritisch das Abkapselungsmanöver beurteilte.
Der Kontakt zu den Liddells brach zwar nicht ganz ab, aber die Zusammenkünfte wurden selten. Nachdem 1862 ALICE'S

ADVENTURES IN WONDERLAND erschienen war, kam 1872 ALICE THROUGH THE LOOKING-GLASS auf den Markt. In der Zueignung heißt es:
>„And, though the shadow of a sigh
>May tremble through the story,
>For 'happy summer days' gone by,
>And vanish'd summer glory –
>It shall not touch, with breath of bale,
>The pleasance of our fairy-tale."

>„Und wenn ein leiser Seufzer geht
>Heimlich durch diese Seiten
>Nach Sommerglück, schon lang verweht,
>Und sel'gen Sommerszeiten,
>Verscheuch ihn! Daß er nicht vergällt,
>Was nun vergnüglich sei erzählt."

1867 unternimmt Carroll eine Reise nach Moskau. 1868 stirbt sein von ihm hochverehrter Vater. Die Mutter war einige Tage nach seiner Immatrikulation im Christ Church College gestorben.
Carroll fühlt sich nun für seine sechs unverheirateten Schwestern und eine Tante verantwortlich und sucht für sie ein Haus in Guildford, Surrey, aus: The Chestnuts in der Quarry Street, das man auch heute noch von außen besichtigen kann. Eine kleine Plakette mit Figuren aus den Alice-Büchern schmückt die Mauer: Humpty Dumpty sitzt auf dem C von Carroll und streckt der kleinen Alice die Hand entgegen, und das weiße Kaninchen bläst die Trompete. Am besten findet man das Haus, wenn man durch den Garten von Guildford Castle geht, die Burg rechts oben liegen läßt und durch die kleine versteckte Pforte am Ende des Parks zur Linken schlüpft; fast wie das weiße Kaninchen, das Alice, stets auf seine Taschenuhr blickend, ins Wunderland tief unter der Erde führt. Als sei man selbst zur Alice geworden muß man auch eine lange labyrinthische Suche auf sich nehmen, um die gut versteckte Alice-Skulptur zu finden, die von Büschen umwachsen auf einem kleinen Rasen jenseits des Schloßweges steht.

Alice-Denkmal in Guildford

Alice befindet sich auf der Suche nach einem paradiesischen Garten oder einem fernen Hügel und muß erst zahlreiche Abenteuer bestehen, um ihr Ziel zu erreichen, das, sobald es erreicht ist, seinen Paradiescharakter verliert.

Im Museum am Fuß der Burg findet sich zahlreiches Material zu Lewis Carroll. Während einer seiner Spaziergänge über die Downs bei Guildford kommt ihm ein Satz in den Sinn, den er aufschreibt und später zu einem 141 Strophen langen Gedicht ausarbeitet:
„For the snark was a Boojum, you see."
Dreizehn Jahre später stuft er den Satz, der das Ende von THE HUNTING OF THE SNARK bildet, als bar jeder Bedeutung ein; nicht so die Psychoanalytiker, die im Boojum die dunkle Seite des Lewis Carroll entdecken wollen, die wie ein schwarzes Loch, den, der sie erblickt verschwinden läßt.
So machen sich im Gedicht Hutmacher, Bäcker, Advokat, Makler, Billiard-Marqueur, Bankier und der Spitzen klöppelnde Biber auf angeführt durch den 'Bellman', um den Snark zu suchen. Der Snark, ein Mischwesen aus Snail und Shark, entpuppt sich allerdings als Boojum, und der Bäcker, der ihn erblickte, ward nimmer gesehen.
Mit 49 Jahren zieht sich Carroll aus dem Berufsleben zurück. Er ist finanziell abgesichert und kann seine Dozentenstelle für Mathematik aufgeben.
Seine Ferien verbringt er hauptsächlich in Eastbourne, wo er lange Wanderungen nach Hastings unternimmt und sich mit kleinen Mädchen anfreundet.

In den 1880er und 90er Jahren arbeitet er an SYLVIE AND BRUNO, ein mit christlichem Gedankengut ausgestattetes Buch, das einen Vergleich mit den ALICE-Büchern nicht bestehen kann. Thema der Geschichte ist die Allgegenwart des Todes im Leben.
Das Weihnachtsfest des Jahres 1897 verbringt Carroll bei seinen Schwestern in Guildford. Er hat sich eine bronchiale Lungenentzündung zugezogen, die ihm das Atmen erschwert. Am 13. Januar 1898 sagt er zu einer seiner Schwestern, die ihn betreut, sie solle die Kissen wegnehmen, er brauche sie nicht mehr. Carroll stirbt am 14. Januar 1898.
Der Trauerzug bewegt sich langsam den Hügel hinauf, wo Charles Lutwidge Dodgson, alias Lewis Carroll, auf dem Friedhof The Mount unter einer alten Eibe begraben wird.

*

ALICE THROUGH THE LOOKING-GLASS

An einem verschneiten Winternachmittag entschließt sich Alice nachzusehen, was sich hinter dem Spiegel befindet. Sie gleitet durch den Spiegel, der über dem Kaminsims hängt, und erreicht den Spiegelraum des Wohnzimmers, wo die Gegenstände einen lebendigen Charakter haben: die Uhr auf dem Kaminsims hat das Gesicht eines alten grinsenden Mannes. Auch die Figuren des Schachspiels haben sich in lebende Könige und Königinnen, Bauern und Türme verwandelt. Sie findet ein Buch, das in Spiegelschrift verfaßt wurde. Als sie es vor den Spiegel hält, erscheint das Gedicht JABBERWOCKY, das in einer phantastischen Sprache geschrieben ist, deren erste Zeile folgendermaßen lautet:

„'Twas brillig, and the slithy toves
Did gyre and gimble in the wabe:
All mimsy were the borogroves,
And the mome raths outgrabe."

„Verdaustig wars, und glasse Wieben
Rotterten gorkicht im Gemank;
Gar elump war der Pluckerwank,
Und die gabben Schweisel frieben."

Alice merkt an, daß das Gedicht etwas schwer zu verstehen sei. Sie möchte nicht zugeben, daß sie es überhaupt nicht versteht, doch es füllt ihren Kopf mit unbestimmten Ideen. Alice macht sich auf die Suche nach dem Hügel, von dem aus sie meint, den Garten besser überblicken zu können. Sie gerät in ein Labyrinth, das, wenn sich der Weg dem Hügel nähert, eine weitere wegführende Verzweigung entwickelt. Sie kommt immer wieder zum Haus zurück. In einem Blumenbeet findet sie sprechende Blumen. Auch die rote Königin stellt sich in vergrößerter Form ein und führt sie auf den Hügel: der Garten erweist sich als Schachbrett. Alice wünscht sich, Königin zu werden, doch bevor sie dieses Ziel erreicht, muß sie als Bauer einige Züge in der abenteuerlichen Schachwelt vollziehen: sie fährt mit einem Ziegenbock im Zug, durchquert mit einem Rehkitz den Wald, begegnet Tweedledum und Tweedledee, jenen Figuren aus dem englischen Kinderlied, die sich um eine Rassel schlagen und findet den roten König schlafend vor. Sie erfährt, daß der König Alice träumt. Wäre der Traum des Königs nicht, würde Alice, wie der schadenfrohe Tweedledee es ausdrückt, 'bang', wie eine Kerze ausgehen. Alice wehrt sich gegen diese Vorstellung und bricht in Tränen aus.

Alice begegnet dem auf der Mauer sitzenden Ei Humpty Dumpty und schließlich dem weißen Ritter, der immer von seinem Pferd herunterfällt - ein Selbstbildnis Carrolls, in dem er sich als gütigen, wenn auch etwas schusseligen Begleiter verewigte. Bevor Alice zur Königin gemacht wird, verläßt sie der weiße Ritter, und Alice muß nun an einem königlichen Bankett teilnehmen, bei dem eine Hammelkeule zu sprechen anfängt. Der Verwirrung im Bankettsaal setzt sie ein Ende, indem sie die Tischdecke herunterzieht. Sie erwacht und hält ihre Katze in den Händen.

Doch die Frage, wer in dieser Geschichte nun wen geträumt hat - ob der rote König Alice oder Alice den roten König in die Welt geträumt hat, diese philosophische Frage müssen die Leser selbst beantworten. Am Ende war das Ganze ja nur ein Schachspiel, in dem der 'weiße Bauer (Alice) zieht und in elf Zügen gewinnt.'

Die Begegnung mit der Schachwelt und der Welt des Wunderlandes, in denen Königinnen grausam regieren, ist auch eine Begegnung mit der Erwachsenenwelt.

Die Erwachsenen weisen sich durch absurde Eigenschaften und eine absurde Logik aus, gegen die Alice mit ihrer realistischen Sichtweise anläuft. Sie wird herumkommandiert und erlebt die Schikanen anderer mit, bleibt Außenseiterin und gibt dennoch nicht auf, sich in der ihr fremden Welt zurechtzufinden.

*

Die Suche nach dem paradiesischen Garten ist ein Motiv, das auch in ALICE'S ADVENTURES IN WONDERLAND zu finden ist.

Nachdem sie den dunklen Kaninchenbau hinuntergefallen ist, befindet sie sich in einem Saal voller verschlossener Türen. Nur eine kleine Tür hinter einem Vorhang läßt sich mit Hilfe eines Schlüssels öffnen, und sie erblickt einen Garten:

„Sie kniete nieder, und als sie hinschaute, fiel ihr Blick in den schönsten Garten, den ihr euch nur denken könnt. Da hätte sie freilich gern den düsteren Saal hinter sich gelassen und sich zwischen den bunten Blumenbeeten und den kühlen Springbrunnen getummelt."

Der Garten aber ist vorerst unerreichbar, denn die Tür ist zu klein.

Nachdem Alice einige Male ihre Größe geändert hat und im Haus des Hasen feststeckte, macht sie sich wieder auf die Suche nach dem Garten. Eine Tür im Baum führt sie zurück in den Saal, und diesmal gelingt es ihr, durch die kleine Tür in den Garten zu gelangen. Hier im Land der Karten sieht sie Rosenbüsche, die angemalt werden. Die Gartenidylle erweist sich als unecht: es regiert eine grausame Königin, die jeden, der ihr widerspricht, köpfen lassen will. Das Kartenreich und der Garten sind ebenso absurde Traumreiche wie das Land außerhalb des Gartens, wo der verrückte Hutmacher seine Teestunde abhält.

Der paradiesische Garten ist nur von fern paradiesisch schön, in der verqueren Logik des Traums verwandelt auch er sich.

Alice aber mit ihrem feingeschnittenen Gesicht, dem langen blonden Haar, den Ringelstrümpfen und dem Kleid mit Puffärmeln erscheint in ihrer kindlich selbstsicheren Art, mit der sie sich gegen alle Traumwesen zur Wehr setzt, real.

Der Ort, an dem die Wirklichkeit sie einholt, ist wahrhaft idyllisch: das Seeufer, die Binsen, die Schafherde und der Schäferjunge, der Bauernhof in einiger Entfernung. Auch wenn diese Wirklichkeit langweilig sein mag, sie ist der Stoff, aus dem sich Kindergeschichten weben lassen und für Lewis Carroll mag der idyllische Garten eines Menschenlebens gleichbedeutend gewesen sein mit der Kindheit.
Lewis Carroll hatte viel hinter sich zurückgelassen: die schönen Sommerausflüge, das Mädchen Alice, die Geschichten im Schatten des Heuhaufens:
„Alice! A childish story take,
And, with a gentle hand
Lay it where Childhood's dreams are twined
In Memory's mystic band,
Like pilgrim's wither'd wreath of flowers
Pluck'd in a far-off land."

„Alice! ein kindlich Märchen nimm
Und leg's mit sanfter Hand
Dorthin, wo sich um Kinderträum'
Geheim Erinnerung wand,
Wie um den welken Pilgerstrauß,
Gepflückt im fernen Land."

18
Edward FITZGERALD
Woodbridge (Suffolk)

Am Morgen eines klaren Herbsttages verließ ich Oxford und fuhr auf der M40 zur Londoner Umgehungsautobahn. An der Anschlußstelle 16 bewegte ich mich in nördlicher Richtung (Watford) und verließ die Autobahn an der Anschlußstelle 28. Auf der A12 gelangte ich so ins flache Land der Marschen, der rosafarbenen Häuser (Suffolk Pink), der Kanäle und Windmühlen. Wenn man dem Straßenschild Richtung Ipswich folgt, passiert man ein kleines, eigentlich uninteressantes und bedeutungsloses Örtchen namens Witham, das auch heute vollkommen bedeutungslos wäre, hätte sich dort nicht 1926 eine Dame niedergelassen, die durch ihren stets korrekt gekleideten adligen Krimidetektiven Lord Peter Wimsey, Berühmtheit erlangte: Dorothy L. Sayers. Sie lebte in der Newland Street N°26, dem von Eiben flankierten grauen Backsteinhaus an der Hauptstraße. Um sich Anregungen für neue Mordmethoden zu verschaffen, stattete sie der benachbarten Apotheke Stoffer&Hunter dann und wann einen Besuch ab.

Ihre 'Liebesgeschichten mit detektivischen Unterbrechungen', wie sie sie nannte, spielen teilweise in Oxford und Ostengland: GAUDY NIGHT, THE NINE TAILORS und BUSMAN'S HONEYMOON.

In THE NINE TAYLORS verschlägt es den Gentleman Detektiv Lord Peter Wimsey in einer eisigen Silvesternacht nach Fenchurch St. Paul. Dort pflegen einige Gemeindemitglieder noch die schöne, vor allem in Ostengland aufrecht erhaltene Tradition des 'Bell Ringing'. Das Wechselläuten nach bestimmten Durchgängen ist denn auch der Grund, warum auf dem Friedhof von Fenchurch St. Paul ein noch unbeerdigter Toter aufgefunden wird.

Ich verließ Witham und fuhr weiter nach Woodbridge, wo Edward Fitzgerald, der viktorianische Übersetzer des RUBA'IYA'T von Omar Khayya'm, einige Jahre seines exzentrischen Lebens verbrachte.

The Tide Mill
Woodbridge, Suffolk

Woodbridge, das Provinznest am River Deben, verfügt über eine schöne Hauptstraße, gespickt mit Antiquitätenläden, einem hübschen Marktplatz am Hügel und einer Gezeitenmühle am Kai.

Die alten Häuser an der Church Street schienen Feuer zu fangen in der kräftigen Herbstsonne, als ich mich auf die Suche nach Edward Fitzgeralds Wohnhaus machte. Genau im Zentrum von Woodbridge hatte sich Old Fitz, wie ihn seine Freunde nannten, über dem Gewehrladen von Sharman Berry eingenistet, gegenüber der Shire Hall. Hier lebte der Vegetarier in einer beengten Wohnung bar jeden Komforts, einen Schal um die Schulter geschlungen, und wenn er ausging, hatte er seinen Zylinder auf, den er mit einem Tuch unter dem Kinn festband. Ein echter Gentleman behält seinen Zylinder auch beim Segeln auf, und so konnte man Fitzgerald auf seiner Yacht 'Scandal' stets mit Zylinder sehen. Ab und zu war er beim Segeln dermaßen vertieft in seine Lektüre, daß es ihn von Deck fegte. Doch er rettete sich jedesmal vollkommen intakt: den festgebundenen Zylinder auf dem Kopf und das Buch in der Hand.

Gegen Ende seines Lebens verließ er seine beengte Behausung und zog nach Little Grange, Pytches Road, wo er oft seine zahlreichen Nichten zu Gast hatte. Wenn Old Fitz durch Woodbridges Straßen flanierte, den karierten Schal, der ihm von der Schulter gerutscht war, nachlässig hinter sich herziehend, wurde er oft von mißbilligenden Blicken verfolgt. Informationen über das ungeschickte, unfreundliche Benehmen seiner Frau gegenüber hatten im Örtchen die Runde gemacht. Doch Fitzgerald, der Gentleman-Übersetzer, interessierte sich nicht für das Gerede der Einwohner, er hatte andere Dinge im Kopf, wie die Übersetzung eines persischen Gedichtes aus dem 12. Jahrhundert, das von Liebe, Rosen und Wein erzählt, von der Vergänglichkeit des Lebens und dem unbekannten Land des Todes:

„Awake! for Morning in the Bowl of Night
Has flung the Stone that puts the Stars to Flight:
And lo! the Hunter of the East has caught
The Sultan's Turret in a Noose of Light."

„Erwache! denn der Morgen warf in die Schale der Nacht
Einen Stein, zu verscheuchen die Sterne:
Und sieh! der Jäger des Ostens fing den Turm des Sultans
in einer Schlinge des Lichts."

Omar Khayya'm hieß der Verfasser dieser Zeilen, doch Fitzgerald gebührt die Ehre, den Viktorianern durch seine geniale Übersetzung das Werk zugänglich gemacht zu haben. Den Wahrheitssuchenden lieferte er mit diesem poetischen Carpe Diem eine Lebensrichtlinie.

Poetisch ist auch Fitzgeralds Grab, das ich nach einigem Suchen auf dem Friedhof in der Nähe des ehemaligen Familiensitzes Boulge in den Feldern fand. Auf seinem Steinsarkophag beim Kirchturm stehen die Worte:

„It is He that made us and not we ourselves."

In einem Drahtkäfig sah ich den Ableger des Rosenstocks, der auf Omar Khayya'ms Grab im iranischen Naishapur wächst. Freunde pflanzten ihn zehn Jahre nach Fitzgeralds Tod. Und so wie einst Omar Khayya'm voraussah, daß der Nordwind über sein Grab Rosenblätter verstreuen würde, so liegt auch Fitzgerald unter pinkfarbenen Rosen begraben.

Der Wind schnitt durch die Felder, und auf der Straße nach Woodbridge fuhr ein laut knatternder Traktor. Ich verließ Boulge Churchyard durch eine quietschende Pforte und fuhr zum weiter nördlich gelegenen Küstenort Southwold. Was Polperro für Cornwall ist, das ist Southwold für Ostengland: ein Küstenort, der sich seinen einmaligen Charme bewahrt hat.

Southwold

Bunte Badehütten ziehen sich am Strand entlang bis zur Mündung des River Blyth, ein weißer Leuchtturm auf Gun Hill verbreitet alle zehn Sekunden kurze Lichtsignale, der Sailor's Reading Room beeindruckt den durchgefrorenen Besucher mit Gemälden und Schiffsinventar, und Adnams Brauerei läßt in der Teepause seine süßlichen Malzdämpfe ab, während die Brauereipferde vor der Fabrik gelangweilt auf der Stelle treten. Vielleicht bekommen auch sie Durst auf ein echtes Southwold Bitter oder ein patriotisches 'Victory Celebration Ale 1945-1995, Southwold Suffolk IP18 6JW'. In der Ferne hinter den Marschen wird eine runde Kuppel mit blinkenden Lichtern sichtbar.
Ich fragte meinen Landlord Mr. Williams, der das B&B-Haus von seiner Tante geerbt hatte, was denn dort in der Ferne so vor sich hin blinke. Er antwortete mir, daß sei Sizewell A/B, das Atomkraftwerk.
Etwas entmutigt stieg ich die Treppe zu meinem dunklen Zimmer hoch und holte eine warme Jacke aus meinem Koffer, denn das Zimmer war kalt. Die ehemalige rosa Blümchenherrlichkeit der verstorbenen Tante existierte hier in der Dunwich Rd 10 nur noch in Fragmenten: ein paar Blümchentassen im Regal zollten der Vergangenheit Tribut. Den warmen Mantel der Tante an der Garderobe hatte Mr. Williams durch seine Motor-

radkluft ersetzt, hatte sein Londoner Leben aufgegeben und das alte B&B-Schild wie zu Zeiten seiner Tante wieder ins Fenster gestellt. Eigentlich habe er vorgehabt, so erzählt er, heute Abend einige Freunde in London zu besuchen. Doch die Aussicht auf eine dreistündige Fahrt habe ihn davon abgehalten, und dann sei ja auch ich gekommen. Mr. Williams lächelt und sucht zwischen seinen Umzugskisten im Wohnzimmer nach dem Zweitschlüssel für die Haustür.
Im Craighurst Hotel an der Ecke Dunwich Road aß ich zu Abend. Als ich in mein Zimmer zurückkehrte, stand eine Heizung vor dem Fenster und aus dem Untergeschoß des Hauses ertönte leise Rockmusik.

*

Edward Fitzgerald

Edward Fitzgerald: Melancholiker auf fernöstlichem Divan

Edward Fitzgerald, der am 31. März 1809 geboren wurde, wuchs in einer etwas verrückten, aber reichen Familie auf. Edward war das siebte von acht Kindern und entwickelte besonders zu seiner Schwester Eleanor eine starke Beziehung. Seinem zum Geistlichen bestimmten Bruder John stand er Zeit seines Lebens kritisch gegenüber. John hatte die Angewohnheit, sich während seiner Predigten zu entkleiden: er leerte seine Taschen, zog seine Schuhe und Strümpfe aus, bis sich zu seinen Füßen ein kleiner Kleiderhaufen gebildet hatte. Fitzgerald, der sich während seiner Universitätsjahre in Cambridge bemühte religiös zu werden, nahm im Laufe seines Lebens Abstand von diesem Unterfangen. Im RUBA'IYA'T des Omar Khayya'm wird der Tonbecher des Töpfers als Metapher für den Menschen eingesetzt. Der Töpfer wird mit Gott verglichen. Zweifel werden wach an Gottes Wesen und der Bestimmung des Menschen:

XCI

„Said one among them - Surely not in vain
My Substance from the common Earth was ta'en,
That He who subtly wrought me into Shape
Should stamp me back to shapeless Earth again?"

„Einer von ihnen sagte - sicherlich ward mein Stoff
nicht umsonst aus der gemeinen Erde genommen,
Sollte Er, der mich so aufmerksam formte
Mich zurückstoßen in die formlose Erde?"

XCIII

„None answere'd this; but after silence spake
Some Vessel of a more ungainly Make;
'They sneer at me for leaning all awry:
What! did the Hand then of the Potter shake?"

„Sie schwiegen; doch nach der Stille sprach ein Gefäß
Unansehnlicher als die anderen:
Sie verhöhnen mich, weil ich so schief bin:

Was! Zitterte die Hand des Töpfers denn als sie mich schuf?"
Der unorthodoxe Islamismus Khayya'ms spiegelt gleichsam Fitzgeralds eigene religiöse Zweifel wider.

Zu seiner Mutter, die sehr von ihrem Stand und Reichtum eingenommen ist, hat Fitzgerald ein gespanntes, von Abhängigkeit geprägtes Verhältnis. Die ländliche Abgeschiedenheit Bredfields, wo die Familie lebt, sagt ihr wenig zu. Sie sehnt sich danach, ihr Geltungsbedürfnis in London auszuleben und verbringt nach der Geburt des achten Kindes immer weniger Zeit bei ihrer Familie. Oft beobachtet der junge Fitzgerald die An- und Abreisen seiner Mutter vom Gebüsch aus: sieht, wie die glänzende gelbe Kutsche, die von vier schwarzen Pferden gezogen wird, die Kieselsteinauffahrt entlangfährt, gefolgt von Dienerschaft mit großen Koffern in weiteren Kutschen. Die Kinder wagen nicht einmal, der Mutter zu winken.

Während die Mutter ihr glänzendes, gesellschaftlich aktives Londoner Leben aufnimmt, bleibt der Vater bei den Kindern. Die Ehe der Eltern besteht nur noch auf dem Papier. Die Erinnerungen an Bredfield Hall - das Herrenhaus wurde nach dem zweiten Weltkrieg abgerissen - verewigte Fitzgerald in einem Gedicht. Er beschreibt die wiesenreiche Gegend um Bredfield Hall und schließt mit den Sätzen:

„But all the sunshine of the year
Could not make thy aspect glad
To one whose youth is buried here."

„Trotz allem Sonnenschein des Jahres
Könnte dein Anblick mich nicht glücklich machen,
Denn meine Jugend liegt hier begraben."

Nach der begrabenen Jugend sehnt sich Fitzgerald ebenso wenig zurück wie nach Bredfield selbst. Er weigert sich in späteren Jahren, das Haus noch einmal zu betreten und begnügt sich damit, durch die Fenster zu spähen. Orte und Gefühle sind für ihn stets eng miteinander verbunden.

Im Jahr 1818 verläßt Fitzgerald Bredfield und besucht gemeinsam mit seinen zwei Brüdern die King Edward VI Grammar School in Bury St. Edmunds.

Hier gewinnt er viele Freunde, von denen ihm einige nach Cambridge folgen.
Ab dem Herbst 1826 studiert er am Trinity College Cambridge. Er weiß, daß er auch ohne Beruf genügend Geld zum Leben haben wird und betreibt seine Studien auf entspannte Art und Weise. Fitzgerald betreibt Studien in Theologie, Mathematik und Moralphilosophie, griechischer und lateinischer Literatur. In seiner Freizeit spielt er Klavier oder Orgel, doch am liebsten sind ihm die jovialen Zusammenkünfte mit seinen Freunden, zu denen inzwischen Thackeray gehört, der zukünftige Autor von VANITY FAIR.
Bereits auf der Schule in Bury St. Edmunds hatte sich Fitzgeralds Interesse an hübschen, apollogleichen jungen Männern bemerkbar gemacht. Sie sollten das Glück, doch auch das Unglück seines Erwachsenenlebens bestimmen. Daß er 49jährig aus Freundschaft zu ihrem Vater, eine Heirat mit Lucy Barton einging, stellte sich als elementarer Fehler heraus, denn Fitzgerald war Frauen gegenüber unsensibel und linkisch.
Seine Neigung zur Homosexualität wurde wahrscheinlich nie ausgelebt, denn seine späteren Freunde Browne und Fletcher waren Familienväter. Ja, es ist sogar anzunehmen, daß er seine Gefühle jungen Männern gegenüber nie richtig deutete und sie ausschließlich als starke Freundschaftsgefühle empfand.
Nach dem Studium probt Fitzgerald für kurze Zeit den Aufstand gegen seine Mutter, die ihn zu sich nach London beordert und von ihm verlangt, er solle bei ihren Diners und Theaterbesuchen zugegen sein. Letztendlich hält er ihrer starken Persönlichkeit nicht stand und folgt ihr nach 29 Portland Place, wo er während der festlichen Abendveranstaltungen von goldenen Tellern ißt. Allerdings wehrt er sich dagegen, in das Luxusappartement seiner Mutter einzuziehen und nimmt sich eine karge, schäbige Wohnung in der Charlotte Street. Seine berufliche Unbestimmtheit löst in ihm oft Zustände von Melancholie aus.
Besonders im November hat er mit den 'Blauen Teufeln', wie er sie nennt, zu kämpfen, die ihn entmutigen und ihn an Selbstmord denken lassen.

Die Begegnung mit dem jungen William Browne im Sommer 1833 gibt Fitzgerald neuen Lebensmut. Mit Browne zusammen durchstreift er London und geht auf die Vergnügungen des jungen Mannes ein, der sich fürs Jagen, Schießen und Fischen interessiert.

Er lobt Brownes unverdorbene Einfachheit, seine von Universitätslehren unbeeinflußte Intelligenz. Verhält er sich seiner Familie eher ablehnend gegenüber der Gentleman-Freizeitbeschäftigung des Jagens, so lobt er dies bei Browne.

Der junge Mann mit dem welligen braunen Haar und den großen Augen hat es Fitzgerald angetan. Einem Freund erzählt er, daß er sich vergeblich bemühe, sich auf andere Dinge zu konzentrieren:

„Aber während Browne an meiner Seite ist, lese ich nicht viel: meiner Meinung nach ist er viel besser als alle Bücher."

Er kann es nicht ertragen, Browne in Bedfordshire zurückzulassen und überredet ihn, mit nach Lowestoft zu seinen Schwestern zu kommen:

„Ich habe eine sehr schöne Zeit gehabt; aber das Schlimme daran ist, je glücklicher ich mit Browne bin, desto mehr tut es mir leid, ihn zu verlassen: um diesen schlimmen Tag zu verschieben, habe ich ihn aus Bedfordshire mitgebracht: hier sind wir nun zusammen und schauen von unserem Quartier aus auf die See, bringen einem großen schwarzen Hund das Apportieren bei, spielen mit den Kindern des Nachbarn, beschäftigen uns mit den fünf ersten Propositionen des Euklid (ich bringe sie ihm bei!), schießen Möwen an der Küste, fahren mit dem Boot etc. All dies muß zuendegehen: und wie immer wird meine Freude an seiner Anwesenheit verdunkelt von der Erwartung seiner Abreise, und abreisen muß er in wenigen Tagen. Nun, Carlyle hat uns gesagt, daß wir nicht erwarten können glücklich zu sein."

Im Juli 1844 heiratet Browne. Erst eineinhalb Jahre nach der Hochzeit kann sich Fitzgerald dazu entschließen, die beiden in Goldington Hall zu besuchen. Nach Brownes Tod vernichtet seine Frau die Briefe Fitzgeralds.

Fitzgerald versucht sich in Literaturübersetzungen und

erkennt sehr schnell, daß er als Autor seinen Freunden Tennyson und Thackeray weit unterlegen ist. Als Übersetzer entwickelt er aber beachtliches Talent: er übersetzt Calderon und, angespornt von seinem Freund Cowell, lernt er Persisch. Seine erste Übersetzung aus dem Persischen fertigt Fitzgerald von Jami's allegorischem Gedicht SALA'MA'N AND ABSA'L an.
Sein Freund Cowell entdeckt für ihn in der Bodleian Library in Oxford das Manuskript von Omar Khayya'ms RUBA'IYA'T (Vierzeilern). Er besucht die Brownes in Goldington und beschäftigt sich dort intensiv mit dem Manuskript:
„Habe fast alle Bücher weggelegt außer Omar Khayya'm! und das habe ich auf einer mit Butterblumen übersäten Koppel gelesen, über die ein sanfter Windhauch strich, während ein anmutiges Fohlen zu mir kam und mich beschnupperte."
Die 158 Vierzeiler des Ouseley Manuskripts aus der Bodleian Library übersetzt Fitzgerald mit viel Phantasie. Es ist keine wörtliche Übersetzung, wie sie heute bei Penguin Classics erhältlich ist. Es ist das viktorianische Werk eines überaus begabten Übersetzers, der es verstand, die Quintessenz des Textes auf 75 Vierzeiler in der ersten und 110 Vierzeiler in der zweiten Fassung, zu komprimieren.
Er mag in der wörtlichen Übersetzung Fehler gemacht haben, doch die Idee des persischen Gedichtes konnte er weitervermitteln:
„Ich glaube, wenige Menschen haben sich jemals bei einer Übersetzung so viel Mühe gegeben wie ich...obwohl ich natürlich nicht wörtlich vorgegangen bin. Aber auf jeden Fall muß es leben: zur Not mit einer Übertragung des eigenen schlechten Lebens; wenn man das Original nicht anders bewahren kann. Besser ein lebendiger Spatz, als ein ausgestopfter Adler."
Besonders der Aspekt des Gartens bekommt in Fitzgeralds Übersetzung eine größere Bedeutung: später nennt er das Gedicht:
„Eine Art epikureische Idylle in einem persischen Garten."
Die Zeit der Gedichtübersetzung überschneidet sich teilweise mit Fitzgeralds kurzer Ehe.
Äußerst halbherzig geht er mit 47 Jahren eine Verbindung mit

einer Frau gleichen Alters ein: Lucy Barton heißt seine Auserwählte. Sie ist die Tochter seines verstorbenen Freundes, eines Quäkers, dessen Gedichte er nach seinem Tode in stark veränderter Form herausgibt. Finanzielle Unterstützung ist denn auch der bedeutendste, auf Fitzgeralds Seite wohl einzige Grund, diese Verbindung zustandekommen zu lassen. Eine moralische Verpflichtung, in die er sich hatte hineinziehen lassen und deren Erfüllung er schon beim Ja-Wort bedauert. Er nennt diese Ehe ein 'zweifelhaftes Experiment'. In Portland Terrace nehmen sie sich eine dunkle Wohnung, die ausgerechnet auf einen Friedhof hinausblickt. Das dunkelgrüne Wohnzimmer absorbiert das Licht, das durch die kleinen Fenster sowieso eher spärlich einfällt. In diesem 'Raum des Schreckens' sehe seine 'Zeitgenossin', wie er sie nennt, 'aus wie Lukrezia Borgia.'
Wie muß er sich in der zweifachen Einsamkeit des Schreckenswohnzimmers nach seinem Freund Browne gesehnt haben. Die fatale Ehe dauert wenige Monate, dann trennt sich Fitzgerald im August 1857 von seiner 'Zeitgenossin'.
Die Gründe für das Scheitern dieser Ehe sucht Fitzgerald bei sich selbst, bei seinem Alter, seinem lang eingefahrenen komfortlosen Junggesellenleben. Seine Frau Lucy meinte, das feine Leben des Adels aufnehmen zu müssen, doch gerade dieses Leben verachtete Fitzgerald. Außerdem war da noch Fitzgeralds auch im Alter noch schöne Mutter, deren stilvolles Leben Fitzgerald mit einer Mischung aus Abneigung und Bewunderung verfolgte. Der Vergleich zwischen seiner Mutter und seiner Frau fiel wohl für Lucy ungünstig aus. Lucy hatte keine Chance, es Fitzgerald recht zu machen. Das größte Hindernis war aber wohl die körperliche Abneigung, die Fitzgerald seiner Frau gegenüber empfand. So eilte er denn auch nach der Trennung nach Goldington zu seinem Freund Browne, den er wenigstens aus der Distanz bewundern konnte.
Nach Brownes Tod vermeidet Fitzgerald die Orte, die er oft mit Browne zusammen besucht hat: Londons Straßen und Wirtschaften wecken Erinnerungen an glücklichere Tage, und auch Bedfordshire und der River Ouse hatten ihren 'dear shepherd'

verloren. Fitzgerald wendet sich nach Lowestoft. Er flaniert am Strand entlang, sucht das Gespräch mit den Fischern, die ihn durch ihr gutes Aussehen und naturnahes Leben beeindrucken. Um sich bei den Fischern beliebt zu machen, trägt er Rum und Tabak mit sich: „So bewaffnet verbringt er die Abende im Windschatten der Fischerboote, Seemannsgarn hörend und erzählend."

Doch Fitzgerald bleibt ein Fremder unter den Fischern. Er kann sich als wohlhabender Gentleman zwar ein Boot und eine Bootsmannschaft leisten, aber er kann nicht einer von ihnen werden. Ob die Fischer wußten, warum er ihre Gesellschaft suchte, ob sie ihn nur für einen Exzentriker hielten oder seine latente Homosexualität durchschauten, weiß man nicht.

Fitzgerald war einsam. Seine sonst umhegten Freundschaften lösten sich in zunehmendem Maße auf: es war die Zeit des herabhängenden Schals und des festgebundenen Zylinders. Die Zeit der Nachlässigkeit und der beobachtenden Blicke, die ihn am Strand von Aldeburgh oder Lowestoft verfolgten.

1864 freundet er sich - die letzte Männerfreundschaft seines Lebens - mit dem 25jährigen Fischer Posh Fletcher an. Eine schwierige Beziehung entwickelt sich, in der der freigebige Fitzgerald seinen herkulesgleichen Freund finanziell unterstützt und mit ihm eine geschäftliche Partnerschaft eingeht.

Posh Fletcher schaut allerdings des öfteren zu tief ins Glas und hat die finanzielle Seite seines Fischereibetriebes nicht recht im Griff. Fitzgeralds leise Ermahnungen werden von dem jüngeren Mann, der sich bevormundet fühlt, wütend zurückgewiesen. Posh wird Kapitän der 'Meum and Tuum'. (Namenserfinder war Fitzgerald). Die Fischer, des Lateinischen nicht mächtig, taufen das Schiff in 'Mum and Tum' um. Fitzgerald unterstützt das Schiff weiter finanziell, doch Posh Fletcher zeigt keine Dankbarkeit und macht Fitzgerald Vorwürfe, ihn zu gängeln. Schließlich kommt es zum Bruch. Die 'Mum and Tum' wird verkauft. Für Fitzgerald eine bittere Lehre, daß eine auf Geld basierende Freunschaft keine Zukunft hat.

Nachdem die Freundschaft mit Posh Fletcher entzweigegangen war, nimmt er andere fast in Vergessenheit geratene Freundschaften wieder auf. So starb der Übersetzer mit den zahlreichen Freunden denn auch im Haus eines Freundes am 14. Juni 1883. In Boulge Churchyard, in der Nähe des ehemalige Familiensitzes der Fitzgeralds, hat er seine letzte Ruhe gefunden:

LXXIV

„Ah, Moon of my Delight who know'st no wane,
The Moon of Heav'n is rising once again:
How oft hereafter rising shall she look
Through this same Garden after me - in vain!"

„Ah, Mond meiner Freude, du nimmst niemals ab,
Der Mond des Himmels geht wieder auf:
Vergeblich wird er sich nach mir umschauen
In diesem selben Garten!"

*

RUBA'IYA'T OF OMAR KHAYYA'M

Omar Khayya'm wurde gegen Ende des 11. Jahrhunderts in Naisha'pu'r in Khorassa'n, dem heutigen Iran geboren. Er ging - so lautet eine Legende, die Fitzgerald überliefert - bei dem Weisen Mowaffak von Naisha'pur in die Lehre. Dort soll er gemeinsam mit dem späteren Visier Niza'm ul Mulk und Ben Sabba'h in die Lehren des Koran eingewiesen worden sein. Es herrschte der Glaube, daß die Schüler des Ima'm Mowaffak zu Ehre und Ansehen gelangen würden. Ben Sabba'h verlangte den Freunden das Versprechen ab, wer der Glückliche unter den dreien sei, der solle sein Vermögen mit den anderen teilen. 'So sei es', beschlossen die Freunde und Jahre später wurde Niza'm ul Mulk Visier unter dem Sultanat des Alp Arsla'm.

Die Freunde kamen und drangen auf die Einlösung des Versprechens. Hasan bekam einen Posten in der Regierung, fiel aber später - unzufrieden mit seiner schrittweisen Beförderung - den Intrigen des Hofes zum Opfer. Er wurde verstoßen und unter den Kreuzrittern als 'Der alte Mann der Berge' bekannt, der die Gegend südlich des Kaspischen Meeres mit seinen Anhängern unsicher machte.

Auch Omar Khayya'm forderte vom Visier sein Teil. Doch er strebte weder nach Posten noch Titel, sondern nach einem ruhigen, der Wissenschaft geweihten Leben. Er bekam eine Pension ausgezahlt und widmete sich u.a. der Astrologie und Poesie. Unter dem Sultanat des Malik Shah arbeitete er an einem neuen Kalender, der sich dem Gregorianischen annäherte. Khayya'm war in der griechischen Philosophie des Neoplatonismus und in Algebra bewandert. Der Name Khayya'm bedeutet 'der Zeltmacher', und früher soll er diesen Beruf auch ausgeübt haben.

A band of pilgrims on the way to Mecca

Ob Khayya'm ein Sufi war, darüber streiten sich die Gelehrten von heute. 'Suf' bedeutet im arabischen 'Wolle'. Die Anhänger dieser muslimischen Sekte kleideten sich in Wolle, um damit ihre Armut kenntlich zu machen. Man nannte sie auch Derwische, was wiederum 'arm' bedeutet. Die glaubensmäßige Spannweite des Sufismus reichte vom orthodoxen Islam bis zum Extremismus sinnlicher Freude. Doch die Mehrzahl der Sufis vertrat wohl eine mittlere, gemäßigte Religionsauffassung. Liebe steht im Mittelpunkt des Sufismus', was vor allem die Liebe zu Gott meint, die im ekstatischen Tanz und Gesang ihren Ausdruck findet.

Nach dem Glauben der Sufis offenbarte sich Gott, der vorher ein verborgener Schatz war, in seiner Schöpfung. Diese pantheistische Sicht klingt auch im RUBA'IYA'T an. Allerdings wird Kritik laut an dem Ergebnis dieser Schöpfung und an Gottes Wirken. Der Wein, als Mittel der Berauschung, als Flucht vor den unergiebigen Gedanken über den Sinn des Lebens und die Existenz

eines Jenseits, verweist ebenfalls auf eine unorthodoxe Religionssicht Khayya'ms, da der Weingenuß den Muslimen verboten ist.
Während Fitzgeralds viktorianische Zeitgenossen in der Lyrik des Omar Khayya'm vor allem den Wein, die Rosen und den Garten sahen, also die fernöstliche Idylle, war sich Fitzgerald sehr wohl darüber klar, welch eine trostlose Welt Khayya'm in seinen Versen beschwört.
In den Versen I - XXXIII sucht das lyrische Ich nach dem Sinn des vergänglichen Lebens und stellt sich die unbeantwortbare Frage nach dem Jenseits. Der Ruf nach Wein wird laut:

VII

„Come, fill the Cup, and in the Fire of Spring
The Winter Garment of Repentance fling:
The Bird of Time, has but a little way
To fly - and lo! the Bird is on the Wing."

„Komm, fülle den Becher und wirf in das Feuer des Frühlings
Das Winterkleid der Buße:
Der Vogel Zeit hat einen kurzen Weg
Zu fliegen - und schau! der Vogel spannt die Schwingen."

In der bildreichen Sprache Khayya'ms wird das Verstreichen der Zeit mit dem Flug eines Vogels verglichen, mit tausenden von Blütenblättern, die kaum entstanden, schon auf der Erde liegen. Dem mächtigen Sultan auf seinem Thron bringt Khayya'm Mitleid entgegen, die wahre Freude liegt im Augenblick:

XII

„Here with a Loaf of Bread beneath the Bough,
A Flask of Wine, a Book of Verse - and Thou
Beside me singing in the Wilderness –
And Wilderness is Paradise enow."

„Mit einem Laib Brot unter dem Zweig,
Einer Flasche Wein, einem Gedichtband - und Du
Singst neben mir in der Wildnis –
Und Wildnis ist mir Paradies genug."

Das Paradies findet der melancholische Erzähler inmitten der

Wildnis, doch die Bestandteile der Kultur - Wein und Verse - dürfen nicht fehlen. Es ist also eine kultivierte Wildnis, in der Khayya'm sich anschickt, den Augenblick zu genießen.
Doktoren und Heilige konnten seinen Wissensdurst nicht stillen, die Tür durch die er hereinkam, ist auch die Tür, durch die er wieder hinausgeht.
Die einfache Weisheit, die er aus seinen Forschungen zieht, ist folgende:
„I came like Water, and like Wind I go." (XXVIII)
So beschließt der Sänger dieser Verse, im Wein nach dem 'geheimen Brunnen des Lebens' zu suchen. Was er findet, ist nur das Vergessen, das glücklich macht, solange es anhält.
Wieder werden Bilder des Lebens entworfen: Gestalten, die im Dunklen herumtappen, das Schattenspiel und das Schachspiel. Diese Unsicherheit des Menschen in Gottes Schöpfung klingt als leiser Vorwurf an Gott an: Gott soll den Menschen die Sünden vergeben, und auch die Menschen sollen Gott vergeben. (LVIII), denn die Töpferwerkstatt des großen Meisters weist in ihren Erzeugnissen Fehlerhaftigkeit auf.
Schließlich gehen Wein und Tod eine Verbindung ein, und der Autor wünscht sich, in Weinblätter gehüllt zu sterben:
„So bury me by some sweet Garden-site."
Fitzgerald schreibt an Tennyson:
„Ich bin auf einen alten Epikureer gestoßen, der so verzweifelt unfromm ist, in seinen Empfehlungen nur für das Heute zu leben, daß die guten Mohammedaner kaum gewagt haben, sein MS zu vervielfältigen."
Edward Fitzgerald, der frustrierte Christ, wagte es, denn seine eigenen religiösen Zweifel fanden in den Worten des Persers Ausdruck, und auch das Bild des 'süßen Gartens', der 'paradiesischen Wildnis', in der man Wein trinken oder mit guten Freunden angeln kann, mag für ihn einen großen Reiz gehabt haben, denn er dehnt die idyllische Naturkomponente in seiner Übersetzung aus.
„So oder so", schreibt Fitzgerald in seinem Nachwort, „das Resultat ist traurig genug: vielleicht am traurigsten in seiner demonstrativen Fröhlichkeit, die eher dazu angetan ist, dem

alten Zeltmacher gegenüber Mitleid als Wut zu empfinden. Nachdem er vergeblich versucht hat, sich vom Schicksal zu befreien und einen echten Blick auf das Morgen zu werfen, fiel er auf das Heute zurück (das so viele Morgen überdauert hat!). Dies ist der einzige Boden, auf dem er zu stehen kam, doch auch dieser Boden entglitt ihm unter den Füßen."
Ein 'trauriges Vergnügen' nennt Fitzgerald dieses Gedicht, das wie 'Musik' auf den Leser wirke.
Auch ich hatte das Gefühl, der Boden unter meinen Füßen sei mir entglitten, als ich an meine morgige Abreise dachte. Ich saß im Zimmer 24 des Victoria Guest House, Dover, und aß ein Kentucky Fried Chicken. Im Fernsehen hielt Premierminister Major eine Rede vor dem Unterhaus. Draußen war es bereits dunkel, nur die Lichter der Häuser und des Hafens waren zu sehen.
Nach dem Essen zog ich mein Ticket aus der Tasche: 'le Shuttle, Folkestone-Calais 20. 10. Yello'. Letzteres bezog sich auf die Rückfahrtszeit, die sich im gelben Feld befand. Aus computertechnischen Gründen war das W von Yellow eingespart worden. Während die monotonen, wohlakzentuierten Redewendungen John Majors ohne Sinn und Inhalt vertönten, schlief ich ein: zum vorerst letzten Mal auf Englands weichen Betten mit den komplizierten Dreifachdecken, die an den Seiten unter die Matratze gestopft werden. Sogar sie waren mir inzwischen ans Herz gewachsen.

Bildernachweis

Titel:		Shakespeare/Büste in Holy Trinity Church, Führer Stratford-on-Avon, Woodsmansterne, Jeremy Marks
Seite	10	Dickens Haus, Broadstairs - Foto: English Tourist Board, Britain on View
Seite	14	Dickens Haus in London - aus: Charles Dickens, Dickens House, London, Pitkin Guide
Seiten	17, 20	Dickens Dream, von R.W. Buss + Dickens Portrait - aus: Photographic Collection Powell Frith
Seiten	25, 28	Spielkarten OLIVER TWIST + Mr. BUMBLE: The Dickens Game, Past Times, Oxford
Seite	34	Kingsley Amis - aus: A Biography, Eric Jacobs, Hodder & Stoughton, London 95
Seite	35	Colman's Mustard with the Queen Victoria
Seite	44	Martin Amis - Foto: Sophie Bassouls, Sygma
Seite	57	Schloß Knole - Foto: Aerofilm's Ltd.
Seite	66	Vita Sackville-West - Abbildung: Verlag Chatto & Windus, The Hogarth Press
Seite	82	Jane Austen - Foto: English Tourist Board, Britain on View
Seite	89	The Great Roman Bath - first century
Seite	92	Jane Austen's House, Chawton, Hampshire - illustrated by HUGH THOMAS for „EMMA"
Seiten	106, 112	Agatha Christie - aus: England, Gerstenberg Verlag, Hildesheim 1996 + St. Mary Mead
Seite	119	Daphne du Maurier - Polperro, Cornwall - Foto: D. Noble, John Hinde Studios
Seite	122	Daphne du Maurier in Cornwall - Fotomontage: Ralph Allen Press Ltd., Bath
Seite	124	Jamaica Inn - Bild: Wilf Plowman
Seite	126	Her Pictorial Memoir, c) by Daphne du Maurier 95
Seite	144	Virginia Woolf - Verlag Chatto & Windus, The Hogarth Press
Seite	156	Percy Bysshe Shelley - aus: Bildarchiv Preußischer Kulturbesitz
Seite	161	Lynmouth, Harbour, c. 1890 - aus: The Francis Frith Collection, Andover, Hampshire
Seite	180	Roald Dahl - aus: „Boy", Penguin Books Ltd., London 1984
Seite.	185	Roald Dahls Haus in Great Missenden
Seite	198	Dylan Thomas - Foto: Nora Summers
Seite	218	William Wordsworth - Bild: Henry Edridge, The Wordworth Trust
Seite	222	William Wordsworth Lakeland - Foto: J. Salmon Ltd., Sevenoaks, Kent
Seite	225	Dove Cottage - The Wordworth Trust, Grasmere, Cumbria. LA 229SH
Seite	234	Beatrix Potter - The Dolls House
Seite	237	Beatrix Potter - Jeremy Fisher + Peter Rabbit + the cat - by Warne & Co., London, 89

Seite	240	Beatrix Potter - Foto: Jeremy Marks, Woodmansterne Ltd.
Seite	262	Charlotte Brontë - Foto: The Incorporated Brontë Society, 89
Seite	282	George Eliot (Mary Ann Evans) - portrait by A. Granville White
Seite	296	Shakespeare: A Jovial Crew - Royal Shakespeare Company
Seite	304	Jagdszene - aus: The History of Plays, Barrie & Jenkins Ltd., London, 89
Seite	306	William Shakespeare - The Chandos Portrait
Seite	308	Shakespeare's Stratford-upon-Avon - c) Salmon Ltd., Sevenoaks, Kent
Seite	322	Shakespeare: A Midsumer Night's Dream - c) Louisa Hare, 1991
Seite	328	Lewis Carroll: The Queen's croquet ground, illustrated by Tenniel
Seite	330	Lewis Carroll - Bild: National Portrait Gallery, London
Seite	343	Edward Fitzgerald - The Tide Mill/Woodbridge, Suffolk
Seite	346	Edward Fitzgerald - Bild: Watercolour from Thackeray

die nicht namentlich erwähnten Fotos sind von der Autorin Beate KASPER

Nicht alle (c)-Inhaber der Abbildungen konnten ermittelt werden, deren Rechte werden hiermit vorsorglich und ausdrücklich anerkannt.